핵심

educational evaluation

# 교육평가

# 핵심 교육평가

오성삼 · 권순달 공저

쿠북

# 핵심 교육평가

1판 1쇄 찍은날 2010년 2월 20일
1판 1쇄 펴낸날 2010년 2월 25일

지은이 오성삼 · 권순달
펴낸이 오 명
펴낸곳 쿠북 (건국대학교출판부의 패밀리 브랜드입니다.)
등록 / 제 4-3 호(1971. 6. 21.)
주소 / 143-701, 서울시 광진구 화양동 1번지
전화 / (02) 450-3891~3
팩스 / (02) 457-7202
홈페이지 / http://press.konkuk.ac.kr
전자우편 / press@konkuk.ac.kr
책임편집 박명희
찍은곳 (주) 동화인쇄공사
정가 22,000원



**ISBN 978-89-7107-524-1 93370**



이 도서의 국립중앙도서관 출판시도서목록(CIP)은 e-CIP 홈페이지(http://www.nl.go.kr/cip.php)에서 이용하실 수 있습니다. (CIP제어번호: CIP2010000498)

# 『핵심 교육평가』 교재를 발간하며…

교육평가 교과목은 마땅히 독립적인 교과목으로 존재했어야 함에도 불구하고 오랫동안 '교육 과정 및 평가'란 교과목의 한 부분으로 존재해 왔다. 참으로 어처구니없는 교과목의 위상을 유지해 온 것이다. 교육과정이 나름대로의 학문체계와 중요성이 존재하듯, 교육평가의 분야 또한 그러하다. 일반적으로 교과목 내용을 통합해 하나의 교과목으로 묶어야 할 때는 통합되는 내용들이 공통점을 지니고 있거나 유사한 성격을 지녀야 한다. 그럼에도 불구하고 '교육 과정 및 평가'란 교과목은 중학교 '기술·가정' 교과목처럼 단순히 교직과정의 이수 단위를 조정하기 위해 서로 맞지 않는 내용을 묶어 한 지붕 두 가족 살림을 하도록 해 놓았다. 그 결과 교직이수 교과목 가운데 '교육평가' 분야가 교육 과정(過程)의 평가가 아닌, 교육 과정(課程)의 평가로 존재해 올 수밖에 없었고 그 내용 범위 또한 제한적일 수밖에 없었다. 이수 단위 시간에 맞춰 교재 내용을 선별해야 했기 때문이다.

오늘날 교육사조의 변화와 일선 교육현장에서의 교수-학습 방법의 진화는 필연적으로 평가 방식의 변화를 요구했고 교육평가의 지식과 역할은 과거 그 어느 때보다 커져 가고 있다.

뒤늦게나마 교육과학기술부가 2009년부터 새로운 교육과정 개편을 하면서 교육평가 교과목을 종래의 '교육 과정 및 평가'에서 분리시켜 독자적인 교과목으로 개설시켜 놓았다. 그동안 뜻있는 교육평가 전공 학자들의 끈질긴 노력과 설득의 성과로 여겨진다.

이와 같은 시점에 『핵심 교육평가』를 출간하게 되어 보람과 기쁨을 느낀다. 본 교재는 그동안 이수 단위의 제약으로 대부분 교재에서 언급이 생략되거나 한정된 내용의 기술에 머물 수밖에 없었던 '교육 프로그램 평가' 부분을 상당부분 할애할 수 있게 되었다. 교육평가는 학습자들의 학업성취도 평가뿐만 아니라 학급이나 학교 단위의 각종 교육 활동 프로그램에 대한 평가 방법을 포괄한다. 뿐만 아니라 평가연구 방법 및 통계 관련 내용을 비교적 소상히 소개함으로써 학력평가와 교육 프로그램 평가를 수행하는 데 필요로 하는 지식을 제공하고자 했다.

본 교재는 한 학기 16주 강의(2학점)를 기준으로 중간고사 · 기말고사를 제외한 14주 강의용 교재로 내용을 구성하였다. 교재의 중요한 내용들을 알아보기 쉽고 기억하기 쉽도록 그림과 함께 요약 · 정리해 놓았다. 아울러 수험준비생들이 임용시험의 출제 경향을 파악하는 데 도움이 되도록 교육평가 관련 기출문항들을 분석하여 부록에 제시하였다. 하지만 전체적으로 본 교재가 아직도 미흡한 점들이 눈에 띈다. 향후 개정판을 통해 더욱 알찬 내용들로 보완할 것을 약속하며 넓은 이해를 구한다.

이 책이 나오기까지 많은 사람들이 도움을 주었다. 건국대학교 교육공학과 학생들, 그 중에도 대학원생들의 도움이 컸다. 박혜진 · 강혜진 · 이준표 · 차승봉 · 김선희 · 이은진 · 전소은 조교선생들께 고마움을 전한다.

아울러 본 교재가 멋진 모습으로 세상에 나올 수 있도록 편집을 맡아 수고해 준 건국대학교출판부의 박명희 선생님께도 감사드린다.

부디 본 교재가 배움의 과정에 있는 교사지망생과 현장의 교사들에게 유용한 길잡이가 될 수 있기를 기대한다.

2010년 2월 초판 발간에 즈음하여

공동저자 오성삼 · 권순달

# 목 차



## Ⅰ부 학생 능력의 평가

## Ⅱ부 교육 프로그램 평가

## Ⅲ부 평가 도구 개발 및 자료 분석

# Ⅰ부

## 학생 능력의 평가

1 장 교육평가의 기초

2 장 평가 유형

3 장 문항 제작

4 장 문항의 양호도

5 장 수행평가

6 장 성적 산출

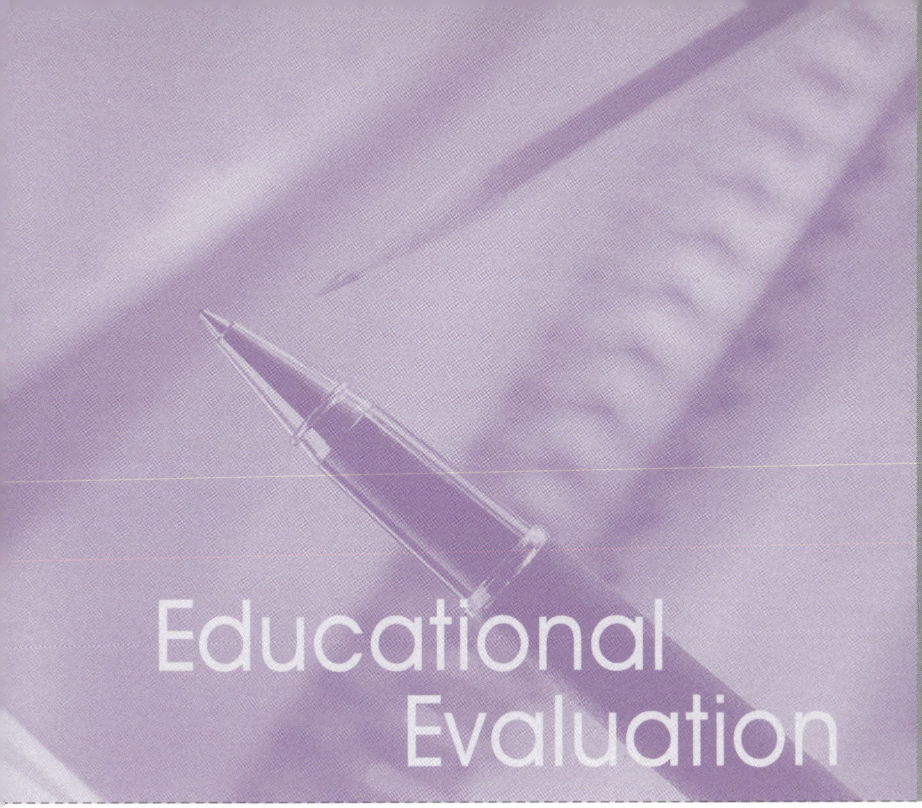


## 단원 개요

1부에서는 '학생의 능력'을 평가하기 위한 내용들을 소개하였다. 학생의 능력을 평가하는 내용은 교육평가의 일차적 관심사이자 핵심적 요소가 된다. 이를 위해 1장에서는 교육평가의 기초가 되는 개념들을 소개하고, 2장에서 교육평가의 유형, 3장에서는 평가 문항을 제작하는 과정과 방법을, 4장에서는 출제된 문항의 양호도를 검사하는 방법, 그리고 5장에서는 수행평가를 통한 학생의 능력을 어떻게 측정하고 평가할 수 있는가 하는 방법을 제시해 놓았다. 끝으로 6장에서는 학생들의 성적산출과 관련한 실무적인 내용을 소개한다. 특히 I부에서 다루는 학생 능력 평가의 내용은 필답검사를 통한 지식 내용의 간접적인 평가 방법, 그리고 학생의 과제수행 과정과 능력을 직접관찰 등의 방법을 통해 평가하는 수행평가의 두 가지 관점에서 설명한다. 나머지 관련 내용들은 이들 두 가지 핵심 내용을 수행하기 위한 보조적 지식 내용이 될 것이다.

1장

# 교육평가의 기초

본 장에서는 교육평가 전반에 걸친 기초지식을 소개한다. 교육평가의 개념에서 시작해 교육평가의 기능, 교육평가의 발전과정과 새로운 변화의 동향을 소개함으로써 향후 교육평가의 지향점을 생각토록 내용을 구성하였다. 끝으로 이제부터 시작되는 본 교과의 이해를 돕기 위해 교육평가 관련 주요 용어들의 개념 구분을 기술해 놓았다.

# 1. 교육평가의 개념 및 정의

## 1.1. 개념

영어로 평가를 뜻하는 'evaluation'의 단어는 라틴어의 'exvalere'에서 유래한 것으로 알려지고 있는데, 밖으로의 뜻을 지닌 'e'와 가치를 뜻하는 'value'의 합성어로서 '교육 활동이 지닌 내재적 가치를 겉으로 드러내어 판단하는 활동'을 의미한다. 가치를 판단하기 위한 교육평가의 대상은 교육 목표, 교육 내용, 교육 방법, 학업성취도 등 교육 활동과 관련한 다양한 내용들이 그 대상이 될 수 있다. 좁은 의미의 교육평가라 함은 교육목표의 달성도를 평가하는 과정을 말하는데 교육 활동의 성과를 미리 설정된 준거(準據)에 의해 측정해 보고, 측정 결과에 대한 가치를 판별하는 체계적인 과정을 의미한다. 교육평가는 학생의 달성도뿐만 아니라 교사 스스로의 학습지도 방법은 물론 교육과정 자체와 교육의 사회적 공헌도까지도 평가할 수 있다.

일반인의 인식 가운데 교육평가라 하면 학교에서 정기적으로 치르는 월말고사나 기말고사 또는 국가 단위의 학업성취도검사나 입학시험에서 학생선발 활동 등으로 생각하는 경향이 있으나, 이 같은 것은 단지 교육평가의 개념을 이해함에 있어 일부분에 지나지 않으며 교육평가는 보다 넓은 의미로 쓰이고 있음을 이해해야 한다. 교육평가의 개념을 포괄적으로 표현하면, 교육현장에서 얻어진 측정 결과에 대한 '가치'를 부여하거나 교육 현상에서 나타나는 일들에 대한 옳고 그름, 혹은 가치를 판단하는 행위라고 할 수 있다. 여기서 가치판단이라는 말은 어느 특정 학생의 기말고사 성적이 80점을 받았을 때 그 80점이란 점수는 학력을 측정한 결과에 지나지 않으며, 이 점수가 어떠한 의미를 지니는 것인가의 판단은 상대평가의 관점에서 다른 학생들에 비해 잘한 것인지 못한 것인지, 그리고 절대기준평가의 관점에서 미리 설정된 학습목표에 충분히 도달된 점수인지 미달되는 점수인지 또는 그 학생의 중간고사 결과보다 나아진 점수인지 낮아진 점수인지 등에 대한 가치가 부여될 때 비로소 평가가 이루어졌다고

| 구분 | 내용 |
|---|---|
| 평가 | • Evalution = e(밖으로) + value(가치)<br>• 교육활동이 지닌 내재적 가치를 겉으로 드러내어 판단하는 활동 |
| 교육평가 대상 | • 교육활동과 관련한 다양한 내용<br>• 교육목표, 교육내용, 교육방법, 교육성취도 등 |
| 협의/광의 | • 학생의 교육목표 달성도, 교사 스스로의 학습지도 방법, 교육과정 자체와 교육의 사회적 공헌도 평가(협의)<br>• 교육현장에서 나타나는 일들에 대한 옳고 그름, 혹은 가치 판단 행위(광의) |
| 교육평가 | • 최초에 달성하고자 설정된 교육목표에 비추어 어느 정도 달성되었는가 판단하는 일<br>• 교육평가자의 올바른 철학, 소양을 전제로 함<br>• 객관적이고 가치중립적인 입장 |

말할 수 있다.[1)] Sims는 "평가한다는 것은 어떤 과정 또는 사물의 가치를 인식하는 일이며, 좋다든지 나쁘다든지의 유효성을 따지는 것이다."라고 말하고 있다.

교육에 있어서 평가는 측정을 전제로 한다. 어떤 대상에 대한 평가는 먼저 측정의 과정을 거치고 측정된 결과를 준거로 하여 '잘 되었다', '못되었다', '좋다', '나쁘다'는 가치(價値)를 판단하는 것이다. 결국 평가란 가치의 판단 기준이 문제가 되는데, 대개의 경우 의도된 교육목표가 된다. 즉, 최초에 달성하고자 하여 설정된 교육목표에 비추어 어느 정도나 달성되었는가를 판단하는 일이 곧 교육평가의 일이 된다.

이 같은 판단에는 평가자의 교육철학이나 가치관이 중요한 문제로 제기된다. 측정은 객관적 측정치를 구해 가치판단을 위한 자료를 제시하는 것으로 끝나지만, 평가는 측정에서 얻어진 결과치를 해석함에 있어 단순히 수치나 점수를 획일적으로 해석하기 보다는 교육적 가치를 고려해 판단하게 된다. 따라서 피평가자와 평가상황을 반영한 평가자 나름대로의 주관적인 교육철학이나 가치관이 반영될 수 있으므로 교육평가 활동에서 평가자의 소양과 합리적인 가치관과, 그리고 평가윤리가 중요한 요소로 제기될 수 있다.

그림 1-1 Walberg 교수와 함께한 저자 오성삼 교수

## 1.2. 정의

평가의 정의는 보는 시각에 따라 달리 내려질 수 있는데, Walberg(1990)는 수많은 평가 관련 서적이나 각종 문헌들에 소개되고 있는 평가의 정의들을 한데 모아 다음과 같이 세 가지로 집약해 놓았다.

첫 번째 정의는 Ralph Tyler로 대표되는 평가의 정의를 들 수 있는데 그는 "평가란 교육목표가 얼마나 실현되었는가에 대한 결정 과정"으로 평가를 정의하고 오늘날 우리가 자주 사용하는 목표지향평가 즉, 목표에 근거한 평가(goal-based evaluation) 이론을 정립해 놓았다.[2]

둘째는, Stufflebeam으로 대표되는 비판단적 정의로서 평가 그 자체가 판단적 기능을 수행하는 것이 아니라 "의사 결정에 필요한 정보를 제공해 주는 것"[3] 또는 "각종 교육 프로그램이나 사회 관련 프로그램들에 대해 체계적인 검증을 하는 것"[4]으로 평가를 정의하는 입장을 들 수가 있다.

셋째는, Cronbach을 대표로 하는 판단적 정의로 평가란 "가치를 판단하는 것" 혹은 "기술(記述)과 판정(判定)의 양자를 결합한 것"으로 평가를 정의하는 입장이다.[5]

**Daniel L. Stufflebeam**

- 비판단적 정의
- "의사 결정에 필요한 정보를 제공해 주는 것"
- "각종 교육 프로그램이나 사회 관련 프로그램들에 대해 체계적인 검증을 하는 것"

- 미국의 교육학자 대니얼 스터플빔은 미국의 교육학자이며, 오하이오 주립대학의 평가 센터에서 근무한 경험이 있음
- Stufflebeam, D. L. 외. (1971). Educational evaluation and decision-making in education. "The Ten Commandments, Constitutional Amendments, and Other Evaluation Checklists", AEA 2000

**Lee J. Cronbach**

- 판단적 정의
- "가치를 판단하는 것"
- "기술과 판정의 양자를 결합한 것"

- 크론박은 평가를 연구의 통합적 부분으로 간주하며, 특히 사례 연구를 중시하면서 평가에 대한 연구적 접근의 독특한 관점을 제안함
- 목표가 실현된 정도를 판단하는 것보다는 교육의 과정 자체를 개선하는 데 평가의 목적이 있음을 강조함

# 2. 교육평가의 기능

교육평가의 기능을 설명함에 있어 보는 시각에 따라 여러 가지로 이야기할 수 있겠지만 수업 활동과 관련된 평가 기능이 주를 이루고 있다.[6]

## 2.1. 교육목표 달성도 파악

학업성취도 평가의 주된 기능은 일정한 목표를 설정해 놓고 여러 가지 교육적 방법을 동원하고, 활동을 전개해 얻어진 교육적 성과를 평가해 내는 데 있다. 즉, 학업성취도 평가는 교육목표의 달성도에 관한 증거와 정보를 수집하는 데에 일차적 관심이 있다. 학생들의 학업이 어느 정도 성취되었는지를 알아보기 위한 평가의 기능은 비단 학생의 현재 상태와 신보의 과정뿐만 아니라 교육목표 실현의 주체로서의 교사 역시도 자신에 대한 평가가 강조되지 않으면 안 된다. 이 같은 평가 활동을 통해 평가 결과가 목표수준에 미달할 경우 그 원인이 어디에 있는가를 규명하여 적절한 사후조치를 취함으로써 향후 보다 수월한 목표를 달성하는 데 기여하게 된다. 따라서 교육평가는 항상 교육목표와 병존하는 함수관계에 있으며, 교육목표가 명확하게 정의되고 구체화되었을 때 비로소 교육평가도 제 기능을 수행할 수 있게 된다.

## 2.2. 학습의 진단과 치료

앞서 제시한 교육목표의 달성을 위한 전제 조건은 학습에 참여하는 학습자가 새롭게 시작될 학습 활동 전개에 앞서 요구되는 선수능력 즉, 선행학습에 대한 이해와 새로운 학습 활동에 필요한 신체적 · 정신적 성숙 등 제반 준비가 갖추어졌을 때에 비로소 가능한 것이다. 따라서 새롭게 실시하고자 하는 교육 활동 내용과 관련한 출발점 행동의 점검과 아울러 교육 활동이 전개되는 과정에서 드러나거나 잠재되어 있는 제반 문제점들을 적시에 발견하여 그에 따른 조치를 마련해 줌으로써 불필요한 시간과 노력, 그리고 경비의 과다지출 등을 사전에

| 기능 | 내용 |
|---|---|
| 교육목표의 달성도 파악 | • 학업성취도 평가의 기능은 교육목표의 달성도에 관한 증거와 정보를 수집<br>• 평가결과가 기대수준에 미달할 경우 원인을 규명하여 수월한 목표 달성에 기여<br>• 교육목표가 명확하게 정의되고 구체화되었을 때 교육평가가 제대로 수행 |
| 학습의 진단과 치료 | • 교육의 과정에서 선행학습의 정도, 심신발달상태 등을 파악<br>• 대상자에 알맞은 교육계획을 수립하여 효과적인 교육활동을 전개 (교육평가의 목적) |
| 학습 촉진의 기능 | • 교육평가는 학습동기를 유발하는 기능을 지니고 있음<br>• 검사를 통해 자신의 학습 역량을 확인, 자신의 결점을 보충, 성적 향상의 동기 유발 |
| 교수-학습과정의 평가 | • 교수 및 학습 과정을 개선하는 데 필요한 증거를 수집하고 조작하는 방법<br>• 교수-학습이 진행되고 있는 과정을 계속적으로 점검<br>• 교육과정의 의도가 실천되었는지, 얼마나 실현되었는지를 알기 위한 노력 |
| 수업 프로그램 평가 | • 본래 의도한 목적과 학생들이 달성한 학습결과와의 차이를 비교<br>• 질을 평가하기 위해서는 수업과정에 영향을 끼치는 변인 관찰·분석<br>• 투입변인과 절차변인에 대해서도 관찰을 해야 함 |

예방하기 위한 기능을 교육평가가 수행하고 있는 것이다.

### 2.3. 학습 촉진의 기능

교육평가는 학습동기를 유발하는 기능을 지니고 있다. 검사를 받음으로써 자신의 학습역량을 확인하고 이를 통해서 자신의 결점을 보충하여 좋은 성적을 올리려는 동기가 유발되기 때문이다. 시험이 있을 것이란 예고를 받으면 학생은 만약의 실패에 대한 불안감이 생긴다. 이 불안감은 심리적으로 상당한 불쾌감을 수반하게 되고, 그 불쾌감으로부터 벗어나기 위하여 개인의 내적 심리는 일정한 반응을 불러일으키게 된다. 결국 이와 같은 반응이 학생들의 학습행동을 강화할 것이라는 가정인 것이다. 그러나 이와 같은 불안심리의 자극효과는 불안의 강도가 개인이 감당하기에 적절한 경우에 긍정적인 효과를 촉발하게 되는 것이며 과도한 시험 불안은 오히려 역효과를 불러오게 된다는 것이다. 시험에 의한 압력이 너무 커지거나 빈번해지면 학생들로 하여금 만성적인 심리불안 상태를 초래하고, 그것은 오히려 학업성취의 정도를 저하시킬 가능성도 있는 것이다.[7]

### 2.4. 교수-학습과정의 평가

교육평가의 가장 궁극적인 목적은 교수 및 학습과정을 개선하는 데 필요한 증거자료를 확보하는 데 있다. 교수-학습과정의 평가는 교육과정의 목표가 실제로 교육현장에서 실천되었는지, 전개한 교육과정 활동을 통해 학생들은 얼마나 만족하고 있는지 등을 파악하기 위한 활동이라 할 수 있다. 교육과정이 얼마나 실현되었는가를 평가한 자료는 다시 새로운 교육과정을 계획할 때 참고자료로 사용된다. 따라서 교육평가에서는 교육목적의 적절성, 교과내용, 행동영역의 적절성 여부, 학습지도 방법의 효율성, 교재·교구의 적합성, 학생들의 참여도, 지적·정의적 흐름 등에 관한 구체적이고 실증적인 증거를 다루게 된다.

### 2.5. 수업 프로그램 평가

수업이 본래 의도한 목표와 실제로 학생들이 달성한 학습 결과와의 차이를 비교하는 것이 수업 프로그램 평가의 가장 큰 목적이다. 학습 결과란 수업에서 의도한 것 중에 나타나지 않은 것 또는 의도하지 않은 것 중에 학생들 행동에서 나타난 것 모두를 말한다.

수업 프로그램을 평가할 때는 개별학생에 대한 평가보다는 수업 프로그램을 실시한 집단이 어떤 성과를 갖게 되었는가가 보다 큰 관심사가 된다. 그러므로 어떤 학생이 더 잘했는지, 누구는 몇 점인지 하는 것보다는 일반적으로는 그 집단의 평균점수, 점수의 분포 등에 관심을 갖는다.

수업 프로그램의 질을 평가하기 위해서는 수업과정에 영향을 끼치는 변인들을 관찰·분석해야 한다. 이 변인들은 투입변인, 절차변인, 산출변인으로 나눌 수 있다. 투입변인(input variable)은 수업을 이끄는 데 필요한 모든 자원을 말하며, 시설, 예산, 학생, 교사, 행정가, 사회의 요구, 수업 프로그램의 설계 등이 포함된다. 과정변인(process variable)은 투입자원들이 프로그램에서 어떻게 활용되는가를 의미하는데, 교사의 교육 방식, 행정가의 행정 방식, 수업 프로그램의 적용 등이 이에 속한다. 산출변인(product variable)이란 투입·절차변인의 작용으로 나타나는 최종 결과를 말하는데, 학생들의 학업성취도·태도·행동 등을 들 수 있다.

### 2.6. 학생의 진로지도를 위한 자료 수집

교육평가의 기능은 학생의 장래 진로지도를 위한 자료를 얻기 위해서도 필요하다. 이를테면 진학지도 · 취업지도를 하기 위하여 그 학생의 정서 · 능력 · 흥미 · 성격은 물론이고, 그 학생을 둘러싸고 있는 학급 · 가정 · 사회 환경에 대한 광범위하고 정확한 이해가 필수적이다. 현대의 교육적 관심사는 개인차를 존중하여 이에 맞는 최적의 교육기회와 학습 환경을 부여하자는 것이 일반적인 경향이다. 교육정치(educational placement)란 이러한 교육발달 추세의 입장에서 학습자가 지닌 능력 · 소질 · 성격 · 체력 등을 충분히 파악하여 그들이 지닌 능력이나 조건에 알맞은 생활지도와 학습지도를 함으로써 교육목표 달성에 최선을 다하는 것인데, 교육평가는 이와 같은 학습자의 올바른 정치를 위한 자료제공 기능을 수행하고 있는 것이다.

### 2.7. 행동증거의 평가

교육평가는 항상 학생들의 행동 변화에 대한 증거를 포착하는 데 민감해야 한다. 여기에서 행동이란 교육을 통해 학생들에게 길러 주고자 하는 모든 행동을 의미한다. 교육평가는 항상 이와 같은 학생들의 모든 행동을 대상으로 어떠한 행동이 얼마만큼 또는 어떻게 변화했느냐를 추구하면서 그 행동의 증거를 과학적으로 수집하고 분석하는 역동적인 교육 활동으로 전개되어야 한다.

### 2.8. 제반 교육 활동에 관한 효과 파악

교육적 가치 창출을 위해 실시되는 각종 교육 프로그램과 관련하여 그 같은 활동의 결과가 본래 의도하였던 효과를 거두었는지에 관한 판단의 준거를 얻기 위해 교육평가는 실시되는데, 이와 같은 평가 활동이 프로그램 평가의 주된 관심사가 된다. 뿐만 아니라 교육의 향상을 위한 교사의 자질, 그 배치, 학교의 시설, 학교제도, 교육행정 등의 전반에 대한 관리 면에서 가치판정을 하기 위한 목적으로 교육평가가 실시된다.

## 3. 교육평가의 최근 동향

1940년대 후반, R. W. Tyler가 제안한 '목표지향평가'는 지난 60여 년간 대다수 국가들의 학교교육현장에 지대한 영향을 끼쳐 왔다. 모든 교육 활동들이 설정된 목표에 따라 의도되고 계획된 목표를 달성하는 데 주력해 왔고, 성취수준을 측정하기 위한 객관식 선택형 학력검사가 교육현장에 보편화되었다. 그러나 포스트모더니즘의 영향으로 인해 종전의 지식 위주 교육이 지식뿐만 아니라 정의적, 감성적 차원에서 태도 및 가치관의 변화 역시도 교육의 목표와 성과로 간주해야 한다는 주장이 태동되었다. Tyler식 목표지향평가와 객관식 선택형 학력평가 방식에 대한 문제제기가 시작되면서 학교교육에 몇 가지 중요한 변화가 감지되기 시작한 것이다. 인지능력을 강조하던 기존의 학교교육이 반응 위주의 감성 및 창의력 향상에 주안점을 두게 되었고, 결과 중심에서 과정 중심의 교육과 통제나 규율보다는 자율을 추구하는 교육이 강조되고 있다. 목표에 근거한 의도된 효과뿐만 아니라 의도하지 않았던 교육적 효과까지도 성과로 포함시키는 소위 '탈목표지향평가'가 평가연구의 지평을 넓혀 놓았고, 교육연구가 교사-학생 간의 단순관계로부터 제반 변수들 간의 상호작용 효과에 관심을 갖게 되었다. 기존의 객관성과 신뢰성을 강조하던 측정 방식으로부터 점차 탈피하여 현장의 타당성과 유용성을 강조하는 쪽으로의 연구 방향이 전환되고 있다. 모든 교과에 대한 획일적인 평가 방법으로부터 교과별 특성을 고려한 다양한 근거자료를 바탕으로, 특정 연구 설계 방식 의존도를 탈피한 통합적 연구의 접근 방법이 확산되고 있다는 점 등은 이제 현장교육연구의 새 지평을 열어 갈 만한 충분한 여건의 성숙과 시점이 되었다고 본다.

뿐만이 아니라, 기존에 평가 결과를 점수화하고 그를 바탕으로 등급화하고 서열화하며 점수 자체를 학력으로 간주하며 절대시하던 경향으로부터 학습 과정 및 결과를 중심으로 학습자의 특성 및 변화를 기술 및 묘사하고 그에 입각한 판단 및 결정을 중시하는 방향으로의 전환이 이루어지고 있음도 중요한 변화다. 학습 활동 종료 후의 총괄평가를 통한 지나친 경쟁 위주의 단순비교 논리와 규준지향평가로부터 탈피한 학생의 동기 · 특성 · 장점 · 의도 · 요구 · 학습과제 등의 수행과정에 대한 관찰을 통해 개인의 능력을 파악하려는 준거지향평가, 성장지향평가, 잠재력지향평가에 보다 많은 관심을 두는 의미 있는 변화가 일고 있다. 그러나 이와 같은 변화에도 불구하고 우리네 교육현장은 아직도 교육자의 직접적인 관찰 및 기술에 의한 교육성과보다는 어설픈 측정 도구에 의한 측정 방법이 보다 신뢰를 얻고 있고, 그와 같은 결과로 인해 타당하고 적절한 교육효과를 제대로 산출해 내지 못하는 취약점을 오랫동안 반복해 왔다는 생각이 든다. 무엇보다도 현장이 요구하는 유용한 결과물을 내놓을 수 있으려면, 먼저 현장교육에 관한 문제를 풀어가는 연구의 접근 방식이 보다 더 유연하고 다양한 방법으로의 변화가 선행되어야 한다. 배호순(2008)[8]은 교육평가의 최근 동향을 다음과 같이 소개하고 있다.

① 이미 정해 놓은 교육목표를 중심으로 한 목표 달성도를 확인하는 데 초점을 두던 평가적 접근으로부터 교수-학습과정에서 실제로 경험하고 변화한 점을 포함한 의도하지 않은 '탈목표적' 교육 효과까지도 평가해야 한다는 실용주의적 접근 방법으로의 전환이 이루어지고 있다.

② 심리 측정 논리에 기반을 두고 학력검사 결과를 맹신하며 측정 방법 및 도구의 신뢰성과 객관성을 중시하던 평가 활동으로부터 평가 내용 및 방법의 교육과정(교육목표)에의 타당성, 유용성, 공정성을 중시하는 방향으로의 전환이 이루어지고 있다.

③ 평가 결과를 점수화하고 그를 바탕으로 등급화하고 서열화하며 점수 자체를 학력으로 간주하며 절대시하던 경향으로부터 학습 과정 및 결과를 중심으로 학습자의 특성 및 변화를 기술 및 묘사하고 그에 입각한 판단 및 결정을 중시하는 방향으로의 전환이 이루어지고 있다.

④ 암기와 이해 위주의 분석적이고 단편적인 지식 중심의 학습평가로부터 다양한 과제를 부여하여 과제수행을 통한 학습 활동을 유도하고 그를 통한

사고력, 창의력, 문제해결력 등 고등정신능력 위주의 종합적이고 총체적인 변화(성장 및 발달)를 중시하는 평가로의 전환이 이루어지고 있다.

⑤ 지나친 경쟁 위주의 단순비교 논리와 규준지향(상대평가식)평가로부터 탈피하여 성취 및 발전 위주의 개인의 장점과 특성을 파악하는 데 중점을 두는 준거지향평가, 성장지향평가, 잠재력지향평가에 보다 많은 관심을 두는 변화가 일고 있다.

⑥ 기계적이고 단순한 도구 및 방법에 의존하던 평가로부터 다양한 방법 및 도구의 사용과 교사의 관찰 및 판단에 의존하는 평가로의 전환이 이루어지고 있는바, 모든 교과에 대한 획일적인 평가 방법으로부터 탈피하여 교과별 특성을 고려한 평가 방법을 강구하고 다양한 근거자료를 바탕으로 한 평가적 판단을 중시하고 그를 통하여 평가의 타당성·신뢰성·객관성 및 공정성을 제고시키려는 노력이 활발하게 이루어지고 있다.

⑦ 학습 활동 종료 후의 총괄평가만을 중시하던 것으로부터 교수-학습과정 중의 진솔하고 실제적인 평가(포트폴리오를 포함한 수행평가)에 대한 관심도가 증가되고 있고, 학습 주체자인 학생의 동기, 의도, 요구, 학습과제 수행과정에 관한 관찰 및 판단을 강조하는 융통성 있고 다양한 평가 활동을 요구하는 방향으로의 변화가 일고 있다.

⑧ 학업성취도검사 중심의 단순한 서열화 및 등급화를 중시하는 사정 및 측정 활동을 강조하던 관행으로부터 탈피하여 교사의 종합적인 판단을 중시하는 평가에 대한 관심도가 증가하고 있는바, 학생의 학습 활동 및 성장발달 면을 포함한 성취수행 면에 대한 교사의 직접 관찰 및 기술에 의존하여 학생 개개인의 특성, 장점을 파악하고 개인별 변화, 진전 및 진보, 발전, 성장을 중시하는 평가를 지향하고 있다.

한편, 학생의 학업성취도 평가만을 중시하던 패턴에서 탈피하여 교원의 책무성을 제고시켜 교육의 효과 증대와 질적 개선을 기하기 위하여 교육과정 평가와 더불어 학교기관평가 및 정책평가에 대한 관심도가 증가하고 있어 교육평가의 영역 및 내용이 크게 확대되며 심화되고 있는 경향을 보이고 있다.

# 4. 평가 용어의 개념 구분

## 4.1. 측정(measurement)

국내 교육평가연구회의 용어사전에 따르면 "측정이란 사물을 구분하기 위하여 규칙에 따라 수를 부여하는 절차, 대체로 연구자가 관심을 갖고 있는 대상의 특성을 조작적으로 규정한 다음, 반복할 수 있는 절차에 따라 체계적으로 숫자를 지정한다. 측정은 어느 시점에서의 현상이나 개인의 특성이 비교적 안정적이라는 가정하에 실시하므로 신뢰도 및 객관도 유지에 관심을 갖는다."[9]고 되어 있다.

이처럼 측정이라 함은 어떤 행동이나 사물 또는 사건의 증거를 수집하기 위해 그 같은 대상에 일정한 규칙에 따라 수치를 부여하고 수량화하는 것을 의미한다. 일반적으로 교육학이나 심리학에서 말하고 있는 측정의 개념은 어떠한 행동이나 사물 또는 사건에 수치를 부여하여 속성을 나타내는 자료를 수집하기 위한 것으로 표시할 수 있는데, 일찍이 Thorndike는 1904년 '정신적 · 사회적 측정학 서설'이라는 저서를 내고 "만일 어떠한 것이 존재한다면 그것은 양으로서 존재하며 양적으로 존재하는 것은 측정이 가능하다."(If a thing exists, it exists in some amount; If it exists in some amount, it can be measured.)라는 전제로부터 측정은 출발하게 된다. 우리가 흔히 사용하고 있는 시험, 혹은 검사라는 용어는 측정에 있어 어떤 속성을 재기 위한 자(尺)와 같은 것으로써 이들을 일컬어 측정 도구라고 한다.

측정의 대상에는 직접 측정이 가능한 가시적 속성과 직접 측정이 불가능한 비가시적 속성이 있다. 즉, 키라든지 혈압 등은 직접 측정할 수 있으나 정의적 · 인지적 행동영역은 직접 측정이 불가능한 잠재적 속성으로서 검사라는 도구를 사용하여 간접 측정할 수밖에 없는 것이다. 간접 측정의 대상에는 학업능력, 적성, 자아개념 등이 이에 속한다.

측정을 위한 기본 절차로는 첫째, 측정하고자 하는 대상을 정하고, 둘째, 측정하고자 하는 대상의 속성이나 행위를 구체화하여야 한다. 셋째, 측정 대상의

| 측정 (measurement) | 어떤 행동이나 사물 또는 사건의 증거를 수집하기 위해 대상에 일정한 규칙에 따라 수치를 부여하고 수량화하는 것 |
|---|---|

| 측정 도구 | 측정 대상 |
|---|---|
| • 측정을 위한 자료를 수집하는 도구를 통칭<br>• 시험, 검사, 고사 | • 가시적 속성(직접 측정 가능)<br>- 키, 혈압 등<br>• 비가시적 속성(직접 측정 불가능)<br>- 학업능력, 적성, 자아개념 등 |

속성을 측정하는 측정 단위를 설정하고 수를 부여하는 규칙을 정하여야 하는데 사물 또는 현상의 속성을 측정하기 위한 단위를 척도(scale)라 부른다.

## 4.2. 척도(scale)

척도의 종류는 그 측정수준에 따라 명명척도(nominal scale), 서열척도(ordinal scale), 구간척도(interval scale) 및 비율척도(ratio scale)의 네 가지로 나뉘게 된다.[10] 일반적으로 우리는 모든 숫자들이 가감승제가 될 수 있는 것으로 알고 있지만 경우에 따라서는 이러한 계산이 불가능하거나 또는 무의미하다는 사실에 주의를 하지 않으면 안 된다. 이는 그 측정에 이용된 척도의 성질에 따라 같은 숫자라도 다른 성질을 띠기 때문인 것이다. 따라서 교육의 현상들을 규명하고 연구하며 학생들의 학업성취를 측정함에 있어서 무엇보다도 중요한 사실은 어떠한 수준의 척도를 사용해야 할 것인가를 결정하는 일이며 측정 자료를 분석하거나 결과를 해석함에 있어서도 어떤 척도에 의해 얻어진 값인가를 알아야 정확한 분석과 해석이 가능하게 된다. 자연과학에서의 척도가 비율척도를 주로 사용하고 있는데 비해 교육학을 포함한 사회과학에서 주로 사용하는 척도들은 명명척도와 서열척도 그리고 구간척도에 의존하고 있음을 고려해 볼 때 이들 측정 척도에 대한 개념의 이해는 매우 중요한 것이다.

### (1) 명명척도

가장 낮은 수준의 척도로 단순한 분류를 위해 사용된다. 수열의 연속성이 없기 때문에 척도의 구실을 못할 때가 많다. 예로서 인간을 성별로 분류하여 한 집단을 '남성', 다른 집단을 '여성'이라고 부를 때 여기서 '남성' 집단에게 1을, '여성' 집단에게 2라는 수치를 매긴다면, 이런 수치가 바로 명명수(nominal number)가 된다. 이 경우 1 또는 2라는 수는 보통의 수량적 의미를 띠는 것이 아니라 다만 그 집단 명칭을 대신할 뿐이다. 따라서 여기서 1+2라는 계산은 불가능하며 이러한 덧셈뿐만 아니라 가감승제와 같은 일체의 산술적인 계산이 불가능하다. 명명척도의 특성은 비방향성을 갖는다는 점이다. 다시 말하면 국적과 같은 특성은 한국인, 미국인, 일본인, 프랑스인 등으로 구분할 수 있으나 그 순서가 어떠한 크기나 순서 등을 의미하지는 않는다는 점이다. 이처럼 명명척도로 얻어진 자료의 경우 사례 수, 백분율, 최빈치의 계산과 더불어 유관상관계수 등을 적용할 수 있다.

(2) 서열척도

어떤 사물의 특성에 순위를 부여하는 척도로 서열 또는 부여된 숫자 간에 대소를 결정하기 위해 사용된다. 서열척도의 대표적인 예로는 한 집단의 사람들을 신장순으로 세워 놓고, 키가 작은 사람부터 1, 2, 3, 4, ……식으로 번호를 매겨 나가는 경우를 들 수 있다. 그러나 이때 4>3이고 3>2의 관계는 성립되지만 4−3=3−2의 관계는 반드시 성립된다고 할 수 없다. 왜냐하면 서열척도에서는 각 수치 사이에 양적인 대소서열은 유지되지만, 계속되는 두 수치 사이의 간격은 반드시 똑같지 않기 때문이다. 서열척도의 특성은 앞의 명명척도와는 달리 일정한 방향성을 갖고 있을 뿐 첫째와 둘째 그리고 둘째와 셋째 사이의 간격이 일정치는 않다는 점이다. 예를 들면 무게는 일정한 방향이 규정되어 있어 가벼운 것, 덜 가벼운 것, 무거운 것이라는 표시는 가능하지만 이것은 가벼움, 무거움이라는 부등식이 성립할 때만 의미가 있다. 따라서 순위척도는 서수이지 기수가 아니므로 이 척도로 얻은 측정치는 가감승제의 의미가 없게 된다. 서열척도로 얻어진 자료 분석을 위해 사용이 가능한 통계적 방법은 앞서 열거한 명명척도의 방법이 다 적용된다. 그리고 이에 더하여 중앙치, 사분편차, 백분위 점수, 등위차 상관계수의 계산이 가능하다.

| 척도 | 설명 | 예시 |
|---|---|---|
| 명목척도 | 선수들에게 고유 숫자를 부여한다. |  3번선수 / 11번선수 / 23번선수 |
| 서열척도 | 선수의 기량에 따라 순위를 정한다. |  1등(금메달) / 2등(은메달) / 3등(동메달) |
| 구간척도 | 심사자가 10점 만점을 기준으로 선수의 기량을 평가한다. |  9.8(점) / 9.1(점) / 8.5(점) |
| 비율척도 | 200m 단거리 육상기록을 측정한다. |  13.4(초) / 14.2(초) / 15.8(초) |

**그림 1-1 측정을 위한 주요 척도의 해석**[11)]

(3) 구간척도

대상에 할당된 숫자들 간의 등간성(等間性) 여부를 결정하기 위하여 사용되며 등간척도라고도 한다. 즉, 등간이란 말은 척도상의 모든 단위 사이의 간격이 일정하고 같다는 뜻인데 구간척도란 서열척도에서와 같이 수치 사이에 양적인 대소 서열이 유지될 뿐만 아니라 한걸음 더 나가서 그 계속되는 수치들 사이의 간격이 똑같은 척도를 말한다. 따라서 이것은 사물의 판단을 비교적 수량화해서 표현하게 만들고 있다. 그러므로 이러한 종류의 척도로 얻어진 측정은 어느 정도 산술적 계산이 가능하다. 그러나 구간척도에는 절대영점이 없거나 있더라도 척도상의 영점과 일치하지 않기 때문에 실제의 수학적 계산에 큰 제한을 받고 있다. 예로서 시험점수의 경우나 온도계 눈금의 수치는 등간(等間)이지만 비율이 일정한 것은 아니라는 점이다. 눈금상 0점은 온도의 절대영점인 −273℃와 일치하지 않는다. 따라서 눈금의 0점은 상대적인 것에 지나지 않는다. 10℃는 5℃보다 5℃ 높을 뿐이지 두 배로 더 높은 온도라고는 할 수 없다. 마찬가지로 시험점수 80점은 40점보다 두 배로 잘하는 성적은 아니라는 점이다. 구간척도의 특성으로는 상대적인 의미만 지니고 있기 때문에 절대영점이 존재하지 않는다. 그래서 가감(加減)의 계산만 가능할 뿐 곱하기와 나누기의 계산은 별 뜻이 없게 된다. 통계의 적용은 명명척도와 서열척도의 방법이 다 적용됨은 물론 산술평균, 표준편차, 적률상관계수 등의 계산이 가능하다.

(4) 비율척도

절대영점인 원점이 있는 구간척도를 비율척도라고 한다. 다시 말하면 하나의 대상이 다른 것보다 몇 배나 되는가를 측정할 수 있는 척도이다. 여러 가지 척도 가운데서 가장 완전하며 모든 수학적 계산이 가능하다. 예컨대 구간척도에서는 "한 사물이 다른 사물보다 얼마의 측정 단위만큼 더 큰가"의 수량적인 비교만 가능하지만 비율척도에서는 "한 사물이 다른 사물보다 몇 배 더 큰가" 하는 비율적 비교 판단도 가능하다. 따라서 이러한 척도로 얻어진 수치는 모든 수학적 운용(가감승제)이 가능하다. 왜냐하면 이 모든 수치는 실제 수량과 같기 때문이다. 예로서 저울의 눈금, 무게, 길이 등을 들 수 있는데 60kg은 30kg의 두 배라는 것으로 표시할 수 있다. 비율척도의 특성으로는 절대영점을 가졌기 때문에 측정 단위의 선택이 오직 한 가지뿐이라는 점이다. 통계의 적용은 명명척도, 서열척도, 구간척도의 방법이 다 사용된다.

### 4.3. 평가(evaluation)

측정에서 얻어진 결과에 대해 가치를 판단(혹은 부여)하는 활동을 말하는데, 이는 이미 설정된 외적 준거에 비추어 자료·사물·정책 등을 판단하는 능력을 포함한다.

일반적으로 평가의 개념은 측정의 개념보다 넓은 의미를 지니고 있는데, 평가는 측정이 다루는 양적인 기술을 포함할 뿐만 아니라 가치판단을 위한 활동을 의미하기도 한다. 이와 관련하여 교육평가를 설명하면, 1930년 Tyler가 최초로 educational evaluation이라는 단어를 사용하여 목표 달성 차원에서 정의

| 평가 (evaluation) | 측정에서 얻어진 결과에 대해 가치를 판단하는 활동으로 측정의 개념보다 넓은 의미 |
|---|---|

| 평가 (evaluation) | 목적달성 차원 정의 | 의사결정 중심 정의 | 가치판단 중심 정의 |
|---|---|---|---|
|  | • Tyler<br>• 학습성과 측정을 통한 목표달성도 확인<br>• 교육과정과 수업 활동 등을 통해 교육 목표가 실제로 도달된 정도를 결정하는 과정 | • Cronbach & Stufflebeam<br>• 교육과 관련된 의사결정을 내리는 데 필요한 정보를 수집하는 활동, 또는 그 과정<br>• 교육의 성과뿐만 아니라 정책, 제도, 시설, 재정 등의 정보 수집 활용 | • Scriven & Stake<br>• 교육과 관련된 어떤 대상의 장점, 질, 가치 등을 판단하는 과정과 그 산물 |

를 내렸는데 이 입장은 교육과정과 수업활동 등을 통해 교육목표가 실제로 도달된 정도를 결정하는 과정으로 정의하였다. 우리나라에서도 해방 이후 현대적 의미의 교육평가가 도입되면서 학력평가를 교육목표 달성도를 측정하는 것과 연관시키려는 Tyler식 개념이 널리 사용되어 왔다.

의사결정 중심 정의 입장은 교육평가를 교육과 관련된 의사결정을 내리는 데 필요한 정보를 수집하는 활동 또는 그 과정으로 규정한다. 대표적인 학자로는 Cronbach과 Stufflebeam을 들 수 있다. 이들은 학습 성과의 측정을 통한 목표 달성도를 확인하는 Tyler식 입장을 탈피하여 성과뿐만 아니라 일련의 과정에 관한 정보를 수집하려는 점에서 교육평가를 더 넓게 보려는 시각이다. 이 입장에서는 의사결정에 필요하다면 교육의 성과뿐만 아니라 정책, 제도, 시설, 재정 등과 같이 교육에 투입되고 운영되는 투입과 과정에 관한 정보도 수집하여 활용할 것을 강조한다.

가치판단 중심 정의 입장은 교육평가를 교육과 관련된 어떤 대상의 장점, 질, 가치 등을 판단하는 과정과 그 산물로 정의한다. 대표적 학자로는 Scriven과 Stake 등을 들 수 있다. 이 입장에서는 교육평가의 과정을 우선 평가 기준으로 설정하고 관련 정보를 수집한 뒤에 평가 기준을 적용하여 대상의 가치나 유용성, 효과, 중요성 등을 판단하는 것으로 종료된다고 보는 입장이다.

### 4.4. 측정과 평가의 비교

측정(measurement)과 평가(evaluation), 이들 두 개념을 교육평가의 과정에서 보면 측정이 평가에 선행하여 이루어진다는 점이다. 다시 말해 어떤 대상을 측정해 낸 결과에 의해 좋고 나쁨의 가치판단(평가)을 하는 것이다. 그러나 이 두 개의 개념은 교육평가 실제에 있어서 구분할 수 있다는 것은 두 낱말의 개념상의 차이를 밝힐 수 있다는 뜻이고, 동의어로 사용한다는 것은 평가의 실제적 과정에서 측정과 평가가 한 단위로 연결된 과정이기도 하기 때문이다. 즉, 측정만으로 끝나는 경우는 거의 없고, 측정의 결과에 의한 평가가 반드시 뒤따르기 때문에 측정과 평가는 불가분의 관계가 성립하는 것이다. 교육측정과 교육평가의 개념상의 차이를 좀 더 구체적으로 진술하면 다음과 같다.

① 발달 순서로 측정이 평가보다 앞선다.

② 측정은 과학적이고 객관적인 수량화에 중점을 두나, 평가에는 목적과 가치를 염두에 두고 측정에서 얻은 자료를 이용하여 교육목표 달성의 정도를 따지며 질적인 해석을 중요시한다.

③ 측정은 신뢰도에 관계된 개념이고, 평가는 타당도에 관련된 개념이다.

④ 측정은 지적 능력이 주된 대상이나, 평가는 전인적 발달이 대상이다.

⑤ 측정은 평가 속에 포함되며, 평가는 최후적이다.

⑥ 측정은 평가를 위한 수단이며 방법이다.

⑦ 측정은 단발적인 의미를 가지며, 평가는 계속적인 의미를 가진다.

**교육측정**

- 과학적이고 객관적인 수량화에 중점을 둠
- 신뢰도에 관계된 개념이며, 단발적인 의미를 가짐
- 지적 능력이 주된 대상이며, 평가를 위한 수단이며 방법임

**교육평가**

- 목적과 가치를 염두에 두고 측정에서 얻어진 자료를 이용하여 교육목적 달성의 정도를 따지며 질적 해석 중시
- 타당도에 관련된 개념이며, 계속적인 의미를 가짐
- 전인적 발달이 대상임

## 4.5. 사정(assessment)

사정이란 다양한 측정 자료들을 통해 평가하고자 하는 개인이나 대상을 종합적으로 판단하는 것을 말한다. 예컨대, 대학에서 신입생을 선발할 때 고등학교 내신 성적, 수학능력시험 성적, 논술고사 성적, 면접고사 성적 등 다양한 자료들을 종합적으로 검토해 입학 여부를 결정하는 방식이 사정 활동에 해당된다. 사정을 의미하는 영어의 assessment는 원래 라틴어의 assidere에서 유래된 것으로 'sit beside'라는 뜻을 지니고 있다.[12)]

측정이나 검사는 사정과정에서 정보를 수집하기 위해서 사용하는 많은 방법 중의 하나에 지나지 않는 반면에, 사정은 측정이나 검사와는 달리 다양한 자료나 방법을 통해 종합적으로 판단한다는 점에 그 특징이 있다. 그러나 평가와 사정에 대한 개념 구분은 학자마다 일치하지 않으며, 실제 상황에서 평가와 사정이 같은 의미로 사용되기도 한다.

## 4.6. 검사(testing)

검사는 시험이나 중간고사 혹은 기말고사 등과 같이 측정을 위한 척도를 의미하며 행동의 증거를 수집하는 도구, 즉 측정 도구를 지칭하는 개념으로 쓰인다. 검사와 관련한 개념적 정의로는 Aiken(1979)에 따르면, 검사는 개인의 행동이나 수행을 평가하는 데 사용되는 도구라고 정의를 내리고 있으며, Brown(1976)은 검사란 행동의 표본을 측정하기 위한 체계적인 절차라고 규정하였다. Cronbach(1970)은

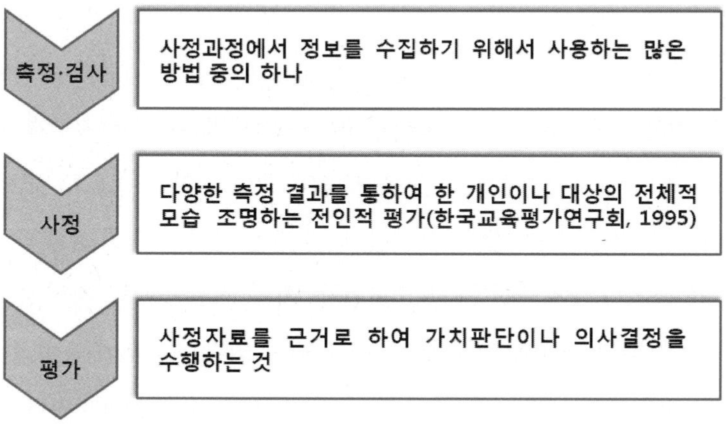

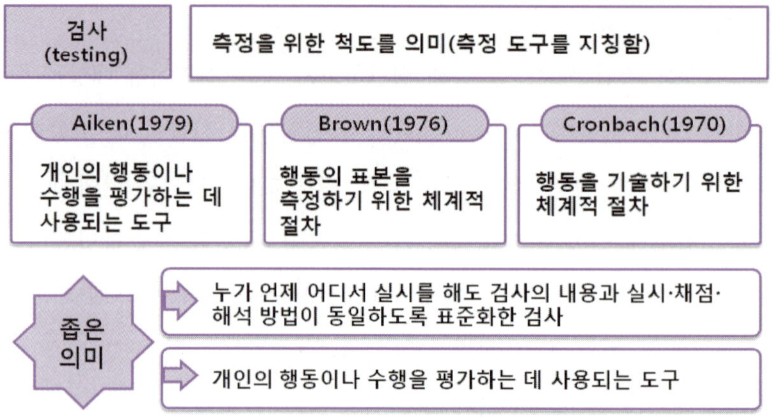


개인의 행동을 관찰하고 숫자 척도나 범주체계의 도움으로 행동을 기술하기 위한 체계적 절차[13]라고 검사의 개념을 설명하고 있다. 일반적으로 심리학이나 교육학에서는 신체적 · 정신적 · 사회적 능력이나 특성 등에 대한 개인차를 측정할 목적으로 일정한 조건하에 미리 정해 놓은 문서나 자극을 제시한 다음 그에 대한 반응 및 성과를 어떤 기준을 근거로 삼아 양적으로 혹은 질적으로 비교 · 기술하는 조작적인 절차를 검사라고 하는데, 좁은 의미로는 누가 언제 어디서 실시를 해도 검사의 내용과 실시 · 채점 · 해석 방법이 동일하도록 표준화한 검사만을 의미하기도 한다.

### 4.7. 지능검사

인간의 지적 능력을 측정해 내기 위해 고안된 검사로 Binet가 인간의 지적인 능력을 이해력과 판단력 그리고 추리력으로 구분하고 이를 측정해 내기 위해 개발해 낸 지능검사 도구 이후에 수많은 형태의 지능검사 도구가 제작되었다.

이들 지능검사 도구 가운데 Thurston의 경우는 어휘력, 수리력, 지각력, 공간력, 추리력, 기억력, 그리고 언어유창성 등을 지능의 구성 요인으로 보고 지능검사를 개발하였다.[14] 그러나 이와 같은 지능검사 결과는 검사의 모호성과 막연하고 포괄적인 언어와 수리에 치우쳐 학교학습을 예측하는 능력을 지니지 못하며 인종이나 학생들의 문화적 배경에 편파성을 지니고 있다는 등의 이유로 학생들의 판단자료로 사용하지 못하도록 규정하고 있는 것이 미국의 실정이다. 이처럼

| 지능검사 | 인간의 지적 능력을 측정해 내기 위해 고안된 검사 |
|---|---|

**문제점**

- 지능검사 결과 검사의 모호성
- 막연하고 포괄적인 언어와 수리에 치우침
- 학교 학습을 예측하는 능력을 지니지 못함
- 인종이나 학생들의 문화적 배경 편파성

지능검사의 문제점을 극복하고 학생들의 학교학습과 직접적으로 관련된 능력을 측정해 내기 위한 대안으로 출현한 검사가 학업적성검사(Scholastic Aptitude Test : SAT)이다.

### 4.8. 학업적성검사

예측타당도를 중시하는 검사로 검사 결과를 통해 피험자가 장차 필요한 학습능력의 수준을 미리 판별해 내는 것을 주된 목적으로 하고 있다. 현재 미국에서 대학입학시험으로 실시되는 SAT 시험을 예로 들 수 있으며 법과대학원 입학을 위한 LSAT 등이 이에 해당된다.

우리나라에서도 해마다 실시되고 있는 대학수학능력시험이 이에 해당되는데 대학수학능력시험 제도의 출현 초기 '학업적성검사'라는 용어를 사용했으나 일반인들에게 학업능력을 검사하기보다는 일종의 심리검사로 오인되는 등 혼란을 준다는 이유로 현재의 명칭으로 수정하게 되었다.

| 학업적성검사 | 학교 학습과 직접적으로 관련된 능력 측정을 위한 대안으로 출현한 검사 |
|---|---|

| 목적 | 종류 |
|---|---|
| 검사 결과를 통해 피험자가 장차 필요한 학습능력 수준을 미리 판별해 내는 것 | SAT, LSAT, 대학수학능력시험 |

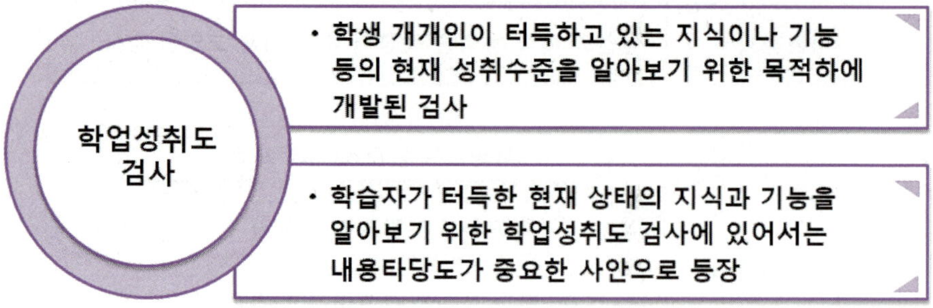


### 4.9. 학업성취도검사(Academic Achievement Test)

학생 개개인이 터득하고 있는 지식이나 기능 등의 현재 성취수준을 알아보기 위한 목적하에 개발된 검사를 의미하는데, 이를 통해 교수-학습과정에서 터득한 내용의 수준을 측정해 내기 위한 것이다. 따라서 학습자가 터득한 현재 상태의 지식과 기능을 알아보기 위한 학업성취도 검사에 있어서는 내용타당도가 중요한 사안으로 등장하게 된다.

### 4.10. 지능검사 · 학업적성검사 · 학업성취도검사의 비교

앞서 설명한 지능검사와 학업적성검사, 그리고 학업성취도검사를 구분하는 절대적 기준점을 이야기한다는 것은 다소 무리가 따르는 일이기는 하지만 성태제(2002)는 다음 〈표 1-1〉과 같이 비교표를 제시하고 있다.

〈표 1-1〉 지능검사 · 학업적성검사 · 학업성취도검사 비교[15)]

| 종 류 / 내 용 | 지능검사 | 학업적성검사 | 학업성취도검사 |
|---|---|---|---|
| 검사 목적 | 지적 능력 파악 | 미래학습 성공여부 | 현재 지식 · 기술수준 |
| 측정 내용 | 일반 지적 능력 | 예전 학습 내용 | 최근 학습 내용 |
| 교과목 관련성 | 없다 | 없다 | 있다 |
| 검사 난이도 | 쉽다 | 보통 | 어렵다 |
| 중요 타당도 | 내용/구인타당도 | 예측타당도 | 내용타당도 |
| 검사 종류 | Binet, Wechsler | SAT Ⅰ, GRE, 대학수능 | SAT Ⅱ, GRE, 대학수능 |

2장

# 평가 유형

본 장에서는 평가 유형을 구분하는 준거를 소개하고 각각의 평가 유형들이 지니고 있는 기본 취지와 이들의 장·단점들을 비교해서 설명한다. 특히 규준지향평가와 준거지향평가가 지향하고 있는 의미와 내용을 잘 숙지하기 바란다. 이들 두 개념은 교육평가의 시작과 더불어 끊임없이 반복되는 내용이고 평가를 바라보는 관점과도 깊은 관련이 있는 내용이다. 교수-학습과정에 따른 진단평가·형성평가·총괄평가 역시 교육 활동의 전개에 따른 평가의 역할을 기술해 놓은 부분으로, 이들 세 유형의 평가 기능을 숙지할 필요가 있다.

## 1. 평가 결과의 해석에 따른 분류

교육평가 유형을 구분하는 첫 번째 범주로, 평가 결과의 해석과 관련해 평가 결과를 어떤 목적으로 사용할 것인가에 따라 규준지향평가와 준거지향평가로 구분할 수 있다.

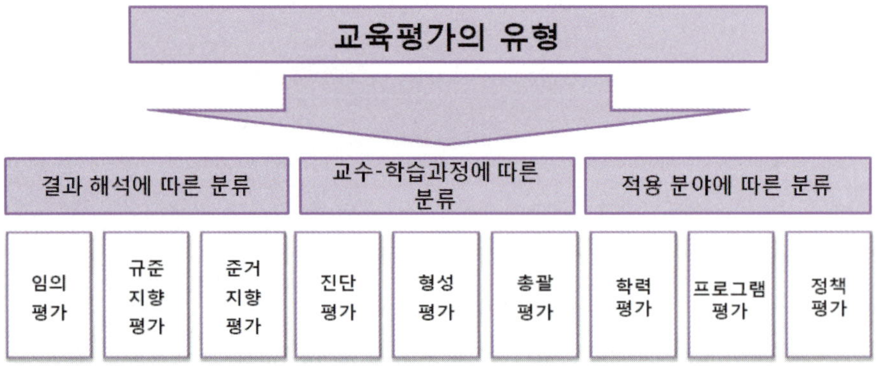


### 1.1. 규준지향평가(規準指向評價 : norm-referenced evaluation)

규준지향평가는 평가 결과를 해석할 때 집단 내에서의 상대적인 위치를 기준으로 평가하는 방법으로 흔히 상대평가라고 부르기도 한다. 이는 상대적인 위치를 판단하는 기준을 '규준(norm)'이라고 하는 데에서 붙여진 명칭이다. 한 학생의 학업성취도를 평가함에 있어 그가 속한 집단의 점수분포에 따른 상대적 위치를 가늠할 수 있는 평가 방법을 의미한다. 따라서 상대평가는 미리 설정된 교육목표의 달성도와는 관계없이 다른 학생이 자신보다 시험점수가 높은가 낮은가에 따라 자신의 수준이 평가되는 것이다.

상대평가가 지닌 특징은 개인차의 변별이 가능하다는 점을 들 수 있다. 다시 말해서 상대평가는 여러 개인의 상대적인 비교를 기초로 해서 성립하기 때문에 이러한 비교는 근본적으로 각 개인이 가진 개인차를 인정함으로써 가능하다는 점이다. 뿐만 아니라 교사의 편견을 배제할 수 있다는 점인데 이는 상대평가가 객관성을 강조하며 검사의 제작기술과 엄밀한 성적표시 방법을 채택하고 있기

| 규준지향평가 | 한 학생의 학업성취도를 평가함에 있어 그가 속해 있는 집단의 점수에 비추어 상대적으로 나타내는 평가 방법 |
|---|---|

**특징**

- 개인차의 변별이 가능하고, 외발적인 동기를 이용할 수 있음
- 교사의 편견을 배제할 수 있음(객관성 강조, 검사의 제작기술 등)

**단점**

- 현대적인 학습이론과의 불일치할 가능성과 교육적 신념 약화
- 과다한 경쟁심 조장, 교수-학습 개선·강화 부족, 평가 위주의 교육
- 집단 내부에서 통할 뿐 타 집단과의 비교 불가능

때문이다. 또 다른 상대평가의 장점은 외적인 동기를 이용할 수 있다는 점이다. 학교에서 실시하는 모든 시험은 시험 결과로 얻어지는 자료 수집에 목적이 있기도 하지만 학생 상호간의 경쟁을 통하여 더욱 더 열심히 공부를 하게 하는 자극제가 되기 때문이다. 그러나 상대평가가 좋은 점만을 지니고 있는 것은 아니다.

단점으로는 ① 상대평가는 현대적인 학습이론에 맞지 않을 가능성이 있다. 왜냐하면 현대학습이론은 외적 동기가 아니라 내적 동기 유발을 권장하고 있기 때문이다. ② 학생들에게 개개인의 학업 성취상의 진보 발전에 대한 기대를 갖게 하지 못하기 때문에 교육적인 신념을 약화시키는 결과를 초래한다. ③ 학습 집단원 간에 학력의 상대적 위치(순위)를 결정하기 때문에 과다한 경쟁심이 조장된다. ④ 평가의 기본 입장인 교수-학습 개선의 입장이나 그 강화의 측면은 매우 소홀하다. ⑤ 평가 위주의 교육에 치우치기 쉬우며 학생들은 평가 척도에 강제로 묶여 평점을 배당받게 되는 교육적 오류를 면치 못한다. ⑥ 상대평가의 기준점은 그 집단 내부에서만 통할 뿐 타 집단과의 비교가 불가능하다는 단점을 지니고 있음을 알아야 한다.

### 1.2. 준거지향평가(準據指向評價 : criterion-referenced evaluation)

준거지향평가는 일명, 목표지향평가(目標指向評價)라고도 하는데 이 평가는 교육목표 또는 학습목표를 설정하고, 이 목표를 완전학습 내지는 성취할

수 있는 최저 수락 기준을 정하며 이 기준에 비추어 학생 개개인의 학습 성취도의 정도를 따지는 것을 그 기본 입장으로 하고 있기 때문이다. 여기서 학생의 성취도란 평가에 앞서 이미 수립해 놓은 교육목표가 준거(criterion)가 되는데 이 학습목표에 비추어 평가되기 때문에 학생 개개인은 소속 학습 집단 내의 다른 학생과의 상대적 비교나, 다른 학생의 점수와는 아무런 상관이 없이 학생 자신의 성취 정도의 진보 상황에 따라서만 평가되는 것이다. 즉, 절대기준평가는 한 학생의 성적이 그가 속해 있는 집단의 검사 결과와는 아무런 상관을 가지지 않고 주어진 수업의 목표를 어느 정도 달성하였는가 하는 교수목표 달성도에 의하여 그 학생의 성적을 표현하는 방식이라 할 수 있다.

준거지향평가의 특징으로는 ① 검사의 타당도를 강조한다는 점인데 상대평가가 검사 도구의 신뢰도를 크게 강조하는 반면에 절대평가는 타당도 즉, 원래 측정하려고 계획했던 수업목표를 얼마나 충실하게 측정하고 있느냐가 강조된다. ② 부적편포(負的偏佈)에의 기대를 하게 된다는 점이다. 즉, 절대평가는 모든 학생이 다 설정된 교육목표를 달성해 주기를 기대하고 있기 때문에 자연히 검사점수의 분포가 부적으로 치우쳐진 분포곡선이 될 것을 기대한다. ③ 상대평가는 어느 집단에서건 학습의 결과가 성공적인 학생과 실패적인 학생들로 섞여 있기 마련이며 그것은 지극히 자연스러운 가정을 토대로 하고 있다. 그러나 절대평가에서는 인간은 노력하기에 따라서 무한히 발전될 수 있으며 학습자는 누구나 다 그에게 적절한 교수학습의 기회만 제공된다면 주어진 학습목표에 도달할 수 있는 가능성이 있을 뿐만 아니라 교육을 통해서 이들 가능성을 실현할 수 있다는 신념이 바탕으로 된다.

준거지향평가에 대한 단점으로는 ① 개인차의 변별이 용이하지 않다는 점을 들 수가 있다. 즉, 이 평가는 그 결과가 학습자의 개인 간의 성적 비교를 어렵게 하고 우열을 판정하는 데 부적절하다는 점이다. ② 내발적 동기를 중시하기 때문에 외발적 동기를 학습에 적용할 수가 없다는 점이다. ③ 타 집단 간의 비교에 어려움이 따른다. 절대평가의 기준은 교수목표이다. 그러나 이러한 교수목표가 지역과 교사에 따라 다르므로 동일한 목표 달성도라 하더라도

| 준거지향평가 | 주어진 수업의 목표를 어느 정도 달성하였는가 하는 교수목표 달성도에 의하여 그 학생의 성적을 표현하는 방식 |
|---|---|

**특징**

- 검사의 타당도 강조, 부적편포에의 기대
- 인간의 가능성과 실현할 수 있다는 신념이 바탕이 됨

**단점**

- 개인차의 변별이 용이하지 않고, 외발적 동기의 적용 불가
- 타 집단과의 비교와 통계적 활용이 어려움
- 절대기준 설정에 어려움이 따름

같은 교과 또는 단원의 학습목표 달성도의 정도가 같다고 할 수 없다. ④ 통계적 활용이 어렵다는 점이다. 통계적 활용은 정상분포의 이론에서 가능하나 절대평가에서는 이 정상분포를 부정하므로 이 절대평기의 전수를 활용할 수 없기 때문이다. ⑤ 절대기준 설정에 어려움이 따른다. 절대평가의 가장 큰 문제는 절대기준을 설정하는 일이 매우 어렵다는 것이다. 왜냐하면 이 절대기준을 설정하기 위해서는 각 교과의 학문구조에 대한 분석과 학습과제의 위계화 분석이 필수적으로 요구되는데 그 작업이 고도의 전문성을 요구하기 때문이다. 교육에 있어서 절대기준은 교수목표이지만 이러한 교수목표를 누가 정하느냐 또는 어떻게 정해야 하느냐 하는 문제에 직면하게 된다.

### 1.3. 규준지향평가와 준거지향평가의 비교

규준지향평가는 주로 대학입시와 같이 많은 지원자 가운데서 제한된 인원만큼을 선발하기 위한 용도로 쓰이기 때문에 지원학생들의 점수 폭을 넓히고 변별력을 높이기 위해 문항의 난이도가 중요한 과제로 대두되기도 한다. 뿐만 아니라 규준지향평가에서 중요시되는 것은 타당도보다는 신뢰도의 문제라 할 수 있다. 여기서 신뢰도가 중요시 된다는 의미는 측정의 오차를 최소화함으로써 점수의 등위를 부여하는 의사결정이 신뢰를 담보할 수 있어야 함을 의미한다. 그러나 이와 같은 규준지향평가의 맹점은 피험자의 상대적 능력을 판가름할 수 있을

〈표 2-1〉 규준지향평가와 준거지향평가의 비교

| 구분 | 규준지향평가 | 준거지향평가 |
|---|---|---|
| 이론적 근거 | 〈정상분포〉<br>상대평가에서는 높은 점수 쪽에 많은 학생이 편포되거나 낮은 쪽에 편포될 경우에는 잘못된 평가 때문인 것으로 받아들여지며 좌우가 대립하며 중앙이 높은 정상분포곡선으로 나타나는 것을 그 전제로 함 | 〈부적편포〉<br>절대평가에서는 모든 학생이 다 설정된 교육목표를 달성해 주기를 기대하기 때문에 자연히 검사점수가 부적으로 치우쳐진 편포곡선이 될 것을 기대함 |
| 검사 목적 | 피험자 서열화 | 학업성취 도달 확인 |
| 문항난이도 | 쉽고 어려움의 다양한 수준 | 적절한 수준 |
| 신뢰도<br>–<br>타당도 | 〈신뢰도〉<br>상대평가에서는 측정을 얼마나 오차 없이 정확하게 해냈는가 하는 신뢰도를 강조함 | 〈타당도〉<br>절대평가에서는 원래 측정하려고 계획했던 수업목표를 얼마나 충실하게 측정하였는가의 문제를 다루는 타당도의 문제를 중시함 |
| 검사 문항의 구성 | 개인차를 변별해 낼 수 있는 문항으로 구성 | 설정된 교육목표를 충실히 측정할 수 있는 문항으로 구성 |
| 검사 범위 | 광범위한 범위 | 한정된 범위 |
| 평가의 역할 | 비교를 통한 순위 매김 및 분류 역할 | 진단적, 형성적 역할 |
| 교육관 | 선발적 교육관<br>(상대평가는 주로 학생간의 개인차를 전제로 하는 선발의 기능을 강조하는 입장이다.) | 발달적 교육관<br>(절대평가에서는 인간의 발달 가능성을 믿고 학생의 능력을 최대한도로 발전시켜 나아가자는 데 있으므로 발달적 교육관의 입장에 선다.) |
| 지향점 | 기준 지향<br>(성적평가의 기준을 한 집단 내부에서 설정함. 즉, 한 집단 속의 평균치를 기준으로 각 개인의 상대적 점수에 관심을 둔다.) | 목표 지향<br>(성적이 학생의 소속집단과는 무관하고 단지 주어진 교수목표를 어느 정도 달성하였는가에 관심을 둔다.) |
| 평가 기준 | 상대평가에서는 한 집단의 평균점을 기준으로 함 | 학업성취가 목표에 비해 어느 정도 달성하였는지를 평가함 |
| 통계적 표기 | 퍼센타일(% ile), 표준점수(Z점수, T점수) | 원점수와 준거점수 |
| 평가 결과 | 평가 결과를 일반화시키기가 불가능함 | 평가 결과의 일반화가 가능함 |
| 개인차에 대한 관점 | 개인차의 극대화<br>(개인차를 필요불가결한 요소로 본다.) | 개인차의 최소화<br>(개인차를 교육 실패의 결과로 본다.) |

뿐, 피험자가 무엇을 알고 있으며 무엇을 모르고 있는지에 대한 정보를 제공해 주고 있지 못하다는 점이다.

이에 반해 준거지향평가에서 중요시되는 요인은 측정영역과 학습목표가 된다. 흔히 운전면허시험이나 의사면허시험 등 각종 자격시험이 이에 해당되는데 학교 학습 상황에서는 학습자들이 무엇을 얼마만큼 알고 있는가에 대한 정보를 파악하기 위한 목적하에 실시되게 된다. 이를 다시 말하면 교과 학습목표가 추구하는 수준에 대한 달성도를 파악하기 위한 것이라 하겠다. 따라서 준거지향평가를 제작하기 위해서는 교수-학습과정에서 가르친 내용들이 어떤 것이고 어떠한 내용들을 알아보고자 하는지가 중요하며 검사의 궁극적 목적이 학습자들의 합격 불합격 판정을 위한 것인지 취약한 내용들을 파악하여 보충해 주기 위한 것인지를 규명해야 한다. 준거지향평가의 경우는 학생들의 서열을 매기는 데에 있지 않기에 학생들이 이미 설정된 준거(목표)에 도달되었는지의 여부에 관심이 있으므로 규준지향평가에서처럼 다양한 난이도의 문항 개발에 신경을 쓸 필요는 없다. 또한 신뢰도의 문제보다는 타당도의 문제가 중요시되며 문항의 누가 잘하는가를 알아보기 위한 난이도보다는 답을 정확히 알고 있는 학생과 그렇지 못한 학생을 구별해 내는 변별력의 문제가 중요한 쟁점이 된다.

이상에서 언급한 규준지향 평가와 준거지향 평가 간의 차이점을 대비시켜 봄으로써 각각의 평가가 지닌 특성을 이해하기에 용이할 것으로 생각된다.

## 2. 교수-학습과정에 따른 분류

교수-학습과정의 단계 즉, 초기의 도입 단계와 전개 단계 그리고 정리 단계에 따라 교육평가의 분류는 진단평가, 형성평가, 그리고 총괄평가의 세 가지로 구분 지을 수 있다.

### 2.1. 진단평가(診斷評價 : diagnostic evaluation)

진단평가는 교수 활동이 시작되는 초기 단계에서 수업전략을 위한 기초자료를 얻고 교수방법, 학습방법이 적절한 것인지를 결정하기 위하여 학생의 기초능력을 진단하는 평가이며 이러한 목적을 위한 진단은 대개 세 가지 형태로 나누어 볼 수 있다.

첫째, 계획된 학습 단위의 목표를 성취하는 데 선행조건이 되는 출발점 행동을 학습자가 얼마나 소유하고 있는가를 결정하는 것이다.

둘째, 주어진 학습 단위 혹은 교육과정의 목표를 학습자가 알고 있는지, 그리고 그 결과에 따라서 좀 더 높은 수준의 학습 프로그램을 제공해야 할 것인지의 여부를 결정하는 것이다.

셋째, 학습자가 지니고 있는 흥미, 성격, 적성, 선행학습의 정도 등의 개인적 특성 등을 알아보아 그에 따라 적절한 교수방법이나 교수전략을 세우기 위한 자료를 제공하기 위한 것이다. 이것은 마치 의사가 환자를 치료하기 위해서는 필수적으로 행하여야 하는 것이 환자의 정확한 진단인 것처럼 교육 활동에 있어서도 교사가 효과적인 학습지도를 하기 위해서는 학습자가 가지고 있는 학습준비도(readiness)라든지 학습흥미, 학습동기, 학습자의 성격 특성, 기초학력의 정도, 학습자의 정서 등을 충분히 파악하여야 한다.

| 진단평가 | 교수활동이 시작되는 초기 단계에서 수업전략을 위한 기초자료를 얻고 교수방법, 학습방법이 적절한 것인지를 결정하기 위하여 학생의 기초능력을 진단하는 평가 |
|---|---|

**목적**

- 출발점 행동을 학습자가 얼마나 소유하고 있는가를 결정
- 학습자 수준에 따라 학습프로그램의 제공 여부를 결정
- 학습자의 개인적 특성에 따른 교수방법·전략 결정

**특징**

- 선행학습의 결손을 진단하고 이에 대한 교정 및 보충학습 평가
- 학습과제를 학습자가 얼마나 달성하고 있는가를 알기 위한 평가

## 2.2. 형성평가(形成評價 : formative evaluation)

형성평가의 개념은 스크리븐(Scriven)에 의해 제안된 것으로 학습 및 교수가 진행되고 있는 동안에 학생들이 학습목표와 관련된 사항을 확인하므로 해서 학습 곤란의 교정, 학습행동의 강화, 교사의 학습지도 방법과 교육과정 개선 등을 위한 목적으로 이루어지는 평가라 할 수 있다.

형성평가가 지니고 있는 기능은 다음과 같다.

① 학습 활동의 조정 : 형성평가를 통해서 적절하게 교정 또는 보충수업의 기회를 가지게 되면 학습결원의 누적현상을 피할 수 있게 되며, 학습자는 새로운 학습과제에서 성공적으로 학습을 계속할 수 있게 된다.

② 학습 활동의 강화 : 형성평가를 통해서 설정된 학습목표를 거의 달성하였다는 사실을 학습자가 확인하게 될 때 '해야 할 것은 했다'고 하는 자신감과 만족감을 얻게 되어서 보다 적극적으로 차후의 학습단원에 임할 수 있는 동기가 유발된다.

③ 학습 곤란의 진단과 교정 : 형성평가의 결과, 학생들은 자신의 학습 곤란을 스스로 발견하며 그것을 제거해 나가는 데 힘쓰게 된다.

④ 학습지도 방법의 개선 : 형성평가의 결과, 60% 이상의 학생이 오답을 하였다면 교사는 지도과정 중 어떤 부문에 그러한 허점이 있었던가를 찾아내어 재지도를 하여야 하며, 이러한 처방은 필요할 때마다 자주 시행을 하여야 한다.

| 형성평가 | 교수-학습이 진행되는 동안 학습목표와 관련된 사항을 확인하므로 학습 곤란의 교정, 학습 활동의 강화, 교사의 학습지도 방법과 교육과정 개선 등을 위한 목적으로 이루어지는 평가 |
|---|---|

**특징**

- 교육목표에 기초하여 평가하므로 교사가 직접 평가 도구를 제작
- 절대기준평가 이론에 기초, 송환효과(feed back)를 주려는 것
- 학생의 성적에 반영하지 않아도 됨

**기능**

- 학습 활동의 조정, 학습 활동의 강화, 학습 곤란의 진단과 교정
- 학습지도 방법의 개선, 학습 방향의 명시

⑤ 학습 방향의 명시 : 형성평가를 통하여 학생들에게 바람직한 학습의 방향을 명시하여 준다.

뿐만 아니라, 교육목표에 기초해 평가하게 되므로 이원분류표 작성에서부터 교사가 직접 평가 도구를 제작한다는 점과, 학생의 학습을 증진시키기 위해서 무엇을 개선하려는 데 강조점을 두었으므로 절대기준평가 이론에 기초를 둔다는 점, 수업개선을 위해서 즉각적으로 활용한다. 점수를 매기거나 학생의 능력을 판정하려는 평가가 아니므로 형성평가의 결과를 학생의 성적에 반영하지 않아도 된다. 끝으로 평가는 학습의 진행과정에서 자주 행해지는데 일반적으로 주어진 단원에 속하는 소단원 또는 주제에 대한 지도가 끝난 시기에 실시된다는 점을 형성평가가 지닌 기능으로 들 수가 있다.

### 2.3. 총괄평가(總括評價 : summative evaluation)

이 평가 방법 역시 스크리븐(Scriven)에 의해 제안된 것으로 중간고사나 기말고사 등에서 교과의 전 과정 또는 그 중의 상당한 부분에 걸쳐 달성된 학습 성과의 정도를 측정하여 성적을 매기는 평가를 의미한다.

총괄평가의 특징은 다음과 같다.

① 전체 과목이나 중요한 학습 내용에 대한 교수의 효과가 어느 정도인지를 판단하고 그 결과에 의해 성적을 내고 평점을 주며, 서열을 결정한다.

② 평가의 빈도는 적은 대신 단위 평가 시간은 형성평가에 비해 길다.

③ 평가목표는 일반화 가능성 또는 전이 가능성이 있는 보다 포괄적이고 가시적인 목표를 가진다.

④ 전체 교육목표를 모집단으로 하는 문항 모집단(母集團)에서 이를 가장 잘 대표할 수 있는 문항 표본을 골고루 선정, 난이도는 30~70%, 평균난이도는 50% 정도(절대기준평가 실시에 있어서는 난이도를 고려하지 않음이 바람직함)로 한다.

⑤ 학생을 판정, 등급을 정하고 자격을 부여하고 분류하는 데 목적을 두는 평가를 실시한다.

〈표 2-2〉 진단평가, 형성평가, 총괄평가의 비교[16)]

| 구분 | 진단평가 | 형성평가 | 총괄평가 |
|---|---|---|---|
| 목적 | ▸출발점 행동의 확인<br>▸학습의 중복 회피<br>▸학습 곤란에 대한 사전대책의 수립 | ▸학습 활동 조정<br>▸학습 활동 강화<br>▸학습 곤란의 진단과 교정<br>▸학습지도 방법의 개선 | ▸성적의 결정<br>▸다음 학습에의 성공 예언<br>▸교수방법의 개선<br>▸집단 간의 학습 효과 비교 |
| 실시 시기 | ▸학기나 학년 초에 실시<br>▸정규수업에서 충분한 학습이 일관해서 안 되는 경우 수업 진행 도중에도 실시 | ▸수업 진행 도중에서 | ▸단원, 학기, 학년의 종료 시에 |
| 강조점 | ▸인지적·정의적 행동과 운동기능<br>▸신체적·심리적·환경적 요인 | ▸인지적 행동 | ▸일반적으로 인지적 행동이 평가 대상, 교과에 따라 때때로 운동기능, 또는 정의적 행동이 대상 |
| 평가 용구의 유형 | ▸사전검사용의 형성적 및 총괄적 검사<br>▸표준화 학력검사<br>▸표준화 진단검사<br>▸교사 자작의 평가용구<br>▸관찰 및 체크리스트 | ▸특별히 제작된 형성적 검사 | ▸기말시험 또는 총괄적 검사 |
| 평가목표의 표집법 | ▸선수 투입행동의 표본<br>▸비중을 둔 교과목표의 표본<br>▸특정 수업 형태에 관련성을 가진 학생 변수의 표본<br>▸신체적·정서적·환경적으로 관련된 변수의 표본 | ▸단원의 지위에 포함된 모든 관련 과제의 구체적 표본 | ▸비중을 둔 교과목표의 표본 |
| 문항 곤란도 | ▸선수 기능 및 능력 진단<br>▸곤란도 65% 이상의 용이한 문항 다수 | ▸사전에 곤란도를 지정할 수 없음 | ▸평균 곤란도는 35~75%로 하고, 아주 쉽거나 아주 어려운 문항도 약간 첨가 |
| 채점 | ▸목표 및 규준 지향적 | ▸목표 지향적 | ▸일반적으로는 규준 지향적, 그러나 목표 지향도 가능함 |
| 득점의 보고법 | ▸하위 기능별 개인 프로파일 | ▸학습위계 속의 각 과제에 대한 개인별 급락의 형태 | ▸총점 또는 목표별 하위 점수 |

# 3. 평가의 적용 분야에 따른 분류

교육평가의 적용 분야는 크게 보아 학생평가, 교원평가, 교육기관평가, 교육정책평가 등으로 구분 지울 수 있으며 이들 평가 대상에 따라 각각의 기능이 달라질 수 있다.

## 3.1. 학생평가

학습자의 성장과 발달을 촉진하기 위하여 교육 활동 자체를 평가하는 것이 대단히 중요하다. 특히 학생의 진로지도를 위해 필요한 자료를 수집하기 위한 목적의 평가가 요구된다. 이를테면 진학지도 · 직업지도를 하기 위하여 그 학생의 정서 · 능력 · 흥미 · 성격은 물론이고, 그 학생을 둘러싸고 있는 학급 · 가정 · 사회 환경에 대한 광범위하고 정확한 이해가 필수적이다. 오늘날에는 개인차를 존중하여 이에 맞는 최적의 교육기회와 학습 환경을 부여하자는 것이 일반적인 경향이다. 교육정치(教育定置)란 이러한 교육발달 추세의 입장에서 학습자가 지닌 능력, 소질, 성격, 체력 등을 충분히 파악하여 그들이 지닌 능력이나 조건에 알맞은 생활지도와 학습지도를 함으로써 교육목표 달성에 최선을 다하는 것이다. 그러므로 교육평가는 학습자의 올바른 정치를 위한 자료제공 기능이 있는 것이다.

① 학력평가 : 이 영역은 교육평가에 있어서 중요한 평가영역으로서 대부분의 평가가 학력평가를 중심으로 행하여지고 있다.

② 지능의 평가 : 학습 성취의 기초가 되는 지능의 정도를 측정하여 학습 진단에 이용하고자하는 평가영역이다. 이의 측정을 위하여 여러 가지 측정 도구가 개발되어 있다.

③ 적성의 평가 : 적성은 지능의 영역과 밀접한 관계가 있으나 지능이 인간의 일반적이고 기본적인 능력을 지칭하는 데 비하여 적성은 특수 능력, 즉 미술에 소질이 있다든지 혹은 음치라든지 하는 지능의 여러 특이하게 분화된 측면을 지칭하는 것이다.

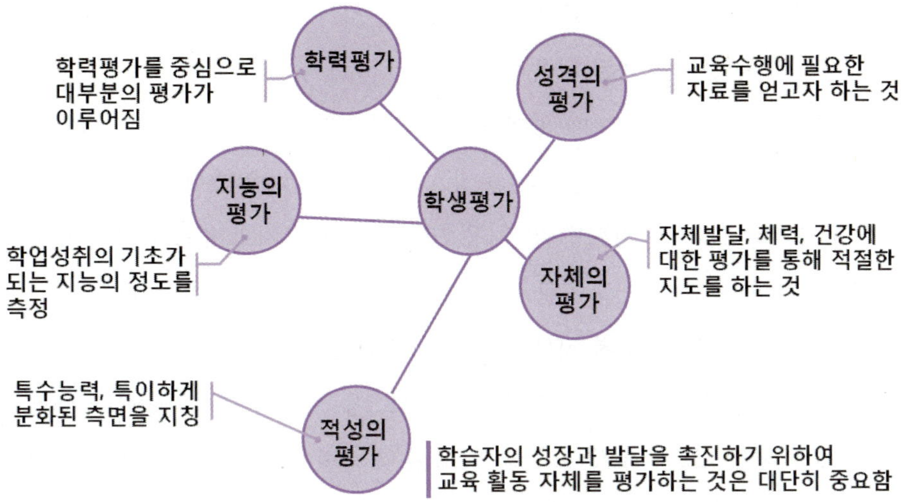


④ 성격의 평가 : 성격의 평가를 통하여 아동을 이해하고 진단하여 지도상담 등의 교육수행에 필요한 자료를 얻고자 하는 것이 성격평가의 목적이다.

⑤ 자체의 평가 : 이것은 자체발달, 체력, 건강에 대한 평가를 통하여 이에 상응하는 적절한 지도를 하는 것이 자체평가의 주요한 목적이 되는 것이다.

교육평가는 항상 학생들의 행동 변화에 대한 증거를 포착하는 데 민감해야 한다. 행동이란 교육을 통해 학생들에게 길러주고자 하는 모든 행동을 의미한다. 교육평가는 항상 이와 같은 행동 전체를 대상으로 어떠한 행동이 얼마나 어떻게 변화했느냐를 추구하면서 그 행동의 증거를 과학적으로 수집하고 분석하는 역동적인 교육 활동으로 전개되어야 한다.

### 3.2. 교원평가

일반적인 의미에 있어 교원평가란, 교사의 전문성 개발을 통해 학생의 교육적 혜택을 강화하여 조직과 개인적인 성장을 도모하기 위한 것이라 할 수 있다. 교원평가는 교원들이 자기 능력을 개발할 수 있는 계기를 마련하도록 지원하는 데 있으며, 공정한 평가를 통해 교원의 지도능력 및 전문성을 강화해 학교교육의 질을 높이기 위한 것이다.

또한 학습을 지도하는 교사가 자기반성을 하는 자료를 얻기 위해서 행해진다. 설정된 교육목표, 채택된 교육과정, 사용된 교과서, 보조교재, 교수법 등이 바람직한 교육효과를 올리는 데 있어서 중요 역할이 되었는가 안 되었는가를 판정하기 위해서다. 교사는 학습자의 환경 가운데서 가장 영향력이 크다. 그러므로 교원평가는 교사의 지도방법, 내용 및 지도능력 · 지도태도가 평가의 표적이 되며, 나아가 교사의 교육관 · 가치관 등도 평가의 대상이 된다.

최근 국내 일선학교에 적용하기 위한 교원평가는 '교원능력개발평가'로 명칭을 정하여 교장 · 교감 · 교사와 학생, 학부모 등 학교의 구성원들이 교사의 학습지도 및 생활지도와 교장, 교감의 학교 운영 전반에 대하여 평가 또는 만족도를 조사하는 형태로 이루어지게 되는데, 동료교원들이 상호 평가하고, 학생과 학부모는 학교생활 만족도에 대해 응답하는 방식으로 이루어지게 된다.

교육과학기술부가 발표한 개선안에 따르면, 현행 인사관리형 근무평정제도를 능력개발형 교원평가제로 전환, 평가 대상에 교장을 추가해 전 교원이 평가를 받도록 했다. 교장은 학교경영 활동, 교감은 중간관리자로서의 학교교육지원 활동, 교사는 학기당 1회 이상 수업공개 등을 통해 교수 · 학습지도 등을 평가하게 된다. 또 교장은 교원, 학부모, 교육청인사가, 교감은 교장, 교사, 학부모가, 교사는 교장, 교감, 교사, 학부모, 학생 등이 평가에 참여하여, '다면평가'를 진행하는 한편 단위 학교의 특성을 반영하는 '자율평가체제'를 구축키로 했다. 교육과학기술부는 평가의 공정성과 신뢰성 확보를 위해 교육청과 단위학교에 각각 '교원평가위원회'를 설치, 평가의 전반적인 사항을 심의하고 관리할 방침이다. 위원회는 단위 학교 교원평가를 위한 구체적인 평가 방법 · 절차 · 기준을 자율적으로 결정, 시

**교원평가 척도 예시**

| 평가 영역 | 평가 요소 | 평가 지표 | 평가 결과 | | | | |
|---|---|---|---|---|---|---|---|
| | | | 매우 우수 | 우수 | 보통 | 미흡 | 매우 미흡 |
| 수업 준비 | | | | | | | |
| | | | | | | | |
| | | | | | | | |
| | | | | | | | |
| 수업 실행 | | | | | | | |
| | | | | | | | |
| | | | | | | | |
| | | | | | | | |
| 평가 및 활용 | | | | | | | |
| | | | | | | | |
| | | | | | | | |
| | | | | | | | |

* 상기 평가 내용 이외에 동료교사의 수업지도와 관련된 의견을 자유롭게 기술하여 주시기 바랍니다.

행하게 된다. 평가위원회는 매년 11월 평가 결과를 종합, 평가 대상자에게 능력 개발 자료로 활용하도록 통보하고 능력 개발을 희망하는 교원에게는 연수 등 지원 방안을 마련한다.

교육과학기술부는 또 교원의 능력 개발에 실질적인 도움을 주기 위해 교육청에 '교원상담전문가위원회'를 두고 능력 개발 등에 대한 조언을 해 주는 제도를 마련하는 한편, 연수 프로그램의 다양화 등도 추진키로 했다.

교원평가 결과를 승진 등과 연계하지 않는 것을 기본 방향으로 하며, 교원의 수업 활동 평가에 국한되도록 한다. 이러한 평가 목적은 수업에 대한 자기계발 자료를 제공함으로써 교육의 질을 높이고자 하며, 교원 자신, 동료, 교장, 교감 및 학부모와 학생이 평가하도록 한다. 교육청 및 학교에는 교원평가관리위원회를 설치하여 평가계획 수립, 평가 결과 산출, 평가 결과에 대한 이의신청 업무를 담당하도록 한다.

구체적인 평가 도구는 자기평가 '포토폴리오'와 동료, 교장, 교감에 의한 평가를 '5단계 평가척도'화하고 학생, 학부모 '5단계 평가척도 설문조사(단, 학부모는 만족도 조사만)' 평가를 실시한다. 주요 평가 내용으로는 수업계획, 수업실행, 평가, 수업전문성, 만족도(학생 · 학부모만 해당) 하고, 평가 결과에 대해서는 당사자에게 평가 지표별로 평가 결과 및 점수를 제공하며, 기타 평가 결과 활용은 교원평가관리위

**학생에 의한 수업 만족도 조사**

| 조사 지표 | 만족도 | | | | |
|---|---|---|---|---|---|
| | 매우 그렇다 | 그렇다 | 보통이다 | 그렇지 않다 | 전혀 그렇지 않다 |
| | | | | | |
| | | | | | |
| | | | | | |
| | | | | | |
| | | | | | |
| | | | | | |
| | | | | | |
| | | | | | |
| | | | | | |
| | | | | | |
| | | | | | |
| | | | | | |

* 위의 조사 내용 이외에 선생님의 수업지도와 관련된 여러분의 의견을 자유롭게 써주시기 바랍니다.

**학부모에 의한 자녀의 학교생활 만족도 조사**

| 조사 지표 | 만족도 | | | | |
|---|---|---|---|---|---|
| | 매우 그렇다 | 그렇다 | 보통이다 | 그렇지 않다 | 전혀 그렇지 않다 |
| | | | | | |
| | | | | | |
| | | | | | |
| | | | | | |
| | | | | | |
| | | | | | |
| | | | | | |
| | | | | | |
| | | | | | |
| | | | | | |
| | | | | | |
| | | | | | |

* 위의 조사 내용 이외에 우리학교 선생님들의 학급 경영, 교과 수업, 생활 지도 등 학생지도와 관련된 학부모님의 의견을 자유롭게 써주시기 바랍니다.

〈표 2-3〉 교원평가 현행 제도와 개선 방안 비교

| 구분 | 현행(인사관리형) | 개선(능력개발형) |
|---|---|---|
| 목적 | 승진 등 인사자료로 활용 | 능력 개발 자료로 활용<br>(승진반영 및 퇴출언급 없음) |
| 대상 | 교사, 교감(교장 제외) | 교사, 교감 + 교장 추가 |
| 방법 | 관리자 평가<br>(교장,교감이 평가) | 다면평가<br>(관리자, 동료교사, 학생, 학부모) |
| 기준 | 전국적으로 통일된 지표 사용 | 자율결정(단위 학교 특성 반영) |

원회의 결정에 따르도록 한다.

또 현행 교원근무평정제도가 객관성·공정성이 부족하고 교원들의 능력 개발에 도움을 주지 못한다는 비판이 지속적으로 제기됨에 따라 공정한 평가체계를 구축하고자 마련됐다. 현행 교육공무원법 및 교육공무원승진규정에 따른 우리나라 교원근무평정제도는 교장을 제외한 교사와 교감이 평가 대상으로 교사는 교감과 교장이, 교감은 교장과 감독청이 평가하는 방식이다. 근평제는 교사의 지도능력 및 전문성 등을 평가하는 구체적인 평가지표가 없으며, 평가 결과는 승진·전보·포상 등 인사 관리에 한해서만 활용되어 왔다. 교원능력평가의 실시과정을 그림으로 나타내면 [그림 2-1]과 같다.

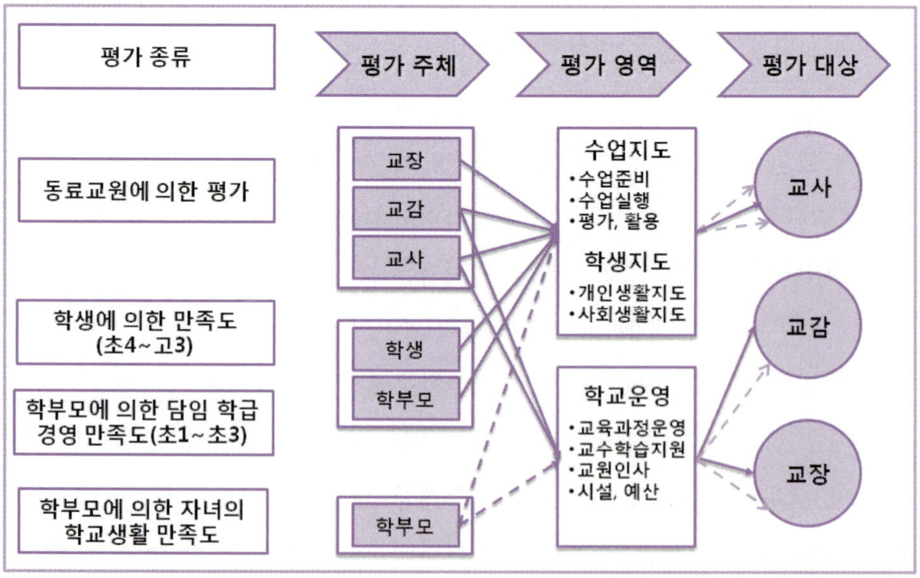


그림 2-1
교원능력평가 실시과정
*교육과학기술부 자료

〈표 2-4〉 교원능력평가의 요약

| | |
|---|---|
| 평가 대상 | 국·공·사립 초·중·고 교장, 교감, 교사(전문상담교사, 사서교사, 보건교사, 영양교사, 특수교사 포함) |
| 평가 주기 | 매년 1회 이상 |
| 평가 방법 | 교원 : 평소관찰, 수업참관 등을 종합하여 교원상호 (다면) 평가<br>학생 : 교사의 수업지도 및 학생지도에 관한 만족도 설문조사(초등 1~3학년은 학부모가 담임의 학급운영에 대한 만족도 설문조사 참여)<br>학부모 : 자녀의 학교생활에 대한 만족도 설문조사 |
| 평가 기구 | 단위 학교 : 교원능력개발평가관리위원회(교원, 학부모로 구성)<br>교육청 : 교장 · 교감능력개발평가관리위원회 |
| 결과 처리 · 활용 | 교원 : 평가 결과에 따른 자율연수 등 자기능력개발계획 작성·이행<br>학교장·교육감 : 능력개발 연수 프로그램 제공 및 예산지원<br>교육과학기술부 및 교육청 : 교원·연수제도 개선 및 능력개발 지원계획 수립·시행 |

교원평가와 관련해 고려돼야 할 사항은, 단순히 교실에서 가르치는 교사만을 독립적으로 평가할 일은 아니며 평가의 대상이 되는 교사가 소속된 학교의 제반특성, 즉 물리적 학습환경, 지원체제, 학교의 조직풍토, 지역사회의 특성, 학교장의 리더십 형태, 그리고 교사에게 부여된 자율성의 정도와 해당 학교 및 교과목 수강 학생들의 특성 등 상황적 요소들의 맥락 속에서 이루어져야 한다는 점이다.[17]

## 3.3. 교육기관평가

교육기관평가는 평가 대상 기관에 따라 학교평가, 시 · 도교육청평가, 대학평가 등으로 구분할 수 있다.

### 3.3.1. 학교평가

학교평가란 학교교육의 수준과 질을 체계적으로 진단하기 위해 학교 교육의 성과(예, 학업성취, 진학, 취업 등) 분석을 통한 학교교육 책무성 제고와 교육수요자에게 학교에 대한 정보 제공할 목적으로 이루어지는 평가 활동을 말하는데, 현재 학교교육의 투입과 과정만 주로 다루는 학교평가의 제한적 기능을 뛰어넘어 학생성취, 학교만족도, 진학률, 취업률과 같은 산출로서의 교육성과를 함께

**학교평가척도의 예 (서울시교육청)**

| Ⅱ | **교육 과정 및 방법** | 학생 이해의 노력 |
|---|---|---|

평가지표

| 3. 학생들의 특성(지적, 정의적 특성 등)을 타당한 방법에 의해 구체적으로 분석·활용하고 있는가? | 28/30 |
|---|---|

| | | | | | |
|---|---|---|---|---|---|
| 3.1 지적 특성(지능, 사전 성취수준, 학습 양식 등)을 신뢰롭고 타당한 방법으로 분석·활용하고 있다. | 0 | 3 | 5 | 8 | 10 |
| 3.2 심리적 특성(적성, 성격, 흥미, 진로성숙도, 교우관계 등)을 신뢰롭고 타당한 방법으로 분석·활용하고 있다. | 0 | 3 | 5 | 8 | 10 |
| 3.3 가정환경(물리적, 심리적 환경)을 신뢰롭고 타당한 방법으로 분석·활용하고 있다. | 0 | 3 | 5 | 8 | 10 |

| Ⅱ | **교육 과정 및 방법** | 교육과정 편성·운영 |
|---|---|---|

평가지표

| 4. 교육과정의 편성과 운영이 학교교육 목표와 연계되어 있는가? | 24/30 |
|---|---|

| | | | | | |
|---|---|---|---|---|---|
| 4.1 교육과정 편성에 학교교육 목표가 반영되어 있다. | 0 | 3 | 5 | 8 | 10 |
| 4.2 교육과정 운영 계획에 학교교육 목표가 반영되어 있다. | 0 | 3 | 5 | 8 | 10 |
| 4.3 교과운영과 지도 등에 학교교육 목표가 반영되어 있다. | 0 | 3 | 5 | 8 | 10 |

평가지표

| 5. 학생의 학습능력에 맞게 교육과정을 재구성하여 가르치고 있는가? | 26/30 |
|---|---|

| | | | | | |
|---|---|---|---|---|---|
| 5.1 학생의 학습능력 수준에 맞게 교육과정을 재구성하여 가르친다. | 0 | 3 | 5 | 8 | 10 |
| 5.2 수준별 교육과정 통과 기준을 설정하여 적용하고 있다. | 0 | 3 | 5 | 8 | 10 |
| 5.3 학습부진 학생의 지도 계획, 실천, 지도 결과에 대한 모니터링이 잘 이루어지고 있다. | 0 | 3 | 5 | 8 | 10 |

다룬다. 평가의 실시는 일반적으로 학교자체평가 → 평가단의 서면평가 → 현장 방문평가의 순으로 이루어지게 되는데, 이와 같은 과정을 통해 얻어진 평가 결과는 평가영역별 기준에 도달한 정도, 평가영역별 성취도, 그리고 평가 대상 학교에 대한 전체적인 평가와 개선 방안 제안 등에 대한 분석과 평가를 평가단의 최종보고서로 나오게 되며 평가 결과의 정책적 활용, 개별학교 진단 및 개선 자료, 우수학교 인증, 평가 결과 공개를 통한 우수사례 공유 등의 형태로 활용된다.

### 3.3.2. 시 · 도교육청평가

지방교육자치제의 실시에 따른 시 · 도교육청의 자율권이 확대됨에 따라 각 시 · 도교육청의 책무성에 대한 요구수준 또한 높아지게 되었다. 이에 시 · 도교육청의 책무성 확보와 지방교육의 질적 수준 향상을 위해 시도교육청평가가 1996년에 최초로 실시되었다. 시 · 도교육청평가의 취지는 전국의 시 · 도교육청 간 선의의 경쟁을 촉진하여 교육행 · 재정 지원체제의 발전을 위한 자발적인 노력을 유도하고, 궁극적으로는 시 · 도교육청의 책무성 확보와 학교교육의 질적 수준을 제고하기 위한 목적으로 실시되고 있다(시 · 도교육청평가위원회, 2001).

따라서 시 · 도교육청이 책임져야 할 성과에 대한 평가, '지역교육의 수준과 과제'에 대한 실상을 파악할 수 있는 정보 제공, 그리고 선의의 경쟁을 유도하여 지역교육의 질적 수준 향상을 도모하는 것을 평가의 기본 방향으로 하고 있다. 현행 초중등교육법은 시 · 도교육청 평가의 목적을 '교육행정의 효율적 수행'으로 포괄적으로 규정하고 있는데, 시 · 도교육청 평가의 주요 내용을 보면,[18)]

- 예산의 편성 및 운용
- 학교 및 교육기관의 설치 · 운영
- 교육과정 편성 · 운영 및 교수-학습 방법
- 교직원의 인사관리 및 후생복지
- 기타 교육과학기술부 장관이 필요하다고 인정하는 사항

등이다. 한편, 시 · 도교육청 평가와 관련해 일반적인 평가 절차는 다음과 같다.

① 교육과학기술부는 부내 실 · 국 및 16개 시 · 도 교육청으로부터 기본 계획 수립을 위한 의견을 수렴하여 평가영역 및 과제 등의 기본 계획을 수립한다.

② 교육과학기술부는 평가위원회 및 시 · 도 교육청 평가위원회를 구성하고 평가위원회와 협의하여 평가지표를 개발하고 편람을 작성한다.

③ 작성한 평가편람은 각 시 · 도 교육청에 공포되며, 각 시 · 도 교육청은 이 편람에 근거하여 자체 평가보고서를 작성 · 제출한다.

④ 평가위원회는 개발 · 확정된 평가지표를 근간으로 하여 1차로 자체 평가보

고서를 평가(서면평가)한 후, 각 시·도 교육청별로 하루씩 방문하여 현장평가를 실시하고, 서면평가와 현장평가 결과를 종합하여 평가보고서를 작성하여 교육과학기술부 장관에게 제출한다.

⑤ 평가위원들에 의한 서면 및 현장 평가와는 별도로 정부 정책 및 시·도 교육청주요 시책에 대한 교육수요자 만족도를 조사하여 종합보고서에 반영한다.

⑥ 교육과학기술부는 평가 결과를 발표하고 결과에 따라 재원을 차등배분하며, 우수사례 보급을 위한 전시회 및 발표회를 개최한다.

### 3.3.3. 대학평가

우리나라 대학교육 평가는 한국대학교육협의회와 한국전문대학교육협의회, 그리고 각 학문 분야별 평가기구들에 의해 다양한 형태로 실시되는데, 대학평가의 취지는 대학의 질적 수준을 체계적으로 평가하여 그 결과를 사회에 공표함으로써, 그에 관한 사회적 인정을 받게 하는 데 있다. 일반적으로 대학평가는 그 평가영역에 따라 개별 대학의 교육·연구·시설설비 및 운영 등에 대해 평가하는 대학종합평가와 단순히 특정 학문 분야만을 따로 떼어 평가하는 학문분야평가로 구분할 수 있다. 대학교육협의회(이하 대교협)가 제시하고 있는 대학평가의 목적은 다음 몇 가지로 집약될 수 있다.[19]

- 대학교육의 수월성 제고 : 각 대학이 수월성 측면에서 일정 수준 이상이 되도록 자구적 노력을 경주하는 분위기를 조성하여 대학교육의 발전을 도모한다.
- 대학경영의 효율성을 제고 : 각 대학으로 하여금 대학경영의 부단한 개선을 통하여 효율성을 진작시키도록 한다.
- 대학의 책무성 향상 : 각 대학의 문제점과 그 원인의 규명 및 개선 방안을 제시함으로써 대학의 사회적 책무성과 공신력을 제고하도록 한다.
- 대학의 자율성 신장 : 대학의 자체 결정권과 자기 통제능력을 부여하여 대학에 대한 정부의 통제를 극소화하고 내외의 부당한 압력으로부터 대학의 권익을 보호한다.

**대학평가척도 예시(한국대학교육협의회)**

**평 가 기 준**

5. 학생 【10】

5.1 학생지도 [4]

| 해당 학교의 법학교육의 목표와 여건에 적합한 신입생 오리엔테이션 프로그램과 재학생을 위한 학교 차원의 교과외 프로그램을 적절하게 수립하여 운영하여야 한다. |
|---|

[평가항목]

1. 신입생을 위한 학과(부)의 오리엔테이션 프로그램은 적절한가? (1)
2. 재학생을 위한 교과외 프로그램이 적절하게 운영되고 있는가? (3)

[평가자료]

1. 신입생 오리엔테이션 프로그램 내용 및 운영 (1997~1999학년도)
   * 학부(과) 차원에서 실시한 프로그램을 의미하며 학생자치회에서 행한 프로그램과 대학차원에서 전체학생에 대해 실시한 프로그램은 제외함,
2. 교과의 프로그램 운영 실적 (1997~1999학년도) 〈표 5-1〉

부 록 : 1. 교과외 프로그램 실시 내역 (1997~1999학년도) 〈부록 표 5-1〉

[평가자료]

비 치 : 1. 신입생 오리엔테이션 관련 자료물 (1997~1999학년도)
2. 재학생을 위한 교과외 프로그램 관련 자료물 (1997~1999학년도)

- 대학 간 협동성 진작 : 대학의 상호 신뢰와 협동의 필요성에 대한 인식을 부여함으로써, 당면 문제 해결에 대한 공동 대처와 인력 및 시설을 공동 활용하는 분위기를 정착시킨다.
- 대학 재정 지원의 확충 : 대학의 교육 여건과 수준을 사회에 공개함으로써 정부와 산업체의 대학 재정 지원을 유도한다.

대학평가가 이루어지는 일반적인 절차를 소개하면, 국내뿐만 아니라 대학평가의 역사가 오래된 미국의 대학평가 또한 유사한 절차를 따르게 된다.

- 1단계 : 평가 신청과 대상 대학의 선정
  평가를 주관하는 곳에서 평가 실시계획을 피평가기관인 대학에 통보하고, 대학은 평가시기를 결정해 평가주관기관에 신청한다.

- 2단계 : 대학별 자체평가 연구의 수행

  평가 대상으로 선정된 대학은 대학평가 편람과 지침에 따라 자체평가팀을 구성해 자체평가보고서를 작성하여 평가기관에 제출한다.

- 3단계 : 서면평가 및 현지방문평가의 실시

  자체평가보고서를 제출받은 평가기관은 현지방문평가 일정을 확정하고, 대학이 제출한 자체평가보고서를 검토하여 서면평가를 실시하고, 아울러 현지방문평가 지침에 따라 2~3일 정도의 현지방문평가를 실시한다. 현지방문 평가단의 서면평가와 현지방문평가의 실시 결과를 토대로 평가 결과 보고서를 작성한다.

- 4단계 : 인정 여부의 판정 및 판정 결과의 공표

  대학평가 결과 보고서를 바탕으로 제출한 자료에 근거하여 인정 여부를 결정해 해당 대학에 통보하며, 통보를 받은 대학은 평가 결과에 이의가 있을 경우에 소정의 자료를 제출하여 재심사를 요청할 수 있다.

### 3.4. 교육정책평가

교육정책평가는 교육정책 집행이 일어난 이후 집행 과정이나 정책 결과를 대상으로 분석 · 판단하는 지적 활동이라고 할 수 있는데 여기에는 교육의 목적 · 내용 · 방법 · 조직 · 경영의 모든 부문에 걸친 교육정책의 기획-도입-전개-산출 등이 포함된다. 뿐만 아니라 교육의 과정에서 일어나는 제반 현상 및 그 현상에 참여하는 사람들과 환경적 요인들에 대한 효과 등 까지도 교육정책평가의 대상이 될 수 있다. 따라서 교육정책은 실현 과정인 교육행정 가운데서 구체화되기를 기대하는 것이며, 이 영역에서는 학교교육뿐 아니라 사회교육, 학술이나 문화에 관한 행정으로도 전개된다.

평가는 프로그램의 성격 혹은 대상에 따라 아주 복잡할 수도, 아주 간단할 수도 있으며, 혹은 공식적일 수도, 비공식적일 수도 있다. 그리고 평가 결과는 프로그램이나 정책에 관련된 내 · 외적 구성원들에게 영향을 끼치게 된다. 이러한 평가의 개념은 단일하지 않고 다양한 활동에 적용되며, 평가의 유형, 접근

| | |
|---|---|
| 평가 | 어떠한 합목적적 행위를 추진함에 있어 그 진도, 효율성, 성취도 등의 합리적 기준과 준거에 의해 과학적으로 측정·검증하려는 과정 |
| 정책평가 | 정부나 공공기관 및 그 위임을 받은 기관이 해당 사업과 정책을 얼마나 목적대로 행하였는지를 제3자나 상대방이 평가하는 활동 |
| 교육정책 평가 | 사회적·공공적·조직적 활동으로서 교육에 대한 기본지침에 관해 합리적인 준기를 바탕으로 그 합리성을 점검하는 일련의 과정 |
| 공식평가 역할 | 의사결정과 정책형성 기초 제공, 학생성취도 사정, 교육과정의 평가, 학교의 평가인정, 공공보조금 지출의 감사, 교육자료의 프로그램 개선 |

방법 등은 학자에 따라 다양하게 논의되고 있다.[20)]

교육정책 평가의 주된 관심은 교육정책이나 프로그램에 대하여 준거를 설정하고 대안에 관한 정확한 정보에 근거하여 공식적으로 체계적인 평가 방법의 탐색에 초점이 두어지게 되는데, 교육정책 평가의 대상은 교육정책의 다양한 주제 · 문제 · 이슈에 관한 것으로서 학자에 따라 매우 다양하게 제시되고 있다.

교육정책평가의 대상이 되고 있는 주요 분야를 열거하면, 학교제도, 의무교육정책, 고등학교 평준화 정책, 사학정책, 교육환경정책, 사교육정책, 대학입학전형정책, 대학정원정책, 대학평가 정책, 납입금 정책, 교원양성 및 임용정책, 교원승진 및 보수정책, 교육자치제 정책, 교육재정, 교육개혁 등에 관한 정책을 들 수 있지만 시대변화와 국가 사회의 교육 현안에 다른 다양한 정책들이 나올 수 있다.

이상을 종합해 보면, 평가는 어떠한 합목적적 행위를 추진함에 있어 그 진도, 효율성, 성취도 등을 어떠한 합리적 기준과 준거에 의하여 과학적으로 측정 · 검증하려는 일련의 과정을 의미한다. 따라서 정책평가란 정부나 공공기관 및 그 위임을 받은 기관이 행하고 있거나 행한 정책이나 정책에 속한 사업을 처음에 의도하였던 바대로의 목적을 얼마나 달성하고 있고, 달성하였는가를 그 정책이나 사업의 시행기관이나 상대방 또는 제3자가 판단, 처방하는 양적·질적인 과정 활동으로 정의할 수 있다.[21)]

교육정책 평가는 정책이 진행되는 과정에 따라, 형성평가와 총괄평가로 구분지을 수 있고, 평가자의 신분에 따라 내부 평가자와 외부 평가자로 나누어 생각할 수 있다.

Scriven이 제안한 형성평가는 현재 진행 중인 교육 활동이나 프로그램을 개선하거나 보완하는 데 필요한 정보를 수집하여 유용한 평가정보를 프로그램 관리자에게 제공하며, 총괄평가는 특정 교육 활동이나 프로그램이 종료된 후에 그것의 효과를 최종적으로 판단하는 역할로 책무성, 자격부여, 선발 등의 용도로 활용된다. 이에 반해 내부 평가는 정책이나 프로그램이 집행되는 조직 내부에서 이루어지는 것을 말하며, 외부 평가는 외부 기관이나 집단에 의해 수행되는 것을 말한다.

일반적으로 정책평가에서 형성평가는 내부 평가자에 의해 실시되며, 총괄평가는 외부 평가자들에 의해 실시된다. 그 동안 교육정책 평가에서 외부 평가자의 역할이 거의 간과되어 왔다. 내부 평가자는 복잡 다양한 이해관계에 얽혀 있어 다른 프로그램 요원에 대한 맹점도 가질 수 있으므로, 결과적으로 그 프로그램에 관하여 부정적으로 반응하는 것이 용이하지 않았다. 반면에 정책이나 그 프로그램에 관련된 전후 사정에 친숙하지 않은 외부 평가자들은 정책의 기본적인 가치에 대한 선입견으로 인한 영향을 훨씬 적게 받는 경향이 있다. 그렇다고 이들이 해당 프로그램을 비효과적인 것으로 판단하려는 선입견을 가지고 있다는 것은 아니다. 단지 평가자의 지향성은 긍정적이거나 부정적이어서는 안 되며, 가치중립적 입장을 취해야 한다는 점이다.

그림 2-2
Scriven 교수와 함께한 저자 오성삼 교수

3장

# 문항 제작

본 장에서는 필답시험을 통한 학생능력 평가와 관련해 출제 과정의 전반적인 절차와 그에 따른 내용들을 소개해 놓고 있다. 필답고사의 경우 선택형과 서답형으로 구분되는 여섯 가지 유형의 장·단점과 출제요령을 터득하도록 하고, 어떤 경우에 어떤 유형의 문항이 적절한지 문항 선정의 기준도 익혀 두기 바란다. 특히 이원분류표의 유용성과 행동영역을 구성하고 있는 지식, 이해, 적용을 구분 짓고 문장으로 표현할 수 있는 능력이 요구된다. 출제 문항의 제작뿐만 아니라 정답지와 오답지를 작성하는 방식과 출제가 끝난 후 제작된 문항들에 대한 검토 내용들도 숙지해 두기 바란다.

# 1. 문항 제작의 일반 절차

문항 제작과 관련하여 일반적으로 거쳐야 할 몇 가지 단계를 제시하고 이들 각각의 단계들에서 수행해야 할 내용을 간단히 기술해 보고자 한다.

## 1.1. 출제 방향의 제시

검사(테스트)란 그 자체가 목적이 아니며 목적 달성 및 확인을 위한 하나의 수단적 도구에 불과하다. 따라서 검사를 위한 문항의 개발은 과연 그 검사가 어떤 목적을 위한 것인가의 규명으로부터 출발되어져야 할 것이며 이 같은 전제가 분명하게 규정지어질 때 비로소 그 사용 목적에 맞는 형태와 내용의 문항 계획이 이루어지게 된다.

수업의 전개 과정과 관련한 출제의 경우 진단평가, 형성평가, 그리고 총괄평가에 따라 출제의 방향이 결정되며, 검사를 통해 얻어진 자료, 이를테면 시험점수의 해석 및 활용 목적에 따라 규준지향평가와 준거지향평가로 그 사용 목적을 구분 지어 볼 수 있다.

**출제 방향의 예시**

고등학교 국어교과 전 과정을 정상적으로 이수한 수험생이면 60% 이상의 정답을 맞힐 수 있는 평이한 문제를 고루 출제토록 한다. 그러나 단순한 지식 위주의 단편적인 암기능력보다는 이해 및 상용과 같은 고차적인 사고능력을 평가하는 데 중점을 두고 출제함으로써 고등학교 국어 교육의 정상화에 기여토록 한다. 영역별 출제비율은 현대문 55%(30문항), 고문 32%(18문항), 한문 13%(7문항)으로서 현대문에 중점을 두며, 다음 사항에 역점을 둔다.

① 현대문 및 고문에서는 독해력과 감상력, 글의 형식과 기법에 관한 이해의 정도, 글의 주제 또는 요지를 파악할 수 있는 능력, 국어의 변천에 대한 지식, 그리고 어휘력 등을 평가한다.

② 문법 및 국문학사의 기초지식과 이론에 대한 이해 정도를 평가한다.

③ 한문 I 에서는 어휘력, 이해력, 기초문법, 현대 한자어의 상용력(常用力)을 평가한다.

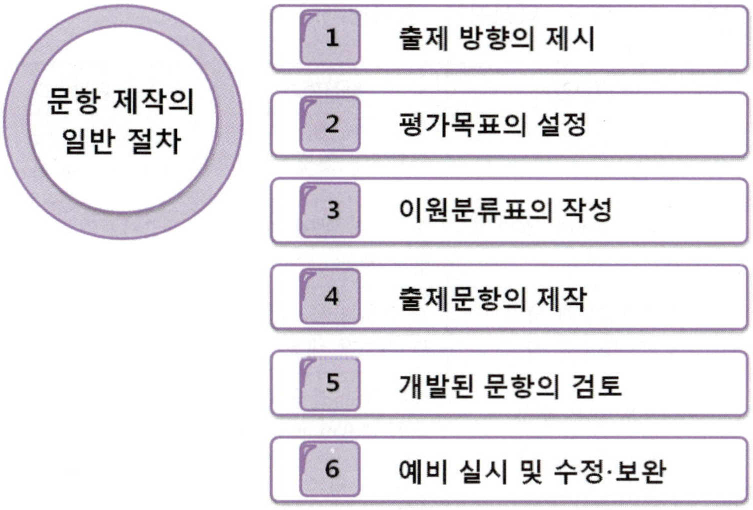


### 1.2. 평가목표의 설정

어떤 일을 착수함에 있어 그 일이 왜 전개되는지 그리고 그러한 일의 결과를 통해 무엇을 이루려는지의 이유와 명분이 따르게 마련이듯이 평가와 관련한 출제에 있어서도 무엇을 위한 출제이며 그 평가 결과는 무엇에 쓰려고 하는지에 대한 명확한 목적이 세워져야 한다. 그 같은 목적이 수립될 때에 비로소 그 목적 달성을 위한 실제적 수단으로서의 문항 개발과 관련한 제반 활동 즉, 출제의 방향 설정, 내용, 방법 등이 결정되기 때문이다.

이와 같은 취지에서 평가목표의 규정은 두 가지 측면에서 이야기될 수 있는데 그 하나가 평가의 사용 목적과 관련한 것이며, 다른 하나는 평가 결과 활용의 문제와 관련된 것을 들 수 있을 것이다.

#### 1.2.1. 수업과정에 따른 평가 목적

평가의 목적과 관련해 평가가 교수(학습지도)의 과정과 관련하여 무엇을 위한 목적으로 실시하고자 하는가에 대한 물음으로 그에 대한 대답은 진단평가(diagnostic)를 위한 목적, 형성평가(formative)를 위한 목적, 총괄평가(summative test)를 위한 목적 등으로 구분되어질 수 있을 것이다.

〈표 3-1〉 진단평가 · 형성평가 · 총괄평가의 비교

| | 진단평가 | 형성평가 | 총괄평가 |
|---|---|---|---|
| 시기 | 새로운 학습을 진행하려 할 때 | 수업과정 진행 중 | 학습단원의 종료<br>학기, 학년의 말미 |
| 목적 | 학습자 능력별 집단 편성 | 수업과정 관련 피드백 정보 제공 | 학습목표의 달성 여부와<br>학업성취능력 측정 |
| 내용 | 선수학습능력 측정<br>학업수행능력 측정 | 각 단원의 목표와 관련된 기초적 내용 | 전 범위 |
| 난이도 | 대부분 쉬운 문항 | 단원 목표 설정에 수준, 교과 내용에 따라 배합 | 광범위한 난이도 |
| 평가 성격 | 절대기준평가 | 절대기준평가 | 상대평가 |

먼저 진단평가는 새로운 학습 상태에서 학생들을 학력에 따른 반 편성을 하거나 능력별 집단 편성을 하기 위한 목적으로 치러지는 평가시험을 말하며, 배치고사를 통하여 주로 측정하고자 하는 내용은 선수학습능력의 측정이나 새로 전개하게 될 교과목표와 관련하여 도입 단계의 학업수행능력을 알아보기 위해 실시된다. 따라서 배치고사를 위한 출제 문항들은 일반적으로 대부분 쉬운 문항으로 구성되게 되지만 절대기준평가의 성격을 지니게 된다.

형성평가는 학생과 교사로 하여금 학습 진전에 대한 개선점을 찾기 위한 수업과정과 관련한 제반 피드백(feed back) 정보를 제공하기 위한 목적으로 실시하게 되는데 가능한 한 각 단원의 목표와 관련한 기초적인 내용들을 평가하게 된다. 따라서 출제의 난이도는 단원 목표 설정의 수준과 교과 내용에 따라 난이도를 배합하게 되며 평가 결과의 해석은 절대기준평가에 준하는 것이 보통이다. 경우에 따라 학습이 진행되는 동안, 계속적인 학습 곤란이 일어나는 경우 이의 원인을 발견해 내기 위한 목적으로 사용된다. 이러한 경우 문항은 쉽고 구체성을 띤 것으로 학습 결손을 정확히 알아낼 수 있는 문항 개발에 초점이 모아지게 된다.

총괄평가는 학습단원이 끝나거나 학기 · 학년이 끝날 무렵에 의도했던 학습목표의 달성 여부와 학생들의 학업성취능력을 측정해 성취의 판정이나 자격 부여 등을 목적으로 이루어지는 평가라 할 수 있는데 문항의 난이도를 광범위하

게 하여 상대평가에 입각한 결과의 활용을 하게 된다.

### 1.2.2. 평가 결과의 활용 목적

평가의 목적과 관련해 앞에서는 주로 교수과정에 따른 평가의 목적을 이야기하였는데, 이 외에도 평가의 목적을 생각함에 있어서 측정에서 얻어진 결과를 어떻게 활용할 것인가, 즉 평가 결과에 대한 가치부여 또는 해석의 방법도 문항 개발에 앞서 고려해야 할 것인바 여기에는 규준지향평가와 준거지향평가를 들 수 있다.

(1) 규준지향평가(norm-referenced test)

규준지향평가란 흔히 상대평가라 불리는 것으로 한 학생이 받은 점수가 다른 학생들이 받은 점수에 의해 상대적 등급과 서열이 결정되는 평가 형식을 말한다.

이 같은 등급과 서열의 평가는 그 학생이 속한 집단의 평균점수를 기준으로 하여 평가를 하게 되는데 학생들 개인차의 판별 기능과 경쟁에 의한 동기유발이 장점인 반면 수업목표에 대한 달성도의 정보를 주지 못한다는 취약점을 지니고 있다.

(2) 준거지향평가(criterion-referenced test)

준거지향평가는 절대평가라고 불리기도 하며 주어진 수업목표의 달성 여부나 그 달성의 정도를 기준으로 하여 개개 학생들의 성취도를 평가하는 방법이다.

이 평가 방법의 좋은 점으로는 학생들이 성취하여야 할 최저 성취수준의 기준을 명확하게 진술할 뿐만 아니라 수업목표의 성취도에 관한 직접적인 정보를 제공해 줌으로써 달성된 목표와 미달된 목표를 알 수 있도록 해 주고 학습의 결손이 어디에 있는지도 파악할 수 있어 효과적인 학습지도를 하는 데 중요한 역할을 해준다.

그리고 학습 체계에서 석차보다는 지적 성취 그 자체를 강조하고 경쟁보다는 협동학습을 중시, 건전한 학습 분위기를 조성해 주고 있으나 평가의 기준이 되는 수업목표의 성취 기준을 설정하기 어렵다는 문제점을 안고 있다.

### (3) 평가목표의 확인과 분석

무엇(what)을 평가할 것인가는 원칙적으로 교육목표로부터 나오는 것이지만, 문항 제작을 위한 평가목표는 보다 구체적으로 분석되고 그 관념이 명확히 규정될 필요가 있다. 따라서 평가 도구의 개발을 위해 교육을 통해 성취하고자 하는 구체적 목표가 무엇인지를 분석하는 작업이 선행되어야 한다.

교육 목표 및 내용을 확인 또는 분석하기 위해서는 진술되어 있는 목표와 내용들이 어떻게 조직되고 진술되어야 하는가가 중요한데 설정된 교육목표의 진술이 관찰이 가능하고(observable), 측정이 가능한(measurable) 행위동사(action-verb)를 사용하지 않은 목표 진술의 경우는 평가 도구의 제작이 어려워지거나 불가능해지게 된다. 따라서 평가 도구의 제작을 위해서는 가능한 한 목표와 내용의 진술이 구체성을 지니고 있어야 한다.

**Ralph Tyler의 진술 방식**

① 학습내용 또는 자료의 명시
② 학습자의 행동
③ 도달점 행동

예 학생은 기체의 온도, 압력, 부피의 관계를 나타내는 법칙을 말할 수 있다.
(① 기체의 온도, 압력, 부피의 관계를 ② 나타내는 법칙을 ③ 말할 수 있다.)

**Mager의 교육목표 진술 방식**

① 학습자의
② 도달점 행동과
③ 그 도달점 행동이 일어나는 상황 및 조건
④ 도달점 행동이 어느 정도 달성되었는지를 판단할 수 있는 준거

- 교육목표 설정의 A, B, C, D 즉 A(audience청중), B(behavior행위), C(condition조건), D(degree수락의 준거)로 이야기하기도 함

예 30개로 구성된 화학 원소의 목록을 주었을 때, (③)
학생은,(①) 최소한 25개의 원자를(④) 상기해서 쓸 수 있다.(②)

**Robert Mills Gagné의 진술 방식**

① 학습자의
② 도달점행동과
③ 그 행동이 일어나는 조건을 구체적으로 진술

예 학생은,(①) 제수가 한 자리수인 나눗셈에서,(③) 몫과 나머지를 구할 수 있다.(②)

## 1.3. 이원분류표의 작성

앞에서 진술한 평가 목적이 정해지고 그에 따른 출제 방향이 설정되고 또한 출제 내용의 범위가 정해지고 나면 다음 단계에서 해야 할 일은 출제계획에 착수하는 것인데 출제계획은 '내용' 및 '행동' 영역을 명확히 하여 모든 평가 문항 작성의 근거를 마련하기 위한 것이다.

이원분류표(two-way specification table)는 수업목표를 분류할 때, 학습 결과를 내용과 행동으로 도식화시켜 목표를 확인하고 분류하는 작업 과정을 말하는데 교육목표의 이원분류는 교육평가에서의 평가 대상을 내용과 행동의 차원에서 그 성격을 분명히 하고 종합화하는 기능을 해준다.

## 이원분류표의 예시

| 영역 | 내 용 | 문항 번호 | 행동 | | | 예상정답률 | | | | |
|---|---|---|---|---|---|---|---|---|---|---|
| | | | 지식 | 이해 | 적 용 | 80% 이상 | 60% 이상 | 40% 이상 | 20% 이상 | 20% 미만 |
| 설명문 논설문 | 설명 방식 | 1 | 10 | ○ 45 | 45 | | ○ 28 | 39 | 33 | |
| - | 문장의 종류 | 2 | | ○ 83 | 17 | 31 | ○ 53 | 16 | | |
| - | 어휘력 | 3 | ○ 10 | 54 | 36 | 18 | ○ 32 | 35 | 15 | |
| - | 요지 파악 | 4 | 19 | ○ 45 | 36 | 28 | ○ 51 | 19 | 2 | |
| - | 문맥 파악 | 5 | 23 | 54 | ○ 23 | 9 | 61 | ○ 29 | 1 | |
| 현대수필 | 내용 파악 | 6 | | ○ 94 | 6 | 13 | 40 | ○ 25 | 22 | |
| - | 논지 파악 | 7 | | 54 | ○ 46 | 9 | 51 | ○ 37 | 3 | |
| - | 품 사 | 8 | 61 | ○ 10 | 29 | | 41 | ○ 34 | 22 | 13 |

이원분류표에는 출제할 문제의 문항 수, 내용영역별 문항표집 계획 및 그 비중, 행동영역별 문항표집 계획 및 그 비중 등이 구체적으로 제시된다. 여기서 내용 분류란 학생이 학습한 내용을 적절한 기준에 의하여 분류하는 일을 말하는데 일반적으로 각 교과의 단원이나 내용을 이야기한다.

행동영역을 구성하고 있는 교육목표는 크게 나누어 지적 영역(cognitive domain), 정의적 영역(affective domain) 그리고 운동기능적 영역(psych-motor domain)으로 구분하는데 이는 다시 세분화하여

- 지적 영역 : 지식, 이해력, 적응력, 분석력, 종합력, 평가력
- 정의적 영역 : 감수반응, 가치화, 조직화, 인격화
- 운동기능적 영역 : 관찰, 모방, 연습, 적응

등으로 나눈다. 그러나 실제로 지적 영역의 학력의 측정과 관련하여 행동의 분류는 원칙적으로 지식, 이해, 적용의 세 영역으로 구분하되, 교과목의 특성에 비추어 합리적인 다른 분류 방식도 적용될 수 있다.

- 지식 : 인지나 재생에 의해 과거 학습한 것을 기억해 내는 행동
- 이해 : 자료, 기호 또는 언어의 의미를 파악하는 능력
- 적용 : 과거에 학습한 내용을 새로운 사태에 적용하는 능력

| 이원분류표 | 학습 결과를 내용과 행동으로 도식화시켜 목표를 확인하고 분류하는 작업 과정 |
|---|---|

| 구분 | 이원 분류표 |
|---|---|
| 정의 | 학습 결과를 내용과 행동으로 도식화시켜 목표를 확인하고 분류하는 작업 과정 |
| 구성 | 출제 문제의 문항 수, 내용영역별 문항표집 계획 및 그 비중, 행동영역별 문항표집 계획 및 그 비중 등이 구체적으로 제시 |
| 내용 분류 | • 내용 분류는 교육과정과 교과서를 바탕으로 작성함<br>• 영역 칸에는 교육과정이나 교과서의 단원을 기입하되, 단원 분류가 곤란한 교과목은 해당 교과별 분류 방법에 따라 기입<br>• 세부내용 칸은 가능한 한 구체적으로 제시함으로써 특정 부분 또는 특정 교과서에 편중되지 않았다는 실증적 증거를 보임 |

**행동영역을 구성하는 교육목표**

| 지적 영역 | 정의적 영역 | 운동기능적 영역 |
|---|---|---|
| • 지식<br>• 이해력<br>• 적응력<br>• 분석력<br>• 종합력<br>• 평가력 | • 감수반응<br>• 가치화<br>• 조직화<br>• 인격화 | • 관찰<br>• 모방<br>• 연습<br>• 적응 |

**지적 영역의 학력 측정 관련 행동 분류의 세 영역**

| 지식 | 인지나 재생에 의하여 과거에 학습한 것을 기억해 내는 행동 |
|---|---|
| 이해 | 자료, 기호 또는 언어의 의미를 파악하는 능력 |
| 적용 | 과거에 학습한 내용을 새로운 사태에 적용할 수 있는 능력 |

### 1.4. 출제 문항의 제작

무엇(what)을 평가할 것인가가 결정되고 나면 어떻게(how) 평가하느냐가 결정되어야 할 것이다. 그러한 결정을 내리기 위해서는 검사 제작자가 검사 형태별 특징을 충분히 이해하여야 하고 또 그러한 이해를 기초로 하여 실제 상황하에서의 여러 가지 발생 가능한 문제점들을 고려해야 할 것이다. 이 단계는 문항 작성을 위한 각종 기법을 최대한 활용하고 창의적인 아이디어를 최대한 발휘하여 평가목표에 적절한 검사 문항을 제작하여야 하는데 검사 유형 결정 및 관련 문항의 개발은 뒤에서 별도로 설명하고자 한다.

### 1.5. 개발된 문항의 검토

이 단계에서는 개발된 문항들에 대해 출제의 의도와 내용 그리고 각각의 문항 형태에 따른 문항 제작의 일반적인 원칙들이 제대로 지켜졌는가에 대한 검토 및 평가를 하는 단계라 말할 수 있다. 문항평가에 대한 구체적 내용에 대해서는 다음 장(제4장)에서 별도로 설명을 하고자 한다. 특별한 시험을 위해 출제해 놓은 문제들은 출제자나 동료에 의해 재검토되어야 한다. 어떤 경우든 검토자는 마치 시험을 보는 것과 같이 문제를 읽고 답하는 형태로 검토한다. 이런 방법은 정답을 검토하고 확실한 결함을 지적하게 되는데, 다음과 같은 질문들을 함으로써 문제를 신중하게 검토할 수 있다.

**➡ 각 문제들은 출제 의도에 포함된 중요한 학습목표를 측정하고 있는가?**

문제들은 학습의 결과 중 어느 하나를 측정하는 것이어야 하고 따라서 중심문제의 한 면과 학생의 실기 능력을 측정할 수 있는 것이어야 한다. 출제의 마지막 분석에서 문제들은 측정하려는 학습의 결과로서 구체화된 실기력의 유효성과 직접 관련이 있어야 한다.

**➡ 각 문제는 측정하려는 구체적 학습 결과에 적당한가?**

어떤 것은 일반적인 문제로서 측정할 수 있다. 그런 경우 선택형 문제가 출제된다. 그러나 답을 해결하는 과정을 요구하면, 완성형 또는 단답형 문제가 문제가 출제되어야 한다. 두 개의 대안 중 선택하는 것이 있으면 진위형 문제가 출제된다. 문제를 검토하면 측정하려는 결과에 따른 적당한 문제 유형을 고를 수 있다.

### 문제가 분명히 형태를 갖춘 과제를 나타내는가?

문제 유형과 관계없이 시험문제에서 요구하는 질문이 분명하고, 애매하지 않아서 모든 학생이 무엇을 요구하는지 정확히 이해할 수 있어야 한다. (질문의 의도를 정확히 파악할 수 있게 출제되어야 한다.)

### 단순하고 분명한 언어로 출제가 되었는가?

이것은 시험을 보는 집단에 있어 문제 해독의 적절함과 관련이 있다. 문제에서 필요한 기술적인 용어(전문용어)를 제외하고는 기타의 표현문구는 단순해야 된다. 단문으로 출제하는 것이 장문이나 복잡한 문장으로 출제하는 것보다 양호하다. 이것은 문제의 모호함을 배제하며, 독해력이 약한 학생들이 성취도를 더 잘할 만한 가치가 있으나 다른 학습 결과 측정에서는 그러한 문제는 없어야 한다.

### 극단적인 단서가 없는가?

학생이 측정하려는 학습목표를 달성했다면 문제를 맞힐 수 있으나 달성하지 못했다면 정답을 맞히지 못해야 할 것이다. 말의 구성, 문법의 불일치, 기타 단서들이 검토하는 도중에 분명하게 고쳐져야 한다.

### 문제 난이도는 적당한가?

절대평가 시험에서의 문항난이도는 구체적 학습 결과를 가져오는 과제(task)의 난이도와 일치돼야 한다. 시험점수의 분포를 가져오기 위해 문제 난이도를 조절할 필요가 없다. 대부분의 절대평가(예로 준비도 시험, 형성평가)가 학생의 학습완성도를 측정하는 데 이용되나 출제되는 문제들은 상대적으로 난이도가 낮다. 중요한 것은 시험문제의 난이도가 학습한 과제(task)의 수준과 일치하는 것인가의 문제다.

상대평가 시험에서 난이도 측정에는 문제가 얼마나 효과적으로 학생을 변별하는가에 달렸다. 학생의 석차를 얻는 것이 이러한 시험의 목적이고 이렇게 하기 위하여 변별을 할 수 있는 문제가 출제되어야 한다. 학생의 반 정도가 정답을 한 문제는 고득점자와 저득점자의 최대 변별을 나타낸다. 이것은 변별을 훌륭히 하는 양호한 문제로 평가된다.

**문제가 서로 독립적인가? 중복이 되는 문제들은 없는가?**

서로 관련 있는 문제는 한 문제의 힌트(정보)가 다른 문제를 답할 수 있게 한다. 이것은 선택형과 서답형 문제에서 가장 흔하게 일어난다. 선택형 문제의 정보가 서답형 문제를 푸는 데 도움을 준다. 이러한 문제점은 시험의 전반적인 검토 과정에서 해결할 수 있다.

**출제된 문제는 이원분류표에 충실한가?**

이원분류표에 벗어나는 문제들은 검토하고, 삭제하고, 정정을 해야 한다. 의도된 학습 결과를 측정하는 것을 계획한 이원분류표를 고려하여 문제가 출제되어야 한다. 모든 유형에 적용되는 이러한 일반적 문제 외에 특별한 형의 문제 출제의 원리는 문제 평가에 대한 기준을 제공한다. 예로 선택형 문제 검토에서는 지문의 완전성, 정답의 명확성, 지문의 그럴듯함 등 모든 것에 주의를 기울여야 한다. 문제 검토 전 부록에 나온 성취도 시험의 평가를 위한 점검표를 참조한다.

## 1.6. 지시문의 작성과 문항 편집

출제 문항의 제작이 끝나면 수험생들로 하여금 각기 다른 출제 형태에 대해 답안지 작성 요령과 관련한 지시문을 제시해 주어야 한다. 뿐만 아니라 각각의 출제된 문항들이 체계성을 갖추도록 문항 편집이 이루어져야 한다.

### 1.6.1. 지시문의 작성

2개 이상의 시험 형태가 포함되면 일반적 지시문과 각각에 대한 구체적 지시문을 작성한다. 일반적 지시문에는 시험 목적, 시험 기간, 추측 요인 등이 포함되고

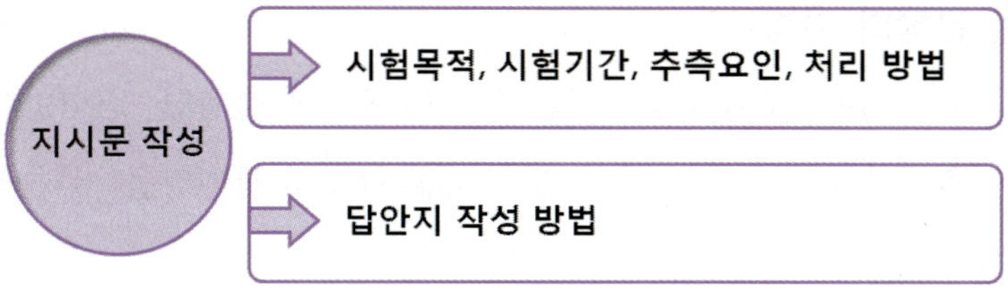


구체적 지시문은 답안지 작성 방법 등을 쓴다. 또한 핵심 연습문제 같은 것은 각 문제마다 특별한 지시문을 쓴다.

답지가 따로 있는 것은 답지 작성에 대한 몇 가지 고려할 점이 있다. 학생이 답안 작성에 익숙하지 않으면, 답을 올바르게 표시한 예를 보여준다. 답지가 따로 된 것의 많은 예가 있고 구체적 설명이 그에 따라 주어진다. 그러나 기계적으로 점수가 채점되는 것이 아니면 교사가 만든 답지가 쓰여진다.

**선택형 문제에서 지시문의 예**

〈지시문〉 이 시험은 첫 5주 동안의 수업 결과를 보기 위한 것이다. 시험 결과는 난이도가 다르며 수업을 잘 받은 학생은 답을 맞힐 수 있다. 60문제이며 시험시간은 60분이다. 가장 알맞은 답을 골라 답지에 동그라미 치시오. 점수는 정답의 수를 나타내므로 모든 문제에 답하시오.

위의 지시문에서 점수는 정답이기 때문에 모든 문제에 답하라고 하였다. 이것은 모르는 문제에 추측을 하도록 하는 경향을 갖게 한다. 추측의 점수를 교정하는 문제에는 많은 논쟁이 있으나 대부분 표준화된 검사와 관련 있다. 이러한 표준화된 시험 방법은 불합리한 몇 가지 문제를 포함하고, 모든 학생이 시험을 다 풀 수 있는 기회가 없으므로 추측에 의한 경우는 벌점을 받을 것이라는 경고의 지시문이 있어야 한다. 따라서 모르는 문제는 답하지 말고 아는 것만 답하라고 한다. 그러나 대담한 학생은 그러한 지시문에도 불구하고 계속 추측에 의한 답을 고르는 반면 소심한 학생은 지시문을 따를 것이다. 따라서 일반적 유형의 시험 점수는 추측 요인을 적용하지 않는다.

### 1.6.2. 문항의 편집

다음 예시하는 문항 체제의 통일안은 하나의 예시에 불과한 것이며 이와 같은 통일안은 출제자들의 약속에 따라 각기 다른 규정의 통일안을 지니게 될 수도 있음을 밝혀 둔다.

**진술형식**

① 모든 내용은 한글로 진술하는 것을 원칙으로 한다. 다만, 다음과 같은 경우는 한자나 원어를 사용하거나, 한글과 병기할 수 있다.

- 평가의 목적을 달성하기 위하여 의도적으로 사용하는 경우
- 한글로 표현하기가 곤란한 경우
- 한글로 진술하는 것보다 의사전달이 더 쉽고 명확한 경우

② 객관식 문항의 물음 부분은 불완전 문장의 물음으로 끝낸다.

〈예〉 다음 중 …로 알맞은 것은?

③ 주관식 서답형 문항의 문두는 완전 문장의 "…하시오."나 "…는가?"로 끝낸다.

〈예 1〉 우리나라 … 무엇인지 80자 내외로 설명하시오.
〈예 2〉 우리나라 … 이러한 사실은 무엇이라 하는가?

④ 두 문항 이상에 걸친 공통 지시문은 완전 문장의 " …하시오."로 끝낸다.

〈예〉 다음 글을 읽고 물음에 답하시오.

**문항번호의 표기**

⑤ 객관식 문항과 주관식 문항의 번호는 별도로 부여한다.

⑥ 문항 및 지시문의 번호는 다음과 같이 한다.

가. 객관식 문항 : 1. 2. 3. …

나. 답지 :

다. 객관식 문항 사이의 주관식 문항 : 주관식 1

라. 별도로 모아서 배치한 주관식 문항 : 1. 2. 3. …

마. 공통지시문 : 1-3

### 인용부호의 표기

⑦ 문장 안에 나오는 인용된 문장은 " " 속에, 인용된 어귀는 ' ' 속에, 책이름은 〈 〉 속에 쓴다.

〈예 1〉 그는 "사람은 사회적 동물이다."라고 하였다.

〈예 2〉 인간을 '사회적 동물'이라고 한다.

〈예 3〉 〈논이〉에 의하면, 〈맹지〉에 의하면

⑧ 자료의 출처를 밝히고자 할 때는 자료명을 우측 하단에 쓰고 -○○-로 묶는다.

〈예〉 x x x …… x x …… x x x x

x x x x … x x …… x x x x

-論語-

### 괄호의 사용법

⑨ 한자나 원어를 병기할 경우, 한글과 음이 같은 것은 ( ) 속에, 뜻을 밝히기 위한 것은 『 』 속에 쓴다.

〈예 1〉 성인(聖人), 베이식 (Basic)

〈예 2〉 빛「色」, 배「舟」, 조직「Organization」, 반의어「상대어」

* 답지에서 ( )와 「 」가 혼재할 경우는 ( )로 통일

## 1.7. 예비실시 및 수정 · 보완

일단 문항 제작이 끝나면 개발된 문항들을 그 평가 대상 집단에 대해 소규모 예비실시를 시도해 봄으로써 출제의도의 명확한 전달 가능성과 학생들의 발달수준에 적합한 문제의 진술이 이루어졌는가를 알아볼 필요가 있는데, 이 같은 예비실시로부터 드러난 문제점들이 있다면 이를 수정하고 미흡한 점들을 보완하도록 한다.

# 2. 평가 문항의 유형과 선정의 준거

## 2.1. 평가 문항의 유형

문항의 유형은 채점자의 관점에 따라 주관형(subjective type)과 객관형(objective type)으로 구분되며, 시험을 치르는 학생의 응답 형태에 따라 선택형(selection type)과 서답형(supply type)으로 구분하게 된다. 이제 이들 문항들에 대한 일반적인 유형을 분류하여 체계화시켜 보면 다음과 같다.

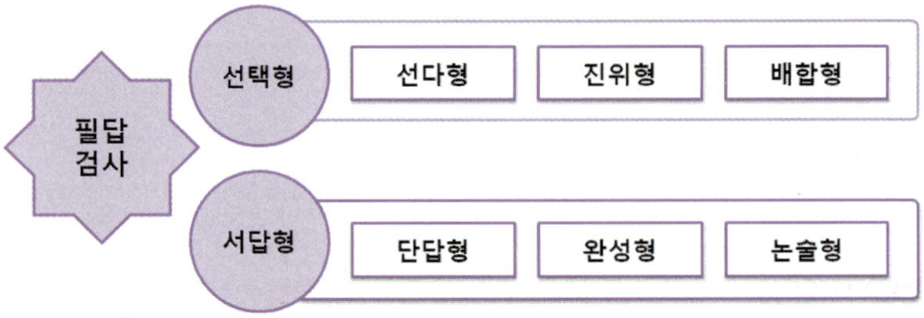


## 2.2. 문항 유형별 요구되는 상황과 장 · 단점

### 2.2.1. 선택형 문항

대답에 필요한 정보는 이미 제공되어 있고 그중에서 정답을 골라 선택 혹은 인지하는 문항 형식의 방법이다. 선택형 문항은 분석력 · 이해력 · 해석력 등 복잡한 학습 결과를 평가하고자 할 때 주로 사용되는 선다형(multiple-choice type)과 학습 결과의 내용이 참 · 거짓인지를 파악해야 할 때 사용하는 진위형(true-false type), 그리고 학습 결과의 내용이 비슷한 요소들끼리 서로 연관되어 있을 때 사용되는 배합형(matching type)으로 구분된다.

**요구되는 상황**

① 평가받을 학생 수가 많다거나 동일한 평가 문항을 다시 사용할 필요성이 있을 때

〈표 3-2〉 선택형 문항의 장 · 단점 비교

| 장 점 | 단 점 |
|---|---|
| ‣ 객관성, 신뢰도가 높음<br>‣ 출제 내용의 포괄성 유지<br>‣ 문항 분석 및 각종 통계적 분석 용이 | ‣ 단순한 기억력 측정에 치우칠 가능성<br>‣ 추측에 의한 정답의 가능성<br>‣ 자기표현과 창의력을 발현할 기회가 봉쇄 |

② 보다 신뢰로운 평가 문항을 원할 때

③ 평가의 공정성과 객관성 및 다른 불필요한 요인이 점수에 영향을 미칠 가능성을 제거하고 싶을 때

④ 객관적 평가 문항을 제작하는 데 자신 있다고 생각될 때

⑤ 평가 문항보다도 평가 실시 후에 그 결과를 시급히 보고해야 하는 경우

### 장점

① 채점의 객관성이 유지됨으로써 검사의 신뢰도를 높여 준다.

② 선택형에서는 비교적 많은 수의 문제를 출제할 수 있기 때문에 출제 내용에 있어 포괄성을 유지할 수 있다.

③ 각각의 문항들에 대한 정답과 오답이 명백하고 정답과 오답에 대한 분포를 얻을 수 있기 때문에 문항 분석을 통하여 문항들에 대한 양호도를 검증할 수 있을 뿐만 아니라 각종 통계적 분석이 용이하다.

### 단점

① 단순한 지식의 기억력 측정에 치우칠 가능성이 크다는 점이다.

② 주어진 일정수의 답지에서 정답을 고르기 때문에 추측에 의한 정답의 가능성을 배제하기 어렵다.

③ 피험자로 하여금 나름대로의 창의적인 답을 할 수 없도록 되어 있음으로 자기표현과 창의력을 발현할 기회가 봉쇄된다.

## 2.2.2. 서답형 문항

서답형은 피험자가 답을 적어 넣는 형태의 문항으로 단어, 수치, 혹은 답을

구성하여 기술하는 형태의 문항을 말한다. 적어 넣는 답의 길이나 응답 방식에 따라 단답형, 완성형, 논술형으로 구분된다.

### 요구되는 상황

① 평가 대상 학생 수가 적고 같은 평가 문항을 다시 사용할 필요가 없을 때

② 학생들의 문장구성력이나 표현능력을 아울러 평가해 보고자 할 때

③ 학업성취도보다는 학생들의 태도나 의견에 더 많은 관심이 있을 때

④ 채점자가 답안지를 비판적으로 채점하는 데에 더 자신이 있다고 생각되는 경우

⑤ 답안지를 채점할 시간보다는 평가 문항을 작성할 시간적 여유가 없을 때 등이다.

### 장점

① 서답형 문항은 실시하기가 용이하다. 문항 수가 많지 않으므로 인쇄하기도 용이하지만, 인쇄할 여유가 없을 때에는 칠판에 문항을 적어 놓고 해답만을 답안지에 기입하도록 할 수도 있다.

② 문항 작성이 비교적 쉽다는 이점이 있다.

③ 피험자들로 하여금 자유롭게 자신의 생각을 조직해서 표현할 수 있다.

④ 선택형 문항에서는 측정하기 어려운 자료의 해석력, 비판력, 사고력, 평가력 같은 이른바 고등정신 기능을 비교적 쉽게 측정할 수 있다.

### 단점

① 채점에 있어서 주관이 상당한 정도 개입됨으로 해서 객관성을 유지하기 어렵다. 채점 방법의 개선에 의해서 객관성을 상당한 정도로 높일 수는 있으나 기본적으로 주관이 개입된다는 것을 완전히 배제하기는 어렵다. 따라서 자칫, ② 교과 내용의 어느 부분에만 치중하게 되는 결과가 일어난다. 뿐만 아니라 ③ 채점의 시간이 많이 소요되고, ④ 후속적인 통계적 처리가 어렵다는 난점이 있다. 특히 논문형의 경우 채점에 소요되는 시간이 막대하여 문항의 양호도를 따지기 위한 통계적인 분석도 대단히 힘들다.

〈표 3-3〉 서답형 문항의 장 · 단점 비교

| 장 점 | 단 점 |
|---|---|
| ▸실시가 용이<br>▸문항 작성이 비교적 용이<br>▸피험자들로 하여금 자유롭게 자신의 생각을 조직해서 표현 가능<br>▸자료의 해석력, 비판력, 사고력, 평가력 같은 이른바 고등정신 기능을 비교적 쉽게 측정 가능 | ▸객관성, 신뢰도가 낮음<br>▸교과 내용의 어느 부분에만 치중 가능<br>▸채점의 시간이 많이 소요<br>▸후속적인 통계적 처리가 어려움 |

## 2.3. 문항 유형 선정의 준거

평가 문항의 작성에 있어 어떤 문항 형식을 택할 것인가의 문제는 평가하고자 하는 내용을 가장 잘 측정해 낼 수 있는 문항이 어떤 것인가를 결정하는 일이다.

어떤 형태든 획일적으로 한 가지 방법에만 의존하여 평가한다는 일은 바람직하지 못한데, 어떤 경우에 어떤 유형의 평가 문항이 적합한가를 판가름하기 위한 일반적인 경우를 제시하면 [그림 3-1]과 같다.

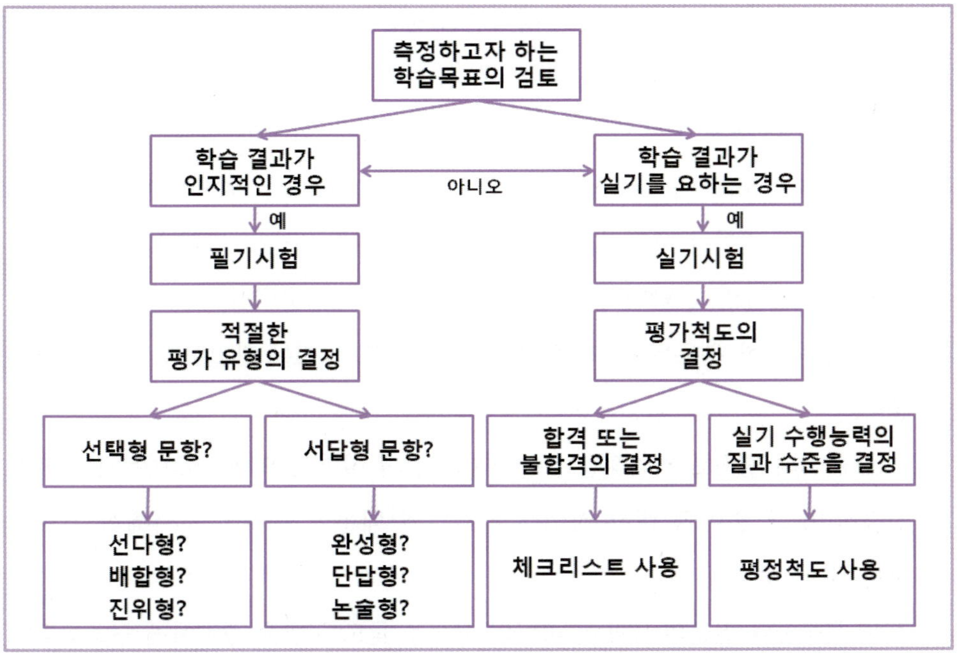


그림 3-1 문항 유형 선정의 기준

# 3. 평가 문항의 작성 원리

## 3.1. 선택형(selection type) 문항의 제작

### 3.1.1. 선다형 문항

① 답지 중에서 정답은 분명하고 정확한 것으로 하고, 오답은 그럴듯하게 만들어야 한다.

② 각 답지에서 반복되는 어구는 앞의 문두에서 표현하도록 해야 한다.

③ 문두와 답지가 내용상으로나 문법적으로나 논리적으로 적절한 관련을 갖도록 해야 한다.

④ 가능한 한 문두는 긍정적인 문장으로 진술하는 것이 좋다. 평가도 하나의 학습기회이다. 긍정문으로 했을 때 평가된 문항 내용은 그대로 학습이 된다. 그러나 부정적인 문두로 묻는 평가는 그 학습 내용에 맞지 않는 사항만을 기억하게 할 가능성이 있다. 부득이 부정적인 진술문을 할 때에는 반드시 '아닌 것을 골라라'에 밑줄을 그어 주는 것이 좋다.

⑤ 정답의 번호가 일정 번호에 치우치는 것을 삼가야 한다.

⑥ 답지에 어떤 논리적인 순서가 있으면 그에 따라 배열해야 한다.

⑦ 답지의 길이는 서로 비슷해야 한다. 왜냐 하면 정답의 길이만 길고 나머지 오답지는 짧다면 긴답지가 정답의 단서가 되기 때문이다.

⑧ 가능한 한 문두는 길고 자세하게 표현하고, 답지는 간결하게 줄이는 것이 좋다.

⑨ 술어의 정의를 평가하는 문항에서는 길게 설명을 요하는 술어는 문두에서 진술하고, 그 술어에 대한 정의는 간결하기 때문에 답지에 지시해서 고르게 하는 것이 좋다.

⑩ 문항마다 질문의 내용이 하나의 사실을 묻도록 단순 명쾌하게 구조화되어야 한다.

**선다형 문항 제작**

이원분류표 가운데 지식, 이해, 적용의 능력을 알아보기 위한 목적의 선다형 문항 제작을 위해 다음과 같은 출제문항의 틀을 제시

| 구분 | 내용 |
|---|---|
| 지식 | • 정확하게 학습된 결과 측정하는 데 사용<br>• 간단한 지식을 상기하고 특별한 지식이나 사실을 평가하는 데 초점 |
| 이해 | • 일반적으로 가장 낮은 수준의 이해를 측정<br>• 학생들이 다른 보충적 도움 없이도 배운 내용의 의미를 이해하는가를 보는 것 |
| 적용 | • 단순히 이해의 차원뿐만 아니라 더 높은 단계의 지적·감정적·경험적 이해 정도를 측정<br>• 새로운 상황에서 필요한 지식을 적용할 수 있는 능력을 길러야 함 |

⑪ 그럴듯하고 매력적인 틀린 답지를 만들어야 한다.

⑫ 답지들 중 정답이 두 개 이상일 경우 최선의 답을 선택하도록 환기시켜야 한다.

⑬ 답지 중 '모든 것이 정답' 혹은 '정답 없음'이란 답지를 가능한 한 사용하지 않는 것이 바람직하다.

선다형 문항 제작과 관련하여 이원분류표 가운데 지식, 이해, 적용의 능력을 알아보기 위한 목적의 선다형 문항 제작을 위해 다음과 같은 출제 문항의 틀을 제시하고자 한다.

### 지식 문항

일반적 지식 문항은 정확하게 학습된 결과를 측정하는 데 사용된다. 이 문항은 간단한 지식을 상기시키고 특별한 지식이나 사실을 평가하는 데 초점을 둔다.

### 이해 문항

이해 문항은 일반적으로 가장 낮은 수준의 이해를 측정한다. 이 문항은 학생들이 다른 보충적 도움 없이도 배운 내용의 의미를 이해하는가를 보는 것이다.

### 지식 문항의 보기

1.11 용어의 지식

_______와 같은 의미의 단어는 무엇인가?

_______의 용어를 가장 잘 정의한 것은?

이 문장에서 _______ 단어의 의미는?

1.12 특정 사실의 지식

_______를 발견한 곳은 어디인가?

_______를 처음 발견한 사람은 누구인가?

_______의 이름은 무엇인가?

1.21 관습의 지식

_______의 옳은 형태는?

_______의 옳은 사용법을 제시한 문장은?

다음 중 _______에 적용되는 법칙은?

1.22 경향과 결과의 지식

다음 중 _______의 경향을 가장 잘 설명한 것은?

_______의 가장 중요한 이유는 무엇인가?

다음 중 ______의 적절한 순서를 지시한 것은?

1.23 분류와 범주의 지식

__________의 중요 유형은 무엇인가?

__________의 주요 분류는 무엇인가?

__________의 특성은 무엇인가?

1.24 지식의 기준

__________의 판단의 기준은?

__________의 선택의 기준은?

__________분류시 사용되는 기준은?

1.25 방법론의 지식

__________에 사용되는 방법은?

__________에 가장 좋은 방법은?

__________작성의 처음 단계는?

1.31 원리와 일반화의 지식

___________의 원리를 가장 잘 표현한 것은?

___________의 의견을 가장 잘 설명한 것은?

다음 중 _______을 가장 잘 설명한 것은?

1.32 이론과 구조의 지식

___________의 이론과 가장 잘 일치하는 것은?

다음 중 ______의 구조를 가장 잘 설명한 것은?

___________의 이론을 가장 잘 입증하는 증거는?

**이해 문항의 보기**

다음 중 _______의 실례는?
_______로써 표현되는 주요사항은 무엇인가?
_______ 둘 사이의 주요 차이는 무엇인가?
_______의 공통 특징은 무엇인가?
다음 중 _______의 다른 형태는?
다음 중 _______을 가장 잘 설명한 것은?
다음 중 _______을 가장 잘 요약한 것은?
다음 중 _______을 가장 잘 예를 든 것은?
만약 _______라면 예측할 수 있는 것은 무엇인가?
_______에서 예측할 수 있는 것은?

### 적용 문항

적용 문항에서는 단순히 이해의 차원뿐만 아니라 더 높은 단계의 지적·감정적·경험적 이해 정도를 측정한다. 여기서 학습자는 지식의 의미를 이해하는 것과 더불어 새로운 상황에서 그 지식을 적용할 수 있는 능력을 길러야 한다.

적용 문항 제작시 주의사항으로 학습자가 사전에 접해 본 문제는 넣지 말아야 하며, 일반적인 지식에서 해결할 수 없고 특수 사항시의 문제해결능력을 보는 문제를 선택해야 한다.

**적용 문항의 보기**

다음 중 _______에 가장 적절한 방법은?
_______의 적용에서 따르는 다음 단계는?
_______의 사용을 요구하는 상황은?
_______의 해결 방법으로 가장 적절한 원리는?
_______의 발전에 가장 좋은 절차는?
_______의 구성에 가장 좋은 절차는?
_______의 교정에 가장 좋은 계획은?
다음 중 _______에 대한 최선의 계획은?
다음 중 _______의 적절한 결과를 제공하는 것은?
_______의 가장 가능한 효과는 무엇인가?

### 3.1.2. 진위형 문항

① 한 개의 진술문에는 의미 있는 내용을 한 가지만 포함시켜야 한다.

② 문항의 내용을 정확하게 진술함으로써 진(眞)이냐 위(僞)이냐의 판단에 의문의 여지가 없도록 해야 한다.

③ 일반화되지 않은 주장이나 이론의 옳고 그름을 묻지 않는다.

④ 진술문을 짧게 할 것이며, 문장구조는 간단하게 해야 한다.

⑤ 가능한 한 부정의 진술문은 쓰지 말 것이며, 또한 이중부정을 피해야 한다.

⑥ 의견에 관한 진술문은 그 출처를 밝혀야 한다.

⑦ 정답에 대한 단서(힌트)를 주지 않도록 해야 한다.

단서의 예 :

① '모두' '절대로'와 같은 극단적인 단어가 들어 있는 것은 위(僞)인 경향이 있고, '보통' '일반적으로'와 같은 수식어가 들어 있을 때는 진(眞)인 경향이 있다.

② 또한 진술문의 길이와 복잡성이 단서가 되기도 한다. 진의 진술문은 위의 진술문보다 길고 복잡해지는 경향이 있다.

③ 진의 진술문과 위의 진술문의 수를 너무 다르게 하는 것도 정답에 대한 단서가 된다.

### 3.1.3. 배합형 문항

**배합형**

**일련의 전제와 답지 그리고 전제와 답지를 연결시키는 지시문으로 구성되며, 전제와 답지를 관련되는 짝끼리 맞추는 방법**

① 문제군과 답지군은 같은 페이지에 인쇄되도록 한다.

② 문제군의 문제 수가 10개 이상이 되지 않도록 한다.

③ 문제와 답지들은 가능한 한 짧아야 한다.

④ 문제에 제시해 놓은 것과 답지에 제시해 놓은 것은 고도의 동질성을 가진 것끼리 제시되어야 한다. 이를테면, 문제에는 인명만을 답지에는 작품만을 제시해야 한다.

⑤ 답지의 수는 문제의 수보다 많도록 해야 한다. 문제의 수와 답지의 수를 똑같이 동일하게 하면, 몇 개만 정답으로 맞추면 나머지는 정답을 몰라도 자연히 맞히게 된다. 따라서 문제가 5개라면, 답지는 7~8개로 늘려야 한다.

⑥ 전제와 답지의 각 항목은 최대한으로 계열성 있게 배열하여야 한다. 각 항목 사이에 논리적 순서, 시간적 · 양적 · 공간적 · 계열성이 있으면 이에 따라 배열시키는 것이 좋다. 그러나 논리적 계열성이 정답의 단서가 될 경우가 있을 때에는 그것을 무시해도 좋다.

## 3.2. 서답형(supply type) 문항의 제작

### 3.2.1. 단답형 문항

**단답형** | **간단한 단어·구·절(節)·문장 등으로 답을 적도록 하는 방식**

① 가능한 한 간단한 형태의 응답이 되도록 질문한다.

② 직접화법에 의한 질문으로 한다.

③ 교과서에 있는 구, 절의 형태와 같은 문장으로 질문하지 않는다.

④ 대답이 간단한 개념정의, 수식, 공식, 법칙, 사실 등으로 대답할 수 있는 내용을 문항으로 출제하도록 하여야 한다.

⑤ 정답의 수는 하나 또는 몇 개로 한정해서 대답이 나올 수 있도록 하여야 한다.

⑥ 정답이 여러 가지로 나타날 수 있는 경우에는 모두 정답으로 간주해야 한다.

### 3.2.2. 완성형 문항

**완성형**

**문항의 중간 중간에 빈칸을 설정해 놓고 적합한 단어나 구(句)를 써넣게 하는 방법**

① 문장 중에서 중요한 학습요소만을 ( )로 처리해야 한다.

② ( )의 길이와 수를 적절하게 제한해야 한다.

③ 진술문 속에 정답을 제시하는 내용이 들어 있지 않도록 해야 한다.

④ 채점은 ( ) 하나에 동등의 비율로 채점하도록 해야 한다.

### 3.2.3. 논술형 문항

**논술형**

**제목이나 주제만 제시하고 그에 대하여 자유롭게 대답을 구성·조직하게 하는 방법**

① 복잡한 학습 내용의 인지 여부는 물론 분석 · 종합 등의 고등정신능력을 측정할 수 있도록 하여야 한다.

② 논술형 문항의 지시문을 '비교 분석하라', '이유를 설명하라', '견해를 논하라' 등으로 한다.

③ 논쟁을 다루는 논술형 문항은 어느 한편의 견해를 지지하는 입장에서 논술을 지시하지 말고, 피험자의 견해를 밝히고 그의 견해를 논리적으로 전개할 수 있도록 유도하여야 한다.

④ 구체적인 목적을 평가할 수 있도록 문항 내용을 구조화시키고 그 제한성을 갖도록 해야 한다.

⑤ '3개 중 1개만 택하라' 또는 '5개 중 2개만 택하여 논하라' 등으로 하지 말아야 한다. 이것은 학생들에게 요구하는 능력의 표현이 다르기 때문에 나타난 결과를 서로 비교할 수 없다는 결점이 있다. 선택하게 해서 나온 점수와 모두

주어졌을 때 나온 점수와는 상관관계는 아주 낮은 경향이 있다.

⑥ 미리 채점 기준을 마련해 놓는 것이 좋다. 채점 기준을 미리 제시하면 수험자의 반응을 방향 짓게 하며, 수험자가 어떻게 반응하는 것이 유리한 것인지 하는 그 기초를 알려주는 데도 도움이 된다. 채점 기준의 한 예를 제시하여 보면 다음과 같다.

〈논술형 채점 기준의 예〉

| 전체의 조직 | 5점 |
|---|---|
| 이론전개의 합리성 | 5점 |
| 예시의 적절성 | 4점 |
| 결론의 타당성 | 4점 |
| 표현의 적절성 | 2점 |
| 합계 | 20점 |

## 4. 답지 작성의 유의점

**정답지**
- 문제가 작성되면 바로 정답을 만들어야 함
- 정답 이외의 정답이 있을 수 있는가를 확인해 보아야 함
- 정답을 찾는 데 필요한 조건들이 명시되어 있는가를 확인해야 함
- 교과서에 나오는 표현이 그대로 정답이 되지 않도록 배려해야 함

**오답지**
- 오답의 매력도가 있도록 주의를 기울여 만들어야 함
- 작성된 오답지가 정답이 될 수 있는 가능성을 검토해 보아야 함
- 답지의 내용이 중복되는 것이 있어서는 안 됨
- 답지 간에 논리적 서열이 있으면 그 서열에 따라 답지를 배열함

### 4.1. 정답지

① 문두가 작성되면 바로 정답을 만들어야 한다.

② 문두에 대한 바른 답으로 이미 찾아 놓은 정답 이외의 정답이 있을 수 있는가를 확인해 보아야 한다.

③ 찾아 놓은 정답이 그 문두에 대한 정답으로 성립될 수 없는 조건 또는 상황이 있을 수 있는가를 탐색해 보아야 한다.

④ 주어진 정답을 찾아내는 데 필요한 조건들이 문두에 빠짐없이 명시되어 있는가를 다시 확인해야 한다.

⑤ 교과서에 나오는 숫자, 용어 또는 표현이 그대로 정답이 되지 않도록 배려해야 한다.

⑥ 정답은 문법적으로나 논리적으로 문두와 일치해야 한다.

⑦ 정답의 위치는 골고루 흩어져 있어야 한다.

⑧ 반드시 타당한 정답 또는 최선답이 하나 만들어 있어야 한다.

⑨ 정답이 2개 이상이거나 답이 없는 문제가 되지 않도록 몇 번이고 확인한다.

### 4.2. 오답지

① 오답지의 매력도가 유사하도록 세심한 주의를 기울여 오답지를 만들어야 한다.

② 작성된 오답지가 정답이 될 수 있는 조건 또는 가능성을 검토해 보아야 한다.

③ 오답지의 길이, 구성, 표현 등이 서로 비슷해야 하고, 또한 그것들은 정답지의 길이, 구성, 표현과도 유사해야 한다.

④ 답지의 내용이 중복되는 것이 있어서는 안 된다.

⑤ 답지 간에 어떤 논리적 서열이 있으면 그 서열에 따라 답지를 배열해야 한다.

〈표 3-4〉 선다형과 논술형의 비교

| | 선다형 | 논술형 |
|---|---|---|
| 학습 결과의 측정 | 학습수준의 적용과 학습 결과의 인지에 적합하다.<br>조직력과 표현력 측정이 부족하다. | 학습 결과의 인지 측정에 비효율적이다.<br>조직력과 표현력의 측정에 가장 적합하다. |
| 학습 결과의 포괄적인 범위 | 많은 항목 수의 사용은 광범위한 범위에 적용된다.<br>실행 가능한 내용의 표본을 대표한다. | 적은 항목 수의 사용은 범위가 한정된다.<br>실행 불가능한 내용의 표본을 대표한다. |
| 문항의 제작 | 좋은 문항을 만들기 어려우며 시간이 많이 든다. | 좋은 문항을 만들기 어렵지만 선택형 문항보다는 쉽다. |
| 채점 | 객관적이며 단순하고 신뢰도가 높다. | 주관적이고 어려우며 신뢰도가 낮다. |
| 채점 곤란 요인 | 읽기 능력과 추측 | 쓰기 능력과 과장 |
| 출제기대 효과 | 학생들에게 기억력, 해석력 그리고 다른 사람의 생각의 사용을 고무시킨다. | 학생들에게 조직력, 통합력, 그리고 자신의 표현력을 고무시킨다. |

## 5. 출제 문항에 대한 사전검토

출제가 끝나고 나면 수험생들을 대상으로 실제 시험에 들어가기에 앞서 출제 내용 전반에 걸친 검토가 필요한데 이를 위한 출제 문항 검토의 가이드라인을 제시하면 다음 〈표 3-5〉, 〈표 3-6〉, 〈표 3-7〉, 그리고 〈표 3-8〉과 같은 내용들을 검토하면 도움이 될 것이다.

〈표 3-5〉 출제 문항의 검토

| 검토 내용 | 그렇다 | 아니다 | 비 고 |
|---|---|---|---|
| 1. 선다형 문항에서, 4개의 선택항이 체계적으로 배열되었는가(번호나 알파벳순으로)? | | | |
| 2. 정답은 한 개뿐이고 누가 보아도 그 답이 옳은가? | | | |
| 3. 오답들이 그럴듯한가? | | | |
| 4. 질문은 명확하고 모호하지 않은가? | | | |
| 5. 긍정적인 문항인가? 만일 부정어를 사용했다면 밑줄을 긋거나 눈에 띄게 했는가? | | | |
| 6. 질문에 정답의 단서가 될 만한 표현이 있는가? | | | |
| 7. 적성을 측정하기에 적당한 수준의 질문인가? | | | |
| 8. 질문의 내용이 중요한 것을 다루었는가, 아니면 사소한 것들인가? | | | |
| 9. 대부분의 문항들이 가능한 한 짧은 선택항으로 이루어졌는가? | | | |
| 10. “모두 다 옳다”, “모두 다 틀렸다”라는 선택항은 피하였는가? | | | |
| 11. 정답을 알려 줄 수도 있는 ‘항상’, ‘단지’, ‘결코’와 같은 단어의 사용은 없는가? | | | |
| 12. 문항의 내용이 정확하고 현대적인가? | | | |

〈표 3-6〉 출제 문항의 검토

| 문항 검토의 유의점 | |
|---|---|
| ① 수험생의 입장에서 검토한다.<br>② 자신이 제작한 문항이라 생각하고 면밀히 검토한다.<br>③ 조금이라도 이상하면 이의를 제기하여 확인한다.<br>④ 출제자는 제기된 문제점에 대하여 방어적 태도를 지양하고 긍정적으로 수용하는 자세를 갖는다. | |
| **문항 검토의 관점** | |
| 출제 전반 | ① 고등학교 교육과정의 정상적 운영을 기할 수 있게 출제되었는가?<br>② 출제계획표에 부합되게 출제되었는가?<br>③ 교과서의 범위(제2종 교과서의 경우 공통부분)를 벗어난 문항은 없는가?<br>④ 시중 참고서나 상업적 모의고사, 학원교재 등에 그대로 나와 있는 문항은 없는가?<br>⑤ 지나치게 세부적이고 특수한 지식을 묻는 문항은 없는가?<br>⑥ 지나치게 어렵거나 쉬운 문항은 없는가? |
| 문두 | ① 정답 시비가 없도록 필요한 조건이 모두 포함되어 있는가?<br>② 교과서의 문장을 그대로 옮겨 놓지 않았는가?<br>③ 정답에 대한 단서가 제시되어 있지는 않은가?<br>④ 주관식 문항의 경우 지나치게 광범위한 내용을 묻고 있는 것은 아닌가?<br>⑤ 부정문으로 표현된 문항의 경우, 긍정문으로 바꾸어 묻는 것이 더 바람직스럽지 않은가? |
| 정답지 | ① 교과서 내에 정답의 근거가 분명하게 제시되어 있는가?<br>② 관점에 따라서는 오답이 될 가능성은 없는가?<br>③ 묻는 내용을 잘 모르는 학생들도 금방 정답을 찾을 수 있는 너무 뻔한 답지가 아닌가?<br>④ 답이 없거나, 2개 이상이거나, 또는 정답의 시비 소지가 있지는 않은가? |
| 오답지 | ① 교과서에 나오지 않는 너무 생소한 답지는 없는가?(오답지라는 단서가 되는 경우)<br>② 관점에 따라서는 정답이 될 가능성은 없는가?<br>③ 오답지는 모두 문두의 내용과 직접적으로 관련이 있는 것들인가? |
| 기타 | ① 답지의 길이는 서로 비슷한가?(4개의 답지의 길이가 모두 비슷하거나, 짧은 것 두 개와 긴 것 두 개 등)<br>② 문두나 답지의 문장 표현이 불필요하게 장황한 것은 없는가?<br>③ 답지끼리 중첩되는 것은 없는가?<br>④ 두 개 이상의 답지에 공통적으로 존재하는 요소로 인하여 정답의 단서가 되는 것은 없는가?<br>⑤ 답지는 논리적 순서에 따라 배열되어 있는가?<br>⑥ 정답의 위치는 특정한 답지에 편중되지 않았는가?<br>⑦ 배점에 비하여 응답 소요 시간이 너무 긴 문항은 없는가?<br>⑧ 주관식 문항의 배점은 균형을 이루고 있는가? |

〈표 3-7〉 내용 면에서의 검토

| 검토 내용 | 그렇다 | 아니다 | 비 고 |
|---|---|---|---|
| 1. 문항의 측정 도구 결정 | | | |
| 2. 출제된 문제의 요점은 정확히 표현한다. | | | |
| 3. 부정어의 사용을 피하거나, 명확히 강조 | | | |
| 4. 문장의 표현에 논쟁의 여지가 있거나, 선택항에 문제가 생기면, 그 문항은 전문가 또는 자료원에서 질문의 대답을 얻어 작성한다. | | | |
| 5. 문항의 내용이 정확하고 현대적으로 표현한다. | | | |
| 6. 기계적인 암기측정 설계라 할지라도, 문항은 수험자에게 신선함을 제공하고, 최소한 문항은 교육재료에서 축어적으로 만들면 안 된다. | | | |
| 7. 바르고 단순한 단어와 어구를 사용한다. | | | |
| 8. 문항이나 선택항들이 명료치 않은 교묘한 단어를 사용하면 안 된다. | | | |
| 9. 선택항은 정확하고, 명료해야 한다. | | | |
| 10. 모든 내지는 거의 대부분의 전문가들이 그 문항의 정답에 동의해야 한다. | | | |
| 11. 오답들은 정답과 그럴듯하게 보여야 한다. | | | |
| 12. 문항에 있는 정보나 단어가 선택항에는 배제되어야 한다. | | | |
| 13. 선택항들은 문법적으로 질문과 일관된 구조를 갖는다. | | | |
| 14. 모든 선택항은 같은 문법 구조를 사용한다. | | | |
| 15. 모든 선택항은 내용의 형태가 균등해야 한다. | | | |
| 16. 모든 선택항은 대략 그 길이가 같아야 한다. | | | |
| 17. "다 옳다", "다 틀리다"와 같은 말은 선택항에 없어야 한다. | | | |
| 18. 논리적 체계가 분명하더라도, 선택항은 숫자나 알파벳순으로 나열한다. | | | |

〈표 3-8〉 측정 면에서의 검토

| 검토 내용 | 그렇다 | 아니다 | 비 고 |
|---|---|---|---|
| 1. 문제의 문항은 명확하게 주어져야 한다. 이루어졌는가? | | | |
| 2. 부정어는 쓰지 말거나, 강조해야 한다. | | | |
| 3. 문장은 단순한 단어와 문장 구성으로 이루어져야 한다. | | | |
| 4. 질문이나 선택항에 명료치 않은 교묘한 단어를 사용해서는 안 된다. | | | |
| 5. 4개 또는 5개의 선택항이 있어야 한다. | | | |
| 6. 질문에 있는 정보나 단어가 선택항에는 배제되어야 한다. | | | |
| 7. 모든 선택항들은 질문과 문법적으로 일관되어야 한다. | | | |
| 8. 모든 선택항들은 같은 문법 구조를 사용한다. | | | |
| 9. 모든 선택항들은 내용의 형태가 균등해야 한다. | | | |
| 10. 모든 선택항들은 대략 그 길이가 같아야 한다. | | | |
| 11. "다 옳다", "다 틀리다"와 같은 것은 어의사용은 없어야 한다. | | | |
| 12. 논리적 서열이 분명할지라도, 선택항은 알파벳이나 숫자 순서로 배열한다. | | | |

문항 제작과 관련해 부언하고 싶은 내용은 제작되는 문항들은 사전에 합의되어진 일관성 있는 문항 체제의 통일안에 맞추어 최종 편집되고 인쇄되어야 하는데, 이같이 함으로써 피험자로 하여금 수험에 능률을 향상시킬 수 있으며 심리적으로 안정감을 줄 수 있게 된다. 한 검사를 구성하고 있는 각각의 문항들이 통일된 체제를 이루고 있지 않다면 수험생들은 이로 하여금 불필요한 시간을 소비하게 되고 실력 이외의 다른 요소들에 불필요한 신경을 쓰게 될 것이다.

4장

# 문항의 양호도

문항의 양호도 검사는 앞서 출제된 문제가 실제로 학생들의 학력측정을 실시한 이후 단계에서 답안지 채점 자료를 기초로 해서 실시하게 된다. 양호도 검사의 목직은 출제를 구싱하고 있는 각각의 문항들이 제대로 기능을 수행하였는지를 사후에 검토하기 위한 방법이다. 문항의 양호도 검사는 고전검사이론에 따른 방법과 문항반응이론에 근거한 방법을 소개했다. 물론 양호도 검사에 앞서 출제 전반에 걸친 검토가 선행되어야 함은 물론이다. 문항의 양호도 검사는 출제된 문항 하나하나를 독립적으로 검사하는 방법이기 때문에 출제 전반에 걸친 검토는 본 장에서 제시하는 검사 문항에 대한 사후평가 체크리스트를 적용하면 편리할 것이다. 문항 난이도와 변별도와의 관계를 파악하고 이들 지수를 언어적으로 해석하는 지식도 함께 익혀 두기 바란다.

# 1. 문항에 대한 사후평가

검사의 실시가 끝나고 나면 실시된 검사의 평가를 위한 사후평가가 필요한데 이때 발견된 문제점들은 앞으로의 보다 나은 출제를 위한 좋은 참고자료를 얻게 된다.

검사 문항에 대한 사후평가의 실제적 이해를 돕기 위해 대학수능시험이 끝난 후 수능시험을 관장했던 '교육과정평가원'이 고등학교 교사들을 대상으로 실시한 평가 기준을 검사 문항 사후평가의 예로 소개한다. 이를 근거로 검사 문항에 관한 사후평가를 실시하는 것도 한 방법이 되겠으나 시험출제의 목적과 대상, 그리고 상황이 다른 경우 그에 따른 특정 상황하에서의 검토 내용이 별도로 필요함은 물론이다.

1. 출제 문항이 고등학교 교육과정 및 교육목표와의 부합 정도는?
   ① 매우 잘 부합(일치)되었다.
   ② 잘 부합되었다.
   ③ 대체로 부합되었다.
   ④ 별로 부합되지 않았다.
   ⑤ 전혀 부합되지 않았다.

2. 출제 문항의 교과영역별, 단위별 출제된 범위 정도는?
   ① 매우 알맞게 고루 출제되었다.
   ② 고루 출제되었다.
   ③ 대체로 고루 출제되었다.
   ④ 특정 영역(단위)에 편중되었다.
   ⑤ 전혀 영역별(단위) 비중이 고려되지 않았다.

3. 출제 문항의 전반적인 난이도 수준은?
   ① 매우 어려웠다.
   ② 약간 어려웠다.
   ③ 보통이다.
   ④ 약간 쉬웠다.
   ⑤ 매우 쉬웠다.

4. 기초적이고 보편적인 내용의 문항 수는?
① 기초적이고 보편적인 내용이 아주 많았다.
② 기초적이고 보편적인 내용이 많았다.
③ 대체로 기초적이고 보편적인 내용이 반반이다.
④ 지엽적이고 특수한 내용이 있었다.
⑤ 지엽적이고 특수한 내용이 많았다.

5. 출제 문항의 "행동영역(사고 유형)"의 수준은?
① 적응력 · 분석력 · 종합력과 같은 상위개념(고등정신능력)을 평가하는 문항이 매우 많았다.
② 적응력 · 분석력 · 종합력과 같은 상위개념을 평가하는 문항이 다소 많았다.
③ 상위개념과 하위개념을 평가하는 문항이 대체로 비슷하였다.
④ 지식의 기계적 암기력을 평가하는 문항이 다소 많았다.
⑤ 단순한 지식의 기계적 암기력을 평가하는 문항이 매우 많았다.

6. 문항의 내용에 따라 적절한 질문 형식을 갖춘 문항 수는?
① 아주 많았다.
② 많았다.
③ 적절한 질문 형식을 사용한 문항이 반반이다.
④ 애매한 질문 형식의 문항이 적었다.
⑤ 부적합한 질문 형식이 거의 없다.

7. 전체적으로 오답지의 매력도가 어느 정도 있었다고 보십니까?
① 답지의 선택, 어구, 단어의 배열에 따른 매력도가 매우 높았다.
② 답지의 선택, 어구, 단어의 배열에 따른 매력도가 높았다.
③ 답지의 선택, 어구, 단어의 배열에 따른 매력도가 보통이다.
④ 문장의 구조나 변별력에 모호성이 다소 있었다.
⑤ 문장의 구조나 변별력에 모호성이 매우 많았다.

8. 선택교과목 간의 난이도가 균형을 이루어 잘 되었다고 볼 때, 어느 정도였다고 보십니까?
① 매우 잘되었다.
② 잘되었다.
③ 보통이다.
④ 잘못되었다.
⑤ 매우 잘못되었다.

9. 대학입학 학력고사가 대학수학 능력을 측정하는 데 주는 신뢰성과 타당성의 정도는?

① 매우 높다고 본다.
② 높다고 본다.
③ 대체로 높다고 본다.
④ 측정하는데 별로 도움이 될 수 없다.
⑤ 대학수학 능력과 학력고사는 별개이다.

10. 학력고사 문항을 푸는 데 주어진 시간의 정도는?
① 너무 길다.
② 충분하다.
③ 적당하다.
④ 약간 부족하다.
⑤ 매우 부족하다.

11. 출제 문항 중에서 교과목표와 일치되지 않은 문항이 있다면, 그 문항번호를 적어 주시오.
문항번호 : ①　　　　②　　　　③

12. 출제 내용이 전 단원에 걸쳐 고루 출제되지 않았다면, 지나치게 적게 출제된 단원명과 지나치게 많이 출제된 단원명을 각각 적어 주십시오.

| 구　분 | 단 원 명 |
|---|---|
| 지나치게 적게 출제된 단원 | · 국어의 이해<br>· 고전어학 |
| 지나치게 많이 출제된 단원 | · 시　조<br>· 소　설 |

13. 2종 교과서 중 하나의 특정한 교과서에만 있는 내용이 출제된 문항이 있다면, 그 문항번호를 적어 주십시오.
문항번호 : ①　　　　②　　　　③

14. 전체 문항 중에서 가장 쉬운 문항부터 3개의 문항번호를 적어 주십시오.
문항번호 : ①　　　　②　　　　③

15. 전체 문항 중에서 가장 어려운 문항부터 3개의 문항번호를 적어 주십시오.
문항번호 : ①　　　　②　　　　③

16. 출제가 아주 잘 되었다고 생각되는 문항 3개를 골라 차례대로 그 문항번호를 적어 주십시오.
문항번호 : ①　　　　②　　　　③

17. 출제가 잘못되었다. 생각되는 문항이 있으면, 그 문항번호를 적어 주십시오. (없을 경우는 기록하지 않아도 됨)
    문항번호 : ①                    ②                    ③

18. 답지구성이 잘 되었다고 생각되는 문항 3개를 골라 잘된 정도의 차례대로 그 문항번호를 적어 주십시오.
    문항번호 : ①                    ②                    ③

19. 답지구성이 잘못되었다고 생각되는 문항 3개를 골라 잘못된 정도의 차례대로 그 문항번호를 적어 주십시오.(없을 경우는 기록하지 않아도 됨)
    문항번호 : ①                    ②                    ③

20. 질문 내용과 형식이 좋았다고 생각되는 문항번호를 차례대로 적어 주십시오.
    문항번호 : ①                    ②                    ③

21. 질문 내용과 형식이 서로 일치하지 않은 문항이 있다면, 그 문항번호를 적어 주십시오.(없을 경우는 기록하지 않아도 됨)
    문항번호 : ①                    ②                    ③

22. 교과서 내용과 무관한 내용이 있다면, 그 문항번호를 적어 주십시오.(없을 경우는 기록하지 않아도 됨)
    문항번호 : ①                    ②                    ③

이제 각종 수리적 방법을 통한 출제 검사 문항의 양호도 평가 방법을 소개하고자 한다. 수리적 방법에는 ① 고전검사이론에 의한 방법, ② 문항반응이론에 의한 방법이 적용된다.

## 2. 고전검사이론에 의한 문항 분석

학생들에 대한 학력검사가 끝나면 사용된 검사 결과를 바탕으로 출제된 문항들의 양호도를 평가하기 위한 사후 분석이 필요한데 이를 위해 문항 분석(item analysis)을 하게 된다. 여기서 말하는 문항 분석의 의미는 시험에 출제되었던 문항 하나하나가 수험생들에게 얼마나 쉬운 것인지 혹은 반대로 얼마나 어려운 것인지를 알아보고, 각각의 출제된 문제들이 총점이 높은 사람과 총점이 낮은 사람을 얼마나 잘 구별해 주는지, 그리고 한 단계 더 나아가서 문항의 답지들은 본래 의도하는 대로 제 기능을 발휘하고 있는지에 대한 내용을 알아보는 방법을 말한다. 이를 요약하면 시험이 실시되고 점수화가 된 후 문제의 타당성(효율성)을 평가하는 것이라 할 수 있다. 이는 학생의 각 문제에 대한 반응을 분석함으로 알 수 있는데, 문항 분석이라 불리는 이 과정은 각 문항이 시험의 기능을 잘했는지에 관한 정보를 알게 한다.

문항 분석은 몇 가지 장점을 지닌다. 즉, ① 시험에 대해 논의할 수 있는 정보를 제공하며, ② 학생들이 학습력을 향상시키는 자료를 제공한다. ③ 나중에 더 양호한 시험출제를 가져오는 안목과 기술을 갖게 한다는 점이다.

문항 분석에 있어 상대평가와 절대평가에 대한 절차가 다르다는 점을 생각해야 하는데 여기서는 우선 상대평가(즉, 학생 사이의 변별도를 알기 위한 시험)에 근거한 ① 문항의 난이도, ② 문항의 변별도, ③ 답지의 능률성 등을 알아보기로 한다. 이들 난이도, 변별도, 답지의 능률성 등에 대해 기술하기에 앞서 고전검사이론이 지니고 있는 기본 구조와 가정을 소개하고자 한다.

고전검사이론의 기본 구조는 한 개인이 획득한 검사점수는 진점수와 오차점수로 구성되어 있다는 전제에서 출발하게 되며, 이와 같은 구조는 다음과 같은 몇 가지 특성을 지니고 있다. ① 고전검사이론의 구조는 점수의 선형구조를 이루고 있다. ② 한 개인이 한 검사에 몇 번이고 반복적으로 반응한다는 것을 전제로 한다. ③ 한 개인의 능력은 불변임을 전제로 한다는 점이다.

그러므로 어떤 대상에게 여러 번에 걸쳐 독립적으로 반복적인 측정을 하게 될 때 그 대상의 진(眞)점수는 불변이며 변화하는 것은 단지 측정의 결과로 얻어진 관찰점수와 오차점수뿐이라는 전제인 것이다. 이와 같은 조건을 충족한다는 전제하에 문항 분석 방법을 소개하고자 한다.

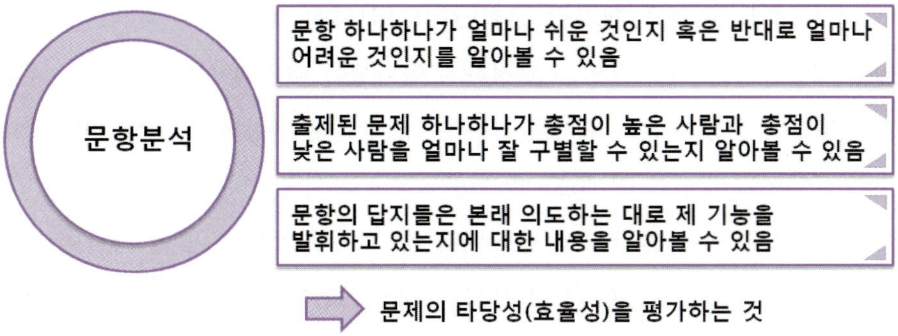


## 2.1. 문항의 난이도(item difficulty)

문항의 난이도란 한 문항이 얼마나 쉽고 어려운가의 정도를 말하는데 이때 문항의 난이도 지수($P$)는 한 문항에 정답을 한 학생의 백분율로 나타낸다.

| 문항의 난이도($P$) | ▸한 문항이 얼마나 쉽고 어려운가의 정도 |
|---|---|
| $P = \frac{R}{N} \times 100$ …… 〈공식 1〉 | ▸$P$ = 문항난이도 지수<br>▸$R$ = 문항에 정답을 한 학생 수<br>▸$N$ = 전체 학생 수(전체 사례 수) |

예컨대, 국어시험에 응시한 학생이 200명이고, 2번 문항에 대한 각 답지별 학생들의 응답이 다음과 같다고 하자.

〈표 4-1〉 국어시험 2번 문항의 답지 반응자 수

$N = 200$

| 답지 | ① | ② | ③ | ④* |
|---|---|---|---|---|
| 반응자 수 | 20 | 20 | 40 | 120 |

*정답지

위의 자료를 기본 공식에 대입하면 다음과 같다.

$$P = \frac{120}{200} \times 100 = 60(\%)$$

### 2.1.1. 추측 요인을 제거한 문항난이도의 계산

위의 계산공식은 추측 요인을 교정하지 아니했을 때의 공식인데 때로는 위의 기본 공식에 추측 요인을 고려해서 위의 〈공식 1〉을 수정해서 사용하기도 한다. 추측 요인이란 정답을 잘 모를 때 어림짐작으로 답을 하는 것을 말한다. 이때 어림짐작으로 답을 골라도 순전히 우연에 의하여 정답을 맞힐 확률이 있기 때문에 이러한 확률을 제외하고 문항난이도를 따져보자는 것이다. 이를 위한 추측 요인의 〈공식 1〉의 정답 수($R$)에서 추측에 의해 우연히 맞힐 수 있는 정답의 경우를 뺀 것이다.

| 추측 요인 | ▸정답을 잘 모를 때 어림짐작으로 답을 하는 것 |
|---|---|
| $P=\dfrac{R-\dfrac{W}{k-1}}{N}\times 100$ …… 〈공식 2〉 | ▸ $P$ = 문항난이도 지수<br>▸ $R$ = 문항에 정답을 한 학생 수<br>▸ $N$ = 전체 학생 수(전체 사례 수)<br>▸ $W$ = 오답을 한 학생 수<br>▸ $k$ = 답지의 수(네 가지 선택형의 경우 $k$=4) |

그러므로 위의 기본 공식 〈공식 1〉에 있는 R 대신에

$$R-\frac{W}{k-1} \quad \cdots\cdots \text{〈공식 2〉}$$

를 대입하면 추측 요인을 교정한 문항난이도의 계산 〈공식 2〉가 얻어지게 된다. 이 공식을 앞의 〈표 4-1〉 국어시험 2번 문항의 예에 적용시켜 보면,

$$P=\frac{120-\dfrac{20+20+40}{4-1}}{200}\times 100 \quad =\frac{120-\dfrac{80}{3}}{200}\times 100$$

$$=\frac{120-27}{200}\times 100 \quad =\frac{93}{200}\times 100$$

$$=46\%$$

이처럼 추측 요인을 고려해서 문항의 난이도를 구하면, 추측 요인을 고려하지 않았을 경우 60%보다 46%로 난이도 지수가 줄어들게 됨을 알 수 있다.

그러나 추측 요인을 교정해야 할 것인가, 하지 않을 것인가에 대해서는 전문가들 사이에 의견을 달리하고 있다. 추측 요인의 교정은 꽤 논리성을 갖고 있기는 하지만 따지고 보면 그 논리성도 복잡한 것이고 교정을 하나, 하지 않으나 개인차의 순위에는 별로 영향이 없다는 실질적 연구도 있기 때문에 특히 학교 현장에서 교사들이 제작한 검사를 다룰 때 기본 공식을 쓰지 않고 추측 요인의 교정을 한 수정 공식을 이용할 필요는 거의 없다는 점을 상기시키고자 한다.

### 2.1.2. 미달항을 고려한 문항난이도의 계산

경우에 따라서는 한 문항에 전체 수험자가 모두 정답의 반응을 하는 것이 아니라, 그 문항에 반응을 하지 않은 사람이 몇 사람씩 생기게 된다. 그런데 이렇게 반응을 하지 않은 문항에는 실제로 두 가지 이유가 있을 수 있다. 그 한 이유는 소위 제외항으로서 수험자가 풀려고 시도하였으나 도중에서 포기한 문항이고, 다른 한 이유는 미달항으로서, 검사의 마지막 부분에서 시간이 부족하여 아예 손도 대지 못한 문항일 것이다.

제외항은 실패로 볼 수도 있으나, 미달항은 워낙 시간이 부족하여 손을 대보지 못한 문항이므로 정답으로도 오답으로도 간주할 수가 없다. 따라서 미달항을 보인 수험자의 답안지는 전체 사례 수에서 제외하고 난 후에 난이도를 계산하는 것이 바람직한데 이 경우 계산공식은 다음 〈공식 3〉과 같다.

그런데 미달항을 낸 사람의 수를 전체 사례 수에서 제외하되 추측의 교정이 필요 없을 때는 다음 〈공식 4〉와 같은 계산공식을 적용하면 된다.

| | |
|---|---|
| $P=\dfrac{R-\dfrac{W}{k-1}}{N-NR}\times 100$ …… 〈공식 3〉 | ▸ $NR$ = 미달항 응답자 수 |
| $P=(\dfrac{W}{N-NR})\times 100$ …… 〈공식 4〉 | |

**미달항**

- 검사의 마지막 부분에서 시간이 부족하여 아예 손도 대지 못한 문항
- 미달항을 보인 수험자의 답안지는 전체 사례 수에서 제외하고 난 후에 난이도를 계산하는 것이 바람직함

**제외항**

- 수험자가 풀려고 시도하였으나 도중에서 포기한 문항

| 미달항을 고려한 문항난이도의 공식 | |
|---|---|
| 추측교정이 필요한 경우 | 추측교정이 필요하지 않은 경우 |
| $P=\dfrac{R+\dfrac{W}{k-1}}{N-NR}\times 100$ | $P=(\dfrac{W}{N-NR})\times 100$ |

지금까지 문항난이도를 계산하는 방법들을 소개하였다. 같은 검사 결과를 두고도 어떤 공식을 사용했느냐에 따라서 난이도 계산에서 상당한 차이가 일어나는 것이 보통이다. 따라서 주어진 조건하에서 가장 적당한 공식을 선택하여 적용하여야 하며, 결과를 기록하거나 보고할 때에는 어떤 방법에 의해 계산했는가를 분명히 밝혀 둘 필요가 있다.

### 2.1.3. 주관식 검사에서의 문항난이도 계산

서술단답형이나 제한 논문형으로 구성된 주관식 검사의 경우는 다음과 같은 방법으로 문항의 난이도를 계산할 수가 있다.

| 주관식 검사에서의 문항난이도 계산 | |
|---|---|
| $P=\dfrac{S_T-(N\times X_{\min})}{N(X_{\max}-X_{\min})}\times 100$ | ▸ $S$ = 수험생 점수 합<br>▸ $X$max = 최고점수<br>▸ $X$min = 최하점수<br>▸ $N$ = 전체 수험생 |

위에서 $S$는 주어진 문항에 대해서 점수를 받은 수험생들의 점수의 합이고, $X$min은 주어진 문항에 대하여 줄 수 있는 가능한 최하점수, $X$max는 최고로 가능한 점수를 나타내며, $N$은 그 문항에 응답한 전체 수험생을 나타낸다.

### 2.1.4. 문항난이도 지수의 해석

앞서 언급한 것처럼 한 검사 속에 있는 문항의 난이도는 어떤 문항이 어려운 문항 혹은 쉬운 문항인가를 쉽게 짐작할 수 있는 준거가 된다. 문항난이도 지수는 정답의 백분율이기 때문에 난이도 지수가 높으면 높을수록 문항은 더 쉽다는 뜻이 된다. 즉 난이도란 말과 난이도 지수는 반대의 관계에 놓여 있는 셈이다. 어느 정도의 문항난이도가 바람직한가에 대해서는 일치된 바 없지만, 대개 20~80% 사이의 문항난이도를 가지고 평균난이도가 50% 정도에 머무는 것이 이상적이다.

일반적으로 한 검사 속의 문항들은 20~80%의 난이도를 갖게 해서 문항난이도가 50%의 문항들을 가장 많이 출제하고 차츰 적은 수의 문항이 20%와 80% 수준의 난이도 쪽으로 정상분포(종을 엎어 놓은 형태)를 이루게 하는 것이 바람직하다. 따라서 검사를 구성할 때는 각 문항의 난이도의 정도에 따라 문항 수를 적절히 배열하는 것이 좋다. 예컨대 60개 문항으로 된 검사라면 대부분의 문항이 50% 정도의 문항난이도를 유지하고, 20% 이하나 80% 이상의 난이도를 갖는 문항들은 적은 비율을 유지하도록 구성하는 것이 바람직하다.

그러나 규준지향측정과 준거지향측정의 문항난이도를 보는 시각, 해석, 이용 방법에서는 차이가 존재한다. 즉, 규준지향평가(規準指向評價)에서는 학생의 능력을 올바르고 정확하게 변별하는 것이다. 즉, 개인차를 재어 주기 위한 것이

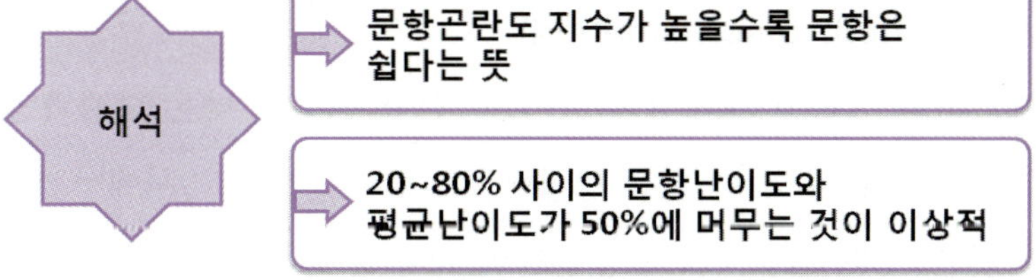

**규준지향 측정**

- 학생의 능력을 정확하게 변별하는 것
- 개인차를 제어해 주기 위함
- 문항난이도는 넓은 범위에 분포하는 것이 바람직함

**준거지향 측정**

- 문항난이도가 전혀 문제되지 않음
- 각각의 문항이 의도했던 교수목표를 충실하게 평가했는지에 집중

주된 목표의 하나이다. 그러기 위해서 그 속의 문항 하나하나가 센티미터의 눈금처럼 정확한 눈금의 역할을 해 주지 않으면 안 된다. 그러나 아주 쉬운 문항난이도를 갖는 문항은 능력이 낮은 학생의 동기 계발을 위해, 그리고 어려운 문항난이도를 갖는 문항은 상위능력을 가진 학생의 성취감을 고무시키기 위해 포함시키는 것이 좋다. 규준지향측정을 위한 검사의 문항난이도는 넓은 범위에 걸쳐 있는 것이 바람직하다.

준거지향평가(準據指向評價)에서는 본질적으로 문항난이도가 전혀 문제되지 않는다. 문항이 아주 어려워서 모든 학생이 실패할 수도 있고, 너무 쉬워서 모든 학생이 정답을 할 수도 있다. 형성평가에서 중요시하는 것은 각 문항이 의도했던 교수목표를 충실하게 평가하고 있느냐에 집중된다. 그러므로 준거지향평가에서는 '문항이 얼마나 어려운가'라는 견지에서 문항난이도를 해석하지 않고 '얼마 정도의 학생이 목표를 달성했느냐'로 본다. 규준지향검사에서는 $P=100$이거나 $P=0$일 때 문항이 어딘가에 잘못되어 있다고 보는 반면, 목표지향검사에서는 $P=100$이면 교수-학습이 성공한 증거로 보고 $P=0$이면 목표 달성을 위해 교수-학습과정을 개선해야 할 증거로 보게 된다.

### 2.2. 문항변별도(item discrimination)

문항변별도란 어떤 검사의 개개의 문항이 한 검사 총점이 낮은 학생과 높은 학생을 식별 또는 구별해 줄 수 있는 변별력을 말한다. 즉, 한 검사에서 총점이 높은 사람과 낮은 사람 간에 어느 특정 문항에 대한 통과율을 비교할 때 검사의

**문항변별도**

- 어떤 검사에서 각각의 문항이 총점이 높은 학생과 낮은 학생을 구별해 주는 능력

**문항변별도 지수**

- 변별의 정도를 지수로 나타낸 것
- 검사 총점이 높은 학생들이 특정 문항에 정답율이 높고, 반대로 검사 총점이 낮은 학생들의 정답율이 낮은 경우 변별력이 큰 문항임

총점이 높은 사람의 정답률이 높고 총점이 낮은 사람이 정답률이 낮으면 낮을수록 그 문항은 변별력이 큰 문항이라고 한다. 이러한 변별의 정도를 지수로 나타낼 때 이를 문항변별도 지수라고 한다.

가령 어떤 검사를 실시한 결과, 전체 점수가 우수한 상위집단과 점수가 낮은 하위집단으로 양분했을 때, 상위집단에 속하는 피검자가 하위집단의 피검자보다 각 문항에 대한 정답의 확률이 높아야 변별도가 있는 문항이라 할 수 있으며, 그 정도의 차이를 나타내는 것이 곧 변별도 지수인 것이다. 다음은 이해를 돕기 위해 3개의 문항들을 검사 총점에 의해서 사간관계표(two × two table)를 만든 것이며 검사집단은 100명으로 되어 있다.

| | 정 | 오 | |
|---|---|---|---|
| H | 10 | 40 | 50 |
| L | 30 | 20 | 50 |
| | 40 | 60 | 100 |

**문항 1**

우수한 학생들은 잘 못 맞추지만 성적이 나쁜 학생들은 잘 맞추는 결과를 빚어내는 문항(-)

| | 정 | 오 | |
|---|---|---|---|
| H | 25 | 25 | 50 |
| L | 25 | 25 | 50 |
| | 50 | 50 | 100 |

**문항 2**

피평가자 능력 차를 가려낼 수 없는 문항(0)

| | 정 | 오 | |
|---|---|---|---|
| H | 35 | 15 | 50 |
| L | 10 | 40 | 50 |
| | 45 | 55 | 100 |

**문항 3**

피평가자 능력 차를 제대로 변별해 내는 바람직한 문항(+)

위의 사간상관표의 특징을 보면, 〈문항 1〉은 검사 총점에서 좋은 성적을 딴 상위집단(H)에서는 정답보다 오답이 많고, 반대로 하위집단(L)에서는 오히려 오답보다 정답이 많아 어딘가 좀 비정상적인 문항이라는 것을 쉽게 짐작할 수가 있다. 이러한 문항은 결국, 성적이 우수한 학생들은 잘 못 맞추지만, 성적이 나쁜 학생들은 잘 맞추는 결과를 빚어내는 문항이 되어버린 결과라 할 수 있다. 〈문항 2〉에서는 공부를 잘하든 못하든 정답을 하는 비율은 똑같다. 다시 말해, 전혀 능력의 차를 가려낼 수 없는 문항이 되어 별로 소용이 되지 않는 문항이다. 〈문항 3〉에서는 상위집단의 학생들이 정답을, 하위집단의 학생들이 오답을 많이 한 문항으로서 능력의 차를 제대로 변별해 내는 바람직한 문항이라 할 수 있다. 이때의 문항변별도의 계산 방법으로는 사관상관표에 의한 방식과 육간상관표에 의한 방식으로 나누어 생각할 수가 있다.

### 2.2.1. 사간상관표에 의한 변별도 산출 방법

이 방법은 〈공식 6〉과 같이 특정 문항에 있어 상위집단의 정답자에서 하위집단의 정답자 수를 뺀 값을 전체 사례 수의 반으로 나눈 값을 통해 변별도 지수를 산출하게 된다.

<table>
<tr><th colspan="2">사간상관표에 의한 변별도 산출 방법</th></tr>
<tr><td>$D.I. = \dfrac{HR - LR}{N/2}$ …… 〈공식 6〉</td><td>▸ $D.I.$ = 변별도 지수<br>▸ $HR$ = 총점 상위집단에서 문항에 정답한 학생 수<br>▸ $LR$ = 총점 하위집단에서 문항에 정답한 학생 수<br>▸ $N$ = 사례 수</td></tr>
<tr><td colspan="2">▷ 간편한 방식<br>정답지에 대한 상위집단의 정답자 수에서 하위집단의 정답자 수를 뺀 값을 전체 사계 수의 1/2로 나누어 준 값<br>▷ −부호가 붙는 변별도 지수<br>하위집단의 정답자 수가 상위집단의 정답자 수보다 많은 경우<br>▷ +부호가 붙는 변별도 지수<br>상위집단의 정답자 수가 하위집단의 정답자 수보다 많은 경우<br>▷ 변별도 지수가 0<br>상위집단의 정답자 수와 하위집단의 정답자 수가 동일한 경우</td></tr>
</table>

예컨대, 어떤 학급의 200명에게 시험을 본 후 다음과 같은 채점 결과를 얻었다고 하자. 이때에 변별도 지수를 계산하는 방식은,

첫째, 점수 상위집단(H)과 하위집단(L)으로 각각 100명씩 이등분한다.

둘째, 상위집단 답안지에서 〈문항 1〉에 맞는 사람의 수와 하위집단 답안지에서 〈문항 1〉에 맞는 사람의 수를 세어 다음과 같은 표를 만든다.

| | 오 | 정 | |
|---|---|---|---|
| H | 20 | 80 | 100 |
| L | 40 | 60 | 100 |
| | 60 | 140 | 200 |

셋째, 표에 나타난 수치를 〈공식 6〉에 대입해 난이도 지수를 구한다.

$$D.I. = \frac{80-60}{200/2} = \frac{20}{100} = .20$$

보다 간편한 방식은 단순히 ① 점수(총점)를 높은 곳에서 낮은 순으로 정리한 후, 특정 문항의 정답에 대한 반응을 ② 상위집단(H)과 하위집단(L)으로 이등분, 즉 상하집단을 구분해서 변별도를 계산해 내는 방식이다. 다시 말해서 정답지에 대한 상위집단의 정답자 수에서 하위집단의 정답자 수를 뺀 값을 전체 사례수의 1/2로 나누어 준 값을 말한다.

(예 1) 국어시간 어느 학급에서 40명의 학생에서 시험을 치르고 난 후 〈출제문항 5번〉의 변별도 지수를 계산해 보고자 할 때 계산 방법은

**〈표 4-2〉 변별도 지수 산정을 위한 예시(1)**

| 답지 | A | B | C* | D |
|---|---|---|---|---|
| 상위집단(20명) | 0 | 6 | 12 | 2 |
| 하위집단(20명) | 6 | 4 | 4 | 6 |

* 표시는 정답

$$문항변별도(D.I.) = \frac{HR-LR}{N/2} = \frac{12-4}{40/2} = \frac{8}{20} = .40$$

〈표 4-3〉 변별도 지수 산정을 위한 예시(2)

| 답지 | A* | B | C | D |
|---|---|---|---|---|
| 상위집단(20명) | 5 | 4 | 7 | 4 |
| 하위집단(20명) | 7 | 3 | 5 | 5 |

* 표시는 정답

$$문항변별도(D.I.) \equiv \frac{5-7}{40/2} = \frac{-2}{20} = -.10$$

위의 예시(2)의 경우처럼 −부호가 붙는 변별도 지수의 경우는 하위집단 학생의 정답자 수가 상위집단의 정답자 수보다 많을 경우에 발생한다. 일반적으로 +부호가 붙는 변별도 지수는 상위집단의 정답자 수가 하위집단의 정답자 수보다 많을 때 생기며 변별도 지수가 0이 나오는 경우는 상위집단의 정답자 수와 하위집단의 정답자의 수가 동일한 경우를 의미한다. 이처럼 변별도 지수에 −부호가 붙거나 0이 되는 경우에는 문항으로서의 가치가 없는 것이어서 버려야 한다.

여기서 문항의 변별도 지수와 앞서 언급한 난이도 지수와의 관계를 보면 전체 정답률이 100%인 경우 상위집단과 하위집단 모두가 정답을 함으로써 상하 집단의 차이가 없기 때문에 변별도 지수는 0이 되게 된다. 반대로 상위집단이나 하위집단 모두가 정답을 맞히지 못한 경우에도 변별도 지수는 0이 된다. 전체 정답률이 50%인 경우 상위집단 전원이 정답을 했고 반대로 하위집단의 경우 모두가 오답을 한 경우가 되어 변별도 지수는 최고치인 1.0을 나타내게 된다.

### 2.2.2. 육간상관표에 의한 산출 방법

이 방법은 사간상관표에 의한 변별도 지수(D.I.)의 산출 방법보다 좀 더 엄밀한 방법으로서 상 27%, 중 46%, 하 27%의 비율로 나누어서 육간표로 만드는 방법이다. 이와 같은 육간표에 따라 변별도를 계산하는 공식은 다음과 같다.

| | | | |
|---|---|---|---|
| H | 10 | 70 | 80 |
| M | 80 | 60 | 140 |
| L | 75 | 5 | 80 |
| | 165 | 135 | 300 |

$$D.I. = \frac{HR - LR}{N/3}$$

$$D.I. = \frac{70 - 5}{100} = .65$$

이 보기에서는 퍽 좋은 문항변별도 지수가 나온 셈이다.

### 2.2.3. 문항변별도의 사용

문항별별도는 규준지향검사에서나 준거지향검사에 모두 유용하게 쓰일 수 있는 특징을 지닌다.

규준지향검사에서는 총점에서 성적이 좋은 사람과 나쁜 사람을 분명히 가려낼 수 있는 문항으로 구성되어 있는 것이 필수다. 만약 이 같은 기능을 제대로 못하는 문항이 많이 섞여 있으면 그만큼 규준지향검사의 타당성은 낮아진다.

마찬가지 논리로 준거지향검사에서도 총점에서 성적이 좋은 학생(성공학생)과 낮은 학생(실패학생)을 잘 변별할 수 있는 문항으로 검사가 구성되어 있을 필요가 있다. 실제 한 학습과제에서 성공한 학생은 각 문항에서 성공할 확률이 클 것이고 한 학습과제에서 실패한 학생은 그만큼 각 문항에서의 성공률이 적을 것이다. 그러나 준거지향평가에서 문항변별도를 이용하는 목적은 어떤 문항이 학습에서의 성공자와 실패자를 잘 구별하느냐에 관심이 있다.

이것을 교육목표와 관련시키면, 학습의 실패자와 성공자가 변별이 잘 되는 목표가 어느 것인지를 확인하는 데 중요하다. 일반적으로 변별도 지수는 −1.0

**규준지향 평가**

- 총점에서 성적이 좋은 사람과 나쁜 사람을 분명히 가려낼 수 있는 문항으로 구성하는 것이 필수
- 만약 이 같은 기능을 제대로 못하는 문항이 많이 섞여 있으면 그만큼 규준지향검사의 타당성은 낮아짐

**준거지향 평가**

- 문항변별도를 이용하는 목적은 어떤 문항이 학습에서의 성공자와 실패자를 잘 구별하느냐에 관심이 있음
- 이것을 교육목표와 관련시키면 학습의 실패자와 성공자가 변별이 잘 되는 목표가 어느 것인지를 확인하는 데 기여함

에서 +1.0 사이의 값을 지니게 되는데 +1.0에 가까울수록 성적이 높은 학생과 낮은 학생을 잘 변별해 내는 기능을 지닌 문항이라 할 수 있다.

결국 높은 정적(正的)인 변별도의 지수가 의미하는 바는 그 문항이 전반적인 시험이 측정해 내고자 하는 일반적 측정 요인과 동일한 속성을 지니고 있다는 것을 의미하는 것이어서 경우에 따라 어떤 문항이 낮은 변별 지수를 지니고 있다고 해서 문항으로서 불량한 것이라고 일방적으로 단언하는 것은 위험스러운 판단이다. 어느 특정 문항이 그 문항이 소속된 한 시험에서 전반적인 측정 요인과는 다르지만 꼭 측정해야 할 필요가 있는 중요한 영역을 측정하고 있는 것이라면 비록 변별도 지수는 낮다고 하더라도 그 문항은 훌륭한 문항이 될 수도 있는 것이다.

따라서 변별력이 낮은 문항의 경우 과연 그 문항 자체가 변별력이 약한 이유 때문인지 아니면 출제된 전반적인 문항들과 다른 속성을 측정하고 있기 때문인가를 주의 깊게 고려해 볼 필요가 있는 것이다.

그리고 경우에 따라서는 변별도 지수가 마이너스(−) 방향을 나타내는 경우가 간혹 발생하는데 이와 같은 문항들에 대해 특별한 주의를 기울일 필요가 있다. 다시 말해서 부적(負的) 변별도 지수를 지닌 문항은 상위권 학생들이 하위권 학생들에 비해 그 문항에서 더 많이 틀렸다는 결론인데 그 원인이 어디에서 비롯된 것인가를 고찰해 보아야 할 것이다.

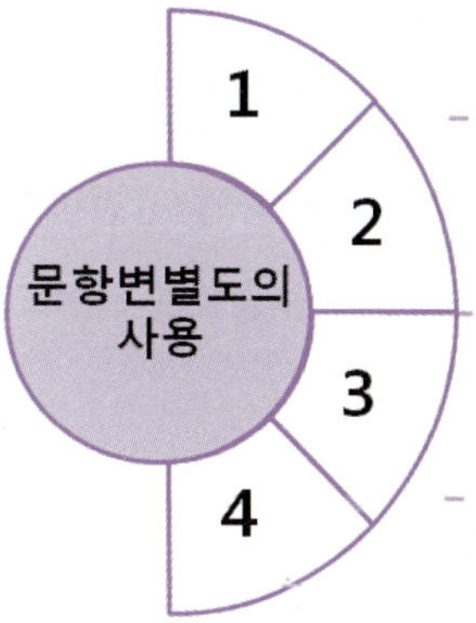


- 변별도 지수는 -1.0에서 +1.0 사이의 값을 지니게 됨
- +1.0에 가까울수록 성적이 높은 학생과 낮은 학생을 잘 변별해 내는 문항이라고 할 수 있음
- 일반적인 합의사항은 문항의 변별도가 최소한 .20이상이어야 하고, .30이상이면 만족
- 변별도 지수가 마이너스(-) 방향을 나타내는 경우가 간혹 발생하는데 이와 같은 문항들에 대해 특별한 주의가 필요

그 밖의 일반적인 합의사항은 문항의 변별도는 최소한 .20이상이어야 하고 .30이상이면 만족이라는 것이다. 그러나 이는 어디까지나 대략적인 판단 기준이다. 일반적으로 계산되어 나온 변별도의 지수는 상관계수로서 표시되는데 그 언어적 해석은 〈표 4-4〉와 같다.

〈표 4-4〉 변별도 지수에 따른 문항평가의 준거

변별도 지수와 문항평가의 준거

| 변별도 지수 | 언어적 해석 |
|---|---|
| .40 또는 이상 | 대단히 좋은 문항 |
| .30 ~ .39 | 좋은 문항 |
| .20 ~ .29 | 경계선상의 문항 |
| .19 또는 이하 | 좋지 못한 문항 |

문항의 곤란도와 변별도 지수

| 문항의 곤란도 | 변별도 |
|---|---|
| 100 | 0.00 |
| 90 | 0.20 |
| 80 | 0.40 |
| 70 | 0.60 |
| 60 | 0.80 |
| 50 | 1.00 |
| 40 | 0.80 |
| 30 | 0.60 |
| 20 | 0.40 |
| 10 | 0.20 |
| 0 | 0.00 |

이상의 간단한 공식들을 사용한 출제 문항의 난이도와 변별도는 시험을 치르는 응시자가 많은 대규모 시험 등에서는 위의 예들에서처럼 간편 계산을 하기가 번거롭기 때문에 컴퓨터 응용통계 프로그램(SAS, SPSS 등)을 이용하면 간편하게 각각의 지수들을 산출 할 수 있게 되는데 아래 그림은 컴퓨터의 응용통계 프로그램을 사용해 문항의 난이도 지수를 얻은 결과의 예시이다.

APPENDIX : SAMPLE ITEM DIFFICULTY CHART
TRADITIONAL ITEM STATISTICS

| ITEM NUMBER | PERCENTAGE CHOOSING EACH OPTION 1 | 2 | 3 | 4 | 5 | OMIT | DIFFICULTY INDEX |
|---|---|---|---|---|---|---|---|
| 1 | 0 | 19* | 69 | 13 | 0 | 0 | .19 |
| 2 | 0 | 6 | 75* | 0 | 19 | 0 | .75 |
| 3 | 0 | 6 | 0 | 88* | 6 | 0 | .88 |
| 4 | 13 | 0 | 75* | 13 | 0 | 0 | .75 |
| 5 | 6 | 0 | 81* | 6 | 6 | 0 | .81 |
| 6 | 6 | 0 | 75* | 6 | 13 | 0 | .75 |
| 7 | 6 | 13 | 6 | 63* | 13 | 0 | .63 |
| 8 | 0* | 0 | 0 | 88 | 13 | 0 | 0 |
| 9 | 13 | 0 | 88* | 0 | 0 | 0 | .88 |
| 10 | 38* | 6 | 0 | 6 | 50 | 0 | .38 |
| 11 | 13 | 0 | 6 | 63* | 19 | 0 | .63 |
| 12 | 13 | 44 | 25* | 13 | 6 | 0 | .25 |
| 13 | 38 | 19* | 0 | 19 | 25 | 0 | .19 |
| 14 | 6 | 0 | 63* | 13 | 19 | 0 | .63 |
| 15 | 0 | 6 | 0 | 69* | 25 | 0 | .69 |

* correct response

## 2.3. 답지의 능률성

문항의 양호도 분석에 있어 답지의 능률성이란 각 답지에 대한 반응이 어떠한 분포형태인가를 분석함으로써 각 답지들이 답지로서의 구실을 하는지를 알아보려는 것이다. 다시 말해서 문항의 각 답지에 대한 반응의 분포상태를 답지의 반응분포(item response distribution)라고 한다. 이와 같은 답지의 능률성을 알아보기 위해 일반적으로 각 문항에서 오답지를 선택한 상위집단 학생 수와 하위집단의 학생 수를 비교해 보면 되는데, 훌륭한 오답지일수록 상위집단 학생보다

**답지의 능률성** → 각 답지에 대한 반응이 어떠한 분포 형태인가를 분석함으로써 각 답지들이 답지로서의 구실을 하는지 알아보고자 하는 것

**답지의 반응분포** → 문항의 각 답지에 대한 반응의 분포 상태

하위집단 학생들에게서 더 많은 반응을 하게 될 것이다. 이해를 돕기 위해 예를 하나 들어보기로 한다.

〈표 4-6〉 답지의 능률성 산정을 위한 예시(3)

| 답지 | A | B | C* | D | E |
|---|---|---|---|---|---|
| 상위집단(20명) | 0 | 6 | 11 | 3 | 0 |
| 하위집단(20명) | 7 | 3 | 5 | 5 | 0 |

*표시는 정답

위의 예에서 답지 A는 정답이 아닌 오답지로서 상위집단 학생의 반응은 전혀 없고 하위집단 학생의 반응이 7명이 된다. 다시 말해서 우수한 상위집단의 학생들보다는 전체적으로 학업능력이 낮은 하위집단 학생들에게 더 매력이 있는 답지라고 판단되어 답지로서의 제구실을 못한다고 볼 수 있다. 답지 D의 경우도 하위집단 학생들에게 더 매력적이어서 제대로의 기능을 하지 못하고 있다.

한편 답지 B의 경우는 정답이 아님에도 불구하고 하위집단 학생들보다 상위집단 학생들이 더 많은 반응을 함으로써 이 답지는 정작 본래의 사명인 오답지로서의 하위집단이나 상위집단 그 어느 쪽에서도 아무 반응을 얻어내지 못한 명목상의 답지일 뿐 실질적으로는 있으나마나 한 답지에 불과한 셈이다. 이해를 돕기 위해 또 다른 예를 제시하고자 한다.

〈문항 1〉

| 답 지 | 반응자수 |
|---|---|
| ① | 24 |
| ② | 19 |
| ③ | 20 |
| ④* | 57 |
| N | 120 |

〈문항 2〉

| 답 지 | 반응자수 |
|---|---|
| ①* | 23 |
| ② | 12 |
| ③ | 70 |
| ④ | 15 |
| N | 120 |

〈문항 3〉

| 답 지 | 반응자수 |
|---|---|
| ① | 3 |
| ② | 19 |
| ,③* | 98 |
| ④ | 0 |
| N | 120 |

*표시는 정답

〈문항 2〉는 오답인 ③에 70명이라는 많은 수의 반응자가 몰려 있는 반면에, 정답인 ①에는 23명만이 반응을 나타낸 것은 정답이 정답 구실을 못하고 있으며, 오답인 ③은 반응을 유인하는 매력이 너무 지나치다고 할 수 있다. 대개는 문항이 너무 어려울 경우에 이러한 결과 나타나기 쉬운데, 이럴 때는 정답이 어딘가 잘못되지 않았는지 검토해 보고 좀 더 직접적으로 쉽게 고쳐야 한다. 동시에 상대적으로 두드러진 오답의 매력도 재조정할 필요가 있다.

〈문항 3〉은 전혀 사용할 수 없는 문항이다. 우선, 답지 ①, ④는 오답으로서의 매력이 전혀 없어서 그 답지들이 있으나마나 한 것으로, 결국 이 문항은 4개의 답지를 가지고 있으면서도 ②냐 ③이냐의 양자택일을 요구하는 진위형 문항이 되고 말았다. 이러한 문항에서는 오답지의 매력을 훨씬 줄여서 수정하거나, 아니면 아예 다른 문항으로 대치하는 조처를 취해야 하며 동시에 정답지의 수정도 이루어져야 한다.

### 2.3.1. 문항 분석에서 유의할 점

문항 분석을 할 때는 문항 분석에 포함되는 피험자의 숫자가 적어도 40명 이상은 되어야 비교적 안정성 있는 결과를 얻을 수 있다는 점을 유념해야 할 것이다. 예컨대, 변별도를 계산할 때는 상위집단과 하위집단이 각각 최소한 20명 이상이 되도록 하는 것이 좋다.

다음으로는 문항 분석을 통해서 나타난 결과 난이도나 변별도가 적절하게 나왔다 하더라도 다음 검사에서 똑같은 결과가 나올 것이라는 보장을 할 수는 없다는 것이다. 즉, 다음 수업에서 그 내용을 충실히 가르치지 않았거나 너무 많은 시간을 할애했다면 그 학습 결과에 대한 평가 문항 분석에서는 다른 결과가 나올 수도 있다는 점을 예상해야 한다. 따라서 선행문항 분석 결과를 바탕으로 대상이 다르고 학습과정이 다른 내용에 대해 동일한 검사 결과를 예상하는 것은 주의해야 한다.

뿐만 아니라 문항 분석이 지닌 문제점은 문항 분석의 통계적 결과가 아무리 좋다고 하여도 그러한 문항으로 구성되어진 검사가 항상 우수하다고는 단언할 수가 없다는 점이다. 왜냐하면 문항 분석의 결과가 그 검사에 필요한 문항을 모두 포함시켰다고는 볼 수 없기 때문이다. 따라서 문항 분석 결과를 해석함에 있어 이와 같은 제한점들을 전제로, 주어진 상황과 내용의 범위 안에서 참조를 해야 바람직할 것이다.

출제 문항을 평가함에 있어 기본적으로 생각할 것은, 각 문제가 학습의 효과(결과)를 측정하고 있는가의 정도이다. 수업 전후에 있어 모든 학생이 문제의 정답을 맞혔다면 문제는 분명히 수업의 효과를 측정하는 것이 아니다. 마찬가지로 수업 전후에 모든 학생이 어떤 문제에 정답을 맞히지 못해도 그 문제는 의도된 학습 결과를 반영하지 못하는 것이다. 이것은 극단적인 예이지만 학습의 결과를 가져오는 중요성을 강조한다. 이처럼 학습 결과에 따른 문제의 타당성을 측정하기 위해서 교사는 수업 전과 수업 후 같은 시험을 출제해야 한다. 타당성 있는 문제는 수업 전보다 수업 후에 대부분 학생들이 정답을 맞힐 것이다. 수업의 결과에 대한 반응도 지수는 다음의 식을 사용하여 계산될 수 있다.

| $$S=\frac{R_A-R_B}{N}$$ | ▸ $R_A$ = 수업 후 정답을 맞힌 학생 수<br>▸ $R_B$ = 수업 전 정답을 맞힌 학생 수<br>▸ $N$ = 수업 전과 후에 시험을 친 전체 학생 수 |
|---|---|

이를테면, 수업 전에 모든 학생($N$=32)이 정답을 맞히지 못하고 ($R_B$=0), 수업 후 모든 학생이 정답을 맞힐 경우($R_A$=32) 결과는 다음과 같다.

$$S=\frac{32-0}{32}=1.00$$

문항의 반응도 지수($S$)의 최대치는 1이고 $S$의 범위는 0.00과 1.00 사이에 속한다. 그러나 이와 같은 $S$값을 사용하는 데는 몇 가지 제한이 있다.

① 계산을 위해서는 시험을 두 번 치러야 한다.

② 지수가 낮게 나오는 것은 문제가 불량하거나 수업 내용이 불량한 것에 기인한다.

③ 수업 후의 문제 반응도는 시험을 일찍 치르는 정도에 영향을 받는다.

④ 수업의 시간이 적을 때 가장 심한 제한을 받게 된다.

이러한 제한점에 불구하고, 이러한 문제 반응도 지수($S$)는 절대평가 시험 문제 평가에 있어 유용한 수단이 된다. 문제가 수업 결과에 타당하지 않으면 의도된 학습목표를 측정하는 데 있어 시험 문제로서의 별 가치가 없게 되기 때문이다.

## 3. 문항반응이론에 의한 문항 분석

### 3.1. 기원

앞의 제2절에서 살펴본 문항 분석은 고전검사이론에 기초한 것이다. 즉 고전검사이론에서 관찰점수는 진점수와 오차점수에 의하여 합성되었음을 가정하고, 총점에 의하여 문항을 분석하고 피험자 능력을 추정한다. 그런데 고전검사이론은 검사 총점에 의해 분석되기 때문에 집단의 능력에 따라 난이도가 달라진다는 단점을 가지고 있다.

이것의 대안으로 제시된 문항반응이론(item response theory)은 검사 총점으로 문항을 분석하는 것이 아니라, 문항이 지니고 있는 문항특성곡선에 의하여 문항을 분석하는 검사이론이다.

문항반응이론의 기원은 1800년대 이후 생물학 분야에서 동·식물의 시간에 따른 성장률에 대한 연구에서 시작되었다. 어느 시점에서 동·식물의 성장이 가장 활발히 이루어지거나 완료되는지를 파악하기 위하여 로지스틱 함수를 사용하였다.

이후 Binet와 Simom(1916)은 지능을 측정하기 위하여 연령에 따라 문항에 정답을 한 피험자의 비율을 표시한 점들을 연결하는 곡선을 작성하여, 연령에 따른 정답율의 변화를 파악하고 이를 기초로 연령에 적합한 문항을 제작했던 것이 문항반응이론의 적용이라고 할 수 있다.

이후 Richardson(1936)이 고전검사이론에 의한 문항 특성 추정과 문항반응이론에 의한 문항 특성 추정의 관계를 증명하였으며, Lawley(1943)가 문항 특성을 추정하는 모형과 기법을 제안하였다.

1980년대에 컴퓨터가 발전으로 인하여 복잡한 수리적 계산이 가능하면서 문항반응이론은 교육 측정 분야에서 일반화되기 시작했다. 문항모수와 피험자 능력을 추정하는 다양한 컴퓨터 프로그램들이 소개되어 문항모수치를 쉽게 추정할 수 있게 되었다.

## 3.2. 기본 가정

문항반응이론이 성립되기 위해서는 다음과 같은 두 개의 가정이 충족되어야 한다.

첫째, 일차원성 가정(unidimensionality assumption)이다. 인간의 능력은 다양한 잠재적 특성(latent trait)으로 나타낼 수 있다. 그러므로 하나의 검사로 인간의 다차원 특성을 측정하는 것은 불가능하다고 할 수 있다. 그렇지만 검사이론에서 하나의 검사 도구는 인간이 지닌 다양한 속성 중에서 하나의 특성을 측정하여야 함을 전제로 해야 한다. 문항반응이론에서 이를 일차원성 가정이라고 한다.

둘째, 지역독립성 가정(local independence assumption)이다. 피험자가 하나의 문항에 정답을 할 경우, 그 영향이 다른 문항의 정답 선택에 영향을 주지 않는다는 가정이다. 즉 한 문항과 다른 문항의 답을 맞힐 확률은 서로 독립적이라는 뜻이다.

이는 한 문항의 내용이 다른 문항의 정답의 단서가 되지 않아야 함을 의미한다.

## 3.2. 개념

### 3.2.1. 특징

문항반응이론은 고전검사이론과 달리 피험자 집단의 능력과 검사의 성격에 제한받지 않으면서 문항 특성 모수를 추정할 수 있다는 장점을 가지고 있다. 최근 문항반응이론에 의한 문항 분석은 물론 문제은행, 검사 제작, 검사동등화, 차별기능문항 추출, 컴퓨터화 능력적응검사, 준거 설정 등에 널리 적용되고 있다. 문항반응이론의 특징은 다음과 같다.

① 문항 하나하나에 의한 분석에서 출발하며, 문항특성곡선에 근거한다.

② 반복측정을 가정할 필요가 없다.

③ 문항난이도는 문항의 답을 맞힐 확률이 .5(1모수, 2모수 모형)에 위치하는 능력수준의 값을 말한다.

④ 문항변별도는 문항특성곡선상에 문항난이도를 표시한 점에서의 기울기를 말한다.

⑤ 피험자의 능력 추정이 검사의 난이도에 따라 영향을 받지 않는 불변성 개념을 지니고 있다.

⑥ 측정오차는 피험자에 따라 상이하다.

⑦ 고전검사이론의 신뢰도에 대응되는 검사정보함수는 피험자 능력수준에 따라 다르다.

문항반응이론의 장점은 문항 특성이 피험자 집단에 따라 영향을 받지 않기 때문에, 문항반응이론에 의하여 문항을 분석하면 능력이 높은 피험자 집단에서 검사가 실시되었든, 능력이 낮은 집단에서 검사가 실시되었든 추정된 문항난이도, 문항변별도, 문항추측도는 동일하다. 그러므로 검사의 난이도에 따라 능력 추정이 영향을 받지 않는 불변성 개념을 지니고 있다.

이와 함께 문항반응이론은 검사 도구의 특성이 피험자 능력 추정에 영향을 주지 않는다는 것이다. 즉, 문항반응이론은 피험자의 능력을 어느 시점에서 고정되어 있는 것으로 파악하는 고전검사이론과 달리 집단과 검사에 제한받지 않으면서 문항 특성 모수를 추정할 수 있다. 따라서 검사를 구성하는 문항이 달라지더라도 능력에 따른 점수는 변하지 않으므로 피험자의 능력에 대한 정확한 측정이 가능하여 피험자를 정확하게 변별할 수 있다.

### 3.2.2. 문항특성곡선

어떤 문항에 반응하는 각 피험자는 얼마만큼의 기초능력을 가지고 있기 때문에 능력 척도상의 어느 위치에서 수치를 갖는다고 가정한다. 이때 피험자의 능력을 가로축에 Θ(theta)로 표기하고, 각 능력수준에서 그 능력을 가진 피험자가 그 문항에 답을 맞힐 확률을 세로축에 P(Θ)로 표기한다. 이때 피험자 능력에 따라 문항의 답을 맞힐 확률을 나타내는 곡선을 문항특성곡선(item characteristic curve : ICC)이라 하며 다음 [그림 4-1]과 같다. 이 곡선은 생물학의 성장곡선과 매우 유사한 모양을 띠고 있다.

교육 · 심리 측정 분야에서 문항특선곡선은 Binet와 Simon이 지능검사에서 좋은 문항을 선택하기 위하여 사용되었다. 각 나이별로 문항에 답을 맞힌 피험자의 비율에 해당하는 점들을 연결하는 곡선을 그렸다. 나이가 증가함에 따라

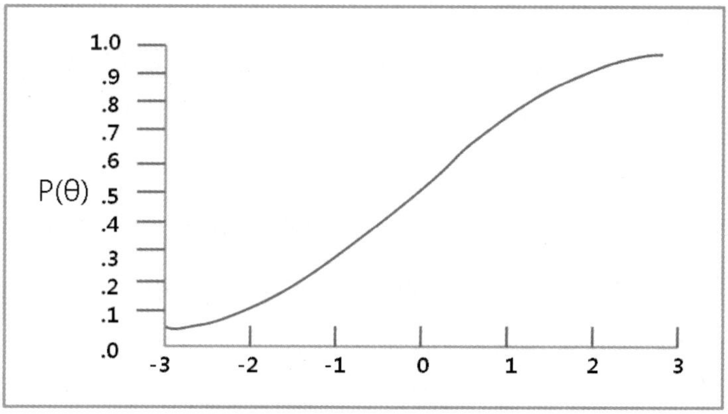


그림 4-1 문항득싱곡선

문항의 답을 맞힐 확률이 증가하는 증가함수의 원리를 응용하였으며, 곡선이 가파를수록 나이에 따라 문항의 답을 맞힐 확률이 매우 다르기 때문에 그 문항은 근접한 연령집단을 보다 잘 변별해 줄 수 있다는 사실을 발견하였다. 그러므로 Binet와 Simon이 사용한 문항특선곡선은 나이와 문항의 답을 맞힐 확률과의 함수관계를 나타낸다.

문항반응이론에서는 각 능력수준에 있는 동일한 능력의 피험자들이라 하더라도 똑같은 반응을 하지 않는다. 예를 들어, 능력이 낮은 수준의 피험자들이라도 모두가 답을 틀리는 것이 아니고 능력이 높은 피험자들이라 하여 모두가 문항의 답을 맞히는 것은 아니다. 물론 능력이 낮은 피험자 중 일부가 문항의 답을 맞힐 수 있고, 능력이 높은 피험자의 대부분은 문항의 답을 맞히나 소수가 문항의 답을 맞히지 못할 수도 있다.

문항반응이론에서 피험자의 능력을 측정하는 척도는 모든 피험자의 능력이 평균 $\mu$와 표준편차 σ를 가진 정규분포를 이룬다는 가정하에 능력의 평균은 0, 표준편차 1인 척도를 표현하게 된다. 피험자의 능력은 이론적으로 $-\infty$에서 $+\infty$ 사이에 존재하나 실제로 거의 대부분의 피험자의 능력은 −3.0에서 +3.0 사이에 위치한다.

문항특성곡선이 지니는 공통점은 능력이 낮은 집단에서의 문항의 답을 맞힐 확률은 낮고, 능력이 높은 집단에서 문항의 답을 맞힐 확률은 높은 증가함수(increase function)를 나타낸다. 일반적으로 곡선 S자 형태로 증가하며, 선형적으로 증가하지 않는다. 이와 같은 곡선을 생물학에서는 성장곡선(growth curve)이라 하고 문항반응이론에서는 Tuker(1946)가 문항특성곡선(item characteristic curve : ICC)이라 하였다.

문항특성곡선에서는 능력이 높을수록 문항의 답을 맞힐 확률이 증가하나 직선적으로 증가하지는 않는다. 문항특성곡선은 문항난이도, 문항변별도, 문항추측도에 따라 다양한 곡선이 만들어진다.

## 3.3. 문항모수

각각의 문항특성곡선들은 일반적으로 두 가지의 속성 즉, 위치모수와(location parameter)와 척도모수(scale parameter)를 지니고 있다.

위치모수란 문항이 능력수준의 어느 지점에서 기능하는가를 말하는 것으로 고전검사이론의 문항난이도라고 할 수 있다.

척도모수는 문항특성곡선이 문항의 위치모수 아래의 능력을 가진 피험자들과 위치모수 위의 능력을 가진 피험자들을 얼마나 잘 변별할 수 있는 고전검사이론의 문항변별도를 의미한다.

### 3.3.1. 문항난이도(item difficulty)

문항난이도란 문항이 어느 능력수준에서 기능하는가를 나타내는 지수로서, 문항의 어려운 정도를 알려 준다. 문항특성곡선이 오른쪽에 위치할수록 문항이 어려움을 의미한다.

문항반응이론에서 문항난이도란 문항의 답을 맞힐 확률이 .5에 대응하는 능력수준을 말하며 *b*로 표기한다. 문항난이도의 이론적 범위는 $-\infty$에서 $+\infty$ 사이에 존재하나, 일반적으로 문항난이도는 $-2.0$에서 $+2.0$ 사이에 있으며 값이 커질수록 어려운 문항으로 평가한다.

문항반응이론의 문항난이도에 대한 언어적 표현은 〈표 4-7〉과 같다. 이와 같은 문항의 난이도에 대한 해석의 기준은 절대적 기준이라기보다는 이해를 돕기 위한 서술적 표현이다.

〈표 4-7〉 문항난이도 지수의 언어적 표현

| 문항난이도 | 언어적 표현 |
|---|---|
| −2.0미만 | 매우 쉽다. |
| −2.0이상 ~ −0.5미만 | 쉽다. |
| −0.5이상 ~ +0.5미만 | 중간이다. |
| +0.5이상 ~ +2.0미만 | 어렵다. |
| +2.0이상 | 매우 어렵다. |

### 3.3.2. 문항변별도(item discrimination)

문항변별도란 문항이 피험자를 능력에 따라 변별하는 정도를 나타내는 지수로서 변별력은 문항특성곡선의 기울기와 관계가 있다. 문항특성곡선의 기울기가 가파르면 문항변별도가 높아지는 반면에 기울기가 완만하면 낮아지게 된다. 문항변별도는 문항특성곡선상의 문항난이도를 표시하는 점에서 문항특성곡선의 기울기를 말하며, $a$로 표기한다.

일반적으로 문항변별도는 0에서 +2.0까지의 값을 가지며 지수가 높을수록 좋은 문항이다. 만약 문항변별도가 음수 값을 지니면 이는 검사에서 제외시켜야 할 문항이다. 왜냐하면 이 문항은 피험자 능력이 높아질수록 문항의 답을 맞힐 확률이 낮아지기 때문이다.

고전검사이론에 의한 문항변별도는 문항점수와 검사 총점과의 상관계수에 의하여 추정되나 문항반응이론에 의한 문항변별도는 문항특성곡선의 기울기를 말하므로 문항변별도에 대한 두 정의가 다름을 알 수 있다. 문항반응이론의 문항변별도에 대한 언어적 표현은 〈표 4-8〉과 같다.

〈표 4-8〉 문항변별도의 언어적 표현

| 로지스틱 모형 | 언어적 표현 |
|---|---|
| .00이상 ~ .35미만 | 거의 없다. |
| .35이상 ~ .65미만 | 낮다. |
| .65이상 ~ 1.35미만 | 적절하다. |
| 1.35이상 ~ 1.70미만 | 높다. |
| 1.70이상 | 매우 높다. |

### 3.3.3. 문항추측도(item guessing)

문항추측도는 능력이 전혀 없음에도 불구하고 문항의 답을 맞힐 확률을 말하며 $c$로 표기한다. 일반적으로 문항추측도의 범위는 0에서 1/(답지 수) 사이이다. 문항추측도는 능력이 전혀 없는 피험자가 문항의 답을 맞힐 확률을 의미하므로 이 값이 높을수록 좋지 않은 문항으로 평가된다.

### 3.4. 고전검사이론과 문항반응이론의 비교

문항반응이론의 장점은 문항 특성이 피험자 집단에 따라 영향을 받지 않는다는 것이다. 즉, 문항반응이론에 의하여 문항을 분석하면 능력이 높은 피험자 집단에서 검사가 실시되었든, 능력이 낮은 집단에서 검사가 실시되었든 추정된 문항난이도, 문항변별도, 문항추측도는 같다. 그러므로 검사의 난이도에 따라 능력 추정이 영향을 받지 않는 불변성 개념을 지니고 있다.

다른 장점은 검사 도구의 특성이 피험자 능력 추정에 영향을 주지 않는다는 것이다. 즉, 문항반응이론에서는 피험자의 능력을 어느 시점에서 고정되어 있는

〈표 4-9〉 고전검사이론과 문항반응이론의 비교

| 검사이론 | 고전검사이론 | 문항반응이론 |
|---|---|---|
| 분석 방법 | ▸출제된 문항의 양호도를 검증하기 위한 이론으로 시험에 적절한 난이도와 높은 변별도인 문항이 양질의 문항이다.<br>▸피험자가 출제된 문항 중에 몇 문항을 맞추었는지, 출제된 문항에 응답한 사람 중 몇 사람이 정답에 응답을 하였는지를 분석한다. | ▸문항의 특성이나 피험자의 능력은 고정되어 있는 것으로 인식하여 문항의 특성과 피험자의 능력을 상황에 구애받지 않는 수치로 산출해 내는 방법이다.<br>▸모형과 함수를 이용하여 산출하므로 고전검사의 방법보다 복잡하다. |
| 점수 표시 방법 | ▸문항 수를 합산하거나 조금 정밀한 점수를 위해서는 문항당 가산점을 부여하여 점수를 합산하는 방법을 사용하고 있다.<br>▸검사를 구성하는 문항이 달라질 경우 점수는 변할 수 있다. | ▸피험자의 능력은 어느 시점에서 고정되어 있는 것으로 파악하여 그 능력을 점수화하는데 문항반응이론에서는 $\theta$ 로 표시한다.<br>▸검사를 구성하는 문항이 달라지더라도 능력점수는 변하지 않는다. |
| 장 · 단점 | ▸〈장점〉 산출 방법이 간단하고 쉽다.<br>▸〈단점〉 검사 시점에 따라 문항의 난이도의 조절이 되지 않는다.<br>▸일정한 점수를 획득하면 통과되는 자격증 시험의 경우 시험 응시자는 실시되는 시점에 따라 합/불합격이 결정될 수도 있다. | ▸〈장점〉 정확한 측정이 가능하고 학생들의 변별이 보다 정밀하다.<br>▸상황에 따라 문항의 특징이나 피험자의 능력점수가 변하지 않아 자격증시험 등에 적절하다.<br>▸〈단점〉 고도의 수학적인 방법이 사용되므로 산출 방법이 어렵다. |

것으로 파악하는 고전검사이론과 달리 집단과 검사에 제한 받지 않으면서 문항 특성 모수를 추정할 수 있다. 따라서 검사를 구성하는 문항이 달라지더라도 능력점수는 변하지 않으므로 피험자의 능력에 대한 정확한 측정이 가능하고 학생들의 변별이 보다 정밀해진다.

고전검사이론은 비교적 간단한 방법으로 문항 분석을 할 수 있는 장점 때문에 지금까지 널리 사용되고 있다. 그러나 고전검사이론은 피험자 집단에 따라 문항의 특성 즉, 난이도와 변별도 등이 달라진다는 점과 피험자의 능력 역시 피험자 집단의 특성에 따라 다르게 추정된다는 점에서 단점을 지니고 있다. 그러므로 검사가 쉬울 경우 피험자의 능력은 과대 추정되며, 검사가 어려울 경우 과소 추정된다.

이것의 대안으로 제시된 문항반응이론(item response theory)은 검사 총점으로 문항을 분석하는 것이 아니라, 문항은 문항 각각이 불변하는 고유한 속성을 지니고 있으므로 그 속성을 나타내는 문항특성곡선에 의하여 문항을 분석하는 검사이론이다.

고전검사이론과 문항반응이론을 비교하면 〈표 4-9〉로 나타낼 수 있다.

# 5장

# 수행평가

학생의 능력평가와 관련해 이제까지의 접근 방법은 주로 간접적인 측정 방법, 즉 필답검사를 통한 방법을 알아보았다. 본 장에서는 학생의 단순한 정답찾기나 성취 중심의 평가를 벗어나 학생의 학습과제 수행과정을 직접 관찰하고 수행과제 결과 산출물에 대해 전문가적인 교사의 안목을 통해 판단하는 방법에 관해 공부하게 된다. 전통적인 지필검사와 대안적 방안으로서의 수행평가에 관한 비교를 통해 수행평가의 개념과 특성을 파악하기 바란다. 뿐만 아니라 수행평가에는 어떤 형태의 평가 방법들이 있으며 수행평가를 실시하기 위한 절차와 방법을 숙지하고, 수행평가의 기여도와 문제점 그리고 앞으로 일선 학교현장에서의 수행평가 적용 방향을 생각해 보기 바란다.

# 1. 수행평가의 개념과 정의 및 특성

## 1.1. 수행평가의 개념

수행평가(performance assessment)란 평가자가 학습자의 수행과정을 관찰하거나 수행 결과의 산출물을 통해 과제수행의 숙달수준과 질을 전문가적인 관점에서 평가하는 방법을 말한다. 우리나라 제7차 교육과정에서의 수행평가 개념은 "평가자가 학습자들의 학습과제 수행 과정 및 결과를 직접 관찰하고, 그 관찰 결과를 전문적으로 판단하는 평가 방식"으로 기술하고 있다.

수행평가는 전통적인 평가 체제와는 다른 대안적 평가 방법으로 사용되기 시작한 것으로 수행평가에 따른 학생의 과제수행이나 결과 산출물을 평가하는 방법에는 다양한 방식이 있을 수 있으나 근자에 이르러 수행평가의 개념변화로 선택형 문항들로 구성된 전통적인 지필고사를 제외한 모든 평가 방법이 수행평가 범주에 해당된다 할 수 있다.

이처럼 수행평가는 구체적 상황에서 학생이 실제로 행동하는 과정이나 결과를 평가함으로써 학생의 창의력과 문제해결능력을 길러주고자 하는 데 그 근본 취지가 있다. 단순한 정답찾기의 학습 결과나 성취 중심의 평가를 벗어나 학습과정 중심의 평가를 지향하고, 학습의 과정에서 교사와 학생, 학생과 학생 간의 역동적 관계를 중시하려는 평가 방식이라 할 수 있다. 이를 통해 다양한 측면에서 학습자에 대한 보다 종합적인 평가자료를 확보하고 활용할 수 있는 계기를 마련할 수 있게 되기 때문이다.

이상에서의 개념을 종합해 수행평가의 개념을 요약하면, 평가자가 학습자들의 학습과제 수행과정을 직접 관찰해 평가하고, 수행과제에 대한 결과의 산출물을 전문가적 안목을 통해 판단하는 모든 형태의 평가 방법을 총칭하는 개념이라 할 수 있다.

우리나라에 수행평가가 도입된 과정을 살펴보면, 1996년으로 전해진다.[22] 도입 초기에는 수행평가라는 용어가 일선 학교현장에 생소한 개념으로 알려진 상태였으나 '열린교육'이 널리 확산되면서 일부 초등학교에서 수행평가를 받아들이기 시작했다. 다음해인 1997년 2월 한국교육평가학회의 수행평가 관련 학술세미나를 통해 수행평가의 이론상의 상세한 소개가 이루어지게 되었고, 1997년 3월 서울시교육청의 '초등학교 새 물결 운동'과 더불어 수행평가제도의 도입이 확대되기에 이르렀다.

1998년 10월에 이르러 '2002학년도 대학입시제도 개선안 : 주관식, 수행평가 위주의 절대평가 문항과 채점 기준'을 개발하고 이를 교사들이 자율적으로 채택하여 활용하게 한다는 취지하에 교육부가 공식적으로 수행평가라는 용어를 문서에 사용하게 된 것으로 밝혀지고 있다. 뿐만 아니라 '교육비전 2002 : 새 학교문화 창조', 수행평가의 실시와 관련된 보다 구체적이고 상세한 내용이 제시되었고 이로서 수행평가가 일선학교와 우리사회에 집중적인 조명을 받게 되었다. 같은 해 12월 수행평가 전국 실시를 위한 예비모임에 전국 16개 시 · 도교육청 평가 장학관 회의를 소집해 수행평가 실시에 관한 지침을 하달하게 되었는데, 이때 회의에 참석한 각 시 · 도 교육청 평가담당 장학관들이 자기 지역에서 학교장 및 연구부장회의를 소집해 수행평가 실시관련 지침을 내놓음으로써 1999년 3월 전국적으로 수행평가가 실시되게 되었다.

이와 같은 과정을 통해 수행평가에 대한 개념이 점차 변화하게 되었는데, 도입 초기 단계에서는 수행평가에 대한 개념 이해가 불분명하고 이상적인 개념으로 이해되었다. 따라서 이 시기에는 학교현장에서 수행평가에 대한 적용이 혼란을 불러오기도 했다. 이후 수행평가의 개념이 신축성, 융통성 있는 개념으로 다소 변화하기 시작했고 오늘날에는 수행평가를 객관식 선다형 지필평가를 제외한 기타 모든 평가 방법을 지칭하는 것으로 인식하기에 이르렀다.

기존의 전통적인 학생평가 방법이 주로 단편적인 지식 내용을 일회적인 측정으로 그쳤고, 학생의 다양한 능력을 측정하고 평가하는 데 한계점을 드러냄에 따라, 학생의 전인적 발달을 평가하기 위한 새로운 학생평가 방식으로 수행평가가 초등학교와 중학교 · 고등학교 현장에 등장하게 되었다. 특히 수행평가는 학생의 분석력과 종합력, 그리고 평가력 등 고등정신 기능을 측정하고 평가할

| | |
|---|---|
| 1990년대 중반 | 학생의 전인적 발달 평가를 목적으로 하며 등장 |
| 1999년 | 제7차 교육과정의 연차별 적용 첫해에 모든 교과 성적에 반영됨 |
| 2000년 | 일선 학교에 확산 |

수 있을 뿐만 아니라 학생 개인의 능력을 측정하는 데 종합적이고 지속적인 정보를 제공할 수 있다는 평가가 내려짐에 따라 널리 확산되기에 이르렀다.

2000년 이후 국내에서의 수행평가가 일선 학교현장에 확산되기 시작하면서 전국의 각 시·도 교육청들에서는 「교육과정 편성·운영지침」을 마련해 일선 학교현장에서 수행평가를 반영토록 했는데, 그 한 예로 지역교육청의 지침 내용을 보면, "교과의 평가는 선택형 일변도의 지필검사를 지양하고, 서술형 주관식 평가와 표현 및 태도의 관 찰평가가 조화롭게 이루어지도록 하고 수행평가를 꾸준히 확대 실시한다."[23]고 명시하고 있다.

### 1.2. 수행평가의 정의

Brown(2004)에 따르면, 수행평가는 수험자들에게 실제적(언어) 수행 혹은 그 표본을 요구하고 교사, 수험자 자신, 혹은 동료들의 직접적인 관찰에 의해 체계적으로 그 수행을 평가하는 것이라 정의하였다.

그리고 O'Malley와 Valdez Pierce(1996)에 의하면 수행평가는 학습자들의 학습 성취, 동기, 태도들을 반영하는 평가 방법으로 말이나 글을 통해 반응을 구성하는 것이며, 이러한 반응은 교사가 유도하거나 교사에 의해 관찰될 수 있는 것이라 하였다.[24]

수행평가와 관련한 정의 가운데 대표적인 내용[25]을 소개하고자 한다.

Haertel(1992)[26]은 "피평가자들로 하여금 특정의 산출물을 만들어 내거나 구체적인 활동을 수행케 함으로써 자신들의 능력을 직접적으로 나타내 보일 것을 강조하는 평가 방식"을 수행평가라 정의하고 있고, Wiggins(1993)[27]는 "학습자에게 내용 지식을 연계 및 설명하게 하고, 증명할 수 있게 하는 기회를 제공할 수 있는 방식으로 고안된 평가의 형태"로 정의하고 있다.

한편 미국 의회 기술평가국(Office of Technology Assessment, 1992)의 정의는 "수행평가는 학생으로 하여금 답을 쓰거나 학생의 지식과 기능을 보여주는 산출물을 만들도록 요구하는 검사 방법이다. …… 수행평가는 실험하기, 에세이 쓰기, 수학계산하기 같은 것을 포함하는 여러 가지 형식을 취할 수 있다." 이 정의 역시 답을 고르는 선택형 검사 이외의 다른 방법으로 평가하는 모든 방식을 수행평가로 볼 수 있음을 시사하고 있다. 이처럼 수행평가는 주어진 답지들 가운데 정답을 골라내게 하는 '간접 형태'의 평가 방식 대신에 피평가자들로 하여금 자신이 직접 작품을 만들어 내거나 주어진 과제 활동을 수행케 함으로써 그 결과물을 바탕으로 평가하는 '직접 형태'의 평가라 할 수 있다. 학생이 주어진 과제에 대한 행동이나 반응을 직접관찰을 통해 평가하거나 산출해 낸 산출물을 평가하는 것인데 이를 평가하는 과정은 선택형 문항에서 정답을 골랐는가를 확인하는 것과는 다른 평가 방식이라 할 수가 있다. 즉, 수행평가는 "평가자의 관찰과 전문적인 판단이 중요하게 작용하게 되는 평가 방식"(Mehrens, 1992)이라는 점이다. 뿐만 아니라 "피평가자에 대한 어떤 의사결정을 하기 위해 체계적인 관찰을 통해, 학생에 대한 자료를 수집하는 과정"(Berk,1993)으로 정의되기도 한다.

한편, 교육부(1998)에서 수행평가를 일선 학교에 홍보하기 위해 제작된 자료에서는 수행평가가 "평가자가 학습자들의 학습과제 수행 과정 및 결과를 직접 관찰하고, 그 관찰 결과를 전문적으로 판단하는 평가 방식"으로 정의하고 있다.

이상의 정의들을 종합해 볼 때, '피평가자들의 구성적 수행(반응)', '평가자의 직접 관찰에 의한', '전문적인 판단' 등이 수행평가의 핵심적 구성 개념이며, 이를 정리하면 수행평가는 평가자(교사 등)가 피평가자들(학습자 등)이 직접

〈표 5-1〉 전통적 지필검사와 대안적 평가의 비교

| 전통적 시험 | 대안적 평가 | 대안적 평가의 증거 |
|---|---|---|
| 올바른 정답만을 요구한다. | 질적으로 우수한 결과물, 수행, 그리고 정당화가 선택된다. | 평가는 학생이 사실이나 연산 방식을 사용해 정답을 찾는 것에 관심을 두도록 해서는 안 되며, 답이 왜 그렇게 나왔는지 설명하거나 적용하거나 정당화시킬 수 있도록 요구해야 한다. |
| 사전에 학생에게 알려져서는 안 된다. | 가능하면 미리 알려져야 한다. 어떠한 요구와 과제가 제시될 것인가에 대하여 사전에 알려주어야 한다. | 학생의 작품이 어떻게 평가될 것인가(연극, 고장 난 엔진을 고치는 것, 고객에게 보내는 계획서)에 대한 평가 기준이 만들어져 있다. |
| 실제적인 상황이나 조건과는 관련이 없다. | 실제 상황에서 자신이 배운 지식을 얼마나 잘 이용할 수 있을 것인가를 평가한다. | 과제를 하는 것은 하나의 도전이며 실제적인 상황에서 문제를 해결하는 데 수반되는 다양한 제한요소를 고려해야 하는 어려운 것이다(지식을 사용하는 것이 아니라 now-how를 아는 것이 중요하다). |
| 이미 알려진 정답이나 기술에 대하여 잘 사용할 수 있는지, 잘 인식하고 있는지를 물어보는 상호관련이 없는 항목들로 구성되어 있다. | 지식과 판단은 수준 높은 결과물과 수행을 만들기 위하여 새로운 방법으로 사용되어야 한다. | 과제는 다양한 측면을 다루는 것이기 때문에 식상한 주제나 내용이어서는 안 된다. 제시되는 사례에 대한 문제의 명료화, 시행착오, 적응의 능력이 요구된다. |
| 점수 매기는 것을 쉽게 하기 위해 시험이 단순화된다. | 복잡하고, 비임의적인 과제, 준거나 표준이 제시된다. | 쉽게 점수화되기 어려운 과목의 탐구영역에서 고려될 수 있는 중요한 수행능력을 다룬다. |
| 한 번에 끝난다. | 반복적이다. | 과제는 학생들이 실제로 숙달했는지 아닌지, 혹은 이해했는지 아닌지를 알아볼 수 있도록 설계된다. |
| 매우 기술적인 상관관계에 의존한다. | 직접적인 증거를 제시한다. 어른의 핵심적인 역할이나 기본적인 훈육목표와는 상반되게, 유효했던 과업들이 포함하게 된다. | 이 과제는 정당하고 근거가 확실하기 때문에 학생들에게 흥미와 인내심을 유발하고, 학생이나 교사 모두에게 적절하다. |
| 점수가 주어진다. | 학생에게 진단을 내려 적절한 피드백을 제공한다. 이를 통하여 결과를 확인할 수 있고 그에 근거하여 자신에게 필요한 것이 무엇인지 판단하게 된다. | 평가는 과업수행의 점수를 누가적으로 기록하는 것이 아니라 미래의 수행을 개선하기 위한 것이다. 학생을 정보의 주요한 고객으로 본다. |

구성적으로 창출하는 학습과제의 수행 과정이나 결과를 직접 관찰하고 그 결과를 전문적으로 판단하는 평가 방식이라고 할 수 있다.

### 1.3. 수행평가의 특징

수행평가는 ① 학생이 문제의 정답을 선택하기보다는 학생 스스로 답을 작성하거나 행동으로 표현하는 평가 방식이며, ② 학습의 결과와 함께 과정을 중시한다. ③ 학생의 학습과정을 진단하여 개별학습을 촉진한다. ④ 기억력・이해력과 같은 단순사고능력보다는 창의력・비판력・종합력 등과 같은 고등사고능력의 측정을 강조한다. ⑤ 단편적・획일적 평가를 지양하고, 학생 개개인의 변화와 발달 과정을 종합적・전인적으로 평가한다는 특징을 지니고 있다.

수행평가의 특징과 관련해 백순근・이명숙 등은 다음과 같은 몇 가지 특징과 유용성을 제시하고 있다.[28)]

① 수행평가는 학생이 문제의 정답을 선택하는 것이 아니라, 자기 스스로 정답을 구성하거나 행동으로 나타내도록 하는 평가 방식이다.

② 교육목표를 가능한 한 실제 상황에서 달성했는지를 평가한다. 학생이 아는 것 혹은 학생이 할 수 있는 것을 밝혀서 학습과 수업의 성장을 보여주는 방법이다.

③ 교수-학습의 결과뿐만 아니라 교수-학습의 과정도 함께 중시하는 평가 방식이다. 즉 절차적 지식(어떻게 하는지를 아는 것)의 습득을 중요시하고 인지적으로 아는 것을 실제로 적용할 수 있는지를 평가하는 것을 매우 중요시한다. 또 창의성이나 고등정신 기능을 평가하기에 적합하다. 한편, 과제수행의 과정과 결과가 동시에 평가되므로 학생들이 이해하지 못하는 것에 대한 풍부한 정보를 제공한다. 즉 평가 결과가 학습과 수업개선에 대한 정보를 제공하게 된다.

④ 학생 개개인의 변화・발달과정을 종합적으로 평가하기 위해 전체적이면서도 지속적으로 이루어지는 것을 강조하는 평가 방식으로 인지적인 영역뿐만 아니라 정의적인 영역, 신체적인 영역 등도 중요시해 종합적이고 전인적인

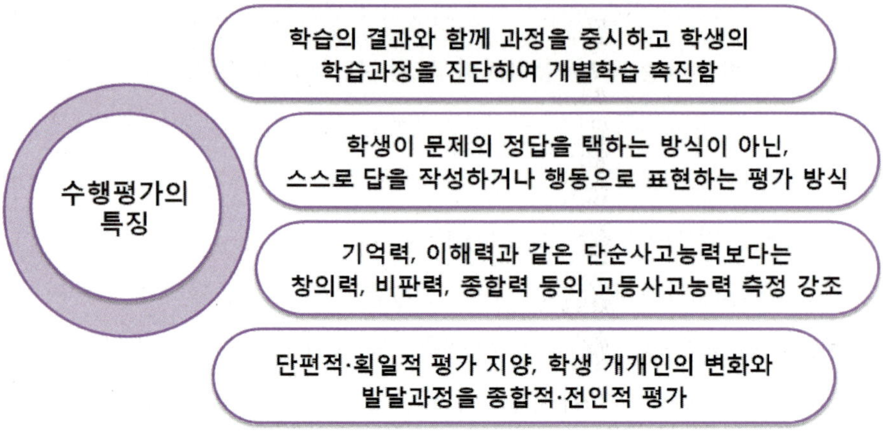


평가를 중요시한다.

⑤ 집단에 대한 평가도 중요시해 학생 상호간의 협력을 유도하게 된다. 즉 협동학습과제를 수업과 평가에 많이 활용하게 된다.

⑥ 수행평가는 학생의 학습과정을 진단하고 개별학습을 촉진하려는 데 그 목적이 있다. 즉 평가는 교수-학습과정과 하나의 통합된 형태로 이루어진다. 따라서 교수-학습목표와 평가 내용은 보다 직접적으로 관련되고 교육평가의 과정이 학생의 학습과 이해력을 직접적으로 조장하도록 한다. 또 평가가 수업 상황과 유사하기 때문에 평가 결과가 교사에게도 매우 유용한 정보가 된다.

⑦ 획일적인 표준화 검사를 적용하기 어려운 상황, 즉 인종과 문화의 다양성이 공존하는 그 상황에서 그 다양성을 인정하면서도 동시에 타당한 평가를 할 수 있다.

### 1.4. 유사용어의 정의

수행평가를 지칭하거나 이와 유사한 개념으로 사용되는 많은 용어들이 있는데 대표적인 것으로는, 대안적(alternative)평가, 실제적 평가(authentic assessment), 직접적인 평가(direct assessment), 실기평가(performance-based assessment), 포트폴리오 평가(portfolio assessment) 등을 들 수가 있다.[29)]

| 구분 | 내용 |
|---|---|
| 대안적 평가 | • 표준화된 검사의 대안적 평가이며, 서술형이나 논술형 문항 강조<br>• 수행평가는 대안적 평가의 한 사례 |
| 실제적 평가 | • 평가 상황이 실제 상황과 동일해야 함을 강조<br>• 참 평가, 상향지향적 평가, 자연주의적 평가<br>• 수행평가 방식 중의 한 특수한 사례 |
| 직접적인 평가 | • 도덕성은 자필 및 구두시험보다는 학생의 행동을 관찰함으로써 평가 |
| 실기평가 | • 실기시험 중시, 실제로 할 줄 아는가를 중요시함 |
| 포트폴리오 평가 | • 학생의 발달과 학습에 관한 기록과 증거물을 일정 기간 및 시간의 흐름에 따라 모아 놓은 것을 평가<br>• 최종적인 결과와 과정을 동시에 중요시함 |

## 2. 수행평가의 유형

수행평가는 ① 서술형검사, ② 논술형검사, ③ 구술시험, ④ 면접, ⑤ 토론법, ⑥ 관찰, ⑦ 자기평가 및 동료평가, ⑧ 컨퍼런스, ⑨ 실기시험, ⑩ 실험 · 실습, ⑪ 연구보고서, ⑫ 포트폴리오(작품집 평가), ⑬ 학습일지, ⑭ 능력시험, ⑮ 기타로 다양한 형태를 들 수 있다는데 이들 각각의 내용을 소개하면 다음과 같다.

### 2.1. 서술형검사

서술형은 문제의 답을 선택하는 대신 학생이 문제의 답을 직접 기술하는 평가 방식으로 모범 답안을 상정하고 있으며 문제해결의 과정을 이해하고 있는지를

**서술형 검사** | 학생이 직접 기술하는 평가 방법

파악하는 데 중점을 두는 검사라 할 수 있다.

### 2.2. 논술형검사

**논술형 검사** | 학생이 정답이 없는 상태에서 개인의 생각이나 주장을 창의적이고 논리적이면서도 설득력 있게 작성하는 방법

분석력과 종합력, 그리고 가치판단과 같은 평가능력을 알아보기 위한, 소위 고등정신 기능을 판단하기 위한 검사로 피험자 개인의 생각이나 의견을 창의적이고 논리적이면서도 설득력 있게 작성하는 것으로, 선택형 문항과는 달리 피험자가 답을 구성하는 지필검사의 한 형태이다.

이러한 논술형 검사를 작성하기 위해서는 첫째, 평가할 영역을 구체화하여 검사목표를 설정하고 둘째, 그에 알맞은 문제 상황을 설정하며 셋째, 모범 답안이나 채점 기준표를 작성하여야 한다.[30]

### 2.3. 구술시험

**구술시험** | 학생의 준비도, 이해력, 표현력, 판단력, 의사소통능력 등을 직접적으로 평가하는 방법

구술시험은 필답시험이나 작품의 제작과정과 결과를 통한 평가 대신에 학생을 대상으로 평가자가 특정 주제에 관한 질문을 던지고 피평가자로 하여금 그에 대한 답을 하도록 하는 방법이다. 면접 방식과 혼돈할 수 있겠으나 면접이 정의적

영역(인성 및 태도)을 중심으로 이루어지는 반면, 구술시험은 평가자와 피평가자가 얼굴을 맞대고 행해지는 형태라는 것뿐만 아니라 교실 수업상황에서 교사 및 학생들에게 자신의 의견이나 생각을 발표하는 형태까지 포함한다는 점에서 차이점이 있다. 구술시험의 목적은 학생으로 하여금 특정 교육 내용이나 주제에 대해 자신의 의견이나 생각을 발표하도록 하여 학생의 준비도, 이해력, 표현력, 판단력, 의사소통능력 등을 직접적으로 평가하기 위한 것이다.

### 2.4. 면접법

**면접법**

**피면접자와 평가자가 서로 대화를 통하여 얻고자 하는 자료나 정보를 수집하여 평가하는 방법**

면접법은 보다 심도 있는 정보를 얻을 수 있는 평가 방식으로 사전에 예상할 수 없었던 정보나 자료를 얻을 수 있고 진행상 융통성을 발휘할 수 있다는 장점을 지닌다. 면접은 구조화된 것과 비구조화된 것으로 구분할 수 있으며, 구조화된 면접은 사전에 준비된 질문들을 내용과 순서에 따라 진행되는 면접을 의미한다. 따라서 모든 학생(피면접자)이 동일한 순서로 동일한 문항에 응답하므로 응답 자료를 분류하고 코딩하는 데 편리하고, 문항을 미리 구성해 봄으로써 교사(면접자)가 질문 할 때 발생할지도 모를 오류를 최소화할 수 있다는 장점을 지닌다. 반면 면접상황에 대한 적응도가 낮으며 융통성이 없다는 단점을 지닌다.

한편, 비구조화된 면접은 면접계획을 세울 때 면접의 목적만을 명시하고 면접할 내용이나 면접 방법은 면접자에게 일임하는 방법으로, 면접이 의도한 내용뿐만 아니라 미처 생각지 못한 평가 내용조차도 부차적으로 얻어 낼 수 있다는 장점을 지니게 된다. 뿐만 아니라 비구조화된 면접은 면접 결과의 타당도가 높다는 장점을 지닌다. 그러나 이 면접 방법을 사용하려면 고도의 면접기술이 필요할 뿐 아니라 면접을 통해서 얻은 자료를 분류하고 부호화하기 어려운 단점이 있다.

**면접의 구조화란**: 면접에 관한 계획이나 문항이 사전에 결정되는 정도

**구조화된 면접**
- 미리 준비된 질문지에 따라 질문의 내용과 순서를 지키면서 진행되는 면접

**비구조화된 면접**
- 면접의 목적만을 명시하고 면접할 내용이나 방법은 면접자에게 일임하는 방법

**반구조화된 면접**
- 사전에 치밀한 계획 + 실제에서는 융통성 있게 진행 (실제로 가장 많이 사용)
- 평가의 목적, 상황, 범위, 대상 등을 고려하여 선택

### 2.5. 토론법

**토론법**: 서로 다른 의견이 나올 수 있는 문제에 대하여 개인 또는 집단으로 찬반토론을 함으로써 준비성, 논리성, 반대의견에 대한 수용능력, 토론 진행 자세를 검사하는 것 (교수-학습 활동 + 평가 활동)

토론법은 교수·학습 활동과 평가 활동이 통합된 것으로 보통 토론식 수업에서 학생들을 평가하는 방법이다. 교사와 학생, 학생과 학생 간의 토론의 장을 마련하여 학생의 토론 준비도(관련 자료 및 증거 수집 정도, 토론 내용의 조직 등), 의사소통능력(이해력, 표현력, 설득력), 사고력(논리적 사고력, 창의적 사고력, 비판적 사고력), 토론 태도 등을 평가하는 방법이다.

토론법은 논문형 검사와 구술시험을 통해 얻을 수 있는 정보를 모두 얻을 수 있는 장점이 있는 반면, 학생 수가 많을 경우 개별 학생들이 충분히 발언할 기회를 갖지 못하는 단점도 있다(백순근, 1998). 찬·반 토론법을 시행할 때에도 구술시험과 비슷하게 평가 기준표를 이용하여 특정 학생의 준비도, 이해력, 조직력, 표현력, 판단력, 의사소통력, 토론, 태도 등을 평가할 수 있다.

**토론과 논쟁**

- **토론 : 의사소통, 사고의 깊이, 상호작용 등의 수준을 가늠해 볼 수 있는 대안적 평가 방법**
- **논쟁 : 특정 주제나 사안에 대하여 동의하거나 거부하는 결정을 내리기 위한 중요한 방법**

## 2.6. 관찰법

**관찰법** | **관찰을 통해 일련의 정보를 수집하는 측정 방법**

학생을 이해하고 평가하기 위한 일화기록법, 체크리스트법, 평정척도법 등을 활용할 수 있는데, 관찰을 통해 일련의 정보를 수집하는 측정 방법으로서, 인간의 일상생활과 함께해 온 가장 오래된 방법인 동시에 연구의 기본 수단이라고 할 수 있다.

일화기록(Anecdotal records)법이란 학생들의 특성을 있는 그대로 기술하는 방법으로 관찰 대상이 되는 학생 개개인의 개별적인 특성과 행동 등이 상세하게 포함되도록 한다. 이 방법의 장점은 자발적인 행동 요소들을 평소 자연스런 상태에서 평가할 수가 있다는 점이다. 그러나 평가자료를 수집하는 데 많은 시간과 노력이 필요하며 특이사항을 기록함에 있어 긍정적인 내용보다는 다소 부정적인 내용들에 관한 기록이 이루어지는 경향이 나타난다.

체크리스트는 평가하고자 하는 항목을 선정하고 피평가자의 행동을 관찰해 설정된 평가항목에 따라 해당여부를 점검표에 표시하는 방법이다. 일반적으로 설정한 기준의 충족 여부(Yes or No)를 표시하게 된다.

평정척도법(Rating scales)은 평가 항목을 선정해 피평가자의 수행능력을 관찰해서 평가 항목마다 수행 정도의 차이를 단계별 척도(3단계 혹은 5단계 등)로 나누어 평가하는 방법을 말한다.

| | |
|---|---|
| 일화기록법 | 관찰한 것을 있는 그대로 기술 |
| 체크리스트 | 항목을 만들어 피관찰자의 해당 여부를 표시 |
| 평정척도법 | 척도를 이용해 목표 달성 정도를 측정 |
| 비디오녹화 | 모든 수행을 비디오로 찍어 기록 |

## 2.7. 자기평가 및 동료평가

**자기평가**

- 특정 주제나 교수-학습 영역에 대하여 자기 스스로 학습 과정이나 학습 결과에 대해 자세히 평가하도록 하여 그 결과(보고서)를 보고 평가하는 것
- 자기평가(self assessment) 보고서법

**동료평가**

- 동료 학생들이 상대방을 서로 평가하도록 하여 그 결과(보고서)를 보고 평가하는 것
- 평가 시작 전 평가 대상에 대한 기준을 분명히 설정

자기평가는 특정 주제나 교수-학습 영역에 대하여 자기 스스로 학습과정이나 학습 결과에 대해 자세히 평가하도록 하여 그 결과(보고서)를 보고 평가하는 것이며, 동료 평가(peer-evaluation)란 동료 학생들이 상대방을 서로 평가 하도록 하여 그 결과(보고서)를 보고 평가하는 것을 말한다.

자기평가는 결과나 성과물보다는 학습의 과정 그 자체를 강조하며 자신의 수행에 대한 정확성과 적절성에 대한 판단을 가능하게 하므로 총합평가보다는 형성평가의 목적을 위해 사용하는 것이 더 바람직하다. 자기평가는 평가 결과를 교사가 다시 채점하거나 학생 자신의 평가 결과를 그대로 반영할 수 있으며

포트폴리오의 한 부분으로 평가할 수도 있다. 또한 교사의 채점 기준과 동일한 채점 기준을 적용시켜 학생들로 하여금 스스로의 학습을 평가하게 할 수도 있다. 자기평가의 유형에는 질문지법, 체크리스트, 평정척도법, 흥미·태도 척도법, 학습일지 등이 있다.

한편, 동료평가는 학습의 과정과 결과에 대한 주변 동료의 평가를 말하는 것으로 마치 교사가 학생을 평가하듯이 학생이 학생을 서로 평가하는 것이다. 동료평가를 시행하려면 교사와 학생은 어떤 동료평가자를 선정할 것인지, 학습자 전체를 참여시킬 것인지, 아니면 두 가지를 혼합한 방법을 사용할 것인지 등 평가 방법을 결정하고, 평가될 연구과제, 학습 활동, 학습 성과물 등에 대한 진단이 필요하다.

## 2.8. 컨퍼런스(conference)

**컨퍼런스**

**학생의 수행 결과물을 근거로 제3자가 개입해 그 평가의 장·단점을 진단, 학습자가 목표에 도달할 수 있도록 능력을 배양하도록 격려해 주는 평가 방법**

컨퍼런스는 학생이 수행한 결과물을 근거로 하여 제3자가 개입하여 그 평가의 장점과 단점을 진단해 줌으로써 학습자가 주어진 목표에 도달할 수 있도록 자기-조정/자기조절능력을 배양하도록 격려해 주는 열린 학습자 평가 방법이다.

**학생과 학생의 컨퍼런스**

학생이 다른 학생의 과제를 평가하는 것

**공책을 통한 컨퍼런스**

공책을 매개로 하여 평가

**교사와 학생의 컨퍼런스**

평가목적으로 교사와 학생이 면담을 하는 평가 방법

**학생·학부모·교사 간의 삼자대면 컨퍼런스**

학생·학부모·교사 간의 삼자대면을 통해 학생의 수행능력을 평가

## 2.9. 실기시험

**실기시험** | **실제 문제 상황에서 요구되는 능력을 평가하는 것**

종전의 실기시험은 미술, 음악, 체육 등의 예・체능 교과에서 주로 활용되어 온 평가 방법이다. 그러나 구술시험은 학생에게 특정 주제나 질문을 제시하고 학생으로 하여금 응답하도록 한다는 측면에서는 면접과 유사하나, 면접이 정의적 영역(인성 및 태도)을 중심으로 이루어지는 평가인 반면, 구술시험은 개별적인 대면 상황에서뿐만 아니라 교실 수업 상황에서 교사 및 학생들에게 자신의 의견이나 생각을 발표하는 것까지 포함한다.

수행평가에서의 실기시험은 실제 문제 상황에서 요구되는 능력을 평가하는 데 초점을 맞춘다. 즉, 수행평가에서의 실기시험은 실제 상황에서 할 줄 아는 능력을 중시하며, 자연스러운 상황에서 수행능력을 평가하고자 한다(박도순 외, 2008).

## 2.10. 실험・실습

**실험·실습** | **실험·실습을 위한 기자재의 조작 능력뿐만 아니라 지식을 적용하는 문제해결 과정을 포괄적·종합적으로 평가하는 방법**

개인 단위로 실험・실습을 하게 할 수도 있고 팀을 구성하여 공동작업을 하게 할 수도 있다. 교사(평가자)는 학생들의 실험・실습과정을 직접 관찰함과 아울러 제출된 결과 보고서를 동시에 고려하여 평가하게 된다. 이러한 방법은 실험・실습을 위한 기자재의 조작적인 능력뿐만 아니라 지식을 적용하는 문제해결과정을 포괄적이면서도 종합적으로 평가할 수 있다.

## 2.11. 연구보고서

**연구보고서**

**학생의 능력이나 흥미에 적합한 주제를 선택하여 자기 나름의 자료를 수집하고 분석·종합하여 연구보고서를 작성케 하여 평가하는 것**

학생의 능력이나 흥미에 적합한 주제를 선택하여 자기 나름의 자료를 수집하고 분석 · 종합하여 연구보고서를 작성케 하여 평가하는 것인데, 연구보고서법은 개별 과목과 관련되거나 범교과적인 연구 주제 중에서 학생의 능력이나 흥미에 적합한 주제를 선택하여 그 주제에 대해서 자기 나름대로 자료를 수집하고 분석 · 종합하여 연구보고서로 작성하도록 하여 평가하는 방법을 말한다.

## 2.12. 포트폴리오

**포트폴리오**

**자신이 만든 작품집을 이용하여 자신의 변화과정이나 미래의 발전방향을 예측하게 하는 종합적인 평가 방법**

포트폴리오 평가는 학생의 지식 · 기능 · 태도의 성장을 관찰하고 기록하기 위해서 사용하며, 학생의 여러 수행과정과 결과물을 사진, 비디오, 체크리스트, 일화기록, 관찰기록, 면담기록 등으로 수집하는 종합적인 평가 방법이다.

교육 분야에서 포트폴리오는 하나 이상의 분야에서 학습자의 관심 · 능력 · 진도 · 성취 · 노력 · 성장 등의 증거를 보여주는 학생들의 작품(결과물)을 의도적으로 모아 놓은 작품집인데, 교사에게 평가받기 위해 학생들이 제출하는 자료가 서류철이나 서류가방의 형태를 취하기 때문에 붙여진 이름이다. 이 서류철에는 학생의 개인적 지식과 기능, 학습경험, 성장, 진전도 등의 증거가 될 수 있는 학생들의 작품, 수행 결과물, 다양한 형태의 기록물 등이 스크랩북처럼 누가기록철의 형태로 담겨지게 된다. 따라서 학생들이 무엇을 배우고 무엇을 할 수 있는가에 대한 적합하고 상세한 설명을 해줄 수 있는 참조체제로 활용할 수 있다(Herman & Winters, 1994).

## 2.13. 학습일지(learning log)

**학습일지**

**학습자가 수업시간에 배운 내용을 자신의 생각을 첨가하면서 글을 써보는 것으로 학습자로 하여금 자신의 학습을 적극적이고 책임 있는 것으로 수용하도록 훈련시킬 수 있는 효과적인 학습 방법임과 동시에 평가 방법**

학습일지는 학습자로 하여금 수업시간에 배운 내용을 자신의 생각을 첨가하면서 글을 써보는 것으로서 학습자로 하여금 자신의 학습을 적극적이고 책임 있는 것으로 수용하도록 훈련시킬 수 있는 효과적인 학습 방법임과 동시에 평가 방법이다.

각 개인이 학습의 과정에서 배우고 느꼈던 중요한 경험과 질문, 그리고 생각을 여러 가지의 표현기법을 통하여 드러냄으로써 각 학생이 가지고 있는 학습의 수준과 폭, 다양성을 개별적으로 평가해 볼 수 있는 개별화된 평가 방법이기도 하다.

## 2.14. 능력시험

**능력시험**

**학생에게 특정한 기간 동안에 특정한 프로젝트를 해결하도록 요구함으로써 학생들이 가지고 있는 진정한 탐구 기술의 능력이 어떤 수준에 있는가를 평가하기 위한 대안적 평가 방법**

능력시험은 특정한 기간 동안에 각 학생에게 특정한 프로젝트를 해결하도록 요구함으로써 학생들이 가지고 있는 진정한 탐구 기술의 능력이 어떤 수준에 있는가를 평가하기 위한 대안적 평가 방법의 하나이다.

특히 전통적인 평가 방법이 단기간(1시간 또는 1일)에 끝나버림으로써 학생이 가지고 있는 진정한 능력을 규명하기 어렵다는 점에 착안하여 이 능력시험은 학생에게 자신의 능력을 충분히 발휘할 수 있는 시간을 여유 있게 제공하면서 학생의 능력을 드러낼 수 있도록 계획된 진정한 평가 방법이다. 장기적으로 이루어진다는 점에서 학생의 고등사고 수준을 포함한 다양한 지적 기술과 탐구 기술을 종합적으로 평가해 볼 수 있다는 장점이 있다.

### 2.15. 기타

기타

**수업 개선을 위해 최근에 대두되고 있는 다양한 교수-학습 방법들도 수행평가를 위한 평가 방법이 될 수 있음**

역할놀이, 현장조사, 작품감상, 만들기, 전시회, 발표대회, 협력학습, NIE, 직소우, 개념도(conceptual map) 구성하기 등 교실수업 개선을 위해 최근에 대두되고 있는 다양한 교수-학습 방법들도 수행평가를 위한 평가 방법이 될 수 있다.

## 3. 수행평가의 절차와 방법

수행평가를 학교현장에서 실시하기 위한 전반적인 절차를 단계별로 구분해 요약하면 다음 [그림 5-1]과 같이 정리될 수 있다.

이와 같은 일반적인 절차는 기존의 학생능력평가의 절차와 별반 다를 것이 없다. 따라서 본 절에서는 수행평가 도구의 제작절차와 관련해 설명을 하고자 한다.

| | |
|---|---|
| 평가의 표적 설정 단계 | 수행평가는 지식을 검사하되 수행 혹은 산출을 만들어 내는 도구로서의 지식이 검사될 수 있도록 해야 함 |
| 수행과제의 설계 단계 | 과제를 맥락화, 참된(authentic) 모의 상황, 훈련이 아닌 수행을 설계 |
| 채점 단계 | 점수화하기에 가장 쉬운 것을 채점할 것이 아니라, 어떤 일을 효과적으로 수행하는 데 가장 중요한 것을 채점 |
| 평가의 시행 단계 | 수행평가는 가능한 그 제한사항을 참되게(authentic) 해야 함 |
| 사전검사 실시와 보고 단계 | 양호도를 높이기 위한 사전검사 결과 보고는 성취와 진보를 필수 수행과제와 최종 수준의 기준에 연결시키는 것이어야 함 |

그림 5-1 수행평가의 절차

수행평가 도구를 제작하기 위해서는 다음 〈표 5-2〉와 같은 세 가지 요소가 포함된다. 첫째는 평가될 수행을 명료화하는 것이고, 둘째는 부과될 수행과제가 제작되어야 하며, 셋째는 채점하고 결과를 기록하는 체제가 고안되어야 한다. 이제 이들 각 요소들에 관해 알아보기로 하자.

〈표 5-2〉 수행평가 설계의 기본 틀[31)]

| 설계 요소 | 선 택 |
|---|---|
| **수행의 명료화** | |
| 수행의 특성 | ▸시연되어야 할 행동/고안되어야 할 산출물 |
| 평가의 초점 | ▸개별 수행/집단 수행 |
| 수행의 준거 | ▸특정 표적의 핵심 측면 |
| **과제의 개발** | |
| 과제의 특성 | ▸구조화된 과제/자연적으로 발생한 사태 |
| 과제의 내용 | ▸기대하는 성취, 조건, 기준의 정의 |
| 과제의 수 | ▸평가의 목적, 평가될 성취, 사용 가능한 정보 등에 따름 |
| **결과의 채점과 기록** | |
| 결과의 상세화 수준 | ▸총괄적/분석적 |
| 기록 절차 | ▸체크리스트/평정/일화기록/정신기록 등 |
| 평가자의 결정 | ▸교사/외부 전문가/학생의 자기평가/학생의 동료평가 |

### 3.1. 수행의 명료화

수행을 명료화한다는 것은 평가될 수행이 어떤 종류의 것인지(수행의 특성), 누가 평가될 것인지(평가의 초점)를 결정하고, 평가 준거를 구체화하는 것 등을 주로 포함한다.

| 수행의 명료화 | 평가될 수행이 어떤 종류의 것인지(수행의 특성),<br>누가 평가될 것인지(평가의 초점)를 결정 |
|---|---|
| 수행의 특성 | 학생들의 상호작용 관찰, 혹은 산출물을 평가를 통해 |
| 평가의 초점 | 집단 상호작용 행동, 집단 맥락 속에서 개인행동 |
| 수행의 준거 | 수행의 핵심 요소를 구체화 |

#### 3.1.1. 수행의 특성

수행의 특성을 알아보기 위해서는 다음과 같은 질문을 던져보아야 한다. 성공적인 성취는 어떻게 보여지는가? 능숙함의 증거는 어디에서 가장 쉽게 발견될 수 있는가?

학생이 시연해 보여야 하는 일단의 기능과 행동의 형태를 띠는 수행과제에서는 교사가 다른 학생들과의 상호작용을 관찰함으로써 능숙함의 정도를 발견할 수 있고, 이때 수행의 성공 여부는 학생들의 행동 속에서 발현된다. 반면에 어떤 산출물을 만들어 내야 하는 수행과제의 경우에는 교사가 산출물을 검사하고 준거에 비추어 질을 결정하는데, 이때 성공의 증거는 산출물의 속성들 속에서 발견된다.

또 수행과제는 어떤 기능과 더불어 산출물을 관찰하고 평가할 것을 요구할 수도 있다.

### 3.1.2. 평가의 초점

수행평가는 개인 학생의 행동뿐만 아니라 집단 속에서 학생들이 어떻게 기능하는지를 판단할 수도 있다. 예를 들어, 협동 학습에서 집단 작업의 평가가 있을 수 있다. 이때 두 가지의 관찰이 이루어질 수 있는데, 하나는 집단 상호작용 행동이고, 나머지 하나는 집단 맥락 속에서의 개인행동들이다. 전자에서 관찰의 단위는 집단이고, 후자에서는 집단 내의 개인들이다.

### 3.1.3. 수행의 준거

수행의 핵심 요소가 무엇인지를 구체화하고, 각 요소별로 수행의 연속성을 정의하는 작업이 필요하다. 수행의 핵심 요소들 혹은 차원들을 수행의 준거라고 한다. 수행의 준거는 다음과 같은 물음에 답을 해야 한다. 학생들이 나타내 보여야 할 바람직한 행동들은 무엇이며, 질 높은 산출물의 구체적인 속성들은 무엇인가?

## 3.2. 수행과제의 개발

수행과제를 개발한다는 것은 학생들이 능숙함의 수준을 나타내 보일 수 있는 방안을 만든다는 뜻이다. 이때에는 과제의 특성, 필요한 과제의 수, 수행자에게 부과할 지시사항들을 결정해야 한다.

### 3.2.1. 과제의 특성

수행평가에는 두 가지 종류의 과제가 있을 수 있다. 하나는 평가자가 피험자들에게 미리 결정된 상세한 지시사항을 제공하는 '구조화된 과제'이다. 다른 하나는 '자연스럽게 일어나는 교실 사태' 속에서 수행을 관찰하고 평가하는 것이다. 후자는 수행평가 이외의 다른 평가 방법이 측정할 수 없는 독특한 면을 밝혀 낼 수 있다.

① 구조화된 과제 : 자연적으로 발생하는 사태, 혹은 이들 둘의 어떤 조합에 의존할 것인지는 평가될 성취의 종류, 평가가 이루어지는 환경에 따라 영향을 받는다.

② 평가의 초점 : 학생들을 최대한 동기 부여하여 그들의 '최대' 수행을 알아보고자 할 경우에는 구조화된 과제가 적합하다. 그러나 전형적인 동기 부여 상황에서 학생들이 보이는 '전형적'인 수행을 알아보고자 할 경우에는 자연스런 사태의 과제가 적합하다.

③ 평가 시간 : 교실의 정상적인 사태가 원하는 성취를 충분히 나타내 보이 수 있다면 별도의 구조화된 과제를 고안할 필요가 없을 것이다.

④ 증거의 자연스런 실재 가능성 : 교실은 학생의 유능성에 관한 증거로 가득 찬 곳이다. 교사가 사용할 수 있는 최고의 평가 도구는 학생과 함께 보낸 시간들이다. 교사의 지속적인 관찰은 증거 조각들의 축적을 가능케 한다.

⑤ 임의적인 평가 : 기대하지 않았던 교실 사태 혹은 예상치 않았던 학생들의 반응들도 준비된 관찰자에게는 학생의 능력에 관한 유효한 정보를 제공할 수 있다. 그러나 이런 식의 평가는 다른 방식에 비해 오차가 발생할 확률이 높다는 것을 잊지 말아야 한다. 임의적인 평가에서도 평가의 표적, 목적, 적절한 방법, 잘된 표본, 통제된 개입 등 평가의 기본적인 원리에 충실해야 하는 것은 물론이다. 이 평가에서는 일화 기록만으로도 충분할 것이다.

### 3.2.2. 과제의 내용

수행평가 설계의 두 번째 요소는 수행자에게 부여할 지시사항들이다. 구조화된 과제의 지시사항에는 세 가지가 포함되는데, 시연해 보여야 할 성취의 종류, 시연이 이루어지는 조건들, 수행의 질을 평가할 때 적용될 기준 등이 그것이다.

예를 들어, "자신이 살고 있는 고장의 유래를 탐구하기"라는 과제를 생각해 보자. 이 과제가 요구하는 성취들은 관련 자료를 탐색하는 능력, 조사 목적이 맞도록 자료들을 정리하는 능력, 남들이 쉽게 읽어볼 수 있도록 구조화하여 표현하는 능력 등이 될 수 있다. 시연이 이루어지는 조건으로는 그 과제를 완성하는 데 주어지는 시간, 혼자 할 것인지 아니면 동료 학생이 집단으로 수행할 것인지, 관련 자료를 평가자가 제한할 것인지 아니면 학생들이 자유롭게 찾아 쓸 수 있도록 할 것인지, 조사 결과를 문서로 작성할 것인지 아니면 다른 사람들

앞에서 발표하도록 할 것인지 등등이 있을 수 있다. 기준에는 평가자가 판단과정에서 중요하게 고려할 것을 학생들에게 미리 예고한 것들이 포함된다. 예를 들어서, 증거 수집의 경제성, 증거 제시의 타당성, 진술의 명료성, 결론 도출의 논리성 등이 있을 수 있다.

### 3.2.3. 과제의 수

수행평가에서 과제를 실시하는 동안 평가를 위한 관찰과 채점에 많은 시간이 요구된다. 주어진 시간과 관찰의 제약을 고려해 적절한 수의 수행과제가 결정되어야 하는데, 너무 과도한 욕심에 따른 많은 수의 과제를 요구하지 않도록 해야 한다.

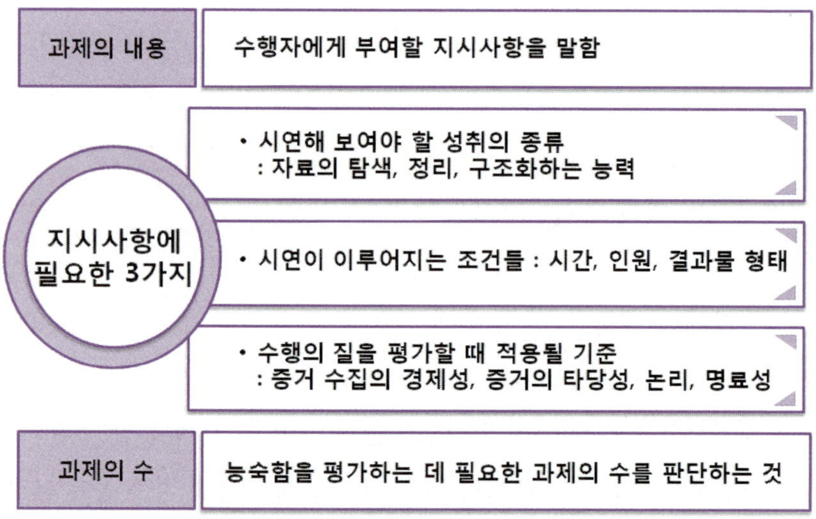


## 3.3. 결과의 채점과 기록

수행평가에서 결과를 처리하는 것과 관련해 결과의 상세화 수준을 어느 정도까지 할 것인지, 평가기록은 어떤 방식으로 할 것인지, 그리고 평가자는 누가 되어야 할 것인지 등을 고려해야 한다.

이해를 돕기 위해 일선 학교에서 실시하고 있는 수행평가 예시 자료를 소개한다.

**결과의 상세화** — 수행평가의 결과활용 방식에 따른 구체화

**분석적인 방법** → 세세한 면을 분석할 필요가 있는 경우

**총괄적인 방법** → 적은 노력을 기울여서 세밀하지는 않지만 전체적인 과정을 알아보는 경우

**기록의 절차**
- 기록절차를 통해 수행 준거를 이용 가능한 정보로 전환하는 것
- 체크리스트, 평정 척도, 일화기록, 정신기록 등 다양한 방법

**평가자의 결정**
- 바람직한 성취의 모습, 수행 준거를 엄격히 적용할 능력이 있어야 함
- 교사 이외에 외부의 평가 전문가/피험자 학생이 평가할 수도 있음

### 〈예시 1〉 물리 탐구 사고력 수행평가 문항[32)]

1. 그림과 같이 원판에 백색광원과 프리즘을 고정시키고, 프리즘을 향해 백색광을 비추면 스크린에 간섭무늬가 형성된다. 점 O를 중심으로 원판을 반시계 방향으로 천천히 회전시키면 스크린에 형성되는 간섭무늬가 변화한다. 점 P는 슬릿 $S_1$과 $S_2$로부터 같은 거리에 있는 스크린 위의 점이고, 인접한 밝은 무늬 사이의 간격은 $\Delta x$이다. 원판을 반시계 방향으로 회전시키는 동안, 일어나는 현상에 쓰시오. (단, 프리즘에서 나오는 가시광선이 단일 슬릿을 통과하는 범위 내에서 원판을 회전시키고, 단일 슬릿에서 $S_1$, $S_2$까지의 거리는 같다.)

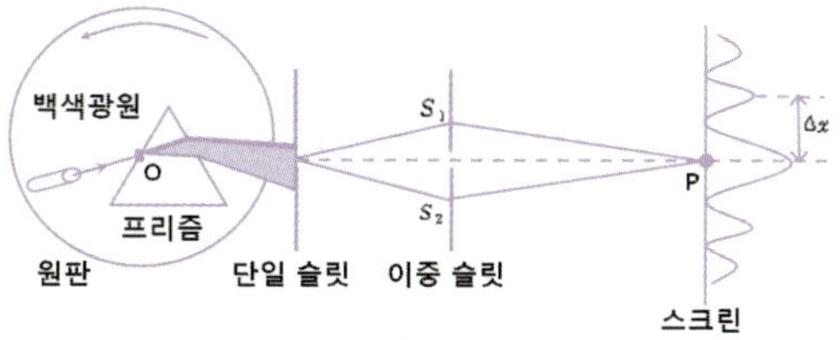


① 스크린에 도달하는 빛은 파장이 어떻게 될까?

② 간섭무늬의 간격( $\Delta x$)은 어떻게 될까?

③ 정중앙 P에서는 어떤 현상이(어떤 간섭?, 어떤 무늬?) 일어날까?

④ 간섭무늬가 생기는 이유를 적으시오. (구체적으로)

| 채점 기준 | 1. 4개 맞음 : 5점<br>2. 2~3 개 맞음 : 4점<br>3. 0~1 개 맞음 : 3점<br>4. 미참여 및 미제출자 : 2점 |
|---|---|

※ 평가 결과 :　　　점

〈예시 2〉 음악교과 수행평가 자료

| 단 원 | 2. 봄이 오는 길 | 영역 | 감상 | 교과서 | 28-29 | 시기 | 3월4주 |
|---|---|---|---|---|---|---|---|
| 성취 목표 | * 감상곡을 듣고 음악의 빠르기와 가락의 흐름이 같고 다름을 구별한다. | | | | | | |
| 평가 관점 | * 음악의 빠르기 구별하기<br>* 가락의 흐름이 같고 다름을 구별하기 | | | | | | |
| 평가 기준 | 매우 잘함 | - 감상곡에 대한 이해가 바르고 감상곡을 듣고 음악의 빠르기와 가락의 흐름이 같고 다름을 구별하며 감상한다. | | | | | |
| | 잘함 | - 감상곡을 듣고 음악의 빠르기는 바르게 구별하나 가락의 흐름이 같고 다름을 구별하는 것은 약간 서툴다. | | | | | |
| | 보통 | - 감상곡을 듣고 음악의 빠르기와 가락의 흐름이 같고 다름을 구별하지 못한다. | | | | | |
| | 노력 요함 | - 감상 태도가 바르지 못하고 음악의 빠르기와 가락의 흐름이 같고 다름을 구별하지 못하며 성의가 없다. | | | | | |
| 평가 방법 | 관찰, 학습지 | | | | | | |
| 준비물 | 학습지, 감상곡, 색연필 | | | | | | |
| 평가 유의점 | 각자의 느낌을 최대한 수용한다. | | | | | | |

주 : 전주송천초등학교 2009학년도 2학년 1학기 음악교과 수행평가 자료.

## 4. 수행평가 문항 제작상의 유의점

수행평가 문항을 제작함에 있어 유념해야 할 사항으로는 먼저 수행평가는 필답시험이 추구하는 인지능력의 간접측정 방식과는 달리 학습자가 주어진 문제의 해결능력을 직접관찰을 통해 해결과정과 산출물을 평가하기 위한 것이다. 따라서 평가 문항은 암기식 인지능력을 요구하는 내용이 아닌, 주어진 과제에 대한 인식과 자기 주도적 해결 방법을 표현하거나 적용할 수 있는 문제해결력 중심의 문항 개발이 바람직하다.

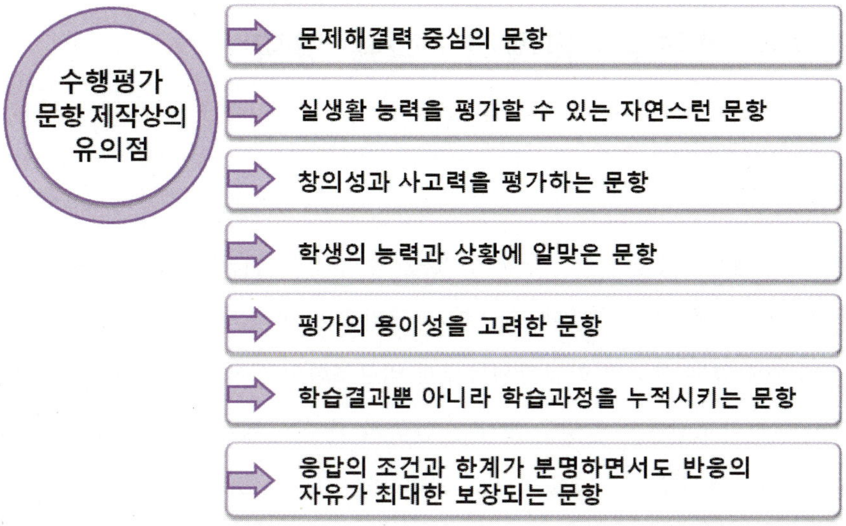


아울러 수행평가 문항은 이론적인 내용보다는 학습자의 실생활 능력을 평가할 수 있는 자연스런 문항을 제작하는 것이 좋으며, 단순한 반복적·모방적 수행과제의 수준을 넘어 학습자의 창의성과 사고력을 발휘해 도전할 수 있는 문항이면 더욱 좋을 것이다. 그러기 위해서는 반응의 자유가 최대한 보장되는 문항을 염두에 두어야 할 것이다.

그러나 이와 같은 수행평가과제의 수준이 천편일률적이어서는 안 되며 학생 개개인의 능력에 알맞고, 학생이 처한 상황에 적절한 문항을 제작함으로써 과제 수행의 개별적 발달단계에 따라 학습자가 자신의 수행능력을 적절한 수준에서 자신감을 지니고 표현해 내도록 배려하는 것이 필요하다.

아울러 학습 결과뿐만 아니라 학습과정을 누적시키는 문항이 되도록 해야 한다. 수행평가는 결과의 산출물만을 보고 전체를 판별하는 평가가 아니기 때문이다.

수행평가는 문항을 제작하는 것도 중요하지만 학습자의 수행능력을 제대로 평가하기 위한 방안도 동시에 마련돼야 한다. 그러기 위해서는 수행평가 문항의 제작시 응답의 조건과 한계가 분명히 제시될 수 있도록 해야 평가의 일관성과 안정성을 기대할 수 있게 된다.

# 5. 수행평가의 기여도 · 문제점 · 적용 방향

## 5.1. 기여도

① 고등 인지사고능력을 강화할 수 있는 유의미한 학습경험을 해준다. 교과서 내용의 숙달과 함께 21세기에 필요한 사고기술이 한국의 학생에 게 함양된다. 발달 단계에 있는 한국의 학교학생들에게 비구조화된 문제를 해결하게 함으로써 정답찾기에 학교생활의 일생을 보내는 한국의 학 생들에게 창의적 사고, 발산적 사고, 비예측적 사고 등 교육적으로 의미 있는 교육목표들이 길러질 수 있다.

② 교사 주도적인 전통적 수업의 과정이 변화된다.

③ 학생이 독립적인 학습자로서 발전할 수 있다. 어떻게 평가받을 것인지를 알기 때문에 스스로 과제를 진행해가면서 자신의 학습을 감독할 수 있다.

④ 학생이 자신의 학습에 책임을 느낀다.

⑤ '교육적인' 평가의 문화가 수립된다. 수행평가는 단순히 점수를 부여하는 것에서 끝나는 것이 아니라 학생의 수행능력을 개선하고 함양시키는 것이 목적이므로 진정한 의미에서의 성장과 발달을 목적으로 하는 평가의 목적이 달성될 수 있다. 평가가 단순히 학생의 결과를 누가적으로 기록하는 것이 아니라 학생의

수행수준을 높게 고취시키는 데 목적이 있다.

⑥ 평가에서의 평등의 이념을 달성할 수 있다. 인간은 다양한 방법으로 평가받을 수 있는 권리가 있다. 전통적인 평가는 오직 시험을 잘 볼 수 있는 능력을 가진 학생에게만 유리하다.

## 5.2. 문제점

수행평가와 관련해 여러 가지 실시상의 문제를 지적하는 견해가 있는데 이를 요약하면 다음과 같다.

① 일선 교사들의 과도한 수업과 업무로 인해 수행평가 실시와 관련한 시간적 여유부족

② 교사훈련 프로그램의 미비로 인한 수행평가에 대한 교사들의 이해부족과 자신감 결여

③ 비용이 많이 들고 제작 시간이 오래 걸려 사용이 용이한 수행평가 도구 개발의 어려움

④ 국내 수행평가 전문가의 부족과 교사, 연구자, 대학교수, 학생 등의 참여를 통한 협력체제의 미흡

⑤ 구체적인 적용 및 실천 방안이 확립되기 않은 채 정부의 밀어붙이기식 수행평가 추진으로 현장교사들의 이해부족과 공감부족으로 인한 오해 발생

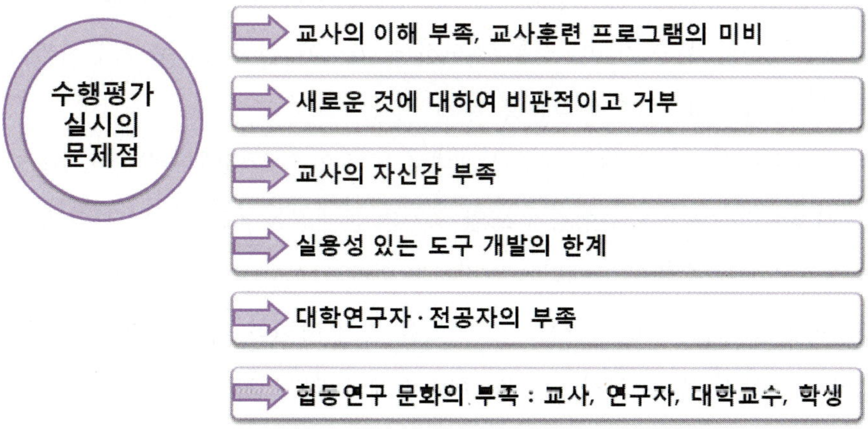

그 결과, 수행평가 실시상의 비효율성(시간 · 공간과 비용 측면), 수행평가 실시를 위한 적절한 학습 자료의 부족, 질 관리(타당도, 신뢰도, 일반화가능도, 객관성, 변별도 등의 확보)의 어려움 등 현실적인 문제들이 제기되고 있다.

남명호(2007)는 수행평가를 정책적으로 추진하는 과정에서 발생한 문제점[33] 들을 지적하고 있다. 즉, 1980년대 교육개혁의 일환으로 수행평가가 등장해 이론적 실천적 과정을 거친 미국의 상황과 1990년대 중반의 우리나라 상황과 같을 수 없다. 사정이 이러함에도 수행평가 이론이 우리나라에 소개된 지 2년도 채 되지 않아 교육정책으로서 입안되고 곧이어 학교현장에 도입되는 일련의 추진과정은 놀라운 일이 아닐 수 없다. 그러나 정책 도입과정을 조금만 들여다보면 정책 추진을 서둘러야만 했던 이유를 쉽게 찾을 수 있다. 서울 교육의 새 수장으로서의 교육감이나 새로 출범한 정부 둘 다 새로운 정책 이슈가 필요했을 터이고 수행평가는 매력적인 아젠다였을 것이다. 이미 과거사가 된 일이지만 당시 급히 서둘러 도입된 수행평가 정책의 문제점이 무엇이었는지 정리하면 다음과 같다.

① 수행평가를 교육개혁의 수단으로 채택한 당시 미국의 상황을 충분히 이해하고 우리 실정에 맞게 접목하려는 노력이 부족했다. 아니 그러한 노력을 할 시간적 여유도 없이 추진되었다고 보는 게 맞다. 그저 "아무런 준비과정도 안전장치도 없이 현장에 무작정 투입"(김호권, 2003)되었던 것이다. 관련 학회나 학자들의 다양하고 충분한 연구가 부족한 상태에서 우리나라 실정에 맞는 실천적 모형을 개발할 틈도 없이, 정부 주도하에 일시에 전국적으로 확산시키려는 무모함은 예상치 못한 부작용을 낳게 된다.

② 수행평가에 대한 개념 정리가 제대로 되지 않은 상태에서 정책이 추진되었다. 허경철 외(1999)는 수행평가 도입 초기의 문제점을 "(교육부가) 보다 명료하며 신축성 있는 수행평가 개념을 설정하고 이에 입각한 수행평가 정책을 현장에 제시하였을 때는 이미 시간적으로 늦었을 뿐만 아니라 처음의 개념과 변화된 개념 사이에서 많은 교사들이 혼란을 겪게 되었다."고 기술하고 있다.

③ 수행평가를 실제 학생 평가에 활용하기 위해 필요한 것들, 예를 들어 수행 기준, 평가 기준을 설정하고, 채점 기준표를 만드는 등의 충분한 기초작업이 되어 있지 않았기 때문이다. 이 점에 대해 허경철 외(1999)는 "학교현장의 여건이 본격적인 수준의 수행평가를 받아들이기에는 준비가 거의 갖추어지지 않았었다. 이러한 상황에서 실시되기 시작한 수행평가 정책은 학생이나 학부모는 물론 교사들에게도 문자 그대로 수행평가가 아니라 고행평가가 되었다."고 지적하고 있다.

## 5.3. 적용 방향

이상에서 수행평가와 관련한 제반 내용을 살펴보았다. 이제 수행평가가 일선 교육현장인 학교에서 보다 원활하게 적용되기 위한 몇 가지 방향을 제시하고자 한다.

① 수행평가가 일선학교에서 학생들의 교과목 성적 평가에 너무 많은 과목과 영역에서 의무적으로 시행되고 있을 뿐만 아니라 객관화하기에 부족한 평가 결과 자료를 만들어 내기 때문에 학교현장에서 문제가 되고 있다는 지적이다.[34] 학생들의 학력평가를 위해 수행평가가 어떤 상황하에서 모든 교과목에 걸쳐 언제든지 필요한 것은 아니다. 따라서 수행평가를 교과목 평가에 의무적으로 요구하는 일괄적 규제 대신에 권장사항으로 전환되는 것이 바람직하다.

② 수행평가에 대한 적용필요성의 판단, 효과적인 평가 방법의 적용, 적정한 결과 처리 방법 선정 등 해당 교과 전반에 걸친 평가재량권을 전문가인 교사에게 넘겨주어 교사들이 타당성을 갖춘 문항이나 과제의 개발 및 시행, 공정한 준거에 따른 채점, 효과적인 결과의 이용 등 자율적으로 평가를 적용하도록 지원하는 것이 필요하다.

6장

# 성적 산출

본 장은 성적을 산출하는 방법과 이를 기록하는 실제적인 내용을 다룰 것이다. 이와 함께 국가 수준에서 실시하고 있는 진단평가와 학업성취도 평가 결과를 통보하는 양식을 검토할 것이다. 특히 이러한 외부 요구에 의한 평가는 중간고사 기말고사와 같은 학교 자체 평가와 다른 방법으로 성적을 나타내고 있다. 그러므로 교사는 이러한 성적 산출 방법을 이해하고, 평가 결과 및 관리에 대한 공정성, 신뢰성을 높이기 위하여 부단한 노력을 할 필요가 있다. 물론 거의 모든 학교에서 실시하는 선택형 문항의 평가는 OMR 카드를 사용하기 때문에 각 문항별 점수를 교사가 직접 채점하지 않고 있다. 그러나 실제 평가 점수는 다양한 방법으로 활용되기 때문에 다양한 점수 표시 유형을 비교하게 될 것이다. 이와 함께 논술형 문항 채점에서 점수를 부여할 때 범할 수 있는 오류를 살펴보게 될 것이다.

# 1. 성적 평가

**성적 평가** | 학생들이 학교 학습에 의하여 획득한 지식·기능·행동 등의 모든 영역의 성취에 대한 평가를 의미

1. 학생의 성적 평가는 학교 교육과정의 성취도를 개인별로 확인할 수 있음
2. 개개 학생에게 피드백을 제공하여 스스로 장·단점을 파악하고 새로운 학습 계획을 수립함
3. 교사들은 학생 성적 평가를 통해 수업 개선을 위한 피드백 자료로 활용함

## 1.1. 의미

학교에서 성적 평가란 학생들이 학교 학습에 의하여 획득한 지식 · 기능 · 행동 등의 모든 영역의 성취에 대한 평가를 의미한다. 학생의 성적 평가는 학교 교육과정의 성취도를 개인별로 확인할 뿐만 아니라, 개개 학생에게 피드백을 제공하여 스스로 장 · 단점을 파악하고 새로운 학습 계획을 수립하도록 한다. 또한 교사들은 학생 성적 평가를 통해 수업 개선을 위한 피드백 자료로 활용할 수 있다.

일반적으로 학생들의 성적 평가 방법은 평가 계획이 수립될 때 구체적으로 마련된다. 즉 평가 계획에 평가 시간, 문항 유형, 문항의 수, 문항의 배점 등이 포함되고, 이와 함께 성적 부여 방법도 확정되기 때문이다. 일반적으로 초 · 중 · 고등학교에서 실시되는 학력 평가의 유형은 크게 준거참조평가(절대기준평가)와 규준참조평가(상대기준평가)로 구분할 수 있다. 그런데 우리나라의 중 · 고등학교에서 실시하는 대부분의 평가는 규준참조평가의 목적을 가지고 실시되고 있다. 최근 확대 시행에 논란을 제기되고 있는 3월의 진단평가와 7월의 성취도 평가는 준거참조평가의 성격을 지녀야함에도 불구하고, 실제는 학교, 또는 교육청 간 경쟁을 위한 자료로만 인식되기 때문에 많은 비판을 받고 있다.

또한 성적 평가 방법은 평가 유형(규준참조평가, 준거참조평가)에 따라 다를 수 있지만, 기록 방법에 따라 정성적 · 정량적으로 구분할 수 있다. 정성적 기록은 수 · 우 · 미 · 양 · 가 등과 같이 평어로 나타내고, 정량적 기록은 90 · 80 등과 같이 점수로 나타내는 방법이다.

## 1.2. 채점 방법

### 1.2.1. 일반적인 채점 원칙

논술형 문항의 채점을 잘하기 위해서는 문항을 제작할 때, 채점 기준을 미리 설정하거나, 모범 답안을 작성하는 것이 좋다. 분명한 채점 기준이나 모범 답안은 실제 채점에서 발생할 수 있는 채점의 오류를 줄일 수 있다. 특히 모범 답안을 가지고 채점을 하게 되면 점수 부여의 일관성을 유지할 수 있기 때문에 채점자의 신뢰도를 높일 수 있다. 다음은 논술형 문항의 점수 부여에서 적용할 수 있는 채점의 원칙들이다.

① 채점에 앞서 채점 기준 또는 모범 답안을 작성한다.
② 문항별 가중치가 크지 않도록 해야 한다.
③ 학생 단위가 아닌 문항 단위로 채점한다.
④ 출제자가 직접 채점에 참여한다.
⑤ 다수의 채점자를 확보한다.
⑥ 채점 전체 시간을 최소화하여 피로에 인한 오류를 줄여야 한다.
⑦ 표현능력(필체, 철자, 문장 부호 등)을 최소화한다.

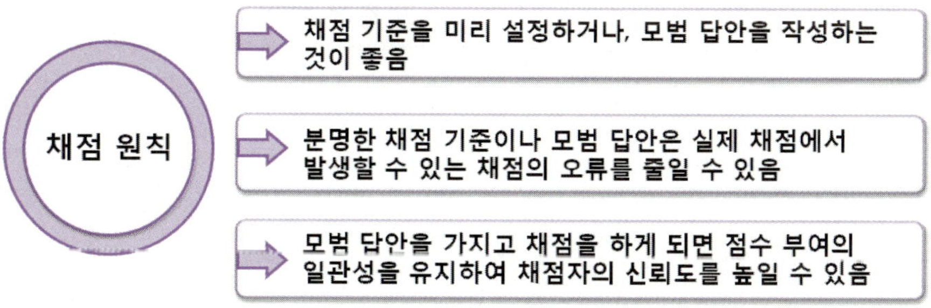

### 1.2.2. 채점 방법

논술형 문항의 채점에서 가장 중요한 것은 채점자에 따라 점수가 달라진다는 것이다. 채점의 신뢰도를 높이는 방법은 채점자 훈련 이외에 채점 방법을 통해 가능하다. 채점 방법에는 분석적 채점, 총체적 채점, 그리고 절충적 채점 방법이 있다.

① 분석적 채점이란 각 문항에 따라 채점의 기준을 요소로 분석하여 이에 따라 배점을 한 다음, 이를 합산하여 점수를 부여하는 방법이다. 이렇게 하면 채점의 신뢰도가 높아지고, 점수의 폭이 커질 수 있다. 학생들이 많고 문항이 적거나, 학생들을 변별할 필요가 있을 때 적합한 채점 방법이다. 그러나 채점 소요 시간이 많이 걸린다는 문제점이 있다.

② 총체적 채점이란 학생의 답안지 문항을 전체적으로 채점하는 방법이다. 답안의 반응 자유도가 커서 분석적으로 채점하기 곤란할 경우 적합한 방법이다. 비교적 짧은 시간에 채점을 할 수 있다.

③ 분석적 채점과 총체적 채점을 혼합하여 사용할 수 있다. 두 방법을 함께 사용할 때는 일반적으로 문항별 총체적 채점을 하여 어느 정도 평정하고 나서 그 다음 분석적인 채점을 하는 방법이다.

# 2. 점수 유형

## 2.1. 원점수

원점수(raw score)란 특정 교과에서 학생이 얻은 점수 그 자체를 의미한다. 규정된 채점 기준에 따라 채점하여 각 개인이 얻은 점수 즉 수험생이 정답을 한 문항의 배점을 모두 합한 점수를 원점수라고 한다. 예를 들어 문항당 1점이 부여되는 국어 중간고사 50문항에서 45문항의 정답을 했을 때 얻어진 45점이 원점수이다. 물론 문항별 배점은 달라도 그대로 합하면 된다. 이를 식으로 나타내면 다음과 같다.

$$원점수(R) = \sum_{j=1}^{n} w_j X_j$$

위 식에는 $j$는 문항번호를($j=1, 2, 3, ..., n$번째 문항), $w_j$는 $j$번째 문항에 부여된 문항배점, 그리고 $X_j$는 $j$번 문항에 정답일 경우 1, 오답했을 경우 0을 대입하면 된다.

원점수는 평가 도구마다 측정의 단위가 다르고  문항난이도에 따라 점수의 변화가 크게 나타나기 때문에, 서로 다른 평가 도구로부터 얻어진 원점수들을 함께 비교할 수 없다. 그러므로 원점수는 피험자가 그 시험에서 만점과 비교하여 몇 점을 얻었는가 하는 정보만을 나타낼 뿐, 그 외의 정보를 제공하지 못한다.

예로, 한 학생이 학교 중간고사 국어에서 80점을, 수학에서 60점을 받았다고 하여, 단순히 원점수 80점과 60점을 서로 비교하여 국어 교과 80점이 높으므로 국어를 수학보다 더 잘하고 있다고 할 수는 없다. 그 이유는 두 교과목 평가에서 문항의 수, 평가 시간, 문항의 배점 및 총점 등이 서로 다르기 때문이다. 문항별 배점과 문항의 수가 일정하지 않은 원점수는 기준점을 가지지 못하기 때문에 학생들의 상대적인 위치를 파악할 수 없으며, 준거 점수가 없기 때문에 학생의 능력이 절대적인 의미를 가지지 못한다.

**원점수 (raw score)**

- 특정 교과에서 학생이 얻은 점수 그 자체를 의미
- 규정된 채점 기준에 따라 채점하여 각 개인이 얻은 점수
- 피험자가 몇 점을 얻었는가 하는 정보만을 나타낼 뿐, 그 외의 정보를 제공하지 못함

또한 100점을 만점으로 하고 있는 학업성취도 평가에서도 학생이 얻은 원점수가 동일하다고 하더라도, 두 과목 문항난이도가 동일하지 않을 수 있기 때문에, 두 과목에서 재고 있는 능력이 같다고 말하기 어렵다. 따라서 서로 다른 시험에서 얻은 원점수를 그대로 사용할 경우, 같은 능력을 재는 시험이라 하더라도 어렵게 출제된 평가에 응시한 학생들이 불이익을 받을 수도 있다. 그러므로 대학수학능력시험과 같은 고부담(high stake) 시험의 경우 학생들은 쉽게 출제되는 과목을 선택하는 현상이 발생하고 있다. 경우에 따라서는 현재 학교 교육과정에서 선택과목으로 배우지 않지만, 시험 과목으로 선택하고 있는 실정이다. 이러한 이유에서 원점수를 의미 있게 해석하기 위해서는 원점수를 변환하는 과정이 필요하다.

### 2.2. 백점만점점수

백점만점점수는 쉽고 편리하기 때문에 학교현장에서 많이 사용하는 점수 표시 방법이다. 교과의 특성, 문항 수, 문항별 배점에 관계없이 모두 정답을 했을 경우 100점, 모두 틀렸을 경우 0점을 부여하는 방법이다. 일반적으로 학교에서는 100점 만점으로 하는 평가 계획을 수립하고, 이에 따라 문항 수를 조정하고 있다. 그런데 실제 교과의 특성과 문항 유형이나 문항별 가중치가 다름에도 불구하고 모든 문항에 정답을 했을 경우 100점이 되게 한다.

학교현장에서는 널리 활용되고 있지만 백점만점점수는 점수 부여의 안정성이 없고 기준점이나 준거점이 없기 때문에 비교할 수 없다. 그리고 문항 수가 다르면 문항별 배점이 달라진다.

**백점만점 점수**

- 쉽고 편리하기 때문에 학교 현장에서 많이 사용하는 점수 표시 방법
- 학교에서는 100점 만점으로 하는 평가 계획을 수립하고, 이에 따라 문항 수를 조정
- 점수 부여의 안정성이 없고 기준점이나 준거점이 없기 때문에 비교할 수 없음

### 2.3. 백분위와 백분위점수

원점수에 비해 점수를 보다 의미 있게 해석하기 위해 사용하는 방법으로 백분위가 사용되고 있다. 백분위(percentile rank)란 집단의 크기와 관계없이 집단의 사례를 100으로 하여 등위를 매기는 방법이다. 백분위는 규준집단에서 어떤 학생의 점수보다 낮은 점수를 받은 학생이 전체 학생 중 몇 %가 있느냐를 나타내는 표시 방법이다. 원점수를 최고점에서부터 최하점까지 순서대로 배열했을 때, 어느 한 점수 아래에 속하는 사례 수를 전체 사례 수에 대한 백분율로 나타낸 것이다. 백분위를 수식으로 나타내면 다음과 같다.

$$\text{백분위}(PR) = \frac{cf_l}{N} \times 100$$

여기에서 $cf_l$은 전체 수험생 중 자신의 점수보다 낮은 점수를 받은 수험생들의 누적빈도를 말하고, $N$은 전체 수험생 수를 표시한다. 백분위는 표준화 검사에서 널리 사용되고 있다. 예를 들면 전국 단위 표준화 학업성취도 검사에서 한 학생의 원점수가 80점을 얻었는데, 이 점수의 백분위가 90이라면, 이 학생보다 낮은 점수를 얻은 학생들이 전체 사례 중 90%라는 의미이다. 이때 90을 백분위라 하고, 85점을 백분위점수라고 한다. 백분위점수란 백분위에 해당되는 원점수를 의미한다. 백분위와 백분위점수를 다음과 같이 나타낸다.

$$P85 = 90,\ X90 = 85$$

**백분위 (percentile rank)**

- 집단의 크기와 관계없이 집단의 사례를 100으로 하여 등위를 매기는 방법
- 규준집단에서 어떤 학생의 점수보다 낮은 점수를 받은 학생이 전체 학생 중 몇 %가 있느냐를 나타내 주는 표시 방법

위 수식의 기호에서 원점수 85에 해당되는 백분위가 90이라는 뜻이다. 이렇게 보면 백분위 50은 중앙값이 된다.

이렇듯 백분위는 100을 기준으로 원점수를 변환시킨 등위점수로, 원점수에 해당하는 상대적 위치를 나타내기 때문에, 전체 학생 중에서 자신의 위치가 어디인지를 알기에는 적합하지만, 백분위만으로는 학생들이 가지고 있는 능력이나 특성을 모두 파악하기는 어렵다.

백분위는 집단 내에서 상대적 위치를 알 수 있으며, 비교가 가능하다. 백분위를 통하여 집단의 크기나 시험의 종류가 다르더라도 상대적인 위치(석차)를 서로 비교해 볼 수도 있다. 이와 같이 전체 학생 집단 내에서 한 학생의 상대적인 위치를 나타내는 백분위는 계산이 쉽고 명료하므로 그 의미가 단순하고 직접적이며 이해하기 쉽다는 장점을 가지고 있다.

그러나 백분위 간격이 일정하지 않아. 교과목의 난이도, 학생들의 능력수준 차이를 직접 비교할 수는 없다. 그 이유는 원점수를 백분위로 변환할 때 중간 점수는 과소평가되고 상 · 하 극단의 점수는 과대평가되기 때문이다. 이와 함께 백분위는 자료의 분포가 정규분포인지 편포인지에 대한 가정을 할 수 없어 통계적 계산에 사용될 때에는 많은 제한점을 가진다. 백분위는 서열척도로서 기술 통계치(예 : 평균, 표준편차)를 구할 수 없고, 정상분포를 가정하지 않으며, 원점수의 분포 모양을 반영하지 않아서, 작은 차이도 확대 해석할 수 있다는 단점을 갖는다는 것이다.

이와 같이 백분위는 점수 간의 동간성을 가정할 수 없고 원점수 분포와 크게 다를 수 있기 때문에 원점수와 백분위 간의 관계를 해석할 때 특히 주의해야

한다(박도순 외, 2008).

## 2.4. 표준점수

학교현장에서는 학생 개인의 교과나 영역 간 점수 차이의 비교, 또는 동일한 교과나 영역에서 다른 학생 간의 점수를 비교해야 할 필요가 있다. 이러한 목적으로 원점수, 백점만점점수, 백분위를 사용할 수 없다. 물론 백분위는 집단 내에서 비교가 가능하지만 정확한 정보를 제공하지 못한다. 그 이유는 검사로부터 얻어지는 각 개인의 원점수(raw score)가 평가 도구마다 측정 단위가 다르고 검사 문항의 어렵고 쉬운 정도에 따라 원점수의 변화가 다르기 때문에 서로 다른 평가 도구로부터 얻게 되는 점수를 가지고 단순 비교할 수 없다. 그리고 이들 점수를 가지고 서로 가감승제를 할 수도 없고 서로 비교할 수도 없기 때문에 의미가 있는 정보를 제공하지 못한다. 그래서 이와 같은 원점수를 집단에 비추어 어느 위치에 속하는지를 결정하기 위해서 원점수를 다른 점수로 변환을 시키게 되는데 이를 변환점수(transformed score)라고 한다. 즉 변환점수는 개인이 얻은 원점수를 가지고 그 개인이 속한 집단에서 어떤 상대적 위치에 있는지의 의미를 부여하여 해석의 기초를 제공한다. 이런 변환점수의 대표적인 것으로 표준점수가 있다.

표준점수는 정상분포 곡선에서의 상대적 위치를 표시하여 통계적 조작을 가능하게 하고 의미 있는 비교를 가능하게 하려는 것을 목적으로 변환된 점수이다. 이는 등간성(interval)을 가정하는 점수 척도로, 각 개인의 검사점수가 평균으로부터 떨어진 거리를 표준편차(일반적으로 각 개인의 점수들이 평균으로부터 얼마나 떨어져 있는가를 요약해 주는 지수)를 단위로 하여 나타내기 때문에 개인의 상대적인 위치에 관한 정보를 제공하는 점수 척도체계이다.

장점으로는 등간척도를 가지므로 각 점수를 통합하거나 비교하는 등의 통계처리가 매우 유용하다는 점을 들 수 있다. 이렇게 보면 표준점수는 원점수를 표준화한 점수를 의미한다. 그러므로 모든 원점수를 표준화하기 때문에 비교가 가능해진다.

**표준점수**

- 정상분포 곡선에서의 상대적 위치를 표시하여 통계적 조작과 의미 있는 비교를 가능하게 하려는 것을 목적으로 변환된 점수
- 등간성(interval)을 가정하는 점수 척도로 각 개인의 검사 점수가 평균으로부터 떨어진 거리를 표준편차를 단위로 나타냄

표준점수는 원점수와 직선적인 관계를 가지고 있으므로 분포 형태가 정확히 일치한다. 만약 원점수 분포가 정상분포를 이룬다면 표준점수의 분포도 정상분포를 이루고, 원점수의 분포가 편포를 이룰 경우, 표준점수의 분포도 편포를 이루게 된다. 따라서 원점수의 분포가 정상분포를 이룬다면 각 개인의 표준점수는 정상분포 곡선에 비추어 직접 백분위로 환산할 수 있다. 원점수 분포가 정상분포를 이룰 경우, 표준점수는 대략 −3에서 +3 사이의 값을 가지게 된다. 또한 정상분포를 가정할 경우, Z점수 1점은 평균으로부터 양의 방향으로 1 표준편차에 놓인 점수이며 백분위 약 84에 해당하는 점수로 해석될 수 있다([그림 6-1] 참조). 대표적인 표준점수로 Z점수와 T점수, H점수, 스테나인 점수가 있다.

### 2.4.1. Z점수

Z점수(Z score)란 학생들의 점수가 평균으로부터 떨어진 편차의 정도를 표준편차를 단위로 하여 나타내는 점수이다. 즉 '(원점수−평균)/표준편차'에서 얻어진 값을 Z점수라고 한다. 그러므로 Z점수는 평균이 0이고 표준편차가 1인 점수를 의미한다. 그런데 평균을 절대 영점으로 하고 표준편차를 단위로 하였기 때문에 원점수가 평균보다 낮으면 Z점수는 음수로 변환된다. Z점수를 산출하는 수식은 다음과 같다.

$$Z = \frac{(X - \overline{X})}{s}$$

**Z점수 (Z score)**

- 학생들의 점수가 평균으로부터 떨어진 편차의 정도를 표준편차를 단위로 하여 나타내는 점수
- '(원점수 - 평균)/표준편차'에서 얻어진 값

여기에서 $X$는 학생 개개인의 원점수이고, $\overline{X}$와 $s$는 각각 원점수 점수 분포의 평균과 표준편차이다. 이때 원점수가 정상분포임을 가정하면 표준점수는 대략 −3에서 +3의 범위를 가지게 되고, 직접 백분위로 환산이 가능하다. 그런데 위의 공식에서 분자 계산 결과가 즉 원점수가 평균보다 크면 Z점수는 +(양수) 부호가 붙고 평균보다 작을 경우는 −(음수) 부호가 붙는다. 예를 들어, 평균이 80점이고 표준편차가 10점인 집단에서 A라는 수험생이 90점을 얻었다면, A는 평균(80점)보다 1 표준편차(10점)만큼 높은 점수이므로 Z점수는 '+1'이 된다. 하지만 B라는 수험생이 60점을 얻었다면, B는 평균(80점) 보다 2 표준편차(20점)만큼 낮은 점수이므로 Z점수는 '−2'가 된다. 이렇듯 Z점수는 평균을 0으로 하고 표준편차를 1로 하기 때문에 음수와 소수점 이하의 수로 표시되는 문제점을 가지고 있다. 이러한 이유로 인하여 Z점수는 실제 학교현장에서 잘 사용되지 않는다. 실제 평균보다 낮은 점수라고 하여 음수로 표시되고 그리고 대부분의 점수가 소수점으로 변환되어 불편하게 느끼기 때문이다. 그러므로 Z점수를 다시 변환한 T점수, H점수, 스테나인(Stanine)점수 등이 사용되고 있다.

### 2.4.2. T점수

Z점수는 음수와 소수점으로 표시되기 때문에 통계적인 목적이 아닌 일반 학교현장에서 널리 사용되지 않고 있다. 이러한 불편을 해소하기 위하여 Z점수에 10을 곱하고, 50을 더한 점수가 T점수이다. 따라서 Z점수의 0점은 T점수 50점이 되고, Z점수 1점은 50점에 10점을 더한 60점이 된다. T점수를 산출하는 수식은 다음과 같다.

$$Z10 + 50 - \left[\frac{X-\overline{X}}{s}\right]10 + 50 - T$$

**T점수**

**음수와 소수점으로 표시되기 때문에 통계적인 목적이 아닌 일반 학교현장에서 널리 사용되지 않고 있음**

위 공식에서 X는 학생의 원점수, $\overline{X}$는 전체 학생 집단의 평균 그리고, $s$는 표준편차이다. T점수 역시 영역별 원점수의 분포가 서로 다를 때 영역별 표준점수를 직접 비교하여 해석할 때 유의하여야 한다. 즉 한 시험에서 원점수 분포는 정상분포이고, 또 다른 검사에서의 원점수 분포는 편포일 경우, 두 검사에서 동일한 T점수를 얻었다 하더라도 두 검사에서의 영역별 성취수준이 동일하다고 해석하기 어렵다.

대학능력시험에서는 T점수 척도를 표준점수로 이용하여 보고하고 있다. 물론 평균은 영역이나 교과에 따라 다를 수 있다. 영역별 표준점수는 각 영역 시험점수의 분포(평균과 표준편차)를 고려하여 산출되기 때문에, 영역별로 점수를 비교하거나 총점으로 합산할 때 편리하게 이용할 수 있다. 또한 현재 각 고등학교의 모의고사나 적성검사와 같은 심리검사에서도 많이 사용되고 있는 것이 T점수 척도이다. 평균을 50으로 한 T점수는 20~80의 범위를 가지게 된다.

### 2.4.3. H점수

원점수 분포가 정상분포를 이룰 경우, Z점수는 대략 −3에서 +3 사이의 값을 가지게 된다. 이를 다시 T점수로 환산하면 20~80 사이의 값을 가지게 된다. 그런데 학교현장에서는 최고 점수 100점 만점에 익숙해져 있기 때문에 최고점이 약 80점이 되는 T점수를 사용하는 것을 망설이게 된다. 그래서 최고점수가 100점에 근접하도록 변환시킨 점수가 H점수이다. 이렇게 하기 위하여 Z점수에 14을 곱하고 50을 더한 점수가 H점수이다. H점수를 산출하는 수식은 다음과 같다.

$$Z14+50=\left[\frac{X-\overline{X}}{s}\right]14+50=H$$

H점수

- 최고점수가 100점에 근접하도록 변환시킨 점수
- Z점수에 14을 곱하고 50을 더한 점수

위 공식에서 X는 학생의 원점수, $\overline{X}$는 전체 학생 집단의 평균 그리고, $s$는 표준편차이다. 위의 식에 의하면 Z점수가 −3일 경우 H점수는 8이고, +3일 경우 92가 되므로 100점에 매우 가까이 있는 점수가 된다.

### 2.4.4. 스테나인(stanine) 점수

수능에 적용되는 점수로 스테나인 점수가 있다. 이 점수는 평균이 5, 표준편차가 2인 표준정규분포를 가정하며, 9개 범주로 나타내는 구분점수이다. 4%, 7%, 12%, 17%, 20%, 17%, 12%, 7%, 4% 각각의 구간이 점수로 표시된다. 원점수와 T점수가 한 지점에 대한 정보를 알려주는 것과는 달리 스테나인 점수는 일정한 구간을 하나의 점수로 정하는 것을 특징으로 하고 있다. 스테나인 점수는 원점수의 분포를 정규분포로 가정하고 가장 낮은 점수부터 높은 점수로 배열한 후, 일정한 구간마다 점수를 부여하게 된다.

[그림 6-1]은 다양한 변화점수들을 비교할 수 있도록 하나의 그래프에 제시한 것이다. 스테나인 점수 9점과 8점을 구분하는 지점의 Z점수는 −1.75이며 2점과 3점을 구분하는 지점은 1.25으로, 스테나인 점수를 구분하는 지점의 Z점수는 0.5의 간격으로 등간성을 유지하고 있으며, T점수도 5점의 간격으로 구분되어 있다. 그런데 현재 대학수학능력시험의 등급 표시는 스테나인 점수를 도입하여 활용하고 있다. 다만, 스테나인 점수가 낮은 점수부터 1로 표시되는 데 반하여 대학수학능력시험 점수는 최고 4%을 1등급으로 제시하고 있다.

스테나인 (stanine) 점수

- 9개의 범주를 가진 표준점수로 평균을 5, 표준편차를 2로 표준화한 점수
- 일정한 구간을 하나의 점수로 정하는 것이 특징

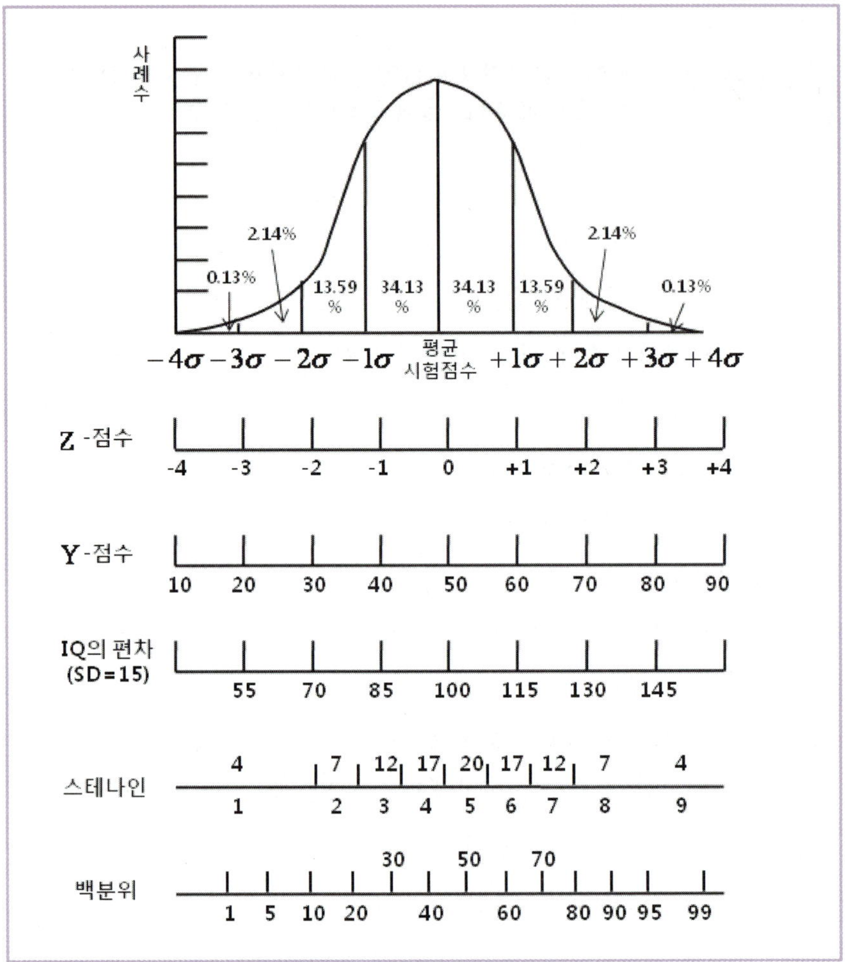


그림 6-1 표준점수의 비교

## 3. 성적 표시

성적 표시는 다양한 양식으로 학생들에게 통지되고 있다. 여기서는 국가수준의 학업성취도 평가, 진단평가 그리고 대학수학능력시험의 성적 통지표를 그 예로 제시하고자 한다.

### 3.1. 국가수준의 학업성취도 성적 표시

국가수준의 학업성취도 평가의 성적 통지표 양식은 [그림 6-2]와 같다. 각 학생에게 배부되는 성적 통지표에는 4단계(우수학력, 보통학력, 기초학력, 기초학력 미달)로 산출된 교과별 성취수준을 기재하여 표집학교별로 통지한다. 학생들은 성취수준과 함께 제시되는 교과별 성취 기준에 대한 설명을 참고하여 추후 교수·학습을 위한 정보로 활용하게 된다.

성적 통지표에 기재되는 성취수준은 학생들이 취득한 원점수를 정해진 평균과 표준편차를 갖도록 척도점수로 변환하였다. 이는 앙고프 방법에 의해 정해진 분할점수를 기준으로 구분한 것이다. 척도점수는 점수대별 측정오차(conditional standard error of measurement : CSEM)가 유사하면서 학교급 내에서 교과별 척도점수의 평균, 표준편차, 최소값, 최대값, 증분 등이 같도록 개발된 것으로, 초등학교 6학년에서는 평균 160, 표준편차 8.5, 중학교 3학년에서는 평균 260,

**2008년 학업성취도 평가 성적 통지표**

| 학교번호 | 학교명 | 반 | 번호 | 이름 |
|---|---|---|---|---|
| | | | | |

| 교과 | 국어 | 사회 | 수학 | 과학 | 영어 |
|---|---|---|---|---|---|
| 성취수준 | | | | | |

**국어과 성취수준**

| 고등학교 | 성취수준 | 내용 |
|---|---|---|
| 고등학교 | 우수학력 | • 들은 내용의 타당성을 평가할 수 있고, 말하는 이의 반어적 표현과 비언어적 표현의 적절성을 평가할 수 있다.<br>• 표현의 일반 원리를 사용하여 글을 쓸 수 있고, 글쓰기의 상황을 고려하여 다양한 자료에서 필요한 내용을 생성하여 글을 쓸 수 있다.<br>• 문법 요소들의 기능을 이해할 수 있고, 문법에 맞게 글을 쓸 수 있다.<br>• 국어의 역사를 개략적으로 이해할 수 있다.<br>• 작품이 누구의 눈을 통하여 전달되는지, 문학의 갈래에 따른 작품의 미적 가치는 무엇인지 파악할 수 있다.<br>• 작품의 구성 요소와 그 기능을 이해할 수 있고, 작가의 세계관을 평가할 수 있다. |
| | 보통학력 | • 글을 읽고, 생략된 내용을 추론할 수 있고 주제를 파악할 수 있다.<br>• 글을 읽고, 내용의 신뢰성을 평가할 수 있다.<br>• 글을 읽고, 표현상의 특징과 그 효과를 파악할 수 있다. |
| | 기초학력 | • 이야기를 듣고, 내용을 요약할 수 있다.<br>• 듣기 목적에 따라 필요한 정보를 찾을 수 있다. |
| | 기초학력 미달 | • 글의 내용을 정확히 이해하고 생각을 문장으로 표현하는 능력, 우리말 어법을 바르게 사용하는 능력, 작품의 주제 및 표현 효과를 파악하는 능력이 부족하므로 이를 신장시키기 위한 노력이 필요하다. |

그림 6-2 국가수준 학업성취도 평가의 학생용 성적 통지표

표준편차 8.5, 고등학교 1학년에서는 평균 360, 표준편차 8.5인 척도점수를 사용하고 있다.

### 3.2. 기초학력 진단평가 성적 표시

기초학력 진단평가의 성적 통지표 양식은 [그림 6-3]과 같다. 초등학교 3학년 기초학력 진단평가의 결과 보고는 국가수준 학업성취도 평가와 마찬가지로 개인수준의 결과 보고와 국가수준의 결과 보고로 구분된다. 학생 개인에게 보고되는 성적 통지표에는 영역별 진단 결과, 세부 영역별 진단 결과, 영역별 진단 정보, 내용영역별 진단 정보 등의 내용이 포함된다.

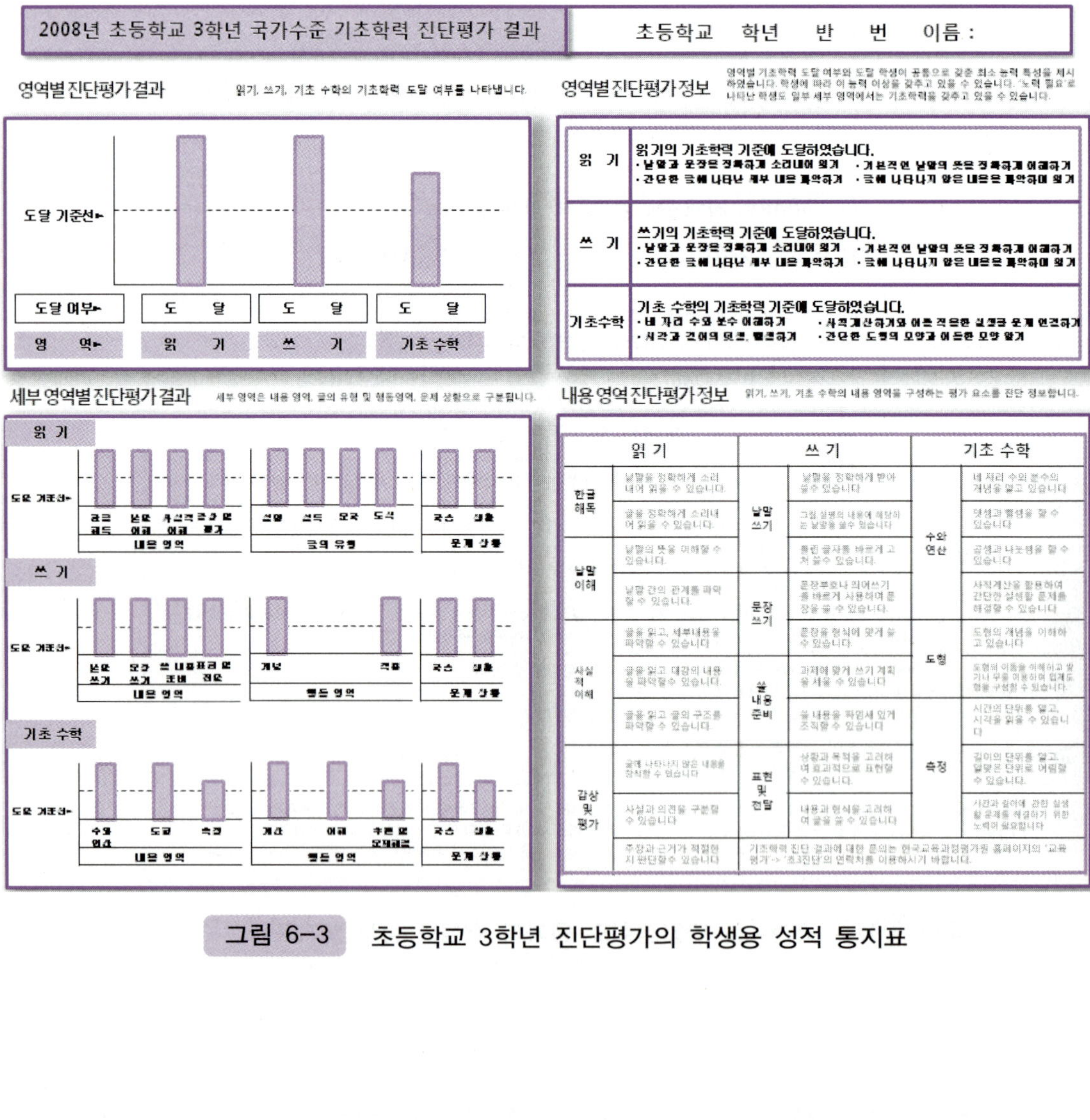


그림 6-3 초등학교 3학년 진단평가의 학생용 성적 통지표

[그림 6-3]에서 보면 영역별 진단 결과에서는 기초학력의 도달/미도달 여부를 그래프의 형태로 제시한다. 도달/미도달의 여부를 판단하는 기준선은 북마크(bookmark) 방법을 이용하여 설정하였으며, 학생의 성취수준을 나타내는 척도점수는 문항반응이론을 이용하여 개발하였다. 선택형 문항은 척도점수의 평균이 500, 표준편차는 40인 변환점수를 사용하고 있다.

### 3.3. 대학수학능력시험 성적 표시

대학수학능력시험에 대한 결과 보고는 현재 크게 세 가지로 이루어지고 있는데, 첫째, 성적 통지표를 통해 수험생들에게 제공되는 성적 관련 결과 보고, 둘째, 성적일람표를 통해 단위 학교에 제공되는 성적 관련 결과 보고, 셋째, 보도자료를 통해 언론에 공개되는 채점 결과 보고이다.

다음 [그림 6-4]는 대학수학능력시험 결과 수험생들에게 성적이 통지되는 양식의 예이다. [그림 6-4]에서 보는 바와 같이 성적 통지표를 통해 제공되는 정보는 학생들이 시험을 치른 영역 및 선택과목에 대한 표준점수, 백분위, 등급이

| 수험번호 | 성 명 | 주민등록번호 | 출신고교 (반 또는 졸업 연도) |
|---|---|---|---|
| 123450321 | 홍 길 동 | 881111-2111111 | 한국고 (2009) |

| 구 분 | 언어영역 | 수리영역 | 외국어(영어)영역 | 과학탐구영역 | | | | 제2외국어/한문영역 |
|---|---|---|---|---|---|---|---|---|
| | | '가'형 (미분과 적분) | | 물리I | 화학I | - | - | 일본어 |
| 표준점수 | 131 | 137 | 141 | 64 | 61 | – | – | 69 |
| 백분위 | 93 | 95 | 97 | 93 | 87 | – | – | 95 |
| 등 급 | 2 | 2 | 1 | 2 | 3 | – | – | 2 |

2009. 12.

한 국 교 육 과 정 평 가 원 장

그림 6-4 대학수학능력시험 학생용 성적 통지표

다. 표준점수는 원점수의 분포를 영역 또는 선택과목별로 정해진 평균과 표준편차를 갖도록 변환한 분포상에서 수험생이 획득한 원점수가 어느 위치에 해당하는가를 나타낸 점수로 언어 · 수리 · 외국어(영어) 영역의 표준점수는 평균 100, 표준편차 20이며, 사회/과학/직업탐구영역과 제2외국어/한문영역의 표준점수는 과목당 평균 50, 표준편차 10으로 정하고 있다. 백분위는 수험생이 받은 표준점수보다 낮은 표준점수를 받은 수험생 집단의 비율을 백분율로 나타낸 점수이며, 등급은 정수로 표기된 표준점수의 분포를 9구간으로 나누어 결정된다. 표준점수, 백분위, 등급에 관한 설명은 성적 통지표의 뒷면에 제공되고 있다.

## 3.4. 서답형 채점

최근 중 · 고등학교에서 실시하는 중간고사와 기말고사, 나아가 진단평가나 성취도평가의 문항 대부분이 선택형으로 제작되고, 검사지와 답안지가 구분되어 있다. 특히 답안지는 OMR카드로 되어 있기 때문에 실제 교사가 채점하지 않고 있다. 그러나 소위 교과별 소수의 문항이 단답형이나 논술형으로 출제되어 실제 교사가 직접 채점을 하고 있다. 단답형이나 논술형 채점에서 가장 중요한 것은 채점자가 일관성을 가지고 점수를 부여해야 한다는 점이다. 채점자 스스로 학생의 여러 특성을 고려하거나 답안의 형식과 내용에 따라 채점이 왜곡되지 않도록 해야 한다. 특히 부분점수가 부여되는 서답형 문항을 채점할 경우 다음과 같은 오류를 범하지 않도록 노력해야 한다.

### 3.4.1. 논리적 오류(logical error)

논리적 오류란 채점을 할 때 답안지의 글이 논리적으로 모순이 있음에도 불구하고 그것을 발견하지 못하고 높은 점수를 부여하는 것을 말한다. 예를 들면 창의성을 평가하기 위한 논술형 문항에 학생의 답안이 비판적이라고 하여 높은 점수를 부여한다면, 논리적 오류를 범하게 되는 것이다. 논리적 오류는 채점자가 채점기준을 명확하게 설정하거나 객관적인 자료나 관찰의 근거하여 채점을 하게 되면 제거할 수 있다.

### 3.4.2. 인상의 오류(error of halo effect)

인상의 오류란 채점자가 학생에 대해 이미 가지고 있는 생각이 채점에 반영되는 것을 말한다. 후광효과라고 하는데 이는 크게 관대의 오류와 엄격의 오류로 구분할 수 있다. 전자의 경우는 학생에 대한 인상이 긍정적으로 작용하여 실제 답안보다 높은 점수가 부여되는 것을 말하고, 후자의 경우는 학생에 대한 인상이 부정적으로 작용하여 낮은 점수가 부여되는 것을 말한다. 채점을 할 때 학생이 이름을 가린 상태에서 하거나, 채점자의 채점 기준이 명확하고, 다수의 채점자가 참여하게 되면 인상의 오류를 줄일 수 있다.

### 3.4.3. 대비의 오류(contrast error)

학생의 답안이 채점자의 견해와 일치하거나 전혀 다를 경우 높은 점수를 부여하거나 낮은 점수를 부여하는 것을 말한다. 학생의 답안이 채점자의 평소 생각과 같은 경우에도 높은 점수를 부여할 수도 있고, 새로울 것이 없는 답안이라고 생각하게 되면 낮은 점수를 부여할 수도 있다. 학생의 답안이 채점자의 평소 생각과 달리 매우 새로운 내용을 담고 있는 경우에도 이 점을 매우 고려하여 높은 점수를 부여할 수도 있고, 채점자와 다르다는 이유로 매우 낮은 점수를 부여할 수 있다. 대비의 오류를 줄이기 위해서는 모범 답안을 미리 작성하여 채점을 하는 것이 바람직하다.

### 3.4.4. 근접의 오류(approximate error)

학생의 답안을 보고 채점자가 시·공간적으로 가깝게 느끼거나 멀게 느껴 점수를 부여할 경우에 나타나는 오류이다. 학생의 답안이 최근의 어떤 내용을 담고 있으면 높은 점수를 부여하고, 과거의 예를 들고 있으면 낮은 점수를 부여하는 것을 말한다. 많은 논술형 문항을 동시에 채점할 때, 앞의 문항에서 높은 점수를 부여했다면, 실제 답안은 그렇지 않지만 이어지는 다른 문항에서도 높은 점수를 부여하는 것을 말한다. 근접의 오류를 줄이기 위하여 학생별로 채점을 하지 않고, 동일한 문항을 반복해서 채점하거나, 답안지의 채점 순서를 바꾸어 채점하면 어느 정도 줄일 수 있다.

### 3.4.5. 집중화 경향의 오류(error of central tendency)

학생의 답안이 특별하지 않을 때 중간 점수를 부여하는 오류이다. 특히 채점 기준을 명확하게 가지지 못하는 채점자가 흔히 범하기 쉬운 오류이다. 이 오류를 피하기 위하여 문항의 점수 단계를 넓히는 것이 좋다. 즉 3단계 점수 간격보다 5단계 점수 간격이 더 바람직하다.

### 3.4.6. 표준 설정의 오류(error of standard)

채점자가 점수의 부여의 기준을 지나치게 높게 설정하거나 그 반대로 낮게 설정하여 발생하는 오류이다. 표준의 오류는 준거참조평가에서 준거의 기준이나 규준참조평가에서 평균을 높게 또는 낮게 설정하는 경우, 즉 채점자의 표준이 서로 다르기 때문에 나타난다. 채점에 앞서 준거를 명확히 하고, 그러한 기준을 적절하게 설정하거나, 사전에 학생들의 답안을 검토한 후에 점수를 부여함으로 줄일 수 있다.

| | |
|---|---|
| 논리적 오류 | 채점을 할 때, 답안지의 글이 논리적으로 모순이 있음에도 불구하고 그것을 발견하지 못하고 높은 점수를 부여하는 것 |
| 인상의 오류 | 채점자가 학생에 대해 이미 가지고 있는 생각이 채점에 반영되는 것 |
| 대비의 오류 | 학생의 답안이 채점자의 견해와 일치하거나 전혀 다를 경우 높은 점수를 부여하거나 낮은 점수를 부여하는 것 |
| 근접의 오류 | 학생의 답안을 보고 채점자가 시·공간적으로 가깝게 느끼거나 멀게 느껴 점수 부여에 나타나는 것 |
| 집중화 경향의 오류 | 학생의 답안이 특별하지 않을 때 중간 점수를 부여하는 오류 |
| 표준 설정의 오류 | 채점자가 점수 부여의 기준을 지나치게 높게 설정하거나 그 반대로 낮게 설정하여 발생하는 오류 |

# Ⅱ부

## 교육 프로그램 평가

## 단원 개요

II부에서는 '교육 프로그램 평가'와 관련한 내용을 다루고자 한다. 교육 프로그램 평가는 학생들의 학력을 측정하고 평가하는 I부에서의 내용과 더불어 교육평가를 구성하고 있는 양대 축으로 생각할 수 있다. 학습자의 능력을 평가하기 위해 학습자가 지닌 지식과 수행능력을 직접 혹은 간접적인 접근 방법을 사용해 측정해 내고 그 결과를 평가하는 데 I부의 관심이 있었다면, II부에서는 학급 단위 혹은 학교 단위에서 당면과제의 해결과 교육의 질 향상을 위한 크고 작은 교육 프로그램들의 효과를 측정해 내고 그 가치를 판정하는 방법에 초점을 모으게 된다.

프로그램 평가의 개념 이해로부터 시작해 프로그램을 평가하기 위해 개발된 각종 모형들의 소개, 그리고 프로그램 평가를 수행하기 위한 평가 설계와 더불어 평가연구의 절차를 소개하게 된다. 대부분의 응용과학 분야가 그러하듯, 프로그램 평가 역시 주변 사회과학 분야의 이론적 접목과 연구방법론을 적용해 크고 작은 교육 분야의 각종 프로그램들에 대한 평가 방법을 집근했음을 이해해 두기 바란다.

7장

# 프로그램 평가 이해

우리는 살아가며 끊임없이 크고 작은 의사결정 과정에 직면하게 되고, 때로는 의도하는 목표를 달성하고 성취해 내기 위한 방안을 마련한다. 조직의 당면한 문제 해결을 위해 프로그램을 창출하고 프로그램 속에서 활동하기도 한다. 직장생활을 하는 사람이라면 조직이 추구하는 목표 달성을 위해 사업추진 계획을 세워야 하고, 학교현장에서는 학생들의 학교생활 부적응 문제, 흡연문제, 학습부진아 문제, 인터넷 게임 중독자 문제 등 해결해야 할 수많은 과제들과 관련한 해결 프로그램을 개발하고 실행하게 된다. 국가의 정책을 수립하고 전개하는 정부의 관리라면, 추진하고자 하는 정책이 효과적으로 전개되어 좋은 결과가 나오기를 기대하게 될 것이다. 이처럼 개인차원에서나 일반조직 및 정부차원에서 의도하는 목표를 달성하기 위해 계획을 세우고 인적 물적 재정적 자원을 동원해 조직적으로 활동하기 위한 청사진을 우리는 프로그램이라 하고, 프로그램이 계획되어 그 목표 달성을 위한 활동 내용을 전개하게 되면, 필연적으로 따르는 것이 평가 활동이 된다. 처음 의도했던 결과가 효과적으로 혹은 생산적으로 달성되었는지, 프로그램의 계획 단계에서, 전개과정에서 비효율적인 요소들은 없었는지, 결과는 만족할 만한 것이었는지 등등에 대해 점검해 보고, 점검 결과에 대한 가치판단을 하게 된다. 프로그램의 계획과 전개 및 결과에 대한 가치를 판단하는 일을 프로그램 평가를 통해 하게 된다. 그러나 학문적으로 프로그램을 평가하려면 과학적 접근 방법이 필요한데 프로그램 평가 분야는 과학적인 방법을 통해 프로그램의 성과와 과정상의 문제들을 분석해 내는 적용 방법을 연구하는 분야라고 할 수 있다. 그리고 프로그램의 내용과 적용 대상이 교육 활동과 연관지어질 때 '교육 프로그램 평가'라 하게 된다. 따라서 교육 프로그램 평가는 주로 학교조직의 당면과제 해결 기능과 조직의 변화유도와 발전촉진 기능 등을 수행하는 기능을 지니게 된다. 이제 교육 프로그램 평가의 이해를 돕기 위해 관련 기초지식을 소개하기로 한다. 프로그램의 구성 요소와 프로그램 평가의 절차, 그리고 프로그램 평가의 논리를 충분히 이해해 두기 바란다.

## 1. 프로그램 평가의 의미

프로그램(program)이란 말은 희랍어 'prographein'에서 유래한 단어로 알려져 있다. 'pro'란 '이전'이란 뜻을 담고 있으며 'graphein'은 '어떤 계획을 기술함'을 의미한다고 한다. 즉, '미리 기술해 놓은 내용'을 뜻하는데, 처음에는 칙령 또는 포고의 의미를 지녔지만 훗날 『웹스터(*Webster*)』 사전은 프로그램의 의미를 다음과 같이 설명하고 있다(변창진, 1994).

① 원래의 뜻은 선전, 포고, 발표, 선언 등의 의미로 설립 취지서, 내용 설명서, 내용 견본록, 학교 안내서, 호텔 안내서 또는 강의요목, 시간표, 교수요목 등을 지칭하는 의미로 사용됨.

② 오늘날에 이르러 각종 행사 또는 활동, 연주자나 연기자, 연사, 흥행, 의식이나 의례 등과 같은 집회에서 목록이나 명단 혹은 행사나 작품 등을 총체적으로 지칭하게 됨.

③ 특정 조직이나 부서에서 실행해야 할 일의 개요 또는 관리 프로그램처럼 추진절차에 관한 사전계획을 의미함.

④ 라디오나 텔레비전 방송국에서 예정, 공고한 방송 내용과 시간 또는 순서

⑤ 시민들이 참여하도록 공공기관, 종교단체 등과 같은 조직에서 계획한 모든 종류의 활동

⑥ 전자공학에서 컴퓨터 데이터를 처리하기 위해 수행해야 할 조작들의 논리적 계열; 그와 같은 논리적 계열의 조작을 컴퓨터 언어로 부호화된 명령이나 지시사항과 데이터

프로그램이 적용되는 곳은 다양한 분야에서 찾아볼 수 있다. 조직적 차원에서 적게는 가정에서부터 직장과 사회전반에 걸친 구성원들이 모여 조직 활동을 하는 곳이라면 어느 곳에나 프로그램은 창출될 수 있으며 그 활동이 전개될 수 있다.

이상에서 알 수 있듯 프로그램이란 의도한 바(목적)를 이루기 위한 일련의 활동들을 구체화시키고 조직화한 것을 의미한다. 즉 조직된 활동이 프로그램이라는 것은 임의적인 활동이 아니라 문제해결을 위한 일련의 계획된 활동을 의미한다.

프로그램 평가는 말 그대로 프로그램에 대한 평가 활동을 지칭한다. 프로그램 평가에 대한 정의와 관련해 우리는 이미 제1장 교육평가의 기초에서 평가에 관한 정의를 통해 프로그램 평가의 기능을 터득한 바 있다. 이해를 돕기 위해 앞에서 제시한 Walberg(1990)의 요약 내용을 소개해 보고자 한다.

첫 번째는 Ralph Tyler로 대표되는 목표에 근거한 평가(goal-based evaluation)를 들 수 있는데, 그는 "평가란 교육목표가 얼마나 실현되었는가에 대한 결정과정"으로 보고 있다.

둘째는, Stufflebeam으로 대표되는 비판단적 정의로서 평가 그 자체가 판단적 기능을 수행하는 것이 아니라 "의사 결정에 필요한 정보를 제공해 주는 것" 또는 "각종 교육 프로그램이나 사회 관련 프로그램들에 대해 체계적인 검증을 하는 것"이란 입장을 생각할 수 있다.

셋째는, Cronbach을 대표로하는 판단적 정의로 "가치를 판단하는 것" 혹은 "기술(記述)과 판정(判定)의 양자를 결합한 것"이다.

위에서와 같은 세 가지 평가관은 오늘날 국내외를 막론하고 여러 학자나 저서들에서 다양한 형태로 인용되고 있지만 그 근저에는 이들 세 가지 유형의 입장이 뿌리를 두고 있음을 보게 된다.

인간을 대상으로 하는 과학적인 평가는 대개가 세 가지 목적을 가지고 있다(Royse, Thyer, Padgett, & Logan, 1996).

① 모든 것을 객관적으로 기술해야 한다.

② 활동의 효과성을 평가해야 한다.

③ 설명이 타당해야 한다.

기술적 평가를 통해 특성이나 관련 인사들의 요구사항을 이해할 수 있으며, 프로그램에 관련된 이해관련자들의 성취목표나 요구를 수립하는 데 도움을 줄 수 있다. "사실이나 원리를 찾는 체계적인 절차(Baker, 1999)"로 알려진 프로그램 평가는 이러한 연구 활동의 일부라고 할 수 있다. 평가연구는 과학적 프로그램의 성공을 결정하기 위하여 체계적 조사를 하는 것이다. 프로그램 평가는 논리적이고 질서 정연한 연구의 절차를 준수한다는 점에서 기초연구와 같다. 프로그램 평가와 기초연구는 둘 다 문제, 질문, 가설 등을 가지고 출발한다. 연구문제에 관련된 선행연구와 이론적 배경을 조사하고, 연구나 평가 계획을 수립하고, 자료를 수집·분석하며, 가설을 검증하는 일련의 절차를 거친다는 점에서 유사한 특징을 보인다. 그러나 연구와 평가는 자료의 결과 활용 면에서 다르다. 연구의 목적은 일반화할 수 있는 지식을 생산하는 데 두는 반면에, 프로그램 평가는 구체적인 특정 프로그램에만 적용할 수 있는 정보를 수집하는 데 두고 있다.

프로그램 평가는 일종의 연구방법론이라고 할 수 있다. 그러한 방식은 연구에 있어서 문제를 진술하는 방법, 자료를 수집하고 관찰하는 방법, 유용하고 신뢰로운 자료를 얻는 방법, 면접자와 면접을 조직하는 방법, 수집된 자료를 통계 처리하는 방법, 자료를 분석하는 방법, 면접을 실시하는 방법 등에 대해 지침을 제공한다. 프로그램 평가연구의 질은 사회과학 탐구 방식을 수용하여 얼마나 잘 준수하느냐에 따라 평가될 수 있다. 연구방법론은 특정한 평가연구에서 연구 절차나 방법을 잘 사용하였는지를 판단할 때 표준화된 지침을 제공하기 때문에 중요한 의미를 지닌다. 서비스 활동으로서의 프로그램 평가는 프로그램이 소기의 목적을 달성했는가를 확인하는 과정으로 보다 좁게 정의될 수 있다. 그러나 응용연구의 한 분야로서의 프로그램 평가는 훨씬 더 넓다. 여기에는 프로그램 모니터링, 다시 말하자면 연구전략을 사용하는 프로그램 활동의 모니터링을 포함한다. 이러한 모니터링은 결과나 목적을 크게 강조하지 않고 과정 평가에 초점을 둔다. 그래서 '순수한' 프로그램 평가와 연관되어진 것보다는 활동과정의 평가를 강조한다. Scriven은 프로그램 평가의 중요성을 다음과 같이 다섯 가지로 요약하고 있다(Fitzpatrick, Sanders, & Worthen, 2004).

① 프로그램의 좋지 않은 결과나 서비스는 인간의 삶을 황폐화시키고 건강에 영향을 주고 낭비하지 않아도 될 자원들을 허비하게 한다.

② 평가는 사회 정의를 실천하는 중요한 도구이다.

③ 평가를 통해 무엇이 가장 필요하고, 새롭고 바람직한 방법을 제시해 준다.

④ 사고하는 방법을 순화시켜 준다.

⑤ 개인적인 면에서 평가는 자기 존중의 토대를 마련해 준다.

이제부터 공부하게 될 '교육 프로그램 평가'는 학급이나 학교 등에서 실시하고 있는 합목적적 교육 활동들에 대한 가치를 판단하기 위한 자료를 과학적 방법을 동원해 수집해 분석하고 그 결과에 대한 가치를 판단하는 체계적인 절차를 다루는 분야라 할 수 있다. 교육 프로그램 평가를 통해 교육의 성취수준과 질을 확인하고, 피드백을 통해 프로그램도 개선할 수 있게 된다.

## 2. 프로그램 평가의 역사

오늘날 대부분의 사람들이 생각하기에 평가 활동이 전개되기 시작한 것은 아마도 Johnson 대통령 시절, 미 연방정부가 '위대한 미합중국의 건설'이라는 표어 아래 교육을 비롯한 광범위한 분야의 프로그램 전개를 위해 지원금을 쏟아 붓던 1960년대 후반경으로 잘못 이해하고 있는 것 같다. 그러나 프로그램 평가는 존슨 대통령의 위대한 사회와 1960년대 이후 성숙해 가는 직업으로서의 평가의 도래의 기간보다 적어도 150여 년 이상의 역사를 지니고 있는데 프로그램 평가와 관련하여 Madaus, Stufflebeam, 그리고 Scriven 등이 기술한 *Program Evaluation : A Historical Overview*의 내용을 중심으로 요약 소개하고자 한다. 이들에 따르면 1900년 이전부터 현재에 이르는 시대를 6단계로 구분하여 각 시대별 프로그램 평가와 관련한 주요 흐름을 제시하고 있다.[35)]

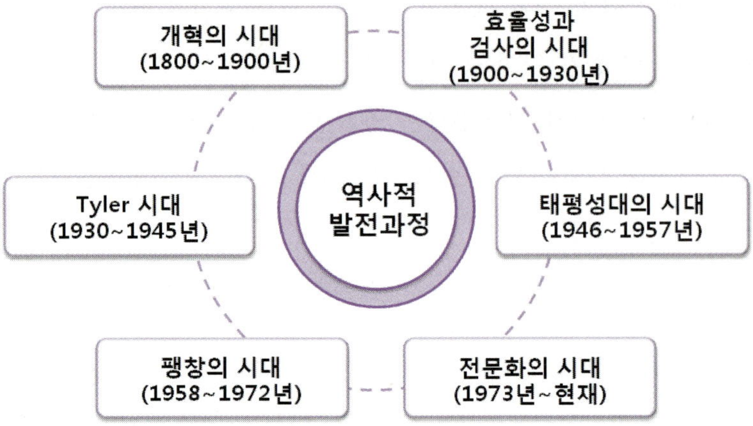


### 2.1. 개혁의 시대(1800~1900년)

먼저 프로그램 평가에서 개혁기로 불리는 19세기의 시대는 산업혁명기로 대변되던 시대였다. 기존의 사회구조가 산업혁명의 드센 여파로 인해 개혁이 시작되었는데 특히 경제 활동과 기술 개발이 활발하게 이루어지던 시기였다. 이 같은 시대적 배경 속에서 영국과 미국에서는 교육을 위시하여 각종 사회복지 프로그램, 즉 의료제도, 고아원, 공중보건제도 등을 개혁하는 작업이 전개되기에 이르렀다. 이 같은 시도와 더불어 이들 사회복지 및 교육 프로그램에 관여하는 요원 및 공무원에 대하여 비공식적인 평가가 실시되었는데 이러한 평가 활동은 국가 사회적 차원에서 최초로 시도되었다는 측면에서 매우 특기할 만한 것이었다.

이 시기에 영국에서 개발된 두 가지 정책은 평가 역사상 주목할 만한 내용을 내포하고 있다. 첫째로 19세기 중엽에 여러 개의 협회가 설립되어 사회적 탐구 및 조사 활동을 실현시켰는데 그 협회들은 사회조사를 통하여 사회문제를 발견하고 그 내용을 대중에게 발표하여 사회적인 논의의 대상이 되도록 하는 데 기여하였으며, 둘째로 이와 같은 여러 단체의 보고서에 답신하기 위하여 행정부에서는 그 사회문제를 해결하기 위해 프로그램을 조사하고 평가하기 위한 조사위원회를 구성하여 운영하였다는 점이다. 이와 같은 역사적 사실은 프로그램 평가를 최초로 경험적으로 접근했다는 점에서 그 의의를 찾을 수 있다.

미국의 경우에는 위와 같은 영국의 영향을 받아 대통령이 임명하는 위원회,

백악관 배심원(White House Panels), 하원 청문회 등을 조직하여 운영하였다. 말하자면 대통령이 임명한 위원회와 의회 청문회는 해당 관심 분야의 사회복지 프로그램에 관한 근거자료를 수집 및 조사하고 평가하는 역할을 하였는데, 이 조직체들은 영국과 유사하게 19세기 중엽부터이었다. 또한 1845년 미국의 Boston에서는 최초로 학교의 교육 성취수준을 공식적으로 평가하기 위한 시도가 이루어졌다. 이 평가에서는 학교의 교육효과나 학습 프로그램의 효과를 평가하기 위하여 학생의 시험성적을 주된 자료로서 사용하기 시작하여 오늘날까지 지속되는 전통이 되었다는 점에서 매우 중요한 사건이라고 할 수 있다.

한편, 1887년과 1898년 사이에 Rice는 미국 최초로 공식적인 교육 프로그램 평가를 실시한 것으로 인정받고 있다. 그는 여러 학교 교육구(school districts)를 대상으로 작문(쓰기)에 관한 교수법 중 연습의 효과를 비교하기 위하여 준거변인으로 작문 검사점수를 사용하였다. 평가 결과로서 학교들 간에 의미 있는 차이가 없다는 것과 결과적으로 교육자들로 하여금 그들의 기존의 작문 교수법에 관하여 재고하고 그것을 개선하도록 하는 데 크게 기여하였다. 또한 이 프로그램 평가에서는 평가자가 교육자들이 실험연구를 수행할 수 있고 자료 처리와 그 결과를 활용할 뿐만 아니라 학생들의 학업성취도를 연구하기 위하여 비교연구법을 사용할 것을 권장하고 있다는 점에서 중요한 의의를 찾을 수 있다. 그리고 19세기 후반에 들어 평가의 한 접근 방식인 방문인정평가 또는 전문가 판단 방법을 주로 사용하는 단체인 North Central Association of Colleges and Secondary Schools(NCACSS)가 설립되었으며 괄목할 만한 활동을 하지 못하였으나 그와 같은 종래의 평가 방식을 체계적으로 시도했다는 것이 평가 역사에 주목할 만한 사실이 되고 있다. 그 후 1930년대 6개의 방문인정평가 단체가 추가로 설립되고 나서야 그와 같은 방문인정평가 방식이 실질적으로 학교현장에서 활용되기 시작하였다. 말하자면, NCACSS의 설립 이래 전문가 방문인정평가 운동은 교육기관의 적합성을 평가하고 교육을 개선하기 위하여 활동하는 가장 중요한 평가 방법으로서 그 신뢰성을 인정받아 크게 확산되어 나가게 되었는데 이 같은 방법은 이 시대의 대표적인 평가 활동이 되었다.

## 2.2. 효율성과 검사의 시대(1900~1930년)

20세기 초반에 들어서면서 '과학적 관리' 운동의 물결은 산업 분야에서뿐만 아니라 교육 분야에도 상당한 영향을 미치게 되었다. 과학적 관리의 운동은 조직화와 표준화, 그리고 효율성의 강조라는 측면으로 요약되어질 수 있는데, 효율성의 강조는 이 당시 학교교육구청과 각급 학교들에서 『교사의 효율성에 관한 측정 방법』과 『학교와 학교제도의 효율성의 측정을 위한 기준과 검사』라는 보고서가 National Society for the Study of Education(NSSE)에서 발간되었다.

이 같은 영향으로 수많은 학교조직에서의 연구가 학교와 교사의 효율성에 초점을 맞추었고 그 판단의 준거로서 다양한 기준들을 사용하게 되었다. 그 예로서 교육비의 지출, 중퇴자 비율, 진학률 등이 판단의 준거로 사용되었다는 점이다. 1915년에 이르러 30에서 40개에 이르는 대규모 학교들에서 교육 활동 전반에 걸친 각 단계들에 대한 종합적인 조사가 완료되거나 진행되고 있었다(Kendall, 1915; Smith & Judd, 1914).

이 같은 수많은 조사연구들에서는 교육의 질을 판정하기 위한 방법으로 산수, 철자법, 필적, 영작과 같은 교과목에 새롭게 개발된 객관식 시험을 도입하였다. 대규모 학교 교육구에서는 평가의 효율성을 증대시키기 위한 방안의 하나로 새로운 부처를 신설하여 객관식 검사를 개발하도록 하였다. 그 실례로서 보스턴의 공립학교 교육감사측정 부서에서는 오늘날 목표지향평가로 불리는 형태의 검사가 개발되기에 이르렀다(Ballou, 1916).

결국 보스턴에서와 같은 시험 방법은 교사로 하여금 자기가 가르친 학급이 그 도시 다른 학급에 비해 수준이 높은지 낮은지를 판단할 수 있는 계기를 마련해 주게 되었고 백분율에 의한 합격생을 판단하는 형태인 규준지향평가를 창출해 내게 되었다. 20세기 초의 많은 조사연구들은 외부 인사를 초빙하여 학교 교육구의 비리나 문제점 등을 파헤치고 그 해결 방안을 제시하는 전통적인 방안에 초점을 맞추고 있었다.

제1차 세계대전 이후 심리측정 운동의 영향으로 인해 표준화 검사가 개발되고 이 같은 검사들의 사용이 늘어나게 됨에 따라 각 교육구에서는 교육 프로그램의 효율성을 검증하기 위한 방안으로 표준화 검사를 실시하는 것이 보편화되기에 이르렀다. 그 실례로서 May(1971)의 미발표 논문「1916년에서 1938년에 이르는 필라델피아의 표준화검사의 역사」에 관한 연구에 따르면, 이 시대에 이미 교과과정에 관한 평가와 학생 개개인의 학력측정을 위해 그리고 학교조직의 취약점 진단을 목적으로 한 상업화된 표준화 검사지들이 출현하였다는 사실을 밝히고 있다. 평가의 역사를 통해 평가 활동은 이 같은 테스트 분야와 밀접한 관계를 맺고 있음을 보게 된다.

1920년과 30년대 말에 걸쳐 대학에는 현장연구 분야에 대한 전문기관들이 출현하게 되었고 지역 단위에서의 현장연구들을 수행하기 시작했다. 이 가운데 가장 유명한 연구기관은 George Strayer at Teachers College를 꼽을 수가 있는데 이 기관은 1960년대와 1970년대 평가 분야에 지대한 공헌을 남긴 평가 분야 대학센터의 선구자로 여겨진다. 1950년대 말에서 1960년대 초에 걸친 전국 교과과정 개발 프로젝트와는 대조적으로 1930년대 이전의 교과과정의 개발은 주로 교사들에 의해 이루어졌거나 교직위원회에서 이루어졌음을 보게 된다. 따라서 이 시대에 있어 평가란 결국 지역적인 문제에 대한 관심의 초점이 될 수밖에 없었다. 이 같은 지역적 관심사로서의 평가는 그의 대상이 주 단위나 전국규모의 수준에서의 수요가 폭발하고 있었음에도 불구하고 1960년대까지 계속되었다. 결국 이즈음의 국부적인 문제에 관심을 두어오던 종래의 평가 형태가 관심 있는 교육자들과 평가 전문가들에 의해 일반화 가능도에 관심을 가지게 된 것은 1970년대에 와서야 비롯되게 되었다.

### 2.3. Tyler 시대(1930~1945년)

우리는 평가의 발전과정에 관해서는 Tyler를 빼놓을 수 없을 것 같다. 그만큼 그는 교육과 평가, 그리고 특히 검사에 많은 영향을 준 인물로 평가된다. 그는 종종 '평가 분야의 아버지'라 일컬어질 만큼 평가 분야에 많은 업적을 남겼다.

우리가 잘 알고 있듯이 미국의 대공황(great depression) 기간 동안 다른 공공기관뿐만 아니라 학교도 재원의 부족으로 침체되어 있었다. 루즈벨트 대통령은

침체된 경제를 뉴딜 정책을 통하여 전개하는 것과 때를 같이하여, John Dewey를 중심으로 한 진보주의 교육운동을 전개하기에 이른다.

이 무렵 Tyler는 Carnegie 재단으로부터 자금 지원을 받아 8년 연구(the eight-year study : 1932~1940)를 주도해 나가며 진보주의 교육운동에 직접 참여하게 된다. 그 무렵 많은 사람들이 진보주의 교육을 실시하는 실험학교 출신의 학생들이 기존의 전통적인 학교 출신들에 비해 실력이 뒤진다는 평을 하였고, 이 같은 여론으로 인해 우수한 대학에서 실험학교 졸업생들의 입학을 거부하는 사례까지 발생하게 되었다.

이 같은 사회적 상황 속에서 1932년에 실시된 8년 연구의 결과는 세인의 염려와는 달리 진보주의 교육을 실시하는 실험학교 출신의 학생들의 실력이 고등학교 및 대학에서 결코 기존의 전통적인 학교에서 교육을 받은 학생들에 비해 뒤지지 않는다는 결론을 얻어내게 되었다. 결국 평가의 역사적 발전과정에서 볼 때 Tyler가 주도한 8년 연구는 그 평가 결과의 내용보다 평가의 방법론적 입장에서 한층 더 중요한 의미를 부여하게 되었다. Tyler는 평가를 '의도했던 결과와 실제로 나타난 결과(산출) 사이의 비교'라는 정의를 내림으로써 기존의 불분명했던 평가 자체에 대한 개념을 명쾌하게 제시해 주었다.

### 2.4. 태평성대의 시대(1946~1957년)

이후 1946년부터 1957년까지 미국은 평온한 시대가 이어졌다. 이때 미국은 제2차 세계대전과 대공황의 악몽으로부터 벗어나 한동안 별다른 걱정 없이 그야말로 오랜만에 경험하는 태평성대의 시기를 맞이하기 때문이었다. 특히 미국사회 전역을 통하여 1940년대 말과 1950년대는 전쟁을 잊고 공황을 떨치고 시설설립과 팽창 등 좋은 생활을 즐기는 이 시기에 산업발전과 경제발전을 이루면서 국방력의 강화에 힘쓰게 되었다. 이와 병행하여 사회복지와 교육 등에 투자를 증대시켜 나갔고 풍부한 교육재원으로 말미암아 많은 대학들이 신설되었고 대학 진학자들이 늘어나게 되었다.

사회와 교육에서의 이러한 일반적 모습은 교육평가에도 반영되었으며 특기할 만한 것은 전국규모의 표준화검사들이 많이 개발되어 일선 학교에서 이를 활용하기에 이르렀다는 점을 들 수 있다.

### 2.5. 팽창의 시대(1958~1972년)

1957년 러시아의 우주선 Sputnik 1호의 발사로 인해 미국은 소련과의 경쟁에서 크나큰 충격을 받게 된다. 그 결과 연방정부는 1958년 국방교육법(National Defense Education Act)을 제정하게 되었고 이 법안은 수하, 과하, 외국어 실력향상을 목표로 한 새로운 교육 프로그램의 실시와 학교와 교육구의 조언과 지도활동의 강화를 확대시켜 나가도록 한 것이었다.

1965년 Humphrey 상원의원, 카리스마적 지도자인 Kennedy 대통령, 그리고 Johnson 대통령으로 이어지는 정치지도자들은 '빈곤과의 전쟁'을 선포하게 되었다. 빈곤을 타파하기 위한 각종 프로그램은 모든 시민의 건강과 사회복지 그리고 교육제도의 폭넓은 기회에 목표를 둔 개혁에 수십 억 달러를 투입하였다. 팽창되어가는 경제는 연방정부가 이들 프로그램에 재정적 지원을 할 수 있도록 하였고 Johnson 대통령이 말한 위대한 미국사회 발전을 위한 국가적 지원도 확대하였다.

이처럼 엄청난 정부 예산을 투입하여 전개하는 가난한 사람들을 위한 각종 프로그램들이 일종의 책무성의 강조가 없이는 예산의 낭비가 초래될 것을 염려한 나머지 1964년 초중등교육시행령(ESEA : Elementary and Secondary School Education Act)을 제정하게 된다. 그 결과 여건이 불리한 어린이들에 대한 보충교육과 관련한 Title I 프로젝트가 프로그램의 목적 달성 여부를 위한 평가 방법으로 표준검사 자료를 이용하여 매년 평가가 이루어지도록 하였고 그 결과에 따라 지원자금의 배분이 이루어지도록 하였다. 이와 같이 평가를 의무화한 규정은 교육평가에 관한 관심영역을 이론과 가설로부터 실제와 실천으로 전환시켜 교육자를 중심으로 일반 대중들에 이르기까지 평가의 실용화와 생활화에 보다 많은 관심을 갖도록 영향을 미쳤다고 지적할 수 있다.

이러한 상황에서 평가에 적용된 대부분의 표준화검사가 대체로 부적합하다는 비판이 일기 시작하였다. 또한, 실험집단과 통제집단을 비교함으로써 Title I의 교육효과를 검증하려는 시도는 대부분의 경우에 성공하지 못하였는데 그 이유로서 평가 설계가 적절하지 못하였다는 점이 지적되었다. 한편 전문가가 프로그램이 시행되고 있는 현장을 방문하여 평가하는 현지방문평가 방법은 ESEA의 평가 규정에서 강조하는 객관성과 정확성을 충족시킬 수 없다는 이유로 환영받지 못하였다. Title I의 적용에서 실제로 프로그램의 내용이 실행되었는데도 불구하고 그 실시에 따른 결과 및 효과를 발견하지 못한 까닭으로 평가 결과는 부정적으로 나타났다. 따라서 주된 관심거리는 실험집단과 통제집단 간의 비교를 위한 실험 자체만을 중시하던 것으로부터 프로그램의 효과라 할 수 있는 검사점수에로 옮겨졌으며, 나아가서 프로그램 자체나 그 실천 자체를 명료하게 기술하고 묘사하는 접근이 요청된다는 점을 인식하게 되었다.

계속적으로 나타나는 부정적인 평가 결과는 평가 전문가들을 크게 자극하게 되었고 그들로 하여금 그 원인을 탐색하려는 노력과 더불어 새로운 평가 모형을 구안해 내려는 노력을 기울이도록 하였다. 이와 같은 노력으로 인하여 새롭게 평가를 개념화하여 평가 모형을 발표하는 사례가 많았고, 종래의 Tyler 중심의 평가 접근으로부터 탈피하여 이들 새로운 모형을 적용할 것을 권장하는 풍토가 조성되었다.

Provus와 Hammond는 Tyler의 평가 모형을 바탕으로 보다 발전된 목표중심평가 모형을 구안하였고, Metfessel과 Michael은 증다 기준을 이용한 프로그램 효과의 평가 방법을 제시하는 한편, Eisner는 Tyler의 목표중심평가 모형을 비판하기 시작하였다. 또한, Cook은 체제 분석 방법을 활용한 평가 모형을 그리고 Scriven은 보다 광범하고 다양한 평가 방법을 제안하게 된다.

한편, Stufflebeam은 의사결정을 중심으로 한 상황-투입-과정-산출 평가 모형(CIPP)을 발표하였다. 또한 Glaser와 Tyler, 그리고 Popham 등은 절대기준평가를 위하여 준거지향검사를 규준지향검사의 대안으로 사용할 것을 제안하게 되었다. 이들 평가에 관한 새로운 개념화는 전반적으로 프로그램의 목표 자체와 동시에 투입변인도 중시할 것을 강조한다. 또한 프로그램의 실행자체와 서비스의 전달도 조사할 뿐만 아니라 의도한 결과와 동시에 의도하지 않은 결과와 산출까지도 측정하고 평가해야 한다는 것을 암시해 주고 있다. 그리고 평가 대상의 가치와 장점에 대한 평가자의 판단도 중시해야 함을 강조하게 된다.

이러한 의욕적인 노력으로 인해 평가의 영역은 크게 확대되고 평가방법론도 다양해지기 시작했다. 1960년대와 1970년대 초반에 중요한 평가 활동이 이루어졌는데 그것들은 Coleman의 교육기회의 균등연구(1966), Picariello(1968)와 Glass(1970) 등의 Title I project의 평가연구, Cicirelli(1969) 등의 Head Start 평가연구, 그리고 Ball과 Bagatz(1970)의 Sesame Street 평가연구 등이다.

그러나 불행하게도 이들 평가 결과는 한결같이 부정적이어서 많은 프로그램 관련자나 평가 관련자들을 크게 실망시켰다. 말하자면, 지역 간, 학교 간에는 교육 효과가 의의 있게 차이가 나지 않을 뿐만 아니라, 막대한 연방 정부의 지원금으로 실시한 이들 프로그램의 효과가 두드러지게 나타나지 않고 그 프로그램의 혜택을 받지 않은 경우와 비교하여 의의 있는 차이가 나타나지 않았다는 내용의 평가 결과는 많은 관련자들의 기대와는 너무도 거리가 먼 것이었다. 이러한 실망감은 직접적으로는 평가에 관한 일반론과 방법론에 관하여 심각한 의문을 제기하게 되었고, 궁극적으로 그 의문에 대한 해답을 구하려는 보다 체계적인 노력으로 평가를 하나의 독립된 연구 영역으로 확립시키는 원동력으로 작용하게 되었다.

### 2.6. 전문화의 시대(1973년~현재)

1970년대 초반부터 일기 시작한 평가에 관한 일반론과 방법론에 대한 반성으로 인하여 평가 전문가들은 일종의 정체 위기를 경험하게 된다. 말하자면 평가 분야에 관한 심각한 비판이 일기 시작한 것이다. 이와 같은 비판으로 말미암아 평가연구는 혼돈과 불안, 의기소침한 분위기, 그리고 혹독하기 짝이 없는 비판으로 인해 정체감을 잃고 있었다.

이때 당시의 평가계 상황을 잘 반영하고 있는 것은 Stufflebeam 등(1931)으로 구성된 Phi Delta Kappa의 전국평가연구위원회의 보고서라고 할 수 있다. 그 보고서는 평가가 중병을 앓고 있다고 결론을 내리고 그 같은 증세를 다섯 가지로 열거하고 있다. 그것들은 평가 회피증, 평가에 대한 불안증, 평가를 수행해 내지 못하는 무능력증, 평가 이론과 그 실천 방안의 태부족증, 그리고 평가에 관한 적절한 안내와 상담의 부재증 등으로 요약된다.

이와 같은 고통을 겪는 동안, 1970년대 중반 이후 교육평가 전문가를 중심으로 한 전문가들이 여러 종류의 전문지를 발간하게 되고, 평가반을 조직하여 활발하게 활동하고 나아가서 여러 유명 대학에서 평가 전문 프로그램이나 평가방법론 강의를 다양하게 개설하고 박사과정을 설정하게 된다. 이즈음 평가연구가들은 점차로 전문가로서 평가자가 갖추어야 할 기본적인 자질과 요건들이 무엇이어야 하는가를 파악하게 된다. 말하자면, 평가의 기법은 과학적 연구 방법을 활용해야 하고, 평가 결과는 평가 요구자가 필요로 하는 정보를 제공해야 하며, 중심된 가치문제를 제시하는 동시에 상황에 적합한 실제 문제를 다루어야 한다는 등 평가 전문가들이 갖추어야 할 자질로 제기되었다. 그리고 후에 평가자는 결백해야 하고 진실성이 있어야 한다는 사회 윤리적인 요소 등이 추가되었다. 1980년대에 접어들어서도 새로운 평가에의 접근 방법들이 계속해서 구안되고 소개됨으로써 평가의 영역은 보다 확대되고 심오해지는 동시에 점차 체계화되었다.

이처럼 평가 분야는 지난 40여 년 동안 눈부실 정도로 발전해 온 덕분에 이제는 독립된 학문 분야로서, 성숙된 연구 영역 및 전문 분야로서 성장하는 단계에 도달하고 있다. 그 동안에 성장속도는 예상 밖으로 획기적인 변화와 발전을 가져와 전문가 집단이 형성되었고, 전문영역의 활동으로서 전문서적과 정기간행물들이 지속적으로 발간되고 다양한 연구 활동 및 그 업적이 체계적으로 누적되어 왔다. 그러나 평가 분야는 여타 학문 분야에 비하면 여전히 미성숙된 전문 분야라고 말할 수 있다. 말하자면 평가 분야는 수많은 이론과 모형들이 창출되었지만 아직도 확고한 철학적 배경과 개념적 접근 방식이 확고하게 확립되지 않고 있는 실정이다. 또한 이 분야의 노력이 교육이나 인간복지 분야에 긍정적이고 발전적으로 기여한다는 명료한 증거가 충분하게 제시되지 않은 상태에 있는 동시에, 연구 활동 분야, 훈련 및 연수 분야, 재정적 지원 분야 등을 보다 향상시킬 필요성을 느끼고 있기 때문에 장기적으로 보면 그 발달 단계가 유아기나 아동기에 해당된다고 볼 수밖에 없다.

그러나 지금까지의 성장과 발달의 속도를 감안하고 그 사회적 유용성과 기여도를 고려한다면 평가계가 성숙한 학문 분야로 발돋움할 시기는 머지않아 도래할 것으로 전망한다. 이러한 전망은 한마디로 말해서, 평가 활동이 교수 및 학습, 행정, 보건 및 건강관리, 서비스의 개선 등 인간 생활의 질적 수준을 향상시키는 데 실질적으로 기여하고 있고, 앞으로 더욱 기여할 수 있을 것으로 본다.

## 3. 프로그램 평가의 유형

근자에 이르러 다양한 분야에서 각종 프로그램들이 개발되고 운영되고 있다. 우선은 일선 학교현장에서 실시하고 있는 방과후 학교 프로그램, 공공기관이나 기업체의 연수원 등에서 실시하는 각종 훈련 프로그램, 병원과 같은 곳에서 실시하는 마약중독자 치료 프로그램, 심리치료 프로그램, 조직의 변화와 발전을 목표로 한 다양한 프로그램, 종교단체 등에서 실시하는 각종 봉사 프로그램, 음악회·운동회·동창회·전시회·학회 등 각종 이벤트성 행사 프로그램도 의도하거나 추구하는 목표 달성을 위한 프로그램인 것이다.

프로그램의 형태는 그 분류 기준이 다양한데, 프로그램 실시 기간에 따라, 5~10년의 장기 프로그램, 3~6개월 정도의 중기 프로그램, 그리고 30시간 내외의 단기 프로그램으로 등으로 구분할 수 있다. 뿐만 아니라 프로그램 규모에 따라 전국 규모의 대규모 프로그램, 기업체 연수원이나 학교현장에서 학년 단위로 실시하는 중규모 프로그램, 학급 단위나 소그룹 취미 활동과 같은 소규모 프로그램으로 분류가 될 수 있다. 그러나 여기서 언급한 기간이나 참가 규모에 따른 분류는 어디까지나 자의적인 기간과 규모일 뿐이며 어느 정도의 기간과 규모를 각각 분류의 준거로 삼을 것인가는 학문적으로 정해져 있지는 않다.

단지 프로그램의 종류를 설명하기 위한 예시 기준에 불과함을 밝혀 두고자 한다.

최근에 교육 분야의 프로그램뿐만 아니라 사회 각 분야에서 다양한 프로그램이 개발되어 활용되고 있다. 이러한 프로그램을 개발하고 운영하는 전반적 과정에 대한 질 관리의 문제가 아주 중요한 관심사가 되고 있다. 프로그램의 질 관리 문제를 다루는 분야가 바로 프로그램 평가이다. 프로그램 평가의 주된 대상은 바로 프로그램이다. 프로그램 평가의 대상은 학교에 국한된 교육 프로그램만이 아니고 정부, 군대, 기업, 병원, 각종 사회단체를 포함한 사회의 전 분야에서 사용되는 프로그램에까지 확산된다. 과학자들이 자기 학문 분야의 새로운 지식과 진리를 탐구하기 위한 이론적 기초연구와는 달리, 프로그램 평가는 실용적인 목적을 위해 인간 서비스 활동 프로그램을 체계적으로 조사하는 응용연구라고 규정할 수 있다.

## 4. 프로그램 평가의 구성 요소와 기능

### 4.1. 구성 요소

각종 교육 프로그램을 평가하기 위해서는 특정 프로그램을 구성하고 있는 구조, 즉 요소들을 설정해야 하는데 채선희(1998)는 교육평가 현상을 구성하는 기본 요소로서 평가 목적, 평가 주체, 평가 대상, 평가 기준, 그리고 평가 방법의 다섯 가지를 제시하고 있다.

#### 4.1.1. 평가 목적

모든 일들이 그러하듯 어떤 일을 착수함에 있어 그 일이 왜 전개되는지, 그리고 그러한 일의 결과를 통해 무엇을 이루려는지의 이유와 명분이 따르게 마련이다.

| | |
|---|---|
| 평가 목적 | '왜' 평가를 하게 되느냐의 근원적 문제와 관련되며 교육평가를 발생시키는 기본 요인이 됨 |
| 평가 주체 | 주어진 평가 목적을 달성하기 위해 누가 평가를 할 것이냐의 문제와 관련되며, 평가의 권리와 책임이 누구에게 있느냐의 문제 |
| 평가 대상 | 누구의 무엇을 평가할 것인가와 관련된 문제이며, 평가 대상은 평가의 객체에 더하여 평가의 내용이라는 측면을 포함 |
| 평가 기준 | 평가 목적과 밀접하게 관련되어 만들어지며 평가 목적이 보다 상세화되고 구체화된 것인 만큼 평가 주체의 가치가 개입됨 |
| 평가 방법 | 어떻게 평가할 것인가와 관련된 문제이며, 최근에는 사고력과 창의력 등 고등정신능력을 평가하는 방법을 개발하려는 시도가 있음 |

프로그램 평가에 있어서도 무엇을 위한 평가이며 그 평가 결과는 어떻게 쓰려고 하는지에 대한 명확한 목적이 설정되어야 한다. 그 같은 목적이 수립될 때에 비로소 그 목적 달성을 위한 실제적 수단으로서의 평가 방법과 내용 및 절차 등이 결정되기 때문이다.

이와 같은 취지에서 평가 목적의 규정은 두 가지 측면에서 이야기 될 수 있는데 그 하나가 평가의 사용 목적과 관련한 것이며, 다른 하나는 평가 결과의 활용의 문제와 관련된 것을 들 수 있을 것이다.

### 4.1.2. 평가자

평가에 있어 누가 평가를 할 것인가 즉, 평가의 주체가 누가 될 것인가 하는 문제는 누가 평가의 권한을 행사하고, 또한 그에 따른 책임을 질 것인가의 문제와 관련을 맺게 된다.

평가자는 내부 평가자와 외부 평가자로 나누어 생각할 수가 있는데, 프로그램 평가의 성격이나 내용 그리고 목적에 따라 내부 평가자에게 맡길 것인가 아니면 외부 평가자에게 맡길 것인가가 결정되지만 그 어느 경우이든 평가자는 프로그램화되어 있는 컴퓨터나 기계가 아니라 인간이란 점에서 평가과정에 어느 정도의 주관성 개입이 불가피하게 된다. 따라서 평가 주체로서의 평가자는 편향성을 벗어나 가치중립적인 입장과 성숙된 평가철학, 그리고 과학적 평가 방법과 평가이론에 대한 지식과 경험을 지닌 자가 되어야 한다.

일반적으로 평가 활동에 책임을 갖고 있는 정규직원들을 내부 평가자라고 부른다. 반면 외부에서 온 자문위원들은 소위 외부 평가자라고 불려진다.[36] 내부 평가자의 경우는 내부 사정에 밝아 평가과정에서 정확한 상황 판단을 할 수 있다는 장점이 있기는 하지만 내부 구성원들과의 인간관계에 영향을 받아 평가자가 중립적 입장을 유지하기 어렵다는 단점이 있다. 반대로 외부 평가자의 경우는 내부 구성원 혹은 평가 대상이 되는 조직으로부터 영향력을 배제할 수 있고 객관성을 유지할 수 있다는 장점이 있지만 이 또한 내부 사정을 잘못 이해할 수 있고 평가과정에 내부 협조가 잘 이루어지지 않는 문제점을 지닌다. 따라서 평가 상황을 고려해 적절한 비율로 내부와 외부 평가자들을 함께 참여시키는 방안도 필요하다.

### 4.1.3. 평가 대상

평가 대상은 누구의 무엇을 평가할 것인가와 관련된 문제인데 누구라는 평가 객체와 극 객체의 어떤 측면을 평가할 것인가라는 평가 내용이 이에 해당된다. 평가 대상은 인간, 조직, 물체, 사건 등과 같이 물리적 환경에 의해 구분되는 대상 이상을 의미하며 주로 평가 주체에 의해 규정되고 창조된다. 평가 대상은 평가의 객체에 더하여 평가의 내용이라는 측면을 포함한다. 즉, 연수생 평가의 경우 실제의 평가 대상은 연수생이 아니라 연수생의 무엇이다. 그 무엇이 연수생의 능력, 성취도, 태도 등이 되는 것은 평가의 구체적인 맥락에 따라 달라질 수 있다.

지금까지의 평가 대상은 평가 목적에 의해 결정되기보다는 현실적으로 활용 가능한 평가 방법에 의하여 규정되는 경향을 보여 왔다. 평가 대상은 평가목표에 대한 구체적인 인식 아래 그 본질을 살릴 수 있는 방향으로 평가 주체에 의해 구성되어져야 한다.

### 4.1.4. 평가 기준

평가 기준은 평가 결과를 판정하는 준거가 된다는 점에서 중요한 기능을 하게 된다. 평가 기준이 없다면 측정을 통해 혹은 관찰을 통해 얻어진 평가 결과에 대한 판단 즉 가치부여를 할 수 없게 된다. 만약 평가 기준이 없이 임의로 평가에 대한 판단을 한다고 해도 그 것은 전적으로 평가자의 주관에 따른 것일 수 있다.

일반적으로 평가 기준은 앞서 설정된 평가목표를 보다 상세화시켜 놓은 것으로 생각하면 좋을 것이다. 따라서 프로그램 평가를 위한 기준은 보다 구체적으로 분석되고 그 관념이 명확히 규정될 필요가 있다. 프로그램을 통해 성취하고자 하는 구체적 목표가 무엇인지를 분석하는 작업이 선행되어야 하며, 평가 기준의 진술은 관찰이 가능하고, 측정이 가능한 행위동사를 사용하는 것이 여러 면에서 도움이 된다.

### 4.1.5 평가 방법

평가 방법이란 평가의 절차와 내용에 따라 어떠한 방법으로 증거자료를 수집하고, 분석해서 결과를 도출해 낼 것인가의 평가 설계와 밀접한 관계가 있다. 평가 방법을 터득하기 위해서는 9장 평가 설계와 10장에서 다루게 될 연구방법론에 관한 지식과 더불어 수집된 자료 분석에 필요한 통계학의 지식이 필요한데 이는 Ⅲ부 평가 도구 개발 및 자료 분석에서 배우게 된다. 뿐만 아니라 평가의 패러다임과 관련해 8장의 내용들을 이해할 수 있어야 한다.

다시 말해서 설정된 평가목표와 평가 기준에 따른 증거자료를 확보하기 위해 어떤 내용물을 어떤 방법으로 측정 또는 수집할 것인가의 문제와 수집된 자료를 어떻게 분석하고 그 결과들을 설정된 기준에 따라 평가 결론을 유도할 것인가의 방법론이 곧 평가 방법이 된다.

## 4.2. 평가의 기능

대부분의 제도가 그러하듯 프로그램 평가에도 좋은 면과 그렇지 못한 면이 동시에 존재하게 마련이다. 따라서 프로그램 평가에 임할 때 평가의 좋은 면은 최대한 살리고 부작용은 최소화할 수 있도록 하는 지혜가 요구된다.

#### 4.2.1. 순기능

① 교육의 수월성 제고

② 학교경영의 효율성 제고

③ 학교의 책무성 향상

④ 교육수요자들의 판단자료 제공

⑤ 학교의 자율성 신장

⑥ 재정지원의 확충유도

#### 4.2.2. 역기능

① 구성원 간 갈등과 위화감 유발

② 빈익빈 부익부의 현상초래 가능

③ 도전을 자극하기 보다는 포기자 양산

④ 판단의 준거가 불분명한 경우 불만표출

⑤ 평가 기준을 의식해 여타 활동이나 책무성 소홀

## 5. 프로그램 평가의 절차

일반적으로 평가의 과정은 프로그램이 추구하는 목표 설정, 평가 장면의 선정, 측정 도구의 제작 또는 선정, 실시 및 결과 처리, 결과의 해석과 활용이라는 다섯 가지의 절차를 거쳐서 이루어지게 된다. 그러나 프로그램의 성격과 내용 및 상황에 따라 다양한 평가절차가 이루어질 수가 있다.

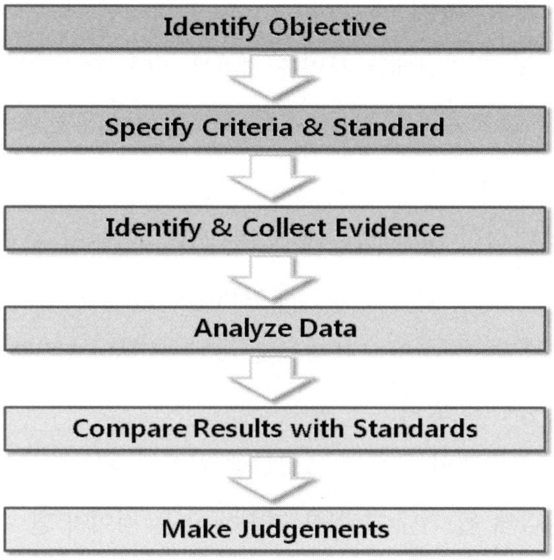


배호순(1994)은 평가의 주요 구성 요소별 활동을 바탕으로 평가 근거 및 목적 확인, 평가 대상 및 내용 확인, 평가 전략의 결정, 평가자료 수집계획, 평가자료 수집활동의 운영 및 전개, 자료의 분석 및 판단, 평가 결과 보고 등 7단계로 구분하고 있다.

변창진 외(1996)는 교육평가의 기본 절차를 평가계획의 수립, 평가목표 진술, 평가 설계 선정, 평가 도구 제작, 평가자료 수집, 평가 결과 분석, 평가 결과 보고, 평가 결과 활용이라고 하는 8단계로 나누고 있다.

Fink & Kosecoff(1978)는 프로그램 평가 활동을 신뢰로운 평가 질문의 설정, 평가 설계의 구성, 정보 수집계획, 평가 정보의 수집, 정보 분석의 계획과 실행, 평가 정보의 보고, 평가 활동의 관리 등 일곱 가지 범주로 분류하고 있다.

Muraskin(1993)은 평가 소비자 확인, 평가 질문의 선정, 평가 실행계획서 작성, 평가 자원 확보, 평가 실제문제 도출, 외부 자문 요청, 자료 수집 방법과 도구 선정, 평가 결과 분석과 보고 등으로 세분하고 있다.

이 장에서는 프로그램 평가의 절차를 프로그램 목표 확인 단계, 평가 기준 설정 단계, 자료 수집 단계, 자료 분석 단계, 기대효과 판정 단계로 구분해 설명하고자 한다.

### 5.1. 프로그램 목표 확인

프로그램 평가의 첫 번째 단계는 '무엇을 평가할 것인가?'에 관한 것으로 평가하고자 하는 프로그램의 목표가 무엇인가를 확인하는 작업으로부터 출발하게 된다. 프로그램의 목표를 확인하게 된다면 그 목표가 얼마나 달성되었는지를 확인할 수 있는 방법을 마련할 수가 있는데 모든 프로그램들이 추구하는 바 목표를 기술해 놓고 있는 것은 아니다. 경우에 따라서는 평가자가 프로그램의 내용과 상황에 따라 기존 혹은 평가하고자 하는 프로그램의 합당한 목표를 추론해 설정해야 하는 경우도 있다.

일반적으로 프로그램의 목표는 프로그램 참가자들이 프로그램 참여를 통해 최종적으로 나타나게 될 기대(효과)를 기술해 놓은 것이라 할 수 있다. 프로그램의 목표는 그것이 달성되었을 때 프로그램 참가자에게 일어날 변화의 과정, 즉, 행동으로 정의되고 진술되고, 행동의 변화가 일어났을 때 그것을 확인할 수 있을 만큼 세분화된 구체적 행위동사(Action Verb)를 쓰도록 해야 하는데 그래야 비로소 효과검증의 위한 관찰이 가능해지기 때문이다.

### 5.2. 평가 기준의 설정

목표 달성도를 평가하기 위한 프로그램 평가는 최종적으로 얻어진 평가자료(좀 더 엄밀히 말하면 측정의 결과)에 대한 평가를 하기 위해서는 판단의 기준이 있어야 한다. 우리가 일반적으로 평가를 한다고 할 때에는 무엇에 비추어 본 평가인가를 떠올리게 되는데 평가 기준의 설정이란 평가의 성취수준을 판정하기 위해 미리 설정해 놓은 잣대와 같은 역할을 하기에 평가 기준이 명확하고 구체적으로 설정이 되어 있으면 있을수록 주관이나 상황에 흔들리지 않고 합리적인 가치판단을 할 수 있게 된다.

### 5.3. 증거자료의 수집

증거자료의 수집이란 프로그램 목적에 표시된 행동의 증거를 수집하는 단계를 말한다. 객관적이고 과학적인 프로그램의 목표 달성 여부를 판정하기 위해서는 무엇보다도 사실에 입각한 확증자료가 필요한데, 자료를 수집하기 위한 방법으로는 평가목표를 측정하기 위한 평가 도구를 제작 또는 선정하는 단계가 되는데 이때 제작이란 평가자가 평가목표에 적합한 도구를 직접 제작하는 것을 말하며, 선정이란 기존의 제작된 평가 도구들 가운데 교육목표에 알맞은 것을 골라서 사용함을 의미하는데 주로 표준화검사의 종류가 이에 속한다. 그러나 표준화된 검사 도구를 사용해서 자료를 수집하는 경우는 드물고, 프로그램의 적용 대상, 내용, 상황 등에 적합한 도구를 평가자가 직접 개발해 사용하게 되는데, 이때 자료 수집을 위한 검사 도구의 개발에는 타당도와 신뢰도, 객관도 및 실용도 등이 고려되어야 한다.

증거자료를 수집하기 위해 다양한 방법이 존재할 수가 있는데 평가의 목적과 평가 내용 및 평가 전개 상황 등에 따라 적절한 방법을 사용할 수가 있다. 자료 수집 단계에서는 실제로 프로그램 평가에 요구되는 자료를 직접 수집해야 한다. 이 단계에서는, 사전계획에 따라 설문지나 면담을 통해 혹은 직접적으로 프로그램을 관찰하거나, 프로그램에 대한 기관이나 협회의 기록과 사례 기록 등과 같은 문서 자료를 수집한다. 만약 개인 면담이나 전화 면담을 하거나 설문지를 배포하고 다시 회수할 수 있다면, 훈련받은 정보 수집가가 평가를 실시한다. 다만 평가자는 자신이 수행하는 연구에 대해 응답자가 성실하게 반응하고 있는지를 살펴봐야 한다. 면담에서는 적당한 방식으로 결과를 기록하고 있는지, 명확하게 질문하는지를 확인해야 한다. 설문지를 배부했을 경우, 평가자는 응답자들이 지시사항을 주의 깊게 잘 듣고 있는지, 그리고 모든 문항에 성실하게 응답하고 있는지를 확인해야 한다. 면담이 종료되었거나 설문지를 회수했을 때 수집된 자료의 질을 전반적으로 검토해야 한다.

### 5.4. 자료 분석 단계

프로그램 평가에 있어서 자료 분석의 목적은 수집된 자료를 편집하고 요약하여 그 프로그램이 설정한 목적을 달성했는지의 여부를 밝히는 데 있다. 이 단계에는 수집된 자료를 정리하고, 적당한 분석 방법을 적용하고, 그 결과를 해석하는 과정 등이 포함된다. 개선을 위한 평가에서 평가자는 보통 프로그램의 성공과 프로그램의 구성 요소에 관한 정보를 얻기 위해 융통성 있게 독창적으로 분석 방법을 적용할 수 있다. 효율성 평가에서 평가자는 다른 프로그램들과 비교한 프로그램의 가치와 프로그램에 참여함으로써 갖는 광범위한 결과에 관해 추론할 수 있는 타당한 분석 방법을 선택해서 적용해야 한다(Fink & Kosecoff, 1978).

평가 자료 분석은 양적 자료 분석과 질적 자료 분석으로 구분할 수 있다. 자료 분석의 두 가지 유형의 개념은 실제로 매우 간단하다. 양적 자료 분석 방법은 반응제한형(close-ended)의 문항, 체크리스트, 척도(scales), 연도 수(number of years) 등을 다루기 위해 주로 통계적 방법을 활용한다. 양적 분석 방법에는 기술통계와 추리통계로 구분된다. 기술통계에는 빈도와 분포, 집중경향치, 변산도, 상관계수 등의 방법이 포함된다. 그리고 일반적으로 가장 많이 사용되는 추리통계 방법에는 t검증, F검증, 카이자승($\chi^2$) 등이 포함된다.

한편, 질적 자료 분석 방법은 자유반응형(open-ended)의 문항, 훈련 프로그램의 내용, 기록물, 사례연구 등과 같이 수량화되지 않은 자료를 분석할 때 사용한다. 질적 자료는 프로그램 활동에 대한 기술적 자료, 함축성이 있는 자료의 제공에 있어서 특히 유용하다. 프로그램의 세부사항과 프로그램의 성공 또는 실패 등에 대한 정보를 제공할 수 있다. 질적 분석에는 네 가지 단계가 있다. 첫째, 기술적 자료와 과정의 기록 등을 읽는다. 둘째, 연구 계획에 있어서 중요하다고 생각되는 범주에서부터 시작하여 가능한 한 많은 기술적 범주를 생성시킨다. 셋째, 자료에 근거한 범주를 세련(refine)시킨다. 넷째, 각각의 범주에 예를 실제 상황에 적용해 본다.

질적 자료 분석은 소규모 프로그램을 분석할 때 특히 유용하다. 프로그램에 있어서 질적 연구 결과들은 통계적 분석이나 비율에 의한 분석에서 얻은 결과보다 더 유용할 수도 있다. 사실, 많은 통계적 분석 결과들은 매우 작은 표본의 경우에 유효하지 못하다. 질적 자료 분석은 프로그램을 유용하게 사용하는 방식을 밝히는 것이 중요하며, 그 결과가 다른 프로그램을 수정·보완·개선하는 데 영향을 미치는 피드백 효과를 중요시한다.

### 5.5. 분석 결과와 평가 기준의 비교

앞서 평가 기준의 설정에서 언급했듯이 프로그램 성과를 평가하기 위해 수집된 자료의 분석 결과는 미리 설정해 놓은 프로그램 목표 혹은 평가 기준(성취수준)과의 비교가 어렵다면 한 프로그램에서 얻어진 평가자료는 객관성을 잃게 될 우려가 있다. 따라서 평가의 분석 자료는 한 프로그램 내에서 설정된 기준에 비추어질 때 본래의 의미를 찾을 수 있게 된다. 미리 설정된 프로그램 평가 기준과 비교해 얻어진 분석 자료가 상대적으로 어떤 의미를 부여할 수 있을 것인가를 결정할 수 있게 된다.

### 5.6. 결과 판정

평가의 결과는 다음의 교육 활동을 개선하는 데 즉, 앞으로의 교육목표의 설정, 학습경험의 선정 및 조직, 그리고 지도계획의 수립 등에 활용되어질 때 비로소 그 의미가 있는 것이다. 따라서 이 같은 활용을 전제로 평가가 계획되고 수행되어야 하며, 평가 결과는 활용에 알맞게 정리되고 기록되어야 하는데 측정을 통해서 얻어진 자료는 대부분 수량적인 것이며, 그 같은 숫자 자체는 아무런 의미를 지니지 못하게 된다. 만약 수학 학력을 측정한 결과 학급의 평균성적이 100점 만점에 70점이었다는 그 자체는 의미가 없는 것이다. 그것이 어떤 기준에 비추어 의미를 나타내거나 다른 집단과 비교했을 때 유용한 의미를 지니게 된다. 이토록 결과의 해석에 있어 유의해야 할 점은 과대해석하거나 과소해석하지 않는 일이며 되도록 사실에 부합된 해석을 내려야 할 것이다.

한편, 평가는 평가 자체만을 위해서 실시하는 것은 아니다. 교육의 향상과 개인의 발달을 위해서 활용될 때에 평가의 존재 의의가 있다. 월말고사를 실시한다면 그 결과를 어디에 어떻게 활용한다는 것을 생각해야 할 것이며 표준화 검사를 실시할 때에도 그와 같은 활용이 전제가 되어야 할 것이다. 평가 결과를 보고 수업목표를 재설정하거나 수정하는 일도 결과의 활용을 위해서 필수적으로 있어야 할 일이다. 평가가 교육목표와 직결되는 까닭이 여기에 있다. 평가를 통해 얻어진 결과를 활용하게 될 부분을 열거해 보면 ① 교육 방법의 개량,

② 학습 활동의 개량, ③ 생활지도, 상담에 활용, ④ 교육정치에 활용, ⑤ 평가 자체의 개선에 활용, ⑥ 교육계획, 교육연구에 활용할 수 있다.

## 6. 프로그램 평가의 논리

프로그램 평가의 가장 단순하고도 원초적인 논리는 다음 [그림 7-1]에서 볼 수 있는 것처럼 프로그램 적용 대상 집단에게 사전검사를 실시하고 의도하는 프로그램을 실시한 후 사후 검사를 실시하는 것이다. 그렇게 함으로 사후에 얻어진 검사점수로부터 프로그램을 실시하기 이전인 사전검사에서 얻어진 점수를 빼고 나서 얻어지는 점수 즉, 획득점수를 통해 프로그램의 효과를 검증하는 것이다.

다시 말해 아래 [그림 7-1]에서의 프로그램 효과=사후검사점수−사전검사점수인 것이다. 여기서 얻어진 점수가 크면 클수록 프로그램(X)의 효과가 크다고 해석하며, 점수가 마이너스(−) 부호인 경우 프로그램의 감소효과 내지는 역효과, 점수가 0에 가까우면 효과가 없었다는 결론을 내리게 된다.

그림 7-1 단일집단 사전-사후평가 설계

그러나 흔히 one shot case로 불리는 [그림 7-1]의 프로그램 평가 논리는 결과 해석과 관련해 많은 문제를 낳게 한다. 앞으로 9장 평가 설계에서 보다 심도 있는 설명이 이루어지겠지만, 이 논리는 결과로 얻어진 효과가 과연 프로그램 X의 효과인지 아니면 다른 요인에 의한 결과인지를 장담할 수 없다. 이 연구 방법과 단일집단 사례연구법과의 차이점은 단지 사전검사의 유무에 관한 것이다.

이 설계 방법의 장점으로는 사전검사를 함으로써 표본에 관해 어느 정도의 정보를 얻을 수 있는 점이 있다.

그러나 이 실험설계 방법은 역사 요인(history), 성숙 요인(maturation), 통계적 회기현상 요인(regression)에 의한 통제에 실패할 수 있는 단점을 가지고 있다. 사전검사의 실시에 의해 편중된 표본의 선정 요인(selection)을 어느 정도 제거할 수 있으나 반면에 내적 타당도를 저해하는 요인을 처리하기는 쉽지 않다. 따라서 이와 같은 문제점을 극복하기 위해 고안된 진일보한 논리가 [그림 7-2]다.

이 모형은 [그림 7-1]과는 달리 실험집단과 비교집단, 두 개의 집단 비교를 통해 보다 과학적 논리를 적용해 프로그램의 효과를 검증하게 된다.

그림 7-2 비교집단 사전-사후평가 설계

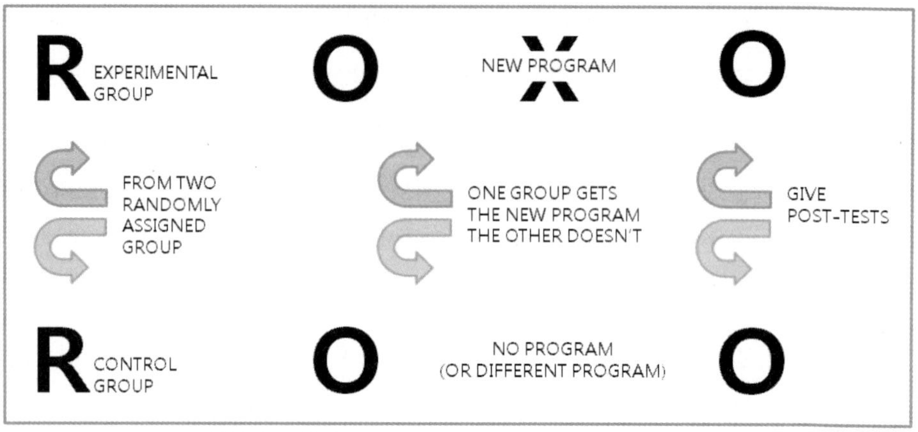


그림 7-3 비교집단 사전-사후평가 설계

[그림 7-3]은 앞의 [그림 7-2]의 프로그램 평가 논리를 보다 구체적으로 설명하기 위해 제시한 것이다.

그러나 평가 상황이 실험조건을 적용하기 어려운 경우 유사실험설계를 적용하게 되는데 [그림 7-3]과는 달리 실험집단과 통제집단을 무선적으로 표집하기 어려운 경우가 [그림 7-4]에 해당된다. 즉, 평가 대상을 실험집단과 통제집단, 2개의 집단으로 나누어 실험집단에는 프로그램을 실시하고 통제집단에는 평가 대상자들이 알아차리지 못하게 실험집단에서 행해지는 프로그램과 유사한 내용과 활동을 전개한 후 각각의 집단으로부터 얻어진 자료를 수집해 집단 간 비교를 함으로써 프로그램 효과를 검증하게 된다.

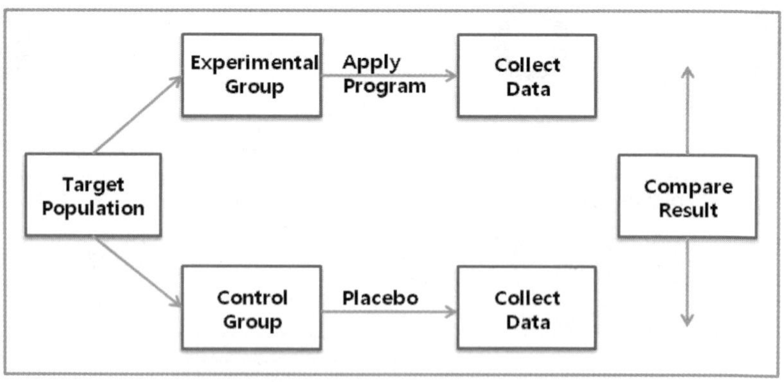


그림 7-4 프로그램 평가의 논리

# 8장

# 프로그램 평가 모형

평가 모형(evaluation models)이란 평가에 임하는 논리나 관점, 방법 등 제반 사항들을 구조화시켜 놓은 것을 말한다. 이것은 평가의 개념이나 평가 활동의 틀을 제공한다는 점에서 중요한 의미를 지닌다. 학문세계에서 모형은 이론 개발을 위해 중요한 역할을 하게 되는데, 사회과학 분야에서는 1960년대부터 이론체계를 보다 합리적으로 탐색하려는 노력의 일환으로 모형이란 용어를 널리 사용하기 시작했다. 본 장에서 평가 모형을 소개하는 목적은 평가에 대한 다양한 접근 방식을 통해 평가자가 언제 어떤 상황에서 평가 활동이 전개되더라도 주어진 상황에 대처할 수 있는 최적의 평가 방식을 선택할 수 있는 능력은 물론 다양한 평가 모형들을 가공하거나 조합해서 최적의 평가 방식을 사용할 수 있도록 하기 위함이다. 평가 모형과 관련해 공식 비공식적으로 다양한 종류의 모형들이 존재하고 있지만, 본 장에서는 ① 목표달성 모형, ② 의사결정 모형, ③ 판단중심 모형, ④ 자연주의 모형, ⑤ 재판평가 모형, ⑥ 소비자중심 모형으로 구분해 각각의 해당 모형 가운데 대표적인 것을 추려서 간략하게 소개하고자 한다.

목표달성 모형 | 의사결정 모형 | 판단중심 모형 | 자연주의 모형 | 재판평가 모형 | 고객중심 모형

## 1. 목표달성 모형

목표달성 모형(goal attainment model)이란 학생들의 성취도, 행동발달상황, 교사의 수업, 및 각종 교육 프로그램 등에서 미리 설정한 목표를 평가 기준으로 하여 그 도달도를 평가하는 것을 말하는데, 대표적 학자로는 Tyler, Provus, Hammond 등이 있다.

### 1.1. Tyler 모형

교육 혹은 수업목표를 평가 기준으로 어떤 프로그램이나 수업이 종료된 다음 교육목표의 달성 정도를 확인하는 형태의 평가를 말한다.

**Ralph W. Tyler**

- **"교육목표가 얼마나 실현되었는가에 대한 결정 과정"**
- **원래 학업성취도를 평가하기 위해 제안된 평가모형**
- **교육제도, 교육정책, 교육시설을 평가할 때도 사용**

- **평가에 대한 Tyler의 철학과 방법론은 행동목표, 교육목표분류학, 교육의 책무성 운동, 최저능력검사(minimum competency testing), 준거지향검사 개발의 이론적 토대를 제공함**
- **목표달성도 측정, 목표기준경영(management by objectives: MBO), PPBS(planning, programming, and budgeting system)와 같은 경영관리기법을 개발하는 데 초석이 되었음**

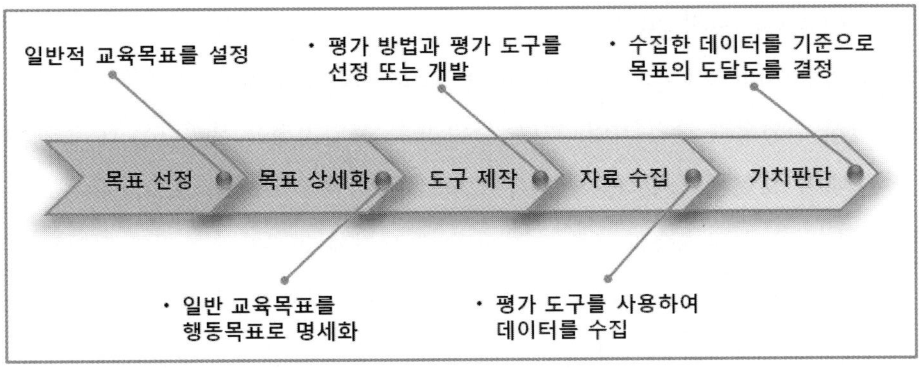


그림 8-1

**Tyler의 평가 모형에서 권장되고 있는 주요 평가절차**

Tyler의 평가 모형은 목표달성 모형의 효시로 원래 학업 성취도를 평가하기 위해 제안된 평가 모형이었다. Tyler의 평가 모형에서 권장되고 있는 주요 평가절차는 [그림 8-1]과 같다.

이 모형에서는 목표가 핵심적인 위치를 자치하고 있다. 목표는 교육과정 계획, 수업자료 선정, 수업절차 개발, 검사제작의 지침과 준거 역할을 수행한다. 그의 모형은 체계적이고 단순하다는 장점에도 불구하고 일부학자들에 의해 다음과 같은 문제점이 지적되고 있다.

> "목표달성 평가 모형이 분명한 교육목표와 구체적인 행동적 목표의 진술을 요구하고 있지만, 이와 같은 요구를 충족시키기란 현실적으로 쉽지 않다는 것이다. 대다수의 프로그램들이 명료하거나 구체적이지 못한 목표를 지니고 있어 Tyler의 요구대로 구체적인 목표의 확인이 어렵다는 점이다. 그리고 행동적 목표를 지나치게 강조하다 보면 직접관찰이 가능한 제한된 범위의 내용만을 평가의 대상으로 국한시킬 우려가 따른다. 목표달성 평가 모형에서는 미리 설정해 놓은 의도적인 목표달성 여부에만 중점을 두고 평가하기 때문에 사전에 의도하지 않았던 효과에 대해서는 소홀히 하는 경향이 농후하다는 지적이다."

이와 같은 문제점을 해소하기 위하여 Scriven(1972)은 탈목표 평가를 주장하고 있다. 탈목표 평가는 공식적으로 진술된 목표에 구애받지 않고 될 수 있는 한 많은 정보를 수집하여 예상한 결과와 예상치 못한 결과 또는 바람직한 결과와 바람직하지 않은 결과 등을 가리지 않고 발생 가능한 모든 효과를 밝히는 일이 중요함을 피력하고 있다.

### 1.2. Provus 격차 모형

격차 모형(discrepancy evaluation model : DEM)이란 달성해야 할 표준이나 준거와 실제 수행성과 간의 차이, 괴리, 상위 또는 불일치점을 분석하는 데 주안을 두는 평가 모형을 말한다. 이 모형에 따르면 ① 프로그램의 표준, 즉 목표를 설정하고, ② 프로그램의 표준과 실제 수행 사이에 괴리가 있는지를 확인하며, ③ 프로그램의 전체 또는 일부를 개선 · 존속 · 종결하는 결정을 내리기 위해 괴리정보를 활용하는 과정에 따라 프로그램의 실제 수행을 표준에 비추어 비교하는 평가 방법을 제시하고 있다.

**Provus**

- 달성해야 할 표준이나 준거와 실제 수행성과의 차이, 격차, 또는 불일치점을 분석하는 데 주안을 둠
- D = S – P
- D(discrepancy information) = S(standard) - P(performance measure)
- S를 결정하고 P를 확인해서 D를 찾는 것이 가장 핵심적인 평가절차

- 표준(standard: S)이란 특정 대상이 갖추어야 할 자질 혹은 특성을 기술
- 평가 대상의 실제 특성은 수행측정(performance measure: P)으로 표시
- 표준과 수행을 비교하면 격차정보(discrepancy information: D)가 도출
- 평가는 'S'와 'P'의 격차에 근거해서 평가 대상의 가치와 적합성을 판단하는 과정

표준(standard : S)이란 특정 대상이 갖추어야 할 자질 혹은 특성을 기술한 것이다. 평가 대상의 실제 특성은 수행측정(performance measure : P)으로 표시된다. 표준과 수행을 비교하면 괴리정보(discrepancy information : D)가 도출된다. 결국 평가는 'S'와 'P'의 괴리에 근거해서 평가 대상의 가치와 적합성을 판단하는 과정이다. 표준과 수행 간의 차이 또는 불일치(S-P)를 격차(D)라고 한다. S, P, D의 관계를 식으로 표현하면 D=S−P로 나타낼 수 있다. 그러므로 S를 결정하고 P를 확인해서 D를 찾는 것이 격차 평가 모형의 가장 핵심적인 평가절차이다. Provus에 의하면 프로그램 개발과정에서 평가 활동은 [그림 8-2]와 같이 다섯 단계로 구성된다.

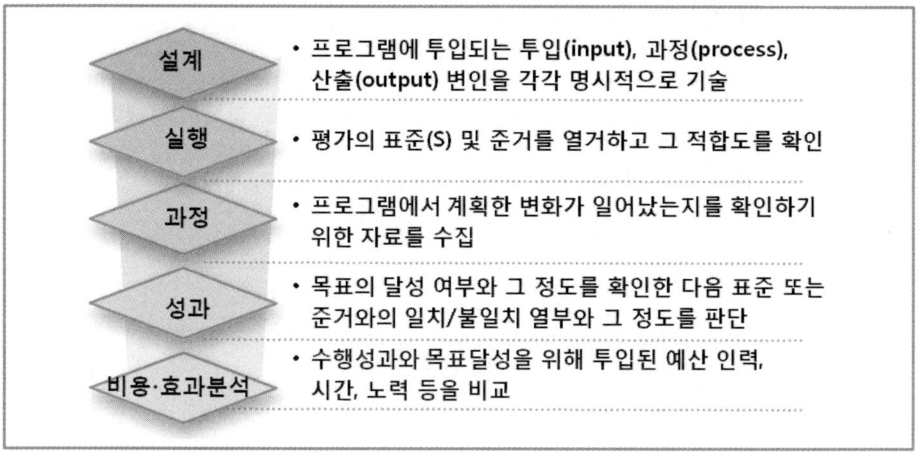


그림 8-2 Provus의 프로그램 개발과정 평가 활동 5단계

## 1.3. Hammond의 모형

이 모형은 평가를 할 때 목표를 명세적으로 진술하고 그것을 기준으로 하여 프로그램의 효율성을 확인하고 개선점을 찾기 때문에 목표달성 모형에 속한다. 교육 프로그램에 영향을 미치는 변인들을 수업차원(instructional dimension), 기관차원(institutional dimension), 행동차원(behavioral dimension)으로 구성된 3차원의 평가구조(structure for evaluation)를 통해 평가가 프로그램이 의도하는 목표를 성공적으로 달성했는가를 확인하는 과정인 동시에 특정 교육 활동의 성패에 영향을 미친 여러 가지 요인들(influencing forces)을 규명하려는 입장을 지니고 있다.

① 수업차원은 교육 활동의 특성, ② 기관차원은 교육 활동에 포함된 개인 혹은 집단의 특성, ③ 행동차원은 수업을 통해서 달성하고자 하는 행동 특성을 지칭한다.

그러나 학업성취도만을 준거로 해서 프로그램의 효과를 측정하지 않고 평가구조에 제시된 수업기관(5) × 행동(3)의 차원들이 서로 교차함으로써 생기는 상호작용 효과도 미리 설정하여 놓은 목표를 준거로 평가한다는 점에서 목표에 진술되어 있는 학업 성취도만을 준거변인으로 하는 Tyler의 모형이나 목표와 실제 수행 간의 격차를 확인하는 Provus의 모형과는 현저한 차이가 있다.

| Hammond |
| --- |
| • 목표를 효과적으로 달성했는가를 확인하는 동시에 교육 활동의 성패에 영향을 미친 요인을 규명하는 과정<br>• 평가과정을 구조적으로 체계화시킨 평가과정모형(MEP) 제시<br>• 수업차원, 기관차원, 행동차원의 평가구조 제안 |
| • 프로그램의 성과에 영향을 미치는 수업 및 기관 차원을 명세화하여 평가에서 유용하게 활용할 수 있는 지침을 제공<br>• 모형의 주된 목적은 교육청 또는 학교에서 현재 실행하고 있는 프로그램의 수정·보완에 필요한 정보를 수집<br>• 평가절차를 지나치게 정형화시킬 우려가 있다는 단점이 지적됨 |

이 모형의 주된 목적은 교육청 또는 학교에서 현재 실행하고 있는 프로그램의 수정 · 보완에 필요한 정보를 수집하는 데 있다. 그렇게 하자니 평가할 차원 또는 요소가 많고 평가 결과를 수량화시키기 어려운 부분도 있으며 시간과 인력이 많이 동원되어야 하고 평가절차를 지나치게 정형화시킬 우려가 있다는 단점이 지적되고 있다. 그렇지만 평가과정 모형은 구체적이고 명확하다는 장점도 있다(변창진 외, 1996).

## 2. 의사결정 모형

의사결정 모형은 평가의 주요 목적을 의사결정자에게 필요한 정보를 제공하는 것으로 본다. 대표적인 학자로는 Stufflebeam과 Alkin을 꼽을 수 있는데 이들의 입장은 평가자의 역할을 의사결정에 필요한 정보를 기술하고, 획득하고, 제공하는 일에 국한시키려는 입장을 취한다.

**의사결정 모형**

평가활동을 의사결정자에게 필요한 정보를 제공하여 합리적 의사결정을 촉진시키는 과정이며 정보처리 모형 또는 관리지향 모형이라고 함

**기본 전제**

- 의사결정자는 무엇을 어떻게 평가할 것인가를 결정
- 평가자는 의사결정자를 도와주는 자문역할을 함
- 평가활동은 정보를 수집·보고하는 활동에 국한되어야 함
- 평가정보는 의사결정자의 요구에 부응
- 어떤 정보가 중요하고 중요하지 않은가는 본질적으로 어떤 의사결정을 내리려고 하느냐에 따라 결정

## 2.1. CIPP 모형

의사결정 모형의 대표적인 Stufflebeam이 제안한 CIPP 모형은 평가 활동과 의사결정 사이의 순환관계라고 할 수 있는데, 평가자는 의사결정자에게 필요한 정보를 제공함으로써 의사결정을 원활하게 할 수 있도록 하고, 계속적인 평가활동을 통해 이전 단계에서 내린 의사결정을 재검토할 수 있는 새로운 정보를 제공해 주어 평가자와 의사결정자가 밀접한 관계를 유지하면서 프로그램을 관리하고 운영하고 개선해 나가도록 해 주기 위한 취지를 반영하고 있다.

그의 모형을 구성하고 있는 상황평가(context evaluation), 투입평가(input evaluation), 과정평가(process evaluation), 산출평가(product evaluation)는 각각의 첫 글자를 모아 CIPP 모형이라고도 부른다.

그림 8-3

Stufflebeam 교수와 함께한 저자 오성삼 교수

① 상황평가 : 프로그램이나 수업평가를 실시함에 있어 전반적인 상황을 분석해서 필요한 조건과 실제 상황을 명시하고 필요조건과 실제 상황이 맞아떨어지지 않은 부분과 이유 그리고 해결 방안을 확인, 진단하는 과정이다. 이 평가의 주요 목표는 평가 대상의 전반적 상태를 사정하고, 결함을 확인하며, 문제점을 진단하는 것이다.

② 투입평가 : 프로그램의 목적을 성취하기 위해 필요로 하는 자원, 시간, 소요 경비, 잠재적 요인과 이를 극복할 가능성 여부, 그리고 장애를 극복하지 못했을 경우 예상되는 결과, 목적에 비추어 본 설계의 적합성 등을 고려해서 사정을 하는 과정이다. 투입평가의 전반적 목표는 평가의뢰인으로 하여금 요구와 환경에 비추어 적절한 대안들을 고려하게 하고, 계획을 전개하는 데 도움을 주며, 실패 가능성이 있거나 자원낭비에 그칠 가능성이 있는 개혁조치를 회피하도록 도움을 주려는 데 있다.

③ 과정평가 : 과정평가는 프로그램이 계획대로 실행되고 있는가를 정기적으로 점검하고 개선하기 위한 실행 의사결정에 도움을 주려는 것이다. 이 과정에서의 주목표는 프로그램 관리자에게 프로그램이 계획대로 실행되고 있는지, 가용자원을 효과적으로 활용하고 있는지에 관한 피드백을 제공하고, 과정평가는 프로그램의 운영 방법과 절차를 수정·보완하는 데 필요한 정보를 수집·제공하기 위해 프로그램이 실시되고 있는 동안 프로그램의 운영상황을 정기적으로 검색하는 평가다.

④ 산출평가 : 프로그램이 종료된 후에 프로그램의 성과를 측정하는 평가를 말한다. 산출평가를 통하여 수집한 정보는 프로그램의 계속 및 변경 여부를 판단하는 순환적 결정을 하는 데 이용한다. 산출평가는 프로그램이 종결된 때에 하는 것이 보통이지만, 프로그램이 시행되는 동안 필요하다면 프로그램 성과의 산출은 몇 번이라도 실시할 수 있고 프로그램의 장기적인 효과를 측정하기 위해서는 프로그램이 끝난 다음 수년 후에 산출평가를 할 수 있다.

## 2.2. CSE 모형

Alkin(1969)이 제안한 CSE 모형은 그가 근무하고 있는 평가연구소(UCLA, Center for the Study of Evaluation)의 첫 글자들을 모아 명명한 것으로, 의사결정자가 선택할 수 있는 여러 대안 중에서 최선의 방안을 선택하는 데 필요한 데이터를 요약하고 정리하여 제공하기 위한 목적에서 비롯된 것이다. 그는 평가를 "의사결정을 내려야 할 사안 또는 영역을 확인해서 관계 정보를 선정, 수집, 분석하는 과정"이라고 정의하고 있다.

일명 UCLA 모형이라고도 불리는 이 모형은 CIPP 모형과는 달리 평가절차를 체제사정평가, 프로그램 계획평가, 프로그램 실행평가, 프로그램 개선평가, 프로그램 승인평가로 구분하고 있다.

변창진 등(1996)은 이들 각각의 내용을 다음과 같이 설명하고 있다.

① 체제사정평가 : 추구하고자 하는 목표(goal)와 현재의 상태(present state of affairs) 간의 격차를 요구(needs)라고 했을 때 학생 · 지역사회 · 국가 · 학계의 요구를 확인하여 교육을 통해 기대하는 요구와 체제 및 현상의 차이를 확인, 비교하는 평가를 말한다.

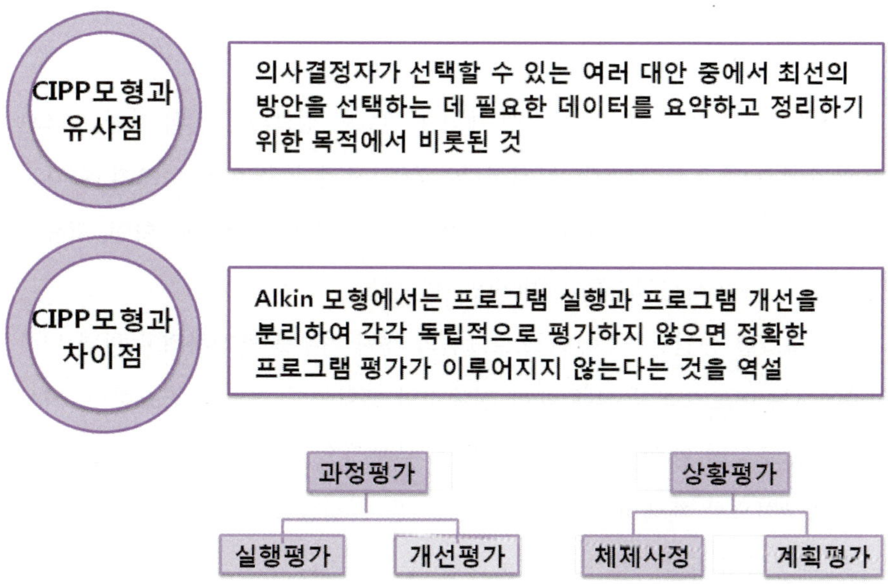

| CSE 모형에서의 평가의 정의 | "의사결정자가 어떤 의사결정을 내려야 하는가를 결정하고 적절한 대안을 선택할 수 있도록 의사결정에 필요한 정보를 선택, 수집, 분석하여 보고하는 과정" |
|---|---|

**CSE 모형의 평가절차**

| | |
|---|---|
| 체제사정평가 | Systems Assessment Evaluation |
| 프로그램 계획평가 | Program Planning Evaluation |
| 프로그램 실행평가 | Program Implementation Evaluation |
| 프로그램 개선평가 | Program Improvement Evaluation |
| 프로그램 승인평가 | Program Certification Evaluation |

② 프로그램 계획평가 : 체제사정평가에서 확인, 선정한 체제의 교육적 요구를 충족시킬 수 있는 여러 방안 중에 가장 효과적인 방안을 선택하는 데 필요한 정보를 수집하는 과정을 프로그램 계획평가라고 한다.

③ 프로그램 실행평가 : 실제로 프로그램을 운영했을 때 프로그램 계획평가 단계에서 기대하고 결정한 사항이 어느 정도 충족되고 있는지를 확인하는 과정을 프로그램 실행평가라고 한다.

④ 프로그램 개선평가 : 프로그램 개선에 필요한 정보의 수집과 제공은 프로그램 평가에서 중요한 위치를 차지한다. 개선, 보완에 필요한 정보가 주어지면 즉각적으로 개입해서 적절한 조치를 취하고 그 효과 또는 변화를 확인, 검증하는 것이 프로그램 개선평가의 일반적인 절차다.

⑤ 프로그램 승인평가 : 어떤 프로그램의 채택 여부를 결정하려고 하면 의사결정자에게는 프로그램의 질에 대한 전체적인 종합평가 결과가 필요하다. 의사결정자가 프로그램 채택을 유보할 것인지, 부분적으로 수정하여 실시할 것인지, 또는 적극적으로 채택하고 보급할 것인지를 결정할 즈음에 있어야 할 정보를 수집, 제공하기 위한 평가가 프로그램 승인평가다.

프로그램 실행평가를 하는 방법

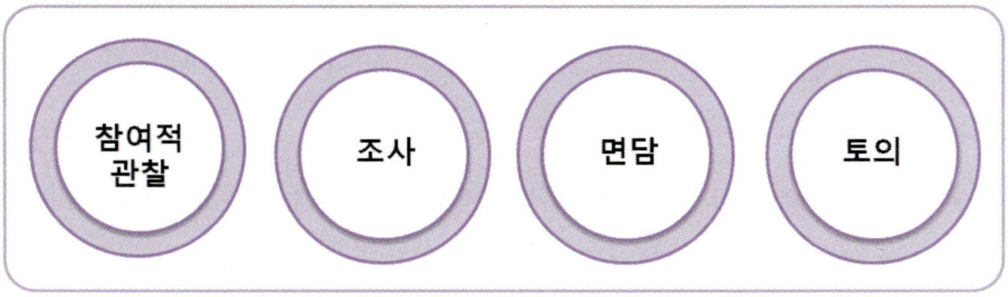


## 3. 판단중심 모형

판단중심 모형(judgment-oriented evaluation model)은 평가란 본질적으로 전문가에 의해 전문적인 지식과 기술을 바탕으로 하여 평가하고자 하는 대상 또는 내용의 가치를 체계적으로 판단하는 활동이라고 보는 입장이다. 평가자의 개인적인 경험, 지식, 전문성을 바탕으로 하여 가치판단을 해고, 지역사회의 관련 집단이나 개인이 수집한 관련 자료를 이용해 가치를 판단하기도 한다. 판단중심 모형과 관련해 ① Flexner의 평가인정 모형, ② Scriven의 탈목표 모형, ③ Eisner의 감정 · 비평 모형을 요약해 소개하고자 한다.

### 3.1. 평가인정 모형

평가인정이란(accreditation)이란 교육기관이나 프로그램이 일정한 표준이나 자격요건을 충족시키고 있는가를 전문가들이 평가하여 인정하는 과정을 의미한다. 평가인정 과정에서는 특정 기관이 최소한의 표준을 충족시킨다고 판단되면 인정하고, 표준에 미달한다고 판단되면 인정하지 않게 된다. 학교를 비롯한 대부분의 기관과 조직은 평가인정의 대상이 되면, 교육자들도 직위에 요구되는 특정 요건을 충족시켜야 한다는 점에서 예외가 될 수 없다.

평가인정 모형에서는 산업자원부 기술표준원에서 제품의 규격과 성능을 심사해 인증마크를 부여하는 것처럼 전문가들이 특정프로그램에 대해 미리 정해 놓은 표준(standard)혹은 요건의 충족 여부를 심사해 그 인정 여부를 결정하는 즉, 평가인정(accreditation)의 방식을 취하게 된다. 이처럼 산업체의 평가인정 방식을 교육평가에 적용한 것을 평가인정 모형(accreditation evaluation model)이라 하는데 이 모형은 미국에서 의학교육의 질을 향상시킬 목적으로 의과대학의 교육과정, 교수 구성, 교육 방법, 시설 등을 종합적으로 평가하여 의과대학의 설립인가를 결정하기 위해 Flexner(1910)에 의해 처음으로 시도되었다. 현재 우리나라에서 실시되고 있는 대학평가제도도 이 모형에서 발전된 것이다.

평가인정의 목적은 학교, 병원, 교회, 도서관, 연구서 등과 같은 기관의 조직과 시설 그리고 요원들이 최소한의 요건 및 자격을 갖추고 있는지를 확인함에 있다. 이것을 프로그램 평가에 적용하면 프로그램의 목적, 구성, 실행, 효과를 계속적으로 점검함으로써 미비점을 보완·개선하도록 유도하고 프로그램의 질을 인정, 승인하여 사용자와 사용예정자에게 공시하는 데 그 목적이 있다. 대학평가나 중·고등학교의 학교평가도 동일한 취지로 실시되고 있다. 그러므로 평가인정 모형에서 가장 중요한 부분은 표준의 설정과 그것을 기준으로 하는 판단이다. 평가인정 모형의 평가절차를 기관평가 중심으로 설명하면 [그림 8-4]과 같다.

| | |
|---|---|
| 표준설정 | 특정한 목적의 기관으로서 갖추어야 할 표준을 설정 |
| 자체평가 | 기관 자체평가를 실시하여 표준의 충족 여부와 그 정도를 확인 |
| 현장평가 | 전문가들의 현장방문 평가를 통해 자체평가 보고서를 검토하고 실상을 관찰, 확인 |
| 최종평가 | 자체평가와 현장방문 평가 결과를 종합하여 최종적으로 인정 또는 허가 여부를 확정 |

그림 8-4 평가인정 모형의 평가절차(기관평가 중심)

1800년대부터 시작된 평가인정제도는 1930년대에 이르러 교육계에 커다란 영향력을 행사했으며, 그 후 의학계와 법조계 등 여타 전문영역으로 급속히 확산되었다. 평가인정의 가장 유명한 사례는 미국 및 캐나다의 의과대학에 대한 평가인정 과정을 통해 요건에 미달하는 대학들을 대거 폐교시킨 Flexner 보고서(1910)를 들 수 있다. 전통적으로 평가인정 과정은 프로그램의 성과보다는 시설의 적합성, 조직구성원의 자격, 운영과정의 적합성 등에 주안을 두었으나 최근에는 졸업률, 취업률, 중도 탈락률과 같은 성과 관련 지표를 강조하는 추세에 있다. 현대의 평가인정 모형은 전문가만이 동료들의 활동을 판단할 수 있는 자격을 갖추고 있다고 가정한다. 따라서 평가인정 현장방문 평가자는 전문가로 구성되며, 평가의 표준과 준거도 전문가 집단이 설정하고 있다.

### 3.2. 탈목표 모형

Scriven(1972)은 목표에 근거하여 프로그램 효과를 분석하는 목표기준평가(goal-based evaluation)는 의도했던 효과에만 집착하기 때문에 잠재적인 효과를 간과할 수밖에 없다고 주장하고, 목표를 중심으로 평가 활동을 수행할 때 야기되는 이러한 부작용을 제거하기 위한 목적으로 탈목표평가(goal-free evaluation)를 제안했다. 이 평가는 목표를 전혀 고려하지 않은 상태에서 프로그램의 효과를 포괄적으로 검토하려는 접근이다.

목표기준평가(goal-based evaluation)는 목표를 준거로 하여 의도했던 일차적 성과만을 확인하고 이차적 또는 잠재적 부수효과(side effect)를 간과함으로써 실제 성과(actual outcome)를 평가하지 못한다는 비판이 줄곧 제기되어 왔다. Scriven(1972)은 이와 같은 목표기준평가의 문제점을 보완하기 위해 프로그램이 의도했던 효과뿐만 아니라 부수효과까지 포함시킨 실제효과를 평가하는 방식을 탈목표적 평가(goal-free evaluation)를 제안했다. 탈목표 모형에서는 프로그램의 장점과 단점을 프로그램의 목표가 달성된 정도에 의해서만 판단하지 않고 부수효과도 고려해야 하기 때문에 부수효과를 관찰하고 그 가치를 판단하는 것이 탈목표평가의 중핵적인 과제가 된다. 그래서 탈목표평가에서는 프로그램에 대한

**Scriven의 탈목표 모형(goal-free evaluation)**

**목표를 전혀 고려하지 않은 상태에서 프로그램의 효과를 포괄적으로 검토하려는 접근**

부수효과를 확인할 때 목표 대신에 표적집단의 요구를 평가의 준거로 사용한다. Scriven은 그 점을 강조하기 위해 탈목표평가를 요구근거평가(need-based evaluation)라고 부른다. 탈목표평가를 하자면 그 어느 평가 모형보다 평가자의 전문적 지식, 기술, 경험이 요구되며 다음 [그림 8-5]와 같은 평가절차를 따르게 된다(변창진 외, 1996).

이 평가에서 프로그램의 가치와 장점은 프로그램이 목표를 달성한 정도가 아니라 표적집단의 요구를 어느 정도 충족시키는가를 기준으로 하여 판단된다. 따라서 이 평가에서는 프로그램의 효과를 관찰하고 그것의 가치를 판단하기

| | |
|---|---|
| 프로그램 시행과 관찰 | 프로그램을 운영하면서 목표를 의식하지 않고 프로그램의 운영과정과 성과를 다각적으로 광범위하게 관찰, 기록 |
| 일차적 효과의 분석 | 관찰된 성과 중에 프로그램을 통해 획득하려고 의도했던 성과를 분석·정리해서 목표를 준거로 하여 그 가치를 판단 |
| 이차적 효과의 분석 | 프로그램을 운영해서 실제로 관찰한 성과 중에 목표에 진술하지 않았거나 또는 전혀 의도하지 않았으나 예상 외의 부수효과를 가져온 것을 추출하여 긍정적인 것과 부정적인 것으로 분류·정리 |
| 표적 집단의 요구 분석 | 프로그램 참가자의 이해관계 당사자들의 프로그램에 대한 요구 또는 기대를 폭넓게 조사하여 항목별로 열거 |
| 사실상의 효과 분석 | 표적집단의 요구와 프로그램에 대한 만족도를 준거로 하여 이차적 효과를 판단한 다음 일차적 효과와 함께 프로그램의 실제 효과를 종합적으로 판단 |

그림 8-5 탈목표 모형 평가절차

위해 표적집단의 요구를 확인하는 작업을 중시한다. 이 모형의 영향을 받아 평가자들은 프로그램의 부수적인 효과를 탐색하는 데도 관심을 기울이게 되었다.

### 3.3. 감정 · 비평 모형

Eisner(1976)가 제안한 감정술 및 비평 모형(connoisseurship and criticism model)은 평가자의 주관적인 전문성에 입각해서 프로그램, 조직, 성과, 활동 등을 판단하고자 하는 접근이다.

Eisner에 따르면 공학적 모형은 ① 법칙정립과 일반화를 추구한 나머지 특정 상황의 고유성을 무시했고, ② 미래의 성과만 중시하고 현재의 과정을 무시했으며, ③ 객관화와 수량화에 치중함으로써 지식의 질적인 측면을 경시하였다. 기존의 평가과정이 직관 · 감상 · 유추와 같은 예술적 기교가 개입될 여지를 말살함으로써 교육평가를 교육을 측정 · 진단 · 통제하기 위한 수단으로 전락시켰다는 것이 Eisner의 주장이다.

이 모형의 목적은 평가 대상의 장점 혹은 단점을 전문가의 입장에서 비판적으로 기술 · 사정 · 조명하는 데 있다. 이 모형은 자료에 대한 통계적 분석을 지양하고, 평가자의 전문성이나 경험에 입각한 질적 평가를 중시한다. 즉, 평가자의

**Eisner의 감정술 및 비평 모형**
**(connoisseurship and criticism model)**

- 평가자의 주관적인 전문성에 입각해서 프로그램, 조직, 성과, 활동 등을 판단하고자 하는 접근
- 공학적 모형(technological model)의 대안으로 제안

**공학적 모형**

- 법칙정립과 일반화를 추구한 나머지 특정 상황의 고유성 무시
- 미래의 성과만 중시하고 현재의 과정을 무시
- 객관화와 수량화에 치중함으로써 지식의 질적인 측면을 경시

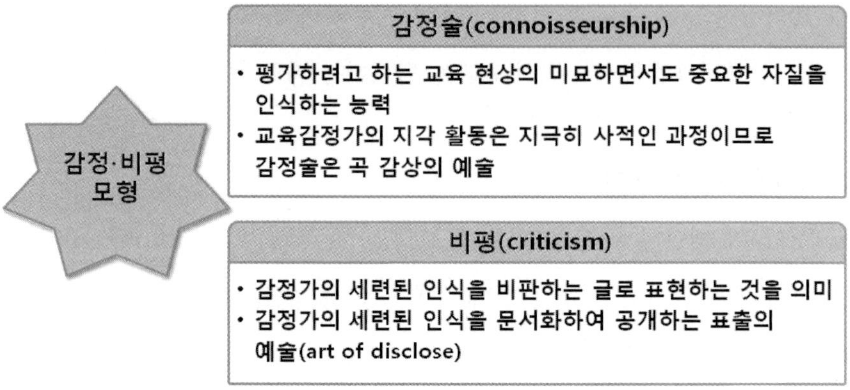


지각적 민감성, 풍부한 경험, 세련된 통찰, 전문적인 판단을 토대로 하는 평가 활동을 강조한다. 전문적인 소양을 갖춘 평가자의 판단 결과는 평가 대상의 미묘하고 섬세한 측면을 감상하고 이해할 수 있는 방식으로 일반대중에게 전달된다. 소믈리에가 와인의 질을 감정하듯이, 평가자는 유일한 평가 도구로 자료를 수집하고 분석하며 판단하는 역할을 수행한다. 따라서 이 평가에서는 평가자의 전문성과 자질을 무엇보다 중시한다.

Eisner의 표현을 빌리면 이 모형은 교육현상을 연구하고 기술할 수 있는 '새로운 참문'을 열었다. 이 모형은 평가과정에서 전문가의 자질과 통찰력을 충분히 활용한다는 장점이 있다. 그 결과 일반인들이 자칫하면 간과할 수 있는 교육현상의 특성과 질을 인식하는 데 도움을 주고 있다.

그러나 이 모형은 평가 활동을 어떻게 수행해야 하는가에 대한 구체적인 지침을 제공하지 못한다는 제한점이 있다. 또 평가과정이 전문가의 자질에 전적으로 좌우되므로 엘리트주의에 빠질 소지가 있으며, 주관성을 배제하기가 어렵고, 편견과 부정이 개입될 가능성이 있다. 경험, 예리한 통찰, 심층적 이해, 논리적 해석을 토대로 교육현상 또는 실제의 장점과 단점을 질적으로 이해·판단한다.

Eisner는 감정·비평 모형에 교육평가의 방향과 원칙만 제시하고 구체적인 절차를 제시하지 않았다. 그의 견해를 바탕으로 생각할 수 있는 감정·비평 모형의 평가절차를 적어보면 다음 [그림 8-5]와 같다(변창진 외, 1996).

| 단계 | 내용 |
|---|---|
| 실제 사상에 대한 감상 | 직관을 토대로 평가하고자 하는 교육적 사상 또는 실제의 모습을 보고, 느끼고, 생각한 대로 담담하게 음미하고 감식 |
| 기술적인 측면의 비평 | 교육적 사상을 관찰·감상해서 얻은 특징과 질을 상세하게 기술 |
| 해석적인 측면의 비평 | 기술한 특징과 질에 대한 교육적 의미와 가치를 자세하게 논리적으로 풀어서 설명 |
| 평가적인 측면의 비평 | 기술·해석한 교육적 의미와 가치를 질적으로 판단 |
| 결론의 도출과 제언 | 교육실제를 정확하게 이해하고 개선하는 데 필요한 결론을 도출 |

그림 8-5 감정 · 비평 모형의 평가절차

## 4. 자연주의 모형

자연주의 평가 모형(naturalistic model of evaluation)은 프로그램의 내용, 구성, 운영과정, 효과, 중요 쟁점 등에 관한 정보를 자연주의적 탐구 방법을 이용하여 수집, 제공하는 평가 방식을 총칭한다.

자연주의 철학에 입각하여 실상을 지나치게 이상화하지 않고 인간생활의 추악한 욕망을 있는 그대로 적나라하게 묘사함을 본지로 삼는 것이 자연주의 문학이라 하듯이 현상 또는 사물의 실상과 성질을 자연주의 철학에 바탕을 두고 탐구하는 방식을 자연주의적 탐구라고 한다. 그러므로 평가 설계에 맞추어 인위적으로 조작하는 실험적인 장면보다 현장의 실제 상황에서 평가를 실시하고 사례연구 형태로 데이터를 수집, 분석하여 평가 결과를 되도록이면 수량화시키지 않고 질적으로 나타내는 것이 자연주의 평가 모형의 방법론적인 특색이라 할 수 있다.

자연주의 탐구 방법을 프로그램 평가에 적용할 때 얻을 수 있는 이점을 포괄적인 측면에서 최초로 논의한 Guba(1978)는 자연주의 평가방법론의 토대를 형성하는 데 크게 기여한 인물이다.

자연주의적 평가의 가장 중요한 목적은 교육 활동의 복잡성을 이해하고, 관련 인사의 정보 요구에 부응하여 개인 및 집단의 다양한 주장 · 관심 · 쟁점을 확인하는 데 있다. 따라서 자연주의적 평가의 주요 역할은 평가 관련 인사들의 다양한 가치관점을 고려하여 그들의 정보 요구를 충족시키려는 것이다. 자연주의적 패러다임과 전통적인 과학적 패러다임의 특징을 비교한 Guba와 Lincoln (1982)의 논의는 자연주의적 평가를 이해하는 데 도움을 주고 있기 때문에 요약해서 소개한다.

방법 면에서 자연주의적 평가는 양적 연구 방법과 질적 연구 방법을 융통성 있게 적용한다. 양적 연구 방법은 정확하고 수리적인 조작이 가능한 자료를 수집할 수 있다는 장점이 있고, 질적 연구 방법은 풍부한 자료를 수집할 수 있는 수량화할 수 없는 현상을 탐구할 수 있다는 장점이 있다. 자연주의적 평가에서 질적 평가 방법을 선호하는 이유는 평가자 자신을 주요한 자료 수집의 도구로 간주하기 때문이다. 그래서 면접, 관란, 비언어적 단서의 분석, 비간섭적 측정, 문서 및 기록분석 등의 방법을 흔히 사용한다. 그렇다고 해서 양적 연구 방법을 무조건 배격하는 것은 아니고 관련 인사들의 정보요구에 적합한 자료를 수집할 수 있다고 판단되면 융통성 있게 사용한다.

이론적인 면에서 과학적 패러다임에 근거한 평가는 선험적 이론을 선호하고 이론이 없으면 탐구가 불가능하다고 주장한다. 반면에 자연주의적 평가는 탐구를 진행시키는 것은 이론이 아니라 탐구문제라고 본다. 심지어 자연주의적 평가는 이론이 탐구를 제약하며, 편견을 유발하는 역기능도 한다고 가정한다. 또 이론이란 자료에 대해 부과될 때보다 자료로부터 도출될 때 더 강력해진다고 본다. 따라서 자연주의적 평가에서는 탐구과정에서 이론을 개발하려고 한다.

| | |
|---|---|
| 자연주의 모형 | • 평가는 평가 대상을 기술하고 그것의 가치와 장점을 판단하는 과정<br>• 프로그램의 내용, 구성, 운영과정, 효과, 중요 쟁점 등에 관한 정보를 자연주의적 탐구 방법을 이용하여 수집·제공하는 평가 방식 |
| 목적 | • 평가 관련 인사들의 다양한 가치관점을 고려하여 그들의 정보요구를 충족시키려는 것 |
| 특성 | • 현장의 실제 상황에서 평가를 실시하고 사례연구 형태로 데이터를 수집·분석<br>• 평가 결과를 되도록이면 수량화시키지 않고 질적으로 나타냄 |

과학적 패러다임에 근거한 평가는 선험적 이론에서 도출된 평가문제와 가설에 따라 탐구를 진해하기 때문에 언어형식으로 표현할 수 있는 명제적 지식을 주로 사용한다. 반면 자연주의적 평가는 인간을 주요 측정 도구로 사용하여 탐구과정에서 인간의 능력을 최대한 사용하려고 하기 때문에 직관과 같은 묵시적 지식에 주로 근거하고 있다.

도구로는 과학적 패러다임에 근거한 평가는 효율적이고 객관적이며 체계적으로 자료를 수집할 수 있는 자료 수집 도구를 선호한다. 반면에 자연주의적 평가는 인간 자체를 도구로 사용한다. 왜냐하면 인간은 통찰력이 있고, 융통성과 대응력이 높으며, 기존 지식을 활용할 수 있는 능력이 있고, 자료 수집과 동시에 자료에 의미를 부여할 수 있는 능력을 가추고 있기 때문이다.

과학적 패러다임에 근거한 평가는 평가 문제와 방법을 미리 결정해 놓고 평가를 수행하는 선결적 설계를 선호하지만, 자연주의적 평가는 평가과정에서 적합한 방법을 결정하여 융통성 있게 적용하는 생성적 설계를 채택한다.

전통적으로 평가는 탐구과정에서 혼동변수 혹은 가외변수의 효과를 엄격하게 통제하기 위하여 실험조건에서 탐구를 수행한다. 이에 반해 자연주의적 평가는 프로그램의 활동을 제한하거나 조작 또는 통제하지 않고 '있는 그대로의 자연적인 상태'에서 프로그램 활동을 탐구한다.

자연주의 평가 모형은 어느 하나의 관점에 집착하지 않고 프로그램의 참모습을 제대로 평가할 수 있는 방법이라면 어떤 견해와 전략도 모두 수용하기 때문에 이 모형에는 분간하기 어려울 정도로 수많은 접근들이 제안되고 있다.

한편, 자연주의 모형은 전통적인 기계적 평가 모형의 대안으로 태동하였는데, 전통적인 접근은 목표 진술 및 분류, 정교한 평가 설계, 객관적 측정 도구 개발, 장문의 평가보고서 작성 등에 주안을 두기 때문에 평가과정에서 평가자가 평가대상인 프로그램으로부터 유리될 수밖에 없다. 이와 달리 자연주의 모형은 개방적이고 융통성이 있는 자연주의 탐구 방식을 이용해서 정보를 수집한다.

Guba와 Lincoln(1981)은 자연주의 탐구 방법의 특징을 ① 평가자가 평가장면을 있는 그대로 대면하고, ② 평가 장면에서 의미와 가치가 충분히 발현되도록 하고 가능하면 선입견을 배제하는 것으로 규정하고 있다. 인류학이나 사회학 분야의 현장연구, 질적 연구, 인구학적 연구, 사례연구, 생태학 및 해석적 연구가 자연주의 탐구 방법에 해당된다. 이러한 방법들은 수량적 연구, 과학적 연구, 변인, 가설검증, 통계 방법 등의 방법을 사용하는 실험적 평가 방식이나 측정 중심 탐구 방법과 근본적으로 다르다.

## 5. 재판평가 모형

재판과정에서는 판사가 원고와 피고의 상반되는 주장을 청취한 다음 최종 판결을 한다. 이와 같은 법정 패러다임을 평가에 적용하려는 접근에서는 프로그램에 대해 견해가 상반된 평가자를 의도적으로 포함시켜 평가의 공정성을 확보하려고 한다. 즉, 이 접근은 프로그램을 옹호하는 평가자에게 긍정적인 견해를 피력하도록 하고 반대론자에게는 부정적인 견해를 피력하도록 한 후, 중립적인 인물이 양측의 논쟁을 검토하여 최종적인 결론을 내리도록 함으로써 평가의 공정성을 확보하려고 한다.

이러한 접근은 대립평가(adversary oriented evaluation) 혹은 옹호-반론평가(advocate adversary evaluation)로 불리고 있다.

법정 패러다임을 평가에 원용하려는 접근은 평가의 공정성을 확보하는 데 일차적인 목적이 있다. 왜냐하면 평가자가 아무리 노력하더라도 개인적 편견이나 주관이 평가 결과에 작용할 소지를 완전히 배제할 수 없기 때문이다. 대부분의 평가접근에서는 평가자의 편견을 직접 감소시키려는 전략을 채택하지만, 이 접근에서는 평가 대상에 대한 긍정적 견해와 부정적 견해를 모두 포함시켜 각자의 견해가 합당하다는 주장을 피력하고, 상대편 견해의 부당성을 반박하는 과정에서 편향성을 노정시키도록 함으로써 공정성을 확보하려고 한다. 법정소송 절차를 평가 방법으로 사용할 필요성을 처음으로 제안한 사람은 Rice(1915)이지만, 평가에 본격적으로 적용한 사람은 Owen(1970)이다.

전통적인 과학적 평가 모형과 달리 재판평가 모형에서는 증언과 판단을 중시한다. 이 모형은 평가의 공정성과 객관성을 확보하기 위해 법정 패러다임을 적용하고 상반된 견해를 제시하며 증언, 반대심문, 배심원협의 등을 강조한다. 재판평가 모형은 교육 장면에서 의사결정을 내릴 권한이 있는 사람들을 조력하기

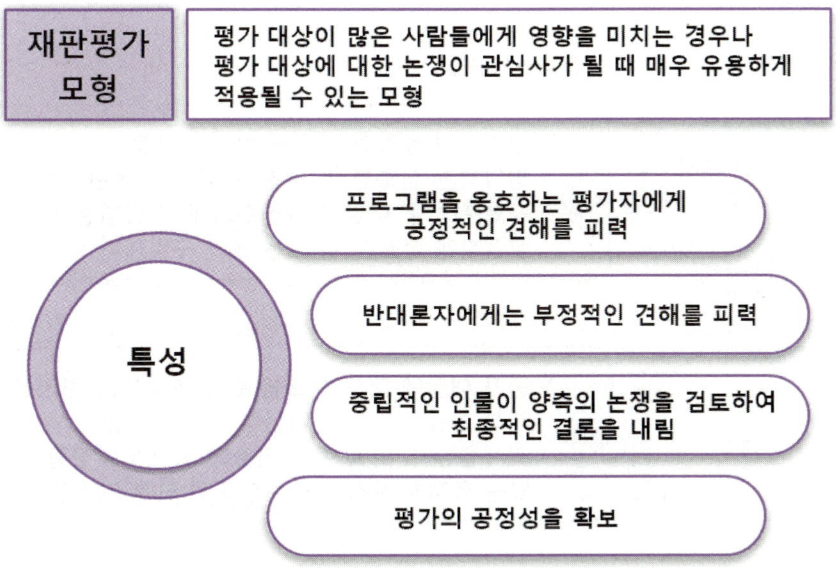

위한 방법으로 고안되었다.

재판평가 모형의 궁극적인 목적은 소송에서 승소하는 데 있는 것이 아니라 프로그램을 폭넓게 이해하고, 교육적 쟁점을 명료화하며, 조직의 성장과 실제를 개선할 수 있는 제안 및 전책지침을 제공하는 데 있다. 즉, 이 모형은 보다 공정하고 현명한 평가를 하기 위해 재판절차를 평가과정에서 활용하려는 접근이므로 최종평결이 목적은 아니다.

재판평가 모형의 성패는 일차적으로 평가자의 능력과 자질에 따라 좌우된다. 평가자들이 심층적인 조사연구를 수행하고 완벽한 소송절차를 진행하려면 자연주의 탐구 방법에 정통해야 한다. 즉, 평가자는 심층면접, 관찰, 현장 분석, 문헌 검토, 자료 분석 등 다양한 자연주의 탐구 방법을 시의 적절하게 적용할 수 있는 능력을 구비해야 한다.

전반적인 측면에서 볼 때 재판평가 모형은 평가 대상에 대한 자료를 수집·분석하고 증거를 해석·통합·보고하는 대안적인 방식을 제공함으로써 의사결정자, 교육자, 시민들의 요구에 부응할 수 있는 정책을 수립하는 수단으로 크게 기여했다는 평가를 받고 있다. 이 모형은 평가 대상이 많은 사람들에게 영향을 미치는 경우나 평가 대상에 대한 논쟁이 관심사가 될 때 매우 유용하게 적용될 수 있는 모형이다.

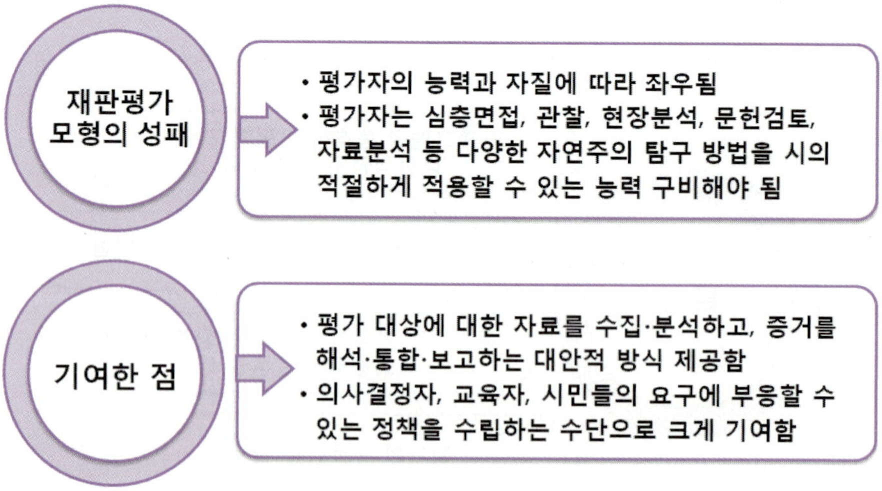

## 6. 고객(소비자)중심 모형

소비자지향평가(consumer-oriented evaluation)는 중립적인 입장에서 상품을 평가하여 소비자가 현명하게 선택·구입하도록 조력하기 위한 목적에서 탄생하였다. 이를 고객중심평가로 부르기도 한다.

소비자지향평가는 교육과정, 프로그램, software, hardware와 같은 교육 상품과 서비스의 상대적 장점을 판단하여 교육자, 학부모, 학생들이 보다 현명하게 상품을 선택·구입하는 데 도움을 주기 위한 접근이다.

소비자지향평가의 전형적인 특징은 총괄평가 접근을 취하고, 상품을 분석하기 위한 체크리스트를 개발하며, 소비자에게 상품에 대한 평가보고서를 제공하는 데 있다. 소비자지향평가의 출현에 산파 역할을 한 인물은 Scriven(1976)이다.

그는 교육 상품을 판단하기 위해 사용될 수 있는 준거로 ① 중요한 교육목표의 달성 증거, ② 교육목표 이외의 중요한 목표(예컨대, 사회적 목표)의 달성 증거, ③ 추수 결과(follow results), ④ 이차적 및 부수적 효과, ⑤ 활용 범위, ⑥ 도덕적

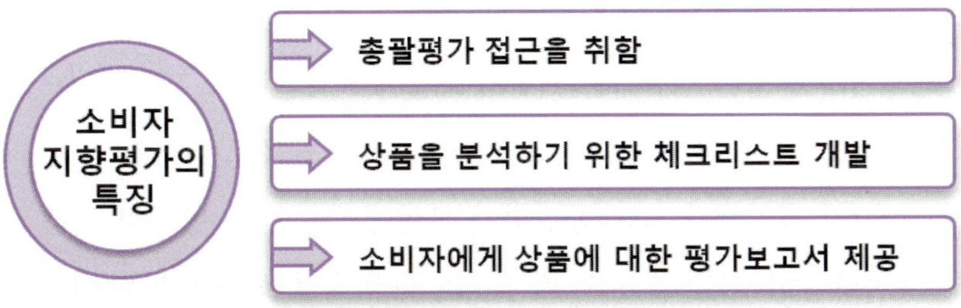


**교육상품을 판단하기 위한 준거**

- 중요한 교육목표의 달성 증거
- 교육목표 이외의 중요한 목표의 달성 증거
- 추수 결과(follow results)
- 이차적 및 부수적 효과
- 활용 범위
- 도덕적 고려사항
- 비용

고려사항, ⑦ 비용을 제시했다.

소비자지향평가는 조잡한 교육 상품이나 서비스로부터 교육자와 학생을 보호하기 위한 적극적 의미의 평가로 다음과 같은 장점이 있다.

① 교육 상품과 서비스에 관한 객관적인 평가정보를 교육자들에게 제공하여 상품에 대한 정보요구를 충족시켜 준다.

② 교육 상품과 서비스를 평가하기 위한 체크리스트를 제공하기 때문에 교육 상품과 서비스를 선정할 때 고려해야 할 기준을 분명하게 밝혀 준다.

③ 교육 상품과 서비스에 대한 평가 결과를 생산자에게 피드백함으로써 더 우수한 상품을 개발하도록 자극한다. 이는 경제학적 관점에서 보면, 교육은 3차 산업에 해당하고 서비스업으로 분류된다. 따라서 교육행위는 서비스 혹은 일종의 서비스 상품이며 학교와 교사는 교육이라는 상품의 생산자이고 판매자이다. 이에 반해 학생들과 학부형은 교육이라는 이름이 붙여진 서비스 또는 상품의 소비자라고 할 수 있고, 이미 만들어진 여러 가지 교육 프로그램 중에 특정 프로그램을 취사선택해서 사용하는 경우 학교와 교사들도 교육적 상품의 소비자에 해당한다.

고객중심평가 모형은 범람하는 저질의 조잡한 교육 서비스 또는 상품으로부터 교육자와 학생 또는 학부형들을 보호하기 위해 탈목표평가 모형을 제창한 Scriven(1974)이 제안했다. 고객중심평가 모형에서는 평가 항목이 아주 중요한 의미를 갖는다. 왜냐하면 소비자 리포트는 특정 상품을 구입할 때에 소비자가 원하는 그리고 필요한 정보가 무엇인지를 알아서 그에 관한 정보를 제공해야 하기 때문이다.

9장

# 평가 설계

본 장에서는 평가연구 설계(evaluation research design)의 유형을 소개하고 각각의 설계 방법들이 지닌 장점과 취약점들에 대해 기술해 놓았다. 설계 유형에 따라 사전실험설계(pre-experimental design), 순수실험설계(true experimental design), 그리고 유사실험설계(quasi-experimental design)로 구분해 해당 유형에 속한 연구 설계 기법들을 소개했다. 이들 각각의 연구 설계가 지닌 장점과 취약점들을 중점적으로 공부하기 바란다. 연구 설계는 평가연구를 수행하는 과정에서 흔히 발생할 수 있는 외생변수를 통제함으로써 연구 결과의 타당도를 높이기 위해 꼭 필요한 지식이 된다. 이들 연구 설계가 지닌 내용은 원인과 결과를 추정하는 과학적 논리에 따른 것이다. 특히 내적 타당도를 저해하는 요인들과 외적 타당도를 저해하는 요인들에 대한 확실한 이해를 당부한다.

## 1. 평가 설계의 기초

평가 설계란 설정된 문제 또는 가설에 대한 해답을 얻기 위해 신뢰롭고 타당한 과학적 방법과 절차를 구도화시키는 틀을 말한다. 다시 말해 표집 대상을 어떻게 선정하고 어떤 방식으로 실험집단과 비교집단에 배정하며 관찰 자료를 얻기 위한 측정의 시점과 측정을 통해 얻어진 자료들을 분석하기 위한 모든 방법과 절차들의 사전계획을 말한다. 자동차를 어떤 형태로 디자인할 것인지의 도면이나 건축에서의 설계도 또는 청사진에 해당된다.

Campbell과 Stanley는 연구 설계와 관련해 여러 개념 모형을 도식적으로 제시했는데 본 장에서는 이들을 중심으로 소개하고자 한다. 연구 설계의 중요한 목적 가운데 하나는 주어진 연구문제에 대한 타당하고 객관적인 해답을 경제적이고 효율적으로 얻으며 변량을 통제하자는 데 있다.

여기서 변량의 통제란 ① 관찰하고자 하는 독립변인의 영향 즉 체계적 변량을 극대화시키는 동시에 ② 독립변인에 곁들여서 종속변인에 부작용을 미치는 불필요한 가외변인들의 변량을 통제하며, ③ 표집과 측정 과정에서 야기되는 오차변량을 극소화시키는 것을 말한다. 좋은 연구 설계란 변량을 극대화시키고, 오차변량을 극소화시키는 것이라 할 수 있다.

따라서 연구 설계에서는 우선 ① 주어진 가설에 나타난 변인들 간의 관계를 검증할 수 있는 적절한 연구 설계 방안을 결정해야 하며, ② 어떤 방법으로 연구 대상물, 피조사 또는 피험자를 표집하여, ③ 어떠한 관찰을 어떻게 할 것인가와, ④ 관찰 또는 연구 결과를 어떤 분석 방법을 사용하여 어떻게 분석할 것이며, 끝으로 ⑤ 분석 결과로부터 어떻게 연구문제에 대한 결론을 추출할 것이냐 등에 대한 계획이 포함되어야 한다.

그러기 위해서는 실제의 연구 설계에 앞서 ① 연구문제가 무엇이며, ② 가설은 무엇이며, ③ 독립변인들은 무엇이며, 또한 ④ 종속변인은 무엇이며, ⑤ 종속변인은 어떻게 측정할 것이며, ⑥ 어떠한 통제가 필요하며, ⑦ 어떠한 절차로 연구를

**통제의 방법**

- 무선화(randomization) : 피험자들을 각 실험집단이나 조건들에 무선적으로 배치하거나 또는 실험조건이나 다른 요인들을 실험집단들에 무선적으로 배정하는 것
- 독립변인으로 삼기 : 가외변인 자체를 독립변인으로서 연구 설계에 집어넣는 방법
- 가외변인의 제거

할 것이며, ⑧ 어떤 오류를 범해서는 안 될 것이냐 하는 등의 제 문제를 충분히 파악하고 고려해야 한다.

## 2. 평가 설계의 유형

평가 설계는 사회과학 분야의 연구 설계와 마찬가지로 ① 사전실험설계, ② 순수실험설계, 그리고 ③ 유사실험설계의 세 가지 유형으로 구분할 수 있다. 이들 유형들의 차이는 평가연구 결과의 타당도를 왜곡시킬 수 있는 저해 요인들을 여하히 제거시킬 수 있는가와 관련된다. 현장연구의 성격이 강한 프로그램 평가의 특성상 자연과학에서 사용되고 있는 순수실험설계보다는 유사실험설계가 주로 사용되며 연구 결과에 대한 타당도 논란이 촉발될 수 있긴 하지만 많은 경우에 사전실험설계도 많이 사용되고 있음을 알려주고자 한다.

평가 설계를 소개하기에 앞서 도식에 사용되는 부호들을 이해할 필요가 있다. 우선 평가 설계에서 사용되는 $X$는 특정 프로그램(실험처치)을 의미하고 빈공간은 프로그램을 통제함을 의미한다. 각기 다른 프로그램의 효과를 비교할 때에는 $X_1$, $X_2$ 등으로 명명한다. $O$는 관찰 또는 측정의 과정을 표시하며 각각의 $O$는

**사전실험 설계**

- 내적 타당도의 저해 요인에 대한 적절한 통제를 못하기 때문에 실험설계로써 인정할 수 없는 세 가지 실험설계
- 실험설계의 요소 또는 조각들을 구성
- 비교집단이 없고, 무선표집이 이루어지지 않음

**순수실험 설계**

- 내부적 저해 요인을 모두 철저히 통제할 수 있기 때문에 순수실험설계라고 불림
- 비교집단과 무선표집이 이루어짐

**유사실험 설계**

- 완전한 실험통제가 어렵거나 불가능한 상황에 사용됨
- 내적 타당도의 저해 요인의 일부를 통제
- 비교집단은 있으나 무선성이 결여됨

시간의 경과 또는 구별을 쉽게 하기 위해 $O_1$, $O_2$ 등으로 구분한다. $R$은 '무선'에 의한 것을 말한다. 마지막으로 유사실험설계에서 중간에 있는 점선은 두 집단이 실험을 위해 무선적으로 배정된 동질집단이 아니라 학교나 학급처럼 기존집단을 자연 상태로 유지한 채 연구의 편의상 실험집단과 비교집단으로 구분해 놓았음을 의미한다.

### 2.1. 사전실험설계(pre-experimental design)

내적 타당도의 저해 요인에 대한 적절한 통제를 못하기 때문에 엄밀한 의미에서 실험설계로 인정받기 어려운 세 가지 형태의 설계 방식이 있다. 이들 방식을 일컬어 '사전실험설계)'라 부른다. 사전실험설계의 특징은 비교집단이 없고 피험자 선정이 무선적으로 이뤄지지 않는다는 점이다.

#### 2.1.1. 단일집단 사후검사 설계(one-group posttest only design)

일회적 사례연구(one-shot study)라고도 하며, 이 설계에서는 어느 한 집단에게 프로그램을 실시하고, 그 후에 프로그램 효과를 검증하기 위해 시험이나 관찰 등을 통해 자료를 수집하는 방법을 따른다. 연구 방법을 도식화하면 다음과 같다.

$$X \qquad\qquad O$$

이 설계 방법은 통제집단이 없기 때문에 경험이 없고, 정보가 부족할 때 사용한다면 내적 타당도의 저해 요인을 통제하기 힘들 것이다. 그럼에도 불구하고 적절한 평가연구 설계가 어려운 상황하에서 달리 방법이 없을 경우 사용하게 된다.

예를 들어, 흡연학생들이 많은 일선고등학교에서 학생들의 금연을 유도하기 위해 '금연클리닉 프로그램'을 개발해 실시했다고 하자. 1년간 실시 후 학교장은 이 프로그램의 효과가 궁금해졌다. 그래서 금연클리닉 프로그램에 참가한 학생들의 금연효과를 검증하기 위해 단일집단 사후 설계 방식에 의한 프로그램 평가를 실시했다. 그 결과 프로그램 참가자들의 흡연율이 현저하게 감소했음을 알게 되었다. 하지만 이와 같은 결과가 다음과 같은 몇 가지 원인에 대한 자신 있는 주장이 어렵다는 사실을 알게 된다.

즉, 이런 변화된 행동의 이유가 ① 금연클리닉 프로그램의 효과보다는 오히려 부모의 조언이나 어떤 특별한 경험이나 우연한 사건에 의한 것일 수 있으며, ② TV 시청을 통한 흡연의 위험을 자각했기 때문에 일어난 변화일 수도 있으며, ③ 금연클리닉 프로그램에 참여한 학생들에 대한 편파적 표본의 선정, 성숙 요인에 의한 행동의 변화일 수도 있다는 점이다.

### 2.1.2. 단일집단 전후검사 설계(one-group pretest-posttest design)

단일집단 전후검사 설계는 비교집단이 없이 연구 대상으로 한 집단만을 선정해서, 프로그램을 실시하기 전에 사전검사를 하고 일정기간 프로그램을 실시한 후 동일한 대상에 대해 사후검사를 실시하여, 두 검사 결과의 차이를 살펴봄으로써 프로그램의 효과를 검토하는 방법이다. 이를 도식화하면 다음과 같다.

$$O_1 \qquad\qquad X \qquad\qquad O_2$$

위의 $O_1$은 사전검사를, 그리고 $X$는 프로그램을, $O_2$는 사후검사를 말한다. 이 방안도 순수실험설계의 조건은 충족하지 못하나 사후검사치와 사전검사치의 차를 변화를 산출해서 프로그램의 효과를 알아본다는 점에서는 진일보한 연구 방안이라고 하겠다. 그러나 이 방법도 내적·외적 타당도에 여러 가지 문제점을 내포하고 있기 때문에, 사후검사와 사전검사의 차이가 프로그램의 영향 때문이라고 단정하기 어렵다는 취약점을 지니고 있다. 사전-사후검사 간격이 길어지게 되면 역사 요인과 성숙 요인이 내적 타당도를 저해하게 되며 실험처치 내용과 피험자 선정 간의 상호작용 효과로 인한 외적 타당도 또한 문제가 된다.

### 2.1.3. 이질집단 사후검사 설계(Intac-Group Comparison)

일명, 무처치집단 비교 설계라고도 하는데, 이 방법은 2개 집단의 피험자들을 대상으로 하되 한 집단에게는 실험처치를 가하고 다른 집단은 아무런 처치도 가하지 않고 그대로 두었다가 이들 두 집단에 똑같은 검사를 실시한 후 그 검사 결과를 서로 비교하여 그 차이를 실험처치의 효과로 보는 방법이다. 이를 도식화하면 다음과 같다.

| | |
|---|---|
| $X$ | $O_1$ |
| | $O_2$ |

여기서 유의할 것은 두 개의 피험자 집단을 무선적으로 나누는 것이 아니라 이미 존재하는 두 개의 집단을 대상으로 한다는 점이다. 이러한 설계의 취약점은 '피험자의 선발'과 '피험자의 탈락'을 들 수 있다. 실험집단과 비교집단이 동질적이라는 것을 보장할 수가 없기 때문이다. 따라서 두 집단의 차이가 있다고 하더라도 그것이 실험처치 때문인지 아니면 처음부터 두 집단 간에 존재한 차이 때문인지 명확히 밝혀낼 수 없는 문제점을 지니고 있다.

### 2.2. 순수실험설계(true experimental designs)

이 실험설계는 내부적 저해 요인을 모두 통제할 수 있기 때문에 순수실험설계라고 부른다. 그러나 실험설계가 요구하는 상황과 자연적이고 실제적인 현실의 상황을 절충하기란 어려운 일이다. 순수실험설계의 특징은 비교집단이 존재하고 양 집단 모두 무선적으로 선정과 배정이 이루어진다는 점이다.

#### 2.2.1. 사후검사 통제집단 설계(posttest-only control group design)

피험자들을 표집해 이들을 두 개의 집단, 즉 실험집단과 통제집단에 무선적으로 배치한 후, 사전검사는 실시하지 않고, 실험집단에는 실험처치를 가하고 통제집단에는 실험처치를 하지 않는다. 그 다음 두 집단에 사후검사만을 실시하여, 이들 두 집단의 사후검사치의 차로써 프로그램의 효과를 알아보려는 방안이다. 이를 도식화하면 다음과 같다.

| $R$ | $X$ | $O_1$ |
|---|---|---|
| $R$ | | $O_2$ |

사후검사 통제집단 설계에서는 실험의 내적 타당도를 위협하는 대부분의 요인들을 통제할 수 있고 사전검사와 실험처치 간의 상호작용에 의한 영향도 막을 수 있다. 이 방법은 사전검사가 불필요한 경우, 사전검사를 실시하기 매우 어려운 경우, 검사실시 비용이 많이 드는 경우, 피험자의 익명이 요구되는 경우 그리고 사전검사와 실험처치의 상호작용이 예상되는 경우 등에 유용하게 사용할 수 있는 실험 방안이다.

#### 2.2.2. 전후검사 통제집단 설계(pretest-posttest control group design)

전후검사 통제집단 설계는 무선적 방법으로 피험자를 표집하고, 표집한 피험자들을 실험집단과 통제집단에 무선적으로 배치한 후 이들 두 집단에 동일한 사전검사를 실시한 후 실험집단에게는 실험처지($X$)를, 통제집단에는 아무런 실험처치도 가하지 않은 다음, 다시 두 집단에 같은 기준에서 사후검사를 실시하여 이들 두 집단의 사전사후 검사치의 차이로써 프로그램의 효과를 알아보려는 방안이다. 이를 도식화하면 다음과 같다.

| | | | |
|---|---|---|---|
| $R$ | $O_1$ | $X$ | $O_2$ |
| $R$ | $O_3$ | | $O_4$ |

전후검사 통제집단 설계에서는 실험의 내적 타당도를 위협하는 요인들을 대부분 통제할 수 있다. 이 설계는 피험자들을 실험집단과 통제집단에 무선배치하기 때문에, '역사, 성숙, 검사, 도구 사용, 피험자의 선발'과 같은 요인들이 실험 결과에 끼치는 영향을 통제할 수 있다. 그러나 이 방법도 사전검사와 사후검사 사이에 개입이 될 수 있는 피험자 개개인의 특수 사건은 여전히 통제하기는 어렵다.

### 2.2.3. 솔로몬 4집단 설계(solomon four-group design)

이 방법은 위에서 소개한 '전후검사 통제집단 설계'에 '사후검사 통제집단 설계'를 붙여 놓은 것으로, 전후검사 동질집단 설계의 결함을 보완하기 위해서 사전검사를 하지 않는 두 개의 집단을 첨부한 것을 말한다. 이 방법은 1949년에 Solomon이 고안한 것으로서 이를 도식화하면 다음과 같다.

| | | | |
|---|---|---|---|
| $R$ | $O_1$ | $X$ | $O_2$ |
| $R$ | $O_3$ | | $O_4$ |
| $R$ | | $X$ | $O_5$ |
| $R$ | | | $O_6$ |

이 방법은 피험자를 네 개의 집단에 무선배치한 다음, 첫째 집단에는 사전검사를 하고 실험처치를 한 후에 다시 사후검사를 실시하고, 둘째 집단에는 사전검사를 하고 얼마 있다가 실험처치 없이 사후검사를 실시하며, 셋째 집단에는 사전검사 없이 실험처치를 가하고 사후검사만을 실시하고, 넷째 집단에는 사후검사만을 실시하는 것을 말한다. 실험의 타당성을 확보한다는 입장에서 볼 때 가장 이상적인 형태의 실험설계라고 말할 수 있다.

다시 말해서 실험의 타당도에 영향을 미치는 가외변인들을 거의 통제할 수 있고, 그러한 가외변인의 효과가 어느 정도 되느냐까지를 측정해 낼 수 있다. 그러나 피험자의 선발과 실험처치 간의 상호작용에 따른 문제라든지 실험적 상황에 대한 반동효과의 문제는 미해결 상태로 남게 되며, 실험과정과 그 결과의 분석이 복잡하다는 단점을 가지고 있다.

대부분의 사회과학 연구에서는 혼란변수를 통제하고 순수한 처리효과를 얻는 것이 주요 목적이기 때문에, 혼란변수에 의한 효과의 크기를 측정해 복잡하게 나타나는 솔로몬 4그룹 설계는 잘 사용되지 않는다. 시간이나 비용 측면에서 비효율적이며, 연구를 실행함에 있어서도 연구자가 어려움에 처하게 된다.[37]

따라서 다음과 같은 경우에는 구태여 복잡한 이 방법을 사용할 필요가 없을 것이다. 즉, 사전검사를 실시한 후 오랜 시간이 흐른 다음에 사후검사를 실시할 경우, 사전검사와 사후검사가 서로 다른 경우, 일상적인 과정에서 검사가 실시되기 때문에 피험자들이 지금 특별한 검사를 받고 있다는 생각을 갖지 않는 경우에는 굳이 이 방법을 사용할 필요가 없다.

### 2.3. 요인 설계(factorial design)

요인 설계는 이상에서 설명한 순수실험설계를 수정·보완한 것이다. 요인 설계에는 중재변인이 있어 좀 더 복잡하게 느껴진다. 통제집단 사전사후측정 실험설계를 수정하여 만든 요인 설계를 도식하면 다음과 같다. 여기서 $Y$는 중재변인이라고 한다. 중재변인이란 또 다른 형태의 독립변인을 말하는데 이차적 독립변인이라고도 한다. 독립변인과 종속변인 사이에서 독립변인과 더불어 제3의

| | | | | |
|---|---|---|---|---|
| $R$ | $O_1$ | $X$ | $Y_1$ | $O_2$ |
| $R$ | $O_3$ | | $Y_1$ | $O_4$ |
| $R$ | $O_5$ | $X$ | $Y_2$ | $O_6$ |
| $R$ | $O_7$ | | $Y_2$ | $O_8$ |

요인으로 종속변인이 작용하게 된다.

위의 도식에서 중재변인 $Y$를 지능(IQ)라고 하면 $Y_1$은 지능이 높은 집단을, $Y_2$는 지능이 낮은 집단을 의미한다. 프로그램($X$)의 효과를 분석함에 있어 주효과 이외에 중재변인(지능)의 영향도 아울러 분석하게 되는데 이때 공변량분석(analysis of covariance) 방법을 흔히 사용하게 된다.

### 2.4. 유사실험설계(quasi-experimental design)

유사실험설계 방법은 현실적으로 실험실 상황하에서 기외변인을 통제하는 순수실험 연구가 불가능할 경우 차선책으로 순수실험설계 모형을 현장연구에 접목시키는 설계 방법을 의미한다. 유사실험설계의 특징은 순수실험설계의 경우처럼 비교집단을 가지고 있으나 실험집단과 비교집단의 선정(selection)과 배정(assignment)이 무선(random)적으로 이루어지지 않는다는 점이다.

Campbell과 Stanley(1963)[38]은 유사실험설계 방법으로 다양한 형태의 연구설계 방식을 창안하였는데, 이들을 정리하면 두 종류의 부류가 있는데 그 첫째로 비동등 비교집단 설계를 들 수가 있고, 둘째는 비연속적 시간계열 분석 설계가 된다.

#### 2.4.1. 시간계열 실험법(time-series design)

시간계열 설계는 어느 한 개인이나 집단을 대상으로 종속변인을 주기적으로 측정하고, 이러한 측정의 시계열 중간에 실험적 처치를 도입하는 것이다. 이를 도식화하면 다음과 같다.

$$O_1 \quad O_2 \quad O_3 \quad O_4 \quad X \quad O_5 \quad O_6 \quad O_7 \quad O_8$$

시간계열 설계에서 실험처치가 가해진 후 관찰된 $O_5$가 실험처치의 영향 정도를 나타낸다고 할 수 있다. 그러나 시간계열 실험설계는 '역사'라는 가외변인을 통제하지 못하고 있다는 점에 유념해야 한다. 따라서 실험처치 $X$의 영향이 있는 것으로 추리되는 경우라도 이 '역사' 요인이 어떻게 작용하였는가를 면밀히 검토해야만 된다.

또한 '도구 사용' 요인도 실험의 타당성을 의심케 하는 요소로 작용할 수 있다. 민약 종속변인을 측정하는 데 있어서 연구자의 판단이 크게 개재되어 있는 경우라면, 가설을 검증하고 싶은 연구자의 '소망'이 변인 측정에 작용했을는지도 모르기 때문이다.

이처럼 일정한 시간이 경과된 후에 이러한 시간계열 설계는 일원집단 사전-사후 검사 설계에 의해서 완전히 통제될 수 없었던 내적 타당도의 중요한 두 가지 저해 요인인 역사성의 정도와 성숙의 통제를 제공해 준다.

시간계열 설계는 또한 검사효과에 대한 통제의 장점을 제공한다. 어떤 단순한 사전검사에 대한 반복된 노출이 발생할 어떤 효과를 검사하는 동안에 적용되거나 감도를 줄이는 경향이 있기 때문에 연속적인 사후검사를 통하여 노력하는 것을 기대할 수가 없다. 이러한 시간계열 설계를 사용하는 경우에 타당도의 저해 요인으로서 역사성을 제거하는 것은 불가능하지만 그것의 효과는 일반적으로 극소화될 수 있다.

대체로 어떤 무관한 사건의 결과들은 모든 관찰들이 교차하여 발생된다. 그리고 $O_1$에서 $O_8$에 이르는 검사들로부터 추론된다. 실험처치의 사전과 사후가 아니라, 실험처치와 일치할 때, 실험처치 $X$의 적용에 대한 무관한 사건들이 동시에 발생할 가능성은 역사적인 편견의 이유에 대하여 이러한 설계로부터 추출된 타당도 저해 요인의 결과일 것이다.

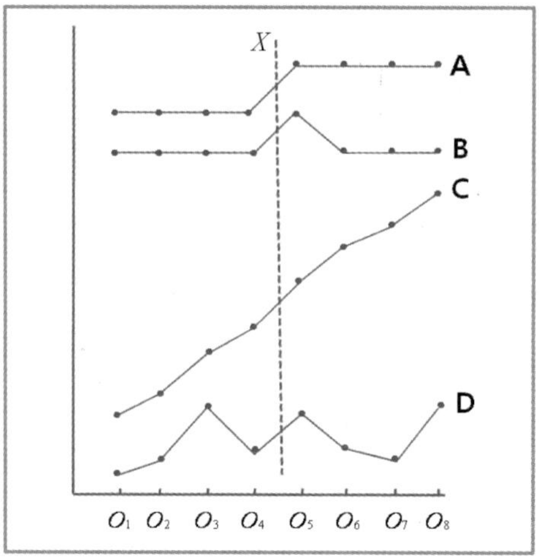


그림 9-1
$O_1$~ $O_6$의 측정과 $O_4$와 $O_5$ 간의 처치를 수반한 시간계열 설계

[그림 9-1]에서 $O_1$~ $O_8$까지 시간계열 설계에 따른 측정의 결과는 실험조치 $X$를 전후로 한 $O_4$~ $O_5$ 사이의 변화를 보게 되는데 A와 B의 경우처럼 효과를 나타내는 경우도 있지만 C와 D처럼 효과를 이야기할 수 없는 경우가 있다. A의 결과는 $X$의 효과를 지속적으로 유지하는 결과를 보이고 있지만, B의 결과는 일시적인 효과 이후에 원 상태로 되돌아가는 결과를 보이고 있으며, C의 경우는 $X$의 효과와 관계없이 지속적인 상승을 보여 제3의 변인에 의한 효과임을 짐작하게 해 준다. 마지막으로 D의 경우는 $X$의 효과가 일어나기는 했지만 이는 불규칙적으로 나타나는 현상이며 우연히 $X$의 실험조치가 가해진 직후에 나타난 것일 뿐 진정한 $X$의 효과는 아니다.

### 2.4.2. 동형시간표본 설계(equivalent time-sample design)

시간계열 설계처럼 동형시간표본 설계는 단일집단의 연구에 유용할 때와 처치를 수반한 경험집단 유형이 매우 높게 예측될 때 사용된다. 다시 말해서 연구자들은 어떤 체계적인 기초에 관한 처치에 대해 그 집단을 노출시켜야 한다. 이러한 설계는 아래의 도식으로 나타낸다.

$$X_1 \quad O_1 \quad X_0 \quad O_2 \quad X_1 \quad O_3 \quad X_0 \quad O_4$$

이러한 설계의 사용 예를 다음에서 고려해 보자. 어떤 미술 선생님이 특별한 미술 수업에서 학생들의 태도와 지식에 관한 박물관 견학의 효과를 결정하기를 원한다. 그 선생님은 한 주 동안($X_1$) 규칙적으로 계획된 미술 수업 대신에 지역 미술박물관에 대한 이러한 수업을 취한다. 견학을 한 후, 그 선생님은 태도의 측정과 미술 지식의 검사를 집행한다($O_1$). 그 다음 주에 선생님은 정규적인 미술감상 수업을($X_0$) 실시하고 그 다음으로 미술에 대한 태도와 지식을 측정한다($O_2$). 세 번째 주에 그 수업은 다시 지역 박물관을 견학하고 수집물의 또 다른 부분에 전념한다($X_1$). 지식과 태도는 다시 측정된다($O_3$). 마지막 주에는 정상적인 수업 활동($X_0$)과 측정을 수반한다. 이러한 연구에서 자료의 분석은 네 가지 측정 간의 상호작용은 시간이 경과한 후의 변화의 차이에 관한 검토를 제공한다. 간단한 시간효과는 $O_1$과 $O_2$ 대 $O_3$와 $O_4$를 비교함으로써 결정할 수 있다.

동형시간표본 설계는 역사성을 통제한 설계 방법이지만, 적용성이 허술한 외적 타당도의 문제점을 지니고 있다.

### 2.4.3. 이질통제집단 설계(nonequivalent control group design)

종종 교육학 연구에서 연구자들은 무선표집으로 연구 대상을 설정하기 어려운 경우에 직면하게 된다. 간혹 교육현장의 학교장은 검사를 위해 이용 가능한 두 집단을 허용해 주지만 연구자들이 그 집단에게 구성원을 재구성하는 것을 허락하지 않는다. 대개는 학교나 학급과 같이 기존의 집단을 자연 상태 그대로 유지한 채, 적당히 실험집단과 통제집단으로 잡아서 연구에 이용하게 된다.

따라서 실험집단과 통제집단이 있지만 두 집단이 실험을 위하여 무선적으로 동질화된 것은 아니다. 이때 사후검사 결과가 사전검사 결과보다 높게 나타났더라도 이를 해석할 때는 우선 그 타당성을 따져봐야 한다. 이 경우에 실험의 내적 타당성을 가장 위협하는 요인은 '피험자의 선발'과 '성숙' 간의 상호작용 효과이다.

또한 실험집단과 통제집단의 피험자들에 비하여 현저하게 높은 잠재적 성장 가능성을 지니고 있었기 때문에, 실험처치 $X$의 효과 이상으로 더 좋은 결과를 나타냈을는지도 모를 일이다. 그러한 순수이질집단을 수반하여 연구를 함에 있어서 아래에서 보여주는 이질통제집단 설계가 제시되었다.

| $O_1$ | $X$ | $O_2$ |
|---|---|---|
| $O_3$ | | $O_4$ |

이러한 설계는 상황에 대한 실험 대상의 무선표집 할당을 제외한 모든 관점에서 사전-사후 통제집단 설계와 동일시된다.

#### 2.4.4. 격리표본 사전-사후검사 설계(separate-sample pretest-posttest design)

이 연구 설계 방식은 단일집단 사전-사후검사 설계를 두 번 반복해 실시하는 형태를 취한다. 이를 통해 단일집단 사전-사후검사 설계가 지닌 취약점들, 역사 요인, 성숙 요인, 그리고 회기 요인 등을 극복하기 위한 설계 방법이라 할 수 있다.

| $O_1$ | $X$ | $O_2$ | | |
|---|---|---|---|---|
| | | $O_3$ | $X$ | $O_4$ |

앞서 설명한 것처럼 단일집단 사전-사후검사 설계는 $O_2$의 원인이 된 $X$에 대해 다른 요인들을 통제하지 못하는 취약점을 지니고 있다. 그러나 만약 $O_2 \rangle O_1$이고, $O_4 \rangle O_3$인 경우가 성립된다면 $X$가 $O$의 원인이 된다는 타당한 결론을 도출할 수 있게 될 것이다.

#### 2.3.5. 상호관계연구(co-relation study)

상호관계연구는 두 변인 간의 관계성을 규명하는 연구에 사용되는 데 표집 대상 혹은 실험에 참여하는 대상들로부터 2 혹은 그 이상의 쌍으로 된 자료(sets of data), 이를테면 10명의 학생들로부터 국어와 수학 성적 자료를 바탕으로 국어 성적과 수학 성적 간의 상호관계를 규명하게 되는데 이를 도식화하면 다음과 같다.

$O_1$ $O_2$

이 설계에서는 연구자가 실험 대상을 선정하거나 비교집단을 통제하지 않고 단지 주어진 쌍으로 된 자료들을 분석해 냄으로써 관계의 정도를 알아보게 된다.

자료 분석은 통계적으로 상관관계 분석을 하게 되는데 이렇게 해서 얻은 결론은 단지 두 변인 간 상관의 정도만을 의미할 뿐, 원인과 결과에 대한 인과관계를 규명하는 것이 아님에 주의를 해야 한다. 그러나 $O_1$과 $O_2$ 사이에 강한 상관이 존재한다면 그 이유는 아래 세 가지 중 하나일 가능성을 암시한다.

① $O_1$에서 측정된 변인은 $O_2$의 원인이 되었다.
② $O_2$에서 측정된 변인은 $O_1$의 원인이 되었다.
③ 측정되지 않은 제3의 변인이 $O_1$과 $O_2$ 모두의 원인이 되고 있다.

## 3. 외생변수의 통제

평가 설계를 선정하고 나면 독립변수와 종속변수 간의 인과관계를 규명하는 데 저해되는 변수나 조건을 찾아야 한다. 실험설계에서는 실험조건이 아니면서도 실험 결과에 영향을 미치는 요인을 외생변수라 한다. 그런 다음 평가 설계의 내적 타당성과 외적 타당성을 극대화하도록 평가 목적과 관계없이 실험조건과 종속변수에 영향을 주는 외생변수들을 통제하는 방법을 강구해야 한다.

실험설계에서 외생변수는 크게 내적 타당도를 저해하는 요인과 외적 타당도를 저해하는 요인으로 구분 지어 볼 수 있다.

내적 타당도란 이것 없이는 어떤 실험 결과도 적절하게 설명할 수 없는 최소한의 요구조건으로서, 실험처치가 정말로 실험의 결과에 주된 원인인가를 묻는 것이다. 외적 타당도는 실험 결과의 일반화 가능성을 따지는 문제이다. 현재의 실험조건을 떠나서 다른 대상, 다른 사태에 어느 정도 일반화시킬 수 있는가를 검토하는 것이다.

이 두 가지 형태의 타당도는 상충하는 면이 있어서, 어느 하나가 높아지면 다른 하나는 상대적으로 낮아지는 경향을 보인다. 이 두 타당도를 만족시킬 수 있는 실험설계 방안을 선택한다는 것은 어려운 문제이나, 원칙적으로 내적 타당도가 없는 실험에 대해서는 외적 타당도를 따질 필요도 없다.

다음에서는 실험 연구의 내적 타당도와 외적 타당도를 저해하는 요인들에 관하여 알아보고자 한다.[39)]

### 3.1. 내적 타당성을 저해하는 요인

실험 결과에는 실험조건 이외의 여러 변인이 작용할 가능성이 있다고 했다. 실험의 내적 타당성(internal validity)이란 실험에서 처치조건만이 실험 결과에 영향을 미쳐 실험 결과로 밝혀진 독립변수와 종속변수 간의 인과관계를 보증할 수 있는 정도를 의미한다.

연구자가 자신이 실시한 실험 결과의 내적 타당도를 평가할 때, 사용한 실험처치가 정말로 그와 같은 실험 결과를 가져왔는가를 자문한다. 내적 · 외적 타당도는 설계전략이 얼마나 정확하게 평가질문에 답할 수 있을지 정하기 위해 평가자들이 사용하는 기준이 된다. 내적 타당도는 어떤 변화가 평가되고 있는 프로그램에 의한 것인지 아니면 프로그램이 아닌 다른 것으로부터 오는 것인지를 설계전략이 구별할 수 있음을 뜻한다.

Campbell & Stanley(1963)는 프로그램의 영향이라고 혼동될 수 있기 때문에 설계의 내적 타당도를 저해할 수 있는 요인들을 다음과 같이 제시하고 있다.

### 3.1.1. 역사(history)

실험설계에서 내적 타당성을 저해하는 요인으로서 역사란 사전검사와 사후검사 사이에 있었던 종속변수에 영향을 미칠 수 있는 갖가지 특수한 사건들을 말한다. 만약, TV 교육 프로그램(독립변인)이 학생들의 건강증진(종속변인)에 미치는 영향을 연구하고 있는 기간 중 뜻하지 않게 전염병이 발생되었다면 전염병이라는 우발적 사건이 평가 결과에 영향을 주게 되어 평가의 내적 타당성을 약화시키게 된다. 일반적으로 평가기간이 길면 길수록 의외의 사건이 발생할 가능성이 높다.

### 3.1.2. 성숙(maturation)

실험기간 중 종속변수에 영향을 줄 수 있는 피험자의 생리적, 심리적 특성의 변화를 성숙이라 한다.

이와 같은 성숙 요인은 실험처치 이외에 시간의 흐름에 따라 나타나는 피험자의 내적 변화가 피험자의 반응에 영향을 줄 수 있다. 연령이 증가하거나 검사 도중 피곤해지거나 흥미가 변하거나 하는 생물학적 · 심리학적인 변화를 의미한다. 그러한 변화가 원인이 되어 실험조건과는 관계없이 사후검사 득점이 높아지거나 낮아질 수 있다.

예컨대, '성교육 프로그램'의 효과를 평가하기 위해 학기시작과 학기말에 검사를 실시해 관찰된 변화를 보려고 할 때, 그 관찰된 변화가 프로그램의 영향에 의한 것인지 아니면 연령증가에 따른 증가된 지식에 의한 것인지 결정하기는 어려울 것이다. 뿐만 아니라 1년 동안 컴퓨터보조학습을 통해 생활영어 중심의 수업을 한 다음 학년말에 그 효과를 검증하려 한다면 컴퓨터보조학습 프로그램의 효과뿐만 아니라 학년이 올라감에 따라 자연적으로 증가된 영어실력이 포함될 수 있다.

### 3.1.3. 검사경험(testing)

사전검사를 받은 경험이 사후검사에 주는 영향을 뜻한다. 피험자가 이전에 사전검사를 받은 경험이 있기 때문에 사전검사 때보다 그 검사에 익숙해지거나 검사 내용의 일부를 기억하고 있어서 사후검사의 결과에 영향을 미칠 수 있다. 이처럼 검사경험이란 실험 전에 실시한 사전검사 경험이 실험 결과를 측정하기 위한 사후검사 득점에 영향을 주는 현상을 의미한다.

즉, 사전검사로 학력검사를 실시하고 일정기간 어떤 특별한 교육적 조치(프로그램 또는 수업 방법)를 취한 후에 사전검사와 완전히 동일한 또는 거의 유사한 학력검사로 사후검사를 실시했다면 사전검사에 출제된 문항 내용을 풀어 본 경험이 작용하여 사후검사의 득점이 높아질 가능성이 있다.

### 3.1.4. 도구(instrumentation)

측정 도구의 변화, 관찰자나 채점자의 변화로 인하여 실험에서 얻은 측정치에 변화가 생기는 것을 말한다. 사전검사와 사후검사에서 사용한 측정 도구가 달라지거나, 관찰자가 바뀌었을 경우 측정 결과도 변화될 가능성이 있다.

이를테면, 처음에는 관찰법을 이용해서 측정하고, 나중에는 지필검사를 통해 측정할 경우 측정 도구의 변화로 인해서 측정 결과가 달라지고 그로 인해 실험 결과에도 변화가 생긴다.

또한, 사후검사가 사전검사보다 더 어렵거나 쉬울 때 혹은 평정자가 달라질 경우 평가 도구가 원인이 되어 평가의 내적 타당도가 저하될 수 있다. 관찰자가 동일하다고 하더라도 사전검사와 사후검사 사이에 관찰자의 숙련도가 높아지거나, 반대로 피로가 누적되어 부주의로 인해 평정 결과가 달라질 가능성도 있다.

### 3.1.5. 통계적 회귀

극단적으로 높거나 낮은 점수에 근거해서 피험자를 선발한 경우 사후검사 득점이 처치와는 관계없이 평균으로 접근하는 현상을 가리킨다.

즉 어떤 능력이나 특성이 아주 낮은 피험자는 실험조건의 영향과는 관계없이 사후검사에서 비교적 높은 점수를 받게 되고, 반대로 득점이 아주 높은 피험자는 사후검사에서 다소 낮은 점수를 받는 경향이 있다. 왜냐하면 사전검사에서 아주 낮은 점수를 받은 피험자들은 사후검사에서 조금이라도 더 높은 점수를 받을 확률이 높기 때문이다. 반면에 사전검사에서 아주 높은 점수를 받은 피험자들은 높은 점수를 받기보다 낮은 점수를 받을 가능성이 높기 때문이다. 이처럼 실험처치의 효과가 없더라도 그 특수집단의 피험자들은 다음 검사에서 자연히 전집의 평균에 좀 더 가까운 점수를 받는 경향이 있는데, 이러한 현상을 통계적 회귀라고 부른다.

결과적으로 사전검사에서 매우 낮은 검사를 받았다면 프로그램이 어떤 영향을 주었든지 관계없이 사후검사에서는 아마도 사전검사에서보다는 높은 점수를 받을 것이다.

### 3.1.6. 선발(selection)

실험집단과 비교집단의 피험사들을 선발할 때 동질성이 결여되어 나타나는 영향을 말한다.

예를 들어, 새로운 프로그램이나 수업 방법을 평가할 때 실험집단에는 학습동기가 높은 피험자를 선발하고, 통제집단에는 학습동기가 낮은 피험자를 선발하여 수업을 한 후 시험을 실시했다면 실험집단과 통제집단의 시험점수는 프로그램 또는 수업 방법의 영향보다는 두 집단의 동기수준의 차이에서 비롯되었을 가능성을 배제할 수 없다. 이처럼 피험자 선정 요인은 집단을 배치할 때 피험자들이 내재적으로 갖는 서로 다른 특성 때문에 기인된 결과를 말한다.

### 3.1.7. 탈락

피험자들이 실험과정에서 중도 탈락함으로써 실험 결과에 영향을 미치는 것을 말한다. 실험이 실시되고 있는 도중에 실험집단이나 비교집단의 어느 한 편에서 피험자들이 빠지게 되면 실험 결과에 편파적인 영향을 미치게 된다. 이처럼 실험집단과 통제집단의 피험자의 탈락률이 현저하게 다른 경우 그것이 종속변수에 영향을 주는 탈락이라 한다.

예를 들어, 새로운 천식치료법과 전통적인 천식치료법을 비교하는 평가에서 각 집단의 60명의 자원 환자들은 내과실험을 위해 처치 프로그램 끝에 진료소를 방문하도록 요청되었다. 전통집단에서는 57명의 환자가 그리고 실험집단에선 43명의 환자가 왔다. 그러나 평가자는 환자들의 건강상태 변화가 처치 결과 때문인지 아니면 두 집단의 서로 다른 프로그램 중도 탈락률 때문인지 확실히 알 수 없었다. 탈락률 요인은 평가에 참여한 사람들의 중도 탈락에 의한 결과를 말한다.

### 3.1.8. 상호작용

상호작용이란 선발, 성숙, 검사경험, 도구, 통계적 회귀, 탈락 등의 요인들이 일부 복합해서 실험의 내적 타당성을 저해하는 경우를 의미한다.

예컨대, 평가 대상으로 자진해서 참여한 학생을 실험집단으로 하고 그렇지 않는 학생을 통제집단으로 한 평가에서 실험집단과 통제집단의 사전검사 득점이 동등하다고 하더라도 지능이나 동기와 같은 다른 요인들의 차이가 평가 대상의 선발 방식과 맞물려 실험집단의 사후검사 득점이 통제집단보다 높을 수 있다. 그런 경우 평가의 내적 타당성이 낮아진다.

### 3.1.9. 처치의 확산 또는 모방

처치의 확산 또는 모방이란 실험집단의 피험자들이 실험이 진행되는 동안 또는 실험이 끝난 직후 처치조건을 상호 교환하거나 모방함으로써 종속변수에 영향을 주는 현상을 가리킨다.

예를 들면, 학급풍토를 개선하기 위한 새로운 학급경영 방식이 행동발달에 미치는 효과를 평가할 때 일부학생들의 행동변화는 교사의 새로운 학급경영 방식에 직접 영향을 받은 것이 아니라, 다른 학생들의 행동변화의 파급으로 인한 변화나 단순히 다른 학생들의 행동을 모방함으로써 생긴 변화에 의해서 나타난 결과라면 그것은 순수한 의미의 처치효과는 아니다.

또한 한 학교에서 동일한 학년 중에 한 반을 실험집단으로 하고 다른 한 반을 통제집단으로 했을 때, 실험집단과 통제집단 간에 정보가 교환되어 통제집단이 실험집단의 행동을 모방한 것이 실험 결과에 나타났다면 그것도 처치의 모방 또는 확산에 의한 효과이다.

#### 3.1.10. 보상적 동등화

통계집단의 피험자들이 처치를 받지 못함으로써 입게 되는 손해를 다른 방식으로 보상해 주는 경우, 통제집단이 된 학년이나 학급에게 아무런 처치를 하지 않는다는 것은 비교육적이고 비인도적이라고 해서 실험기간 중에 다른 활동을 시킨다면 그 활동이 실험 결과에 작용할 수 있다. 이런 경우 통제집단과 비교해서 새로운 프로그램의 효과를 평가하기 곤란하게끔 보상적 동등화가 작용되었다고 할 수 있다.

#### 3.1.11. 포기

포기란 통제집단의 피험자들이 열등감이나 소외감을 느껴 실험에도 중도 탈락하는 현상을 가리킨다.

예를 들면, 실험집단에게는 새로운 교재 또는 방법으로 수업하고, 통제집단에는 아무런 변화 없이 종전과 같은 방법으로 수업해서 그 결과를 측정·비교한다면 실험집단의 성적이 통제집단의 성적보다 월등히 높게 나올 가능성이 있다. 그것은 새로운 교재 또는 방법으로 수업한 효과라기보다는 통제집단에 속한 학생들이 사후검사에 흥미를 잃고 최선을 다해서 시험을 치지 않았기 때문에 일어난 결과이다.

### 3.2. 외적 타당성을 저해하는 요인

외적 타당도(external validity)란 실험 결과의 일반화 가능성 또는 대표성을 말한다. 이는 '실험변인의 효과가 어떤 사람들의 전집, 어떤 상황, 실험처치변인들 및 측정된 변인들에 일반화될 수 있느냐?'를 의미한다. 즉, 외적 타당도는 평가 결과가 다른 지역에 있는 다른 사람들에게도 같은 결과로 받아들여질 수 있을지 결정하는 준거가 된다.

예를 들어, 초등학교 학생을 대상으로 실시한 어떤 프로그램에 대한 효과를 평가한 결과를 중학생이나 고등학생에게 확대, 적용하기는 곤란하다. 또한, 10명의 소집단 학습을 통해 얻은 결론은 60명 단위의 일제수업에 일반화시킬 수 없다.

실험 결과의 외적 타당성을 높이려면 실험 대상, 표집 지역, 측정 도구, 실험 시간 등의 대표성이 확보되어야 한다. 외적 타당성을 약화시키는 요인들을 간단하게 소개하면 다음과 같다.

#### 3.2.1. 선발과 처치의 상호작용

피험자의 특성에 따라 실험조건의 영향이 다르게 작용한다면 그것은 실험 결과의 일반화 가능성에 영향을 준다.

예컨대, 어떤 프로그램이 기초실력이 낮은 학생에게는 유리하나 기초실력이 높은 학생에게는 별로 효과가 없는데도 불구하고 학생들의 기초실력을 전혀 고려하지 않고 평가했다면, 그 프로그램의 효율성에 대한 평가 결과는 선발과 처치의 상호작용 때문에 모든 학생에게 일률적으로 적용시킬 수 없어 일반화에 제약을 받게 된다.

#### 3.2.2. 검사 경험의 반응적 효과

사전검사를 받은 경험이 결과의 일반화 가능성을 제약하는 것을 검사 경험의 반응적 효과 또는 영향이라고 한다.

예를 들어, 사전검사와 사후검사를 실시하는 평가 설계에서 사전검사를 받음으로써 평소에는 별로 관심을 기울이지 않던 문제나 사건에 주의를 기울이게 되어 사후검사 성적이 향상되었을 가능성이 있다면 그것은 평가의 내적 타당도를 저해시키는 요인으로 작용했을 뿐만 아니라 외적 타당성을 약화시켜 사전검사를 받지 않은 집단에게 일반화시킬 수 없는 평가 결과이다.

#### 3.2.3. 실험처치의 반응적 효과

실험처치의 반응적 효과란 피험자들이 실험에 참여하고 있다는 것을 의식하여 실험 조건에 특별히 반응하고 열심히 노력함으로써 실험 결과가 의외로 높아지는 현상을 의미한다.

예컨대, 행동발달을 촉진하기 위한 어떤 교육적 조치를 평가할 때 실험 대상으로 표집된 학생들이 학교의 명예를 위하여 평소 행동과는 달리 의식적으로 특별히 행동한 것이 평가 결과에 작용할 수 있다.

### 3.2.4. 처치간 간섭

동일한 피험자에게 두 가지 이상의 처치를 반복적으로 실시할 경우 제일 먼저 받은 A처치가 B처치에, B처치는 C처치에 작용하여 처치 순서가 실험 결과에 영향을 주는 것을 처치간 간섭이라 한다.

만약 학습 방법을 평가할 때 한 실험집단에게는 개별학습을 시킨 다음 협동학습을 시키고, 다른 실험집단에게는 협동학습을 시킨 후에 개별학습을 시켜 개별학습과 협동학습의 효과를 평가했다면 그 평가 설계에는 처치간 간섭이 작용했을 가능성이 있다. 이런 경우 실험 결과는 똑같은 순서대로 처치를 받은 집단에만 일반화될 수 있다.

모든 평가 설계는 내적으로 타당해야 한다. 그렇지 않으면 평가 결과의 정확성에 대한 신뢰가 불가능하다. 외적 타당도는 평가 결과가 다른 사람이나 다른 환경에서 적용될 때, 또는 현재의 프로그램 참가자로부터의 결과가 미래의 참가자에 영향을 끼치는지 결정을 내리기 위해 언제라도 중요하게 사용된다.

평가자는 타당도를 저해하는 요인을 가장 잘 통제할 수 있는 설계전략을 사용해야 한다.

예를 들어 통계적 회귀 요인이 도구 요인보다 특정 프로그램의 내적 타당도를 저해할 수 있는 요인이라고 생각된다면, 평가자는 도구보다는 통계적 회귀 요인을 통계하는 설계를 선택해야 한다.

내적 · 외적 타당도를 저해하는 요인을 통제하기 위한 세 가지 설계전략은 사례 설계, 연속 설계, 비교집단 설계이다.

| | | 신뢰도를 저해하는 요인 | | | | | | | | | | | |
|---|---|---|---|---|---|---|---|---|---|---|---|---|---|
| | | 내부 요인 | | | | | | | | 외부 요인 | | | |
| | | 역사 | 성숙 | 검사 | 도구 | 통계적 회귀 | 선발 | 탈락 | 상호작용 | 검사의 상호작용과 처치 | 선발의 상호작용과 처치 | 반응조정 | 중복처치방해 |
| 사전실험설계 | 단일사례연구<br>$X\ O$ | − | − | | | | − | − | | | − | | |
| | 단일집단 사전-사후검사<br>$O\ X\ O$ | − | − | − | − | ? | + | + | − | − | − | ? | |
| | 정적집단비교법<br>$X\ O$<br>$O$ | + | ? | + | + | + | − | − | − | | − | | |
| 순수실험설계 | 사전-사후통제집단 설계<br>$R\ O\ X\ O$<br>$R\ O\ \ \ O$ | + | + | + | + | + | + | + | + | − | ? | ? | |
| | 솔로몬 4집단 설계<br>$R\ O\ X\ O$<br>$R\ O\ \ \ O$<br>$R\ \ \ X\ O$<br>$R\ \ \ \ \ O$ | + | + | + | + | + | + | + | + | + | ? | ? | |
| | 통제집단 사후측정 설계<br>$R\ X\ O$<br>$R\ \ \ O$ | + | + | + | + | + | + | + | + | + | ? | ? | |
| 유사실험설계 | 시계열<br>$O\ O\ O\ O\ X\ O\ O\ O\ O$ | − | + | + | ? | + | + | + | + | − | ? | ? | |
| | 동형시간표본<br>$X_1O\ X_0O\ X_1O\ X_0O$, etc. | + | + | + | + | + | + | + | + | − | ? | − | − |
| | 동형표본 설계<br>$MaX_1O\ MbX_0O\ McX_1O$<br>$MdX_0O$, etc. | + | + | + | + | + | + | + | + | − | ? | ? | − |
| | 이질통제집단<br>$O\ X\ O$<br>$O\ \ \ O$ | + | + | + | + | ? | + | + | − | ? | ? | ? | − |
| | 균형 설계<br>$X_1O\ X_2O\ X_3O\ X_4O$<br>$X_2O\ X_4O\ X_1O\ X_3O$<br>$X_3O\ X_1O\ X_4O\ X_2O$<br>$X_4O\ X_3O\ X_2O\ X_1O$ | + | + | + | + | + | + | + | ? | ? | ? | ? | − |
| | 분리표본 사전-사후 설계<br>$R\ O\ (X)$<br>$R\ O\ X\ O$ | − | − | + | ? | + | + | − | − | + | + | + | |
| | $R\ O\ (X)$<br>$R\ O\ X\ O$<br>$R\ \ \ O\ (X)$<br>$R\ \ \ \ \ X\ O$ | + | − | + | ? | + | + | − | − | + | + | + | |
| | $R\ O_1\ \ \ (X)$<br>$R\ \ \ O_2\ (X)$<br>$R\ \ \ \ \ X\ O$ | − | + | + | ? | + | + | − | ? | + | + | + | |
| | $R\ O_1\ X\ O_2$<br>$R\ \ \ X\ O_3$ | − | − | + | ? | + | + | + | − | + | + | + | |

10장

# 평가연구의 절차

본 장은 평가연구의 절차를 소개하고 연구의 각 단계에서 기술하고 점검해야 할 중점 내용들에 관해 기술했다. 기초연구와 응용연구, 그리고 평가연구가 지닌 공통점과 차이점을 이해하는 것이 필요하다. 학습자는 본 내용을 통해 연구가 어떻게 이루어지는가를 이해하고 실제로 다른 사람의 연구보고서를 이해할 수 있도록 기존의 학위논문이나 평가 관련 연구보고서를 접해 보기 바란다. 바람직하기는 한 단계 더 나아가 학습자 스스로가 평가연구를 수행할 수 있는 능력도 함께 갖추게 되기를 기대한다.

# 1. 평가연구

프로그램 평가연구라고 해서 사회과학 분야의 일반적인 연구 논리나 연구 절차 등에 있어 크게 다르지 않다. 일반연구와 평가연구 모두 문제, 질문 혹은 가설로부터 연구가 시작되고, 연구 또는 평가하고자 하는 문제와 관련해 이전에 어떤 연구들이 진행되었고, 관련문제와 관련한 이론들의 고찰을 통해 연구하고자 하는 문제에 실체를 파악하게 된다. 증거자료의 수집을 위한 평가 설계를 하게 되며, 그에 따라 데이터를 수집하고 분석하게 된다는 공통점을 지니게 된다.

단지 순수연구와 평가 구 간에 차이가 존재한다면, 결과의 활용이란 측면에서 서로 다른 관점을 보일 수 있다. 즉, 순수연구가 연구 결과의 용도와 관계없이 단지 지적 호기심에서 사회 현상에 관한 규명 그 자체를 목적으로 진행될 수 있는 반면, 평가연구는 프로그램의 목표 달성 유무, 혹은 효과검증의 목적을 지니게 된다는 점이다.

또 다른 차이는 순수연구가 일반화할 수 있는 지식(이론)을 정립하는 데 주안점이 있는 반면, 평가연구는 프로그램을 통해 얻어진 정보가 다른 특정 프로그램에 적용가능성에 관심을 두게 된다.

〈표 10-1〉은 기초연구와 응용연구, 그리고 평가연구의 관점을 비교해 놓고 있다.

이제 평가연구의 절차와 내용을 설명함에 있어 David Royse(1992)의 저서 Program Evaluation에 제시된 순서에 따라 기술하고자 한다.[40] 아울러 본 장에서는 요약 및 결론 부분이 추가되었음을 밝혀 둔다.

〈표 10-1〉 기초연구 · 응용연구 · 평가연구 비교[41)]

| | 기초연구 | 응용연구 | 평가연구 |
|---|---|---|---|
| 연구의 주제 | 물리적, 행동적 사회 과학적 | 응용 분야 ; 의학, 사회적인 일, 공학 교육 | 주어진 장소에서의 실제 |
| 연구 목적 | 1.이론을 검증하고 과학적 법칙과 기초적인 이론을 발견하는 것<br>2. 자연적, 사회적 현상 사이의 경험적 관계를 연구<br>3. 과거와 현재의 관계를 분석적 연구 | 1. 주어진 분야 내에서 과학적 이론의 유용성을 검증하는 것<br>2. 주어진 분야 내의 경험적 관계를 연구<br>3. 주어진 분야 내의 과거 현재 사이의 관계를 분석적 연구 | 1. 특정 분야의 장점을 평가<br>2. 특정 분야의 가치평가 |
| 조사자의 전형적 역할 | 과학자 | 주어진 분야 내의 연구자 | 주어진 분야 내의 연구자 혹은 주어진 장소 내에서의 조사자 |
| 언어의 수준 | 과학 내에서의 추상성 혹은 일반성 | 주어진 분야 내에서의 추상성, 일반성 | 특정한 실제에서의 구체성 및 특정성 |
| 설명의 일반성 | 물리적, 행동적 사회 과학적 관계 | 주어진 분야에 대한 적응 | 특정한 장소에서 특정한 실제 적용 |
| 기능 | 1. 기본적 법칙과 원리에 관한 과학적 지식의 첨가<br>2. 심층탐구와 방법론의 고양 | 1. 주어진 분야 내의 연구 기초지식 첨가<br>2. 주어진 분야 내의 연구와 방법론의 고양 | 1. 특정한 실제에 관한 연구 기초지식 첨가<br>2. 특정한 실제의 연구와 방법론의 고양<br>3. 주어진 장소에서 의사결정에 도움 |
| 의도된 결과 | 물리적, 행동적 사회 과학에서 지식의 뼈대를 이룸 | | 1. 현장의 실제를 변화시킴<br>2. 관련된 적용 분야에 있어서 지식 |

# 2. 평가연구의 절차

1. 서론(Introduction)
   가. 문제의 제기
   나. 평가연구의 문제나 질문의 진술
   다. 평가연구의 필요성과 중요성

2. 이론적 배경(Literature Review)
   가. 이론적 역사적 관점
   나. 선행연구의 확인
   다. 평가 목적의 재확인

3. 연구 방법(Methodology)
   가. 평가 설계와 자료 수집 절차
   나. 표집 설계
   다. 평가 대상
   라. 측정 도구
   마. 자료 분석 절차

4. 결과(Findings or Results)
   가. 사실적 정보 제시(도표 포함)
   나. 통계적 실제적 유의성

5. 논의(Discussion)
   가. 평가 결과에 대한 해석과 견해
   나. 평가상의 제한점들의 검토와 제시

6. 요약 및 결론(Summary and Conclusions)
   가. 전체의 요약
   나. 발견사항과 결론의 제시
   다. 향후 타 연구를 위한 제언

7. 참고문헌(References)

8. 부록(Appendices)

옆에서 보듯이 대체로 하나의 연구 과정은 크게 5단계로 이루어진다. 그러면 각 단계별로 그 연구 절차를 간단히 살펴보면서 거기에 나오는 중요한 연구 개념들을 알아보기로 하자.

## 2.1. 서론 단계(introduction)

모든 연구의 첫 단계는 연구문제 또는 주제를 선정하거나 제기하는 작업으로부터 비롯된다. 연구문제의 제기는 그 문제의 연구 필요성 내지 중요성에서 출발하게 되는데 이것을 연구의 목적 또는 동기라고 한다.

일반적으로 연구문제의 제기나 진술은 의문문 형식으로 명확히 서술하고 해결 가능한 구체적 형태로 가다듬어야 한다. 따라서 연구문제를 어떻게 설정 또는 서술하느냐는 매우 중요한 문제가 되는데, 좋은 연구문제란 최소한 다음과 같은 세 가지 기준을 충족시킬 수 있어야 한다(차배근, 1979, p. 52).

첫째, 연구문제는 연구하고자 하는 둘 또는 그 이상의 변인들 사이의 관계를 명확히 명시하여야 한다. 예컨대 '변인 A는 B에 관련되어 있는가?', '어떻게 A와 B가 C에 관계되어 있는가?' 또는 'C와 D의 조건하에서는 A와 B에 관련되어 있는가?' 등으로 변인들 사이에 어떤 관계가 존재하고 있는가를 명시해야 한다.

둘째로 연구문제는 의문문 형식으로 명확하고 분명하게 서술되어야 한다.

마지막으로 연구문제는 실증적 검증이 가능한 것이어야 한다. 이를테면 '인생이란 무엇인가?' 하는 식의 철학적 문제는 실증적 검증이 불가능해서 과학적 방법으로 연구될 수 없으므로 이러한 연구문제는 피해야 한다. 연구를 끝내고 보고서나 논문을 쓸 때에는 서두에서 그 연구동기를 밝히고 아울러 연구의 필요성 및 중요성을 설명해야 된다.

연구문제가 결정되고 나면, 검증할 가설을 설정하게 된다. 일반적으로 현장중심의 프로그램 평가에서 가설을 설정하고 이를 증명하는 경우는 여타 사회과학 분야처럼 많지는 않다. 그럼에도 가설이 필요한 경우를 대비해 가설이란 무엇이며 가설은 왜 설정되어야 하는지 가설의 필요성을 살펴보고 그 다음 가설의 실제 설정 방법에 대하여 알아보기로 하겠다.

가설이란 앞서 제기된 연구문제를 변인들 사이의 관계로 재진술해 놓은 형태를 말하는데 긍정 또는 부정하기 위해서 세워 놓은 연구문제에 대한 예측적 해답이라 할 수 있다. 따라서 연구문제가 '변인 A는 B와 관계가 있는가?' 하는 식으로 변인들 간에 어떤 관계가 존재하는가를 묻는 의문문이라고 한다면, 가설은 이러한 문제에 대하여 '변인 A는 B와 관계가 있다'는 식의 긍정문으로 예측적 대답을 해놓은 형태로 진술되게 된다. 그렇다면 이러한 가설은 도대체 왜 설정해야 하는가?

첫째 이유는 주어진 연구문제에 대한 보다 명확한 해답을 얻고자 하는 데 있다. 가설이 없이 어떤 현상을 관찰해서 주어진 연구문제에 대한 해답이나 판단을 내리게 되면, 연구자의 상식과 선입견이 개재되기 쉽다. 따라서 어떤 주어진 연구문제 또는 현상에 대한 올바른 판단을 내리기 위해서는 먼저 그에 대한 최선의 해답 또는 설명을 구한 다음, 이를 가설로 해서 다시 실증적으로 검증함으로써 보다 확실한 해답을 얻을 수 있다. 다시 말해서 어떤 연구문제에 대한 현상을 그냥 관찰하고 자기 나름대로 추리하고 판단해서 해답을 얻는 것보다 일단 가설을 세우고 통제된 관찰을 통하여 이를 검증하여 긍정 또는 부정함으로써 주어진 연구문제에 대한 해답을 구하는 것이 보다 과학적이라는 것이다.

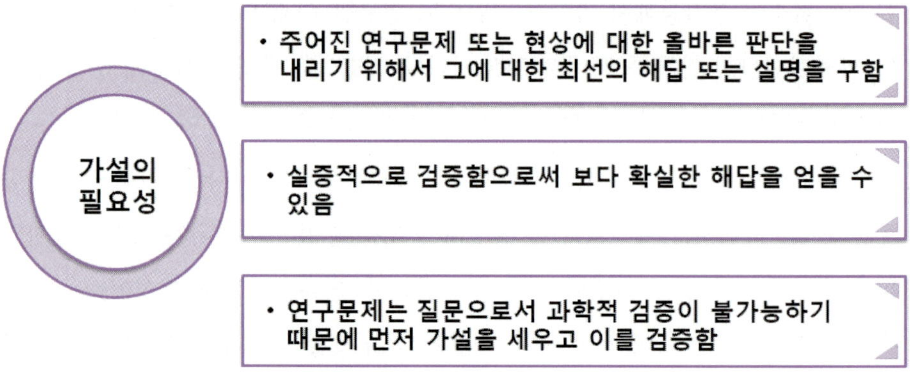


둘째로, 가설을 세워야 하는 보다 근본적인 이유로는 어떤 연구문제를 가설의 형태로 바꾸지 않고 직접적으로 해결하는 것은 사실상 불가능하기 때문이다. 즉, 연구문제는 질문으로써 과학적 검증이 불가능하기 때문에 먼저 가설을 세우고 이를 검증하여 긍정 또는 부정함으로써 주어진 문제를 간접적으로 해결할 수밖에 없다는 점이다.

이상에서 살펴보았듯이 가설이란 주어진 연구문제에 대한 예측적 해답, 즉 2개 또는 그 이상의 변인들 사이의 관계에 대한 가설적 서술문을 말하는 것으로서 가설의 진술 형태는 다음 [그림 10-1]과 같은 요건을 지녀야 한다.

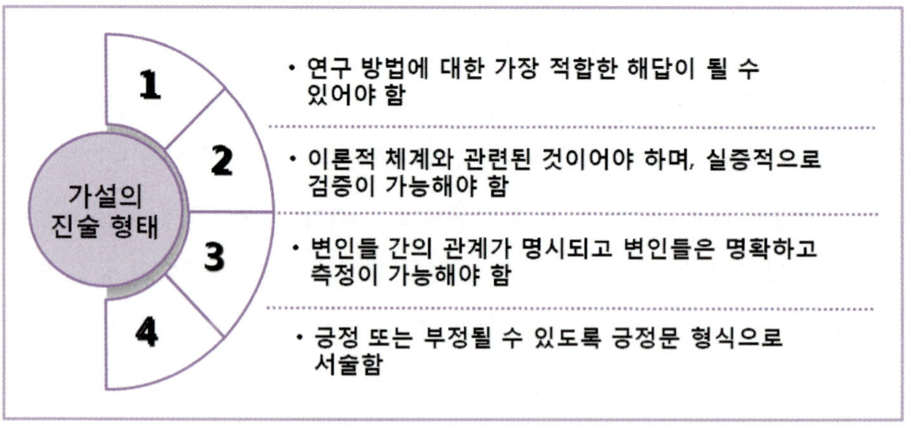


그림 10-1 가설의 진술 형태

연구문제를 서술하고 그에 따라 검증할 가설들이 설정되면 서론적 연구 과정의 마지막 단계로서 이들 연구문제와 가설에 나오는 개념·변인 또는 용어들을 구체적으로 정의(define)해야 한다.

여기서 개념의 정의란 "어떠한 개념의 뜻을 구체적으로 명시하는 방법 또는 절차"를 말하는데, 그 방법에는 대체로 명명적 정의 방법과 조작적 정의 방법으로 이루어진다.

연구문제나 가설에 나오는 중요 변인들이나 개념이 제대로 정의되지 못하면 연구 방법을 제대로 세울 수 없으며 엉뚱한 연구과제를 얻게 된다. 따라서 연구 방법으로 들어가기에 앞서 중요한 개념이나 변인들은 명확히 하고 넘어가는 것이 절대로 필요하다.

## 2.2. 이론적 배경 단계(literature review)

일단 연구문제의 서술이 끝나면 관련 문헌의 조사연구로 들어가게 되는데 이는 주어진 연구문제와 관련하여 기존의 연구논문들의 결과나 이론, 학설 등을 문헌조사를 통해서 찾아내고 이들을 검사·비판·분석·정리하는 작업을 말한다. 따라서 사전에 철저한 관계 문헌의 조사연구는 주어진 연구문제의 해결을 위한 지식과 연구 방법을 제시해 줄 뿐만 아니라 연구 결과의 해석에 필요한 이론적 근거도 제공해 주게 된다.

사실상 연구란 앞 사람들이 한 연구 결과들을 이어받아서 그것을 발전시킴으로 해당 분야의 지식이나 이론 체계를 발전시켜 나가는 작업이라고 볼 수 있다. 따라서 모든 학문에서는 연구자들 사이의 인수인계가 무엇보다도 중요하며 모든 연구는 주어진 이론적 체계에서 출발하여 그 연구 결과는 다시 그 속으로 들어가야 한다. 그러기 위해서는 주어진 연구문제에 관한 이제까지의 연구들의 결과와 방법을 아는 것이 필요하며, 만약 문헌조사 결과, 제기된 연구문제에 대한 해답이 이미 다른 연구들에서 충분히 주어졌다면 그 문제는 더 이상 연구할 필요가 없게 되는 것이다.

## 2.3. 연구의 방법 단계(research methodology)

연구 방법이란 설정된 가설들을 검증하기 위한 자료들을 수집하고 분석하는 방법을 말하며 연구 방법은 세 가지 단계 즉 연구 설계, 자료의 수집, 자료의 분석 단계로 나누어 볼 수 있다.

### 2.3.1. 연구 방법의 설계

연구 방법 단계에서의 제1차적 작업은 실제 연구를 하기 위한 설계(research-design)를 하는 것이다.

연구 설계란 설정된 가설을 검증하기 위한 자료들을 수집하고 그것을 분석하기 위한 모든 방법과 절차들의 선정 및 배정의 사전계획을 말한다. 즉 집을 지을 때의 설계도 또는 청사진을 만드는 것에 해당된다.

연구 설계의 목적은 두말할 것도 없이 주어진 연구문제에 대한 타당하고 객관적인 해답을 경제적이고 효율적으로 얻으며 변량을 통제하자는 데 있다. 여기서 변량의 통제란 ① 관찰하고자 하는 독립변인의 영향 즉 체계적 변량을 극대화시키는 동시에, ② 독립변인에 곁들여서 종속변인에 부작용을 미치는 불필요한 가외변인들의 변량을 통제하며, ③ 표집과 측정 과정에서 야기되는 오차변량을 극소화시키는 것을 말한다. 이것은 비단 실증적 연구뿐만 아니라 문헌적 연구에도 해당된다.

따라서 연구 설계에서는 우선 ① 주어진 가설에 나타난 변인들 간의 관계를 검증할 수 있는 적절한 연구 설계 방안을 결정해야 하며, ② 어떤 방법으로 연구 대상물, 피조사 또는 피험자를 표집하여, ③ 어떠한 관찰을 어떻게 할 것인가와, ④ 관찰 또는 연구 결과를 어떤 분석 방법을 사용하여 어떻게 분석할 것이며, 나아가서는 ⑤ 분석 결과로부터 어떻게 연구문제에 대한 결론을 추출할 것이냐 등에 대한 계획도 세워야 한다.

그러기 위해서는 실제의 연구 설계에 앞서 ① 연구문제가 무엇이며, ② 가설은 무엇이며, ③ 독립변인들은 무엇이며, 또한 ④ 종속변인은 무엇이며, ⑤ 종속변인은 어떻게 측정할 것이며, ⑥ 어떠한 통제가 필요하며, ⑦ 어떠한 절차로 연구를

**설계** 주어진 가설에 나타난 변인들 간의 관계를 검증할 수 있는 적절한 연구 설계 방안을 고려해야 함

**표집** 어떤 방법으로 연구대상물, 피조사 또는 피험자를 표집할지 결정

**관찰** 어떠한 관찰을 어떻게 해야 할 것인가 결정

**분석** 관찰 또는 연구 결과를 어떤 분석 방법으로 사용하여 어떻게 분석할지 결정

**결론** 분석 결과로부터 어떻게 연구문제에 대한 결론을 추출할 것인지 결정

할 것이며, ⑧ 어떤 오류를 범해서는 안 될 것이냐 등의 제 문제를 충분히 파악하고 고려해야 한다.

### 2.3.2. 연구 자료의 수집

전체적인 연구 설계가 끝나면, 연구 설계에 따른 자료 수집 단계로 넘어가게 된다. 자료 수집과정에서는 ① 연구 대상의 선정, ② 측정검사 도구의 선정 및 제작, ③ 예비실시, ④ 본조사를 통한 실제 자료 수집, ⑤ 연구 자료의 정리 및 분석 등이 이루어지게 된다.

#### (1) 연구 대상의 선정

주어진 가설을 검증하기 위해서는 피험자를 표집해야 하는데 조사연구와 실험연구 등 실증적 연구에서는 전집을 대상으로 자료를 수집할 수 없는 경우가 대부분이다. 왜냐하면 전집이 너무 방대하기 때문이며 또한 인력과 비용을 들여가면서 전집을 대상으로 연구할 필요도 없기 때문이다. 대부분의 내용 분석, 조사 또는 실험연구에서는 전집의 일부분인 표본을 대상으로 연구를 한 다음,

그 결과를 가지고 전집을 추리하게 된다. 만약 이때 표본만 잘 표집한다면 전집과 표집 사이에는 큰 오차가 없게 된다. 그러므로 구태여 많은 시간과 돈을 들여가면서 전집을 대상으로 연구할 필요가 없다.

그러나 표집을 잘한다는 것은 쉬운 일이 아니다. 따라서 표집을 할 때에는, 첫째로 표집이 전집을 충실히 대표할 수 있도록 해야 하며, 둘째로 시간과 노력 및 경비가 조금 들도록 간단하면서도 표집 오차가 최소가 될 수 있도록 표집의 크기가 적합해야 한다.

### (2) 측정검사 도구의 선정 및 제작

연구자료를 수집하기 위해서는 측정검사의 도구를 선정하거나 제작을 해야 하는데 검사 도구를 선정한다고 함은 상업적 목적 또는 전문가 집단에 의해 기존에 개발되어진 도구를 사용할 경우 자신이 실시하고자 하는 측정검사에 적합한 것을 고르는 것을 말하며, 제작이란 기존에 이미 개발되어진 도구가 아닌 연구자 스스로가 측정검사 도구를 제작하는 일을 말한다. 측정검사 도구란 주어진 변인들을 관찰 또는 측정하는 데 사용되는 설문지, 태도측정척도 또는 지능검사지 등을 말하는 것으로서 이들은 특히 실증적 연구에서 반드시 필요하며, 또한 중요한 구실을 하고 있다.

### (3) 예비실시

이상과 같은 연구를 위한 준비가 대체로 끝나면 실제 자료의 수집작업으로 들어가기에 앞서 예비 또는 시행연구를 실시해 보는 것이 바람직하다. 예비 또는 시행연구의 목적은 연구 설계상의 문제점을 발견하고 또한 관찰이나 측정검사기구의 문항을 점검해서 잘못이 있으면 이를 수정·보완하려는 데 있다. 만약 예비 또는 시행연구가 없이 본 조사나 실험에 들어가서 자료를 수집한 후 잘못이 발견된다면, 연구를 다시 해야 되므로 많은 노력과 시간 및 경비를 낭비하게 된다. 따라서 가능하다면 예비 또는 시행연구를 미리 해보는 것이 여러 가지로 현명하다.

### (4) 본조사 · 실험 등 실제 자료 수집

예비 또는 시행연구를 통하여 연구 설계 및 관찰·측정 검사시에 대한 수정·보완이 끝나면 그 다음 실제의 자료 수집 작업에 들어가게 된다.

자료 수집이란 피조사자들을 상대로 면접 방법을 통하여 조사를 하거나 또는 설문지를 우송해서 그 응답을 기입케 하는 작업을 말한다. 면접조사를 할 경우에는 면접조사원을 훈련시켜야 하는 등 여러 가지 절차나 방법이 필요하다. 실험연구에서는 우선 피험자들에게 실험처치를 하고 그 결과를 관찰 또는 검사해서 자료를 수집하게 되는데, 경우에 따라서는 사전조건에 따라 여러 집단으로 나누어서 실험처치를 해야 하는 등 그 실험절차가 복잡하다. 또한 실험처치와 검사를 누가, 언제, 어떻게, 어떤 형태로 해야 할 것이냐도 결정하고 실제로 수행하여 자료를 수집하게 된다.

### (5) 연구 자료의 정리 및 분석

일단 수집되면 이들을 정리한 다음, 그 자료가 믿을 수 있는가를 다시 검토해 보고, 이들을 분석해서 설정된 가설을 검증하게 된다. 자료의 검토는 수집된 자료들이 코딩 과정에서 입력 오류가 발생했거나 미싱 자료(missing data)의 유무 등을 검토하게 된다.

그리고 수집된 자료의 정리가 끝나면, 그 다음 자료의 타당도와 신뢰도를 검토해 보아야 하는데, 수집된 자료들이 주어진 가설을 검증하는 데 적합하며 믿음성이 있는가를 확인해 보아야 한다. 자료의 검사 결과, 그것들이 주어진 가설을 검증하는 데 하자가 없다고 생각되면 그 다음 실제의 자료 분석으로 넘어가게 된다.

#### ➡ 연구 자료의 분석

연구 자료의 분석 방법에는 다양한 방법들이 존재할 수 있다. 우선은 연구 결과의 신뢰도를 강조하기 위해 가외변인을 철저히 통제할 수 있도록 설계되어진 양적 연구 방법을 생각할 수 있다. 이 방법은 연구 설계로부터 대표성을 띤 자료들의 수집과 수집된 자료들의 통계분석, 그리고 결과에 대한 해석 등 일련의 과정들이 객관성을 유지하는 쪽을 강조한 연구 방법이라 할 수 있다. 반면에 질적 연구로 불리는 비수량적 접근 방법은 개인이나 현상에 대한 본질을 밝혀내기 위해 관찰이나 인터뷰, 문서나 전기와 같은 기록물을 통해 심층분석을 시도하는 방법이라 할 수 있다.

일반적으로 양적 연구와 질적 연구는 몇 가지 점에서 차별화가 이루어진다. 양적 분석 방법이 객관성을 띤 연구라면 질적 분석 방법은 주관성을 띤 연구란 점을 들 수가 있는데 객관적이라고 해서 반드시 주관이 개입된 질적 분석 방법보다 좋다고는 이야기할 수 없다. 이들 두 가지 분석 방법은 그 나름대로의 필요성과 장·단점을 가지고 있다. 우선 양적 연구는 발견된 사실을 일반적인 상황으로 확장시키는 데 목적을 두지만, 질적 연구는 기초가 되는 원인에 대한 이해에 목적을 둔다.

양적 연구에서는 대표성을 갖는 많은 수의 표본을 요구하는 데 반해, 질적 연구에서는 대표성을 담보할 수 없는 적은 수의 표본으로도 연구가 이루어진다. 따라서 자료의 수집과 분석 방법에 있어 질적 연구는 양적 연구와는 달리 구조화된 자료를 수집하기도 어렵고 통계분석 방법을 사용하지 않는다. 그래서 연구 결과의 제시가 질적 연구는 현상에 대한 이해를, 양적 연구는 최종 통계분석 결과를 제시하게 된다.

질적인 연구의 장점과 고유한 가치에도 불구하고 많은 현장연구자들이 양적 연구를 선호하는 이유는 질적 연구에 정통하지 않은 사람이라면 연구주제를 제대로 끌어가기가 쉽지 않다는 인식 때문이다. 그러나 과연 양적인 연구가 질적인 연구보다 쉽고, 질적인 연구가 양적인 연구보다 어려운 것일까? 여기에 대한 답은 그럴 수도 있고, 안 그럴 수도 있다는 점이다.

보다 근본적인 문제는 그 동안 우리 교육현장에 측정의 신뢰도를 강조하는 양적 연구 방법이 너무 오랫동안 익숙하게 자리해 왔고 그 결과 많은 사람들이 질적 연구보다 양적 연구 방법에 더 익숙해진 때문일 것이란 생각이 든다. 양적 연구 방법이 마치 기성복을 구매할 때처럼 간편한 방법이 적용될 수 있는데

〈표 10-2〉 질적 연구와 양적 연구의 비교[42)]

| | 질적 연구 | 양적 연구 |
|---|---|---|
| 연구 목적 | 기초가 되는 원인에 대한 이해 | 발견된 사실을 일반적인 상황으로 확장 (예 : 인과관계) |
| 표 본 | 적은 수의 대표성 없는 표본 | 대표성을 갖는 많은 수의 표본 |
| 자료 수집 | 구조화되어 있지 않음 | 구조화되어 있음 |
| 분석 방법 | 통계분석을 사용하지 않음 | 통계분석 |
| 연구 결과 | 현상에 대한 이해 | 최종 결과 |

반해, 질적인 연구 방법은 자신의 안목에 따른 맞춤복을 제작해야 하는데 연구자 자신이 현상을 관찰하고 분석해 내는 식견이 없이는 촌스런 디자인의 옷을 착용할 수밖에 없는 원리와 같다. 개성은 주관적인 것이다. 마찬가지로 질적 연구 방법은 주관적 요소가 강해 미적 감각이 탁월한 사람이 개성에 맞는 디자인을 하면 기성복보다 훨씬 더 멋을 창조할 수 있겠으나 그렇지 못한 경우에는 그 반대의 상황이 벌어질 수 있는 부담이 따르기도 한다. 이처럼 이들 두 가지 분석 방법은 그 나름대로의 필요성과 장·단점을 가지고 있다.

### 2.4. 연구 결과의 제시 단계(findings or results)

앞에서와 같이 자료의 분석이 끝나면 실제적인 연구 작업은 모두 끝나며 그 연구 결과를 제시하고 해석·논의하여 결론을 내리는 일만 남게 된다. 앞서 언급한 것처럼 연구 자료의 분석에 앞서 그 자료들의 타당도와 신뢰도를 검토해야 한다. 실험연구의 경우에는 실험처치가 제대로 되었는가도 검토해야 한다. 따라서 이러한 것들이 검토되면 그 결과를 가설검증 결과의 제시에 앞서서 먼저 제시해야 한다. 그리고 난 후에는 연구 결과, 즉 주어진 가설의 검증 결과를 제시하게 된다.

연구 결과, 즉 가설검증 결과는 자료의 분석 단계에서 발견한 바를 가설별로 정리해서 제시하면 되겠다. 내용분석연구 · 조사연구 · 실험연구 등에서 수량적 분석을 한 경우에는 그러한 분석에서 나온 통계적 자료들을 비교해서 제시하는 동시에 만약 표본을 대상으로 한 연구라면 그 통계치들을 가지고 추리적 통계 방법을 사용하여 가설을 검증한 결과를 제시하여야 한다. 주어진 가설들을 통계적으로 검증했을 때에는 그 검증통계 방법과 통계치들의 제시 및 비교는 물론 그 차의 유의도를 반드시 밝혀야 한다.

### 2.5. 연구 결과의 논의 단계(discussion)

첫째로 연구 결과에 대한 해석과 논의란 주어진 가설이 입증되었으면 왜 그러한 결과가 나왔으며, 그 반대로 부정되었다면 그 이유가 무엇인가를 밝히고 이에 대한 연구자의 견해를 제시하는 것을 말한다. 연구 결과의 제시에서는 주어진 변인들 간에 관계가 있는가 없는가만을 기술하게 된다. 따라서 연구 결과에 대한 논의에서는 왜 그러한 관계가 성립 또는 불성립하는지의 이유를 설명하게 된다.

이와 같이 연구 결과에 대하여 논의를 하자면, 연구문제에 관한 기존의 이론과 학설 또는 다른 연구들의 결과를 기준으로 해서 그것들과 비교해야 한다. 즉, 연구 결과에 대한 해석과 견해의 진술에 있어서는 해당 연구의 결과와 그 이론적 배경과의 관계를 기술해야 되고, 또한 앞서의 다른 연구들의 결과와 비교해야 되며, 만약 주어진 가설이 부정되었다면 다른 새로운 가설을 제시해야 한다.

물론 연구 결과에 대한 논의는 기존의 이론체계와 연구 결과들을 토대로 해야 되겠지만, 그래도 연구 과정 중에서 가장 자유롭게 연구자의 상상력을 발휘할 수 있는 부분이다. 따라서 그 논의의 개진에 있어서도 일정한 형성이 없으며, 연구자 나름대로 논의사항들을 항목별로 나누어 논의하면 된다.

일반적으로 주어진 연구가설이 입증된 경우에는 그 가설들의 이론적 배경과 다른 연구들에서의 연구 결과를 토대로 주어진 가설들이 연구문제에 대한 해답이며, 그 이유는 어떠하다는 것을 간단히 제시하면 된다. 그러나 주어진 가설이 부정되었을 때에는 그에 대한 논의가 좀 복잡해진다. 왜냐하면 그 가설이 정말로

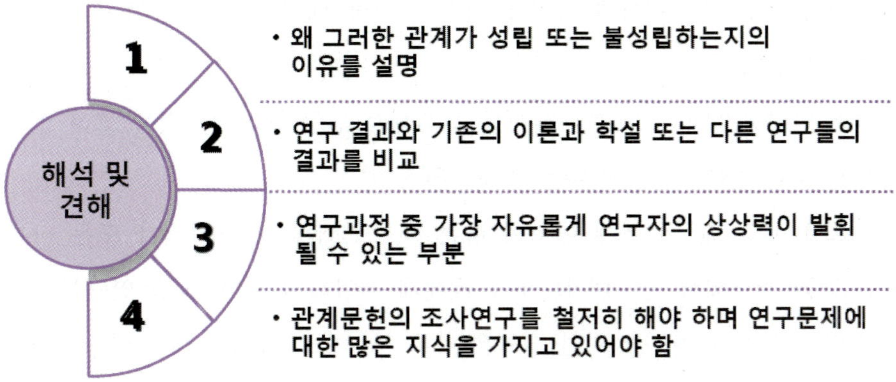


틀리는 것이냐, 아니면 연구 방법이 잘못되어 그러한 결과가 나오게 되었는가를 밝혀야 하기 때문이다. 그리고 만약 이때 연구상의 잘못이 없다고 할 수 있다면 그 대안적 가설과 이론적 근거를 제시해야 되기 때문이다.

연구 결과를 제대로 정확하게 해석하는 것은 쉬운 일이 아니다. 따라서 올바르게 해석하자면 앞에서 언급한 바와 같이 관계문헌의 조사연구를 철저히 해야 되겠으며 연구문제에 대한 많은 지식을 가지고 있어야 한다.

### 2.6. 연구의 요약 및 결론 단계(summary and conclusions)

연구과정의 마지막 단계로 전체연구의 요약 및 결론 단계가 된다. 여기서는 먼저 연구 전체를 간단히 요약하게 되는데 이는 해당 논문을 읽는 독자에게 편의를 제공하고 또한 연구자 자신도 다시 한 번 자기가 한 연구를 정리해 보는 데 목적이 있다.

연구 전체를 요약할 때에는 연구의 동기를 간단히 서술하고 연구문제와 가설을 항목별로 서술한 후에 연구 방법과 그 절차의 개요를 간단히 설명하면 된다. 다음으로는 연구에서 발견된 사항들을 제시하면서 연구문제에 대한 결론을 내리게 되는데 연구문제에 대한 결론 단계에서는 각 연구문제별로 그에 대한 가설검증 결과를 제시하고 이어서 결론을 내라는 식으로 연구보고서를 쓰는 것이 좋다. 혹자는 연구 결과와 결론을 혼동해서 연구 결과만 제시하고 결론은 내리지 않는 경우가 있는데 이는 잘못이다. 연구 결과만을 제시해서는 안 되며,

이를 바탕으로 연구문제에 다시 돌아가서 그에 대한 결론을 반드시 내려서 제시해야 한다.

한편 연구문제에 대한 결론제시를 전후해서 연구상의 제약점을 고려 또는 감안할 것을 한마디 더해 두는 것도 좋다.

끝으로 해당 연구문제에 대하여 다른 연구 방법을 사용하거나 또는 다른 변인 등을 추가해서 연구해 볼 것을 남에게 제언하면 된다. 해당 연구문제에 관한 앞으로의 타 연구를 위한 제언은 다른 사람으로 하여금 해당 연구과제에 대한 연구를 계승·발전시키게 하여 이에 대한 이론을 구축하게 하며, 연구를 자극하고 연구에 대한 아이디어를 제공하는 데 있다. 다시 말해서 타 연구를 위한 제언은 다른 연구자에게 해당 연구문제에 대한 계속적인 작업을 인계해 주는 구실을 한다고 하겠다.

## 3. 평가연구를 위한 제언

기존 연구의 주류를 이루어 온 전통적 연구 방식이 주로 양적 접근 방법으로 교육의 효과를 결정하는 변인들을 찾아내 이론적 토대를 마련하기 위한 성격이 강한 것이었다면, 향후 교육평가 연구의 접근 방법이 질적인 연구 방법을 통해 유용한 내용과 과정을 담아내는 노력이 필요해 보인다. 물론 이제껏 해 오던 방식대로 양적 연구를 통해 교육현장의 성과를 결정짓는 변인을 찾아내거나 실험적 상황에서 그 효과를 검증하는 방식이 불필요함을 의미하는 것은 아니다. 단지, 교육의 지향점이 변하고 있고, 그에 따른 연구의 틀과 접근 방법이 다양화될 필요가 있음을 생각할 때 이제는 평가연구의 '패러다임'이 변했으면 하는 바람이 크다는 것을 강조하려는 것이다.

해마다 연구 결과물에 대한 심사를 하다보면, 상당수의 연구들이 통계적 분석 방법을 통한 가설검증 결과로 끝나는 경우를 보게 된다. 연구가설이 0.05 수준에서 검증되었다거나, 어떤 변인과 또 다른 변인 간에 유의한 상관이 존재한다거나, 아니면 실험집단과 비교집단의 차가 검증되었다는 식의 내용들이 상당수 눈에 띈다. 이와 같은 부류의 연구물들이 평가연구로서의 가치를 폄훼하거나 유용성에 문제가 있음을 지적하기 위함이 아니다. 이론적 정립을 위한 학위논문과는 달리 현장성에 바탕을 두고 이루어져야하는 프로그램 평가 연구과제란 점에서 아쉬움이 큼을 언급하고자 함이다.

객관성을 강조하고 양적 결과를 중시 여겨온 전통적 연구 방식은 법칙 정립과 일반화를 추구한 나머지 특정 상황의 고유성을 무시한다는 지적이 일고 있고, 객관화와 수량화에 치중함으로써 지식의 질적인 측면을 경시한다는 문제점이 지적된 지 오래다. 교육현장의 프로그램 평가연구를 통해 얻어낼 것들이 고작 '통계적으로 유의하다', '집단 간 평균값의 차이가 존재한다' 아니면 '상호 높은 상관이 존재한다'는 것으로 끝나는 연구여서야 되겠는가? 연구의 틀 또한 너무 미시적인 사고의 틀에 국한하지 말고, 현장 상황을 있는 그대로의 자연적 관점에서 효과성을 증명할 수 있는 증거들을 찾아내려는 노력이 필요하다.

전통적인 연구의 접근 방식이 연구 설계에 따라 피험자들을 조작하고 자연 그대로의 현장 상황보다 실험실 상황에 맞게 조작해 증거자료를 수집하고, 컴퓨터통계 프로그램에 의한 자료 분석을 시도하는 신뢰도 중심의 연구 대신에 연구 결과를 교육현장에 일반화시킬 수 있는 타당도 중심, 현장을 변화시키는 유용성 중심의 연구가 실현되기를 기대해 본다.

# Ⅲ부

## 평가 도구 개발 및 자료 분석

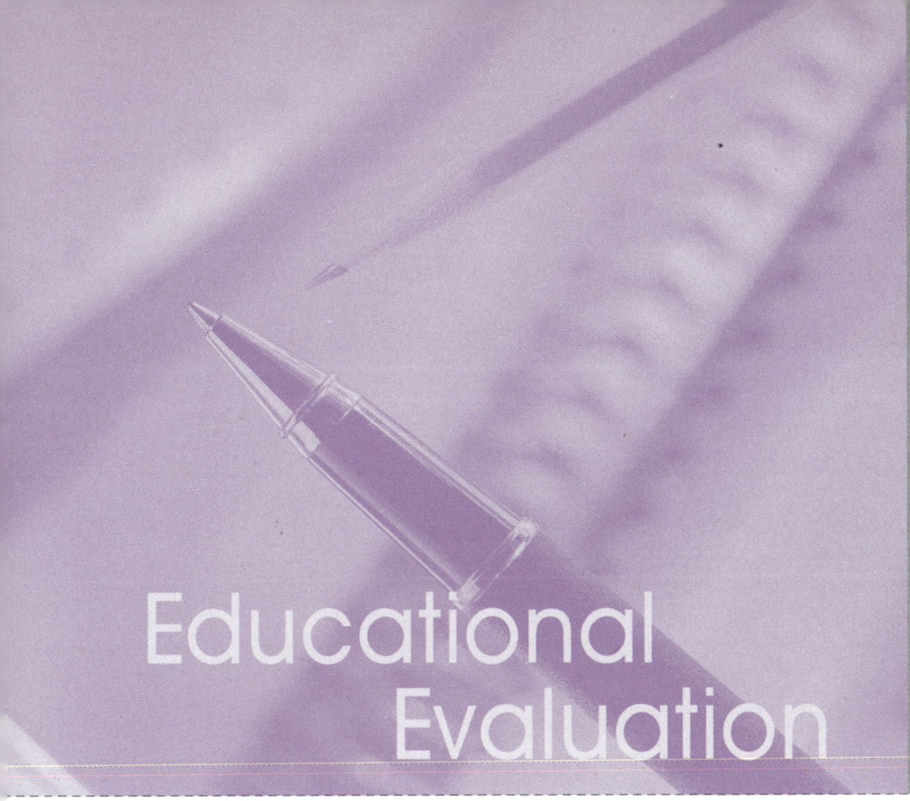


## 단원 개요

III부에서는 평가 도구 개발 및 자료 분석에 대한 내용을 다루게 될 것이다. 학생 능력 평가이건 프로그램 평가이건 평가적 판단을 위하여 다양한 방법으로 자료를 수집하게 될 것이다. 11장 평가 도구 개발은 평가에 사용할 수 있는 도구의 소개와 실제 도구 개발 과정을 소개할 것이다. 12장은 평가에서 사용되는 있는 다양한 평가 도구에 대한 질 판단에 대하여 공부하게 될 것이다. 평가 도구의 질을 판단하는 기준으로 타당도, 신뢰도, 객관도 및 실용도가 있다. 13장 기술통계와 상관관계에서는 수집된 자료들을 교육 이해관련자들이 알기 쉽게 처리하고 분석하는 방법을 다루게 될 것이다. 특히 양적인 자료들을 처리·분석하는 기초적인 통계 기법을 공부하게 될 것이다. 14장 추리통계에서는 13장의 기술통계를 기초로 하여 모집단의 모수치와 분포를 추론하는 통계적 방법을 다루게 될 것이다. 추리통계를 통해 연구자가 알려고 하는 것은 모집단의 모치수이다. 표집 방법과 가설검정, 그리고 실제 학교현장이나 연구논문에서 널리 사용되고 있는 추리통계 방법을 소개할 것이다.

11장

# 평가 도구 개발

교육평가를 위하여 다양한 평가 도구가 사용될 수 있다. 최근 교육 프로그램 평가에서 평가보고서의 내용을 확인하거나 평가 결과를 확인하는 방법으로 설문지, 핵심집단 면접 등의 방법이 널리 사용되고 있다. 특히 프로그램 평가에서 개인보다는 집단 — 교사, 학생, 행정가 — 으로부터 자료를 수집하는 경향이 보편화되고 있다. 평가 도구에 포함되는 내용도 교육 프로그램의 투입변인, 과정변인, 산출변인(만족도)에 이르기까지 매우 다양하다. 본 장에서는 프로그램 평가 도구로 활용될 수 있는 핵심집단 면접, 명목집단 기법, 델파이 기법과 설문지법, 관찰법에 대하여 살펴볼 것이다.

# 1. 핵심집단 면접

## 1.1. 의미

핵심집단 면접(focus group interviews)은 1941년 Columbia 대학의 라디오 연구팀인 Paul Lazerfield와 Robert Merton이 라디오 프로그램의 청취자 반응을 평가할 목적으로 개발하였다(Gredler, 1996). 이 기법은 제2차 세계대전에서 훈련 분석용으로 활용되었으며, 최근에는 프로그램 평가의 다양한 분야에서 활용되고 있다.

핵심집단 면접은 일반 면접과 다르다. 첫째, 중요한 주제에 대하여 심층적인 정보를 발견하는 데 있다. 둘째, 자료 수집에서 개인이 아닌 집단을 활용한다는 것이다. 집단을 대상으로 한다고 하여 일반적인 토론, 브레인스토밍(brainstorming), 집단 의사결정 과정과는 구별된다. 특별한 주제나 경험에 대하여 참여자들이 생각이나 느낌을 발견하기 위하여 자료를 수집하는 과정이다.

집단 구성원은 7~12명 정도가 적절하며, 실제 면접 시간은 1시간 30분에서 길게는 2시간 30분 정도 걸릴 수 있다. 여기서 면접을 주관하는 사람은 구체적인 6~10개 정도의 서답형 문항을 제시하고 참여자들의 반응을 수렴한다. 매우 자유스러운 분위기에서 이루어지기 때문에 다양한 반응이나 자료를 수집할 수 있다.

핵심집단 면접은 설문지 제작에서 앞서 평가 대상의 의견을 자유반응형으로 조사하는 데 사용될 수 있으며, 양적 통계적 분석의 보완으로 사용될 수 있다.

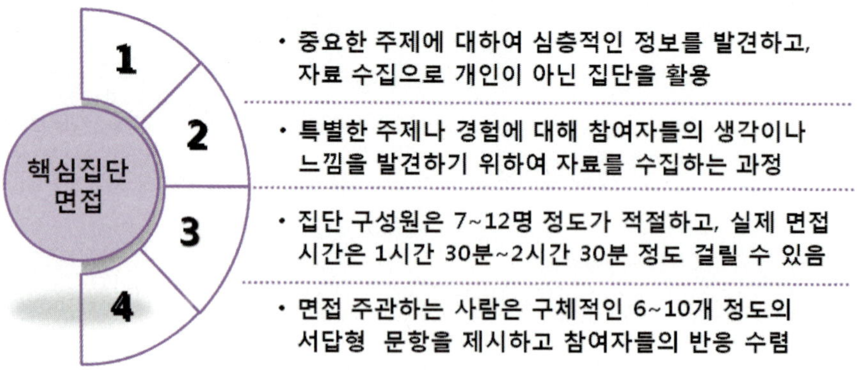

특히 교육 프로그램 평가에서 이 방법은 프로그램 시행에 앞서 장차 발생할 수 있는 문제점을 미리 확인할 수 있으며, 실행에 반대하는 사람들의 의견을 조사할 수도 있다. 물론 교육 프로그램, 교육과정 실천의 효과나 장점, 제한점 등을 미리 파악할 수도 있다.

### 1.2. 절차

일반적으로 핵심집단 면접은 다음의 순서에 의해서 실시된다.

첫째, 핵심집단 면접의 성공은 참여자 선정에 달려 있다. 일반적으로 7명, 10명, 12명까지 선정할 수 있으나, 참여자 수보다 참여자들이 서로 동질적인 집단이어야 한다는 것이다. 그러므로 학교에서 교사와 학생, 학생과 학부모 등과 같은 이질적인 집단을 구성해서는 안 된다. 그렇다고 한 학교의 교사들로만 핵심집단을 구성하는 것도 바람직하지 않다.

둘째, 면접 질문을 잘 구성하는 것이 핵심집단 면접에서 가장 중요하다. 질문은 일반 설문지 작성에 사용되는 문항과는 다르다. 피면접자들이 스스로 답변의 내용과 방향을 생각할 수 있도록 구체적이고 개방된 질문이 되어야 한다. '예', '아니오'로 답을 하도록 하거나 추상적이고 철학적인 질문은 피해야 한다. 특히 '왜'라는 질문은 사용하지 않는 것이 바람직하다. 2시간 면접이 이루어진다면 10문항 정도가 좋고, 보통 5~6문항 정도가 적절하다. 다음은 핵심집단 면접에 활용할 수 있는 질문의 예이다.

셋째, 핵심집단 면접의 성공은 면접자에게 달려 있다. 면접자는 온화하고, 귀담아 들을 수 있어야 하고, 언어구사능력도 뛰어나고 매우 꼼꼼해야 한다.

〈핵심집단 면접에 활용할 수 있는 질문 예시〉

- '여러분은 현재의 교사 양성 프로그램에 대하여 어떻게 느끼고 있습니까?'
- '여러분은 그 자료를 처음 읽을 때 어떤 생각이 떠오릅니까?'

무엇보다 중요한 것은 면접자가 면접 내용과 주제에 대하여 전문가이어야 한다. 학교에 학교 행정가, 부서 팀장 등은 면접자로서 적합하지 않다. 혼자서 면접을 수행하기 어려울 경우, 다른 보조 면접자의 도움을 받을 수도 있다.

넷째, 핵심집단 면접에서 고려해야 할 사항은 면접 장소를 선정하는 일이다. 학교의 경우 교무실이나 교실 등의 장소는 피해야 하고, 편안하고 잘 정리된 곳이어야 한다. 타원의 탁자나 원탁이 좋고 조용하고 방음이 잘 되는 곳이 좋다.

다섯째, 핵심집단 면접의 마지막 단계는 면접 결과를 잘 정리하는 것이다. 필요하다면 면접자의 관찰 내용이 포함될 수도 있다. 일반적으로 교육 프로그램 평가에서 사용될 때는 프로그램의 쟁점, 문제점, 장·단점을 기술하게 된다.

### 1.3. 장·단점

어떤 평가 도구라도 장점이 있는가 하면, 단점도 있기 마련이다. 핵심집단 면접이 가지고 있는 장점은 다음과 같다.

① 핵심집단 면접은 일대일 면접보다 더 자연스러운 상황에서 이루어진다.

② 핵심집단 면접은 일대일 면접보다 더 적은 비용으로 신속하게 자료를 수집할 수 있다.

③ 면접자는 피면접자들의 반응에 신속하게 대처할 수 있으며 예상하지 못한 문제들을 발견하게 된다.

④ 개방형 질문을 통해 피면접자들의 풍부한 반응을 수집할 수 있다.

⑤ 핵심집단 면접은 참여자들의 반응을 고려하여 응답한다.

이러한 장점이 있는 반면, 다음과 같은 단점도 있다.

① 핵심집단 면접은 면접자의 능력에 좌우된다. 그러므로 면접자는 경험이 있는 전문가이어야 한다.

② 개인 면접보다 완벽한 통제를 하기 어렵다.

③ 자유반응형 질문의 경우 응답자들의 응답을 요약하고 해석하는 것이 쉽지

**장점**

- 일대일 면접보다 더 자연스러운 상황에서 이루어짐
- 일대일 면접보다 적은 비용으로 신속하게 자료수집
- 면접자는 피면접자들의 반응에 신속하게 대처할 수 있음
- 개방형 질문을 통해 피면접자들의 풍부한 반응 수집
- 참여자들의 반응을 고려하여 응답

**단점**

- 면접자의 능력에 좌우되므로 면접자는 경험이 있는 전문가여야 함
- 면접자는 개인 면접보다 완벽한 통제를 하기 어려움
- 자유반응형 질문의 경우 응답자들의 응답을 요약하고 해석하기 쉽지 않음
- 면접자는 피면접자들의 반응에 대해 편견을 가질 수 있음

않다.

④ 면접자는 피면접자들의 반응에 대하여 자신도 모르게 편견을 가질 수 있다.

## 2. 명목집단 기법

### 2.1. 의미

명목집단 기법(nominal group technique)은 개인의 의견을 손쉽게 수집하는 방법이다(Gredler, 1996). 이 방법은 집단 구성원들 모두에게 동등하게 참여할 수 있는 기회가 주어진다. 구조화된 집단 관련 평가자료 수집 방법이라고 할 수 있다.

이 방법은 일반적인 집단 대상의 자료 수집 방법에서 나타날 수 있는 상호 언어적 교환이 일어나지 않는 특징을 가지고 있다. 그리고 집단 대상 면접은 모든 문제점들이 제시되기 전에 해결책이 제시되거나 적극적인 참여자에 의하여 논의가 진행되는 문제점을 극복할 수 있다.

명목집단 기법은 1975년 Andre Delbecq와 Andrew Van de Ven이 사회적 약자들의 재정적 지원을 마련할 방법으로 개발되었다. 이 방법은 집단회의 형태의 자료 수집의 문제점을 보완할 수 있기 때문에 경영학 분야, 정부기관 자료 수집 등에서 널리 활용되고 있다.

이 기법은 7~9명이 원탁테이블에 앉아서 처음에는 대화를 하지 않는 상태에서 질문에 대한 응답 자료를 차트나 노트북 컴퓨터에 정리한다. 그 다음 정리된 아이디어에 대한 토론을 통하여 각각의 아이디어에 우선 순서를 정하는 방법이다.

실제 교육평가에서 이 기법은 기관의 요구나, 체제 요구, 목표 등의 우선 순위를 정하는 데 활용될 수 있다. 특히 CIPP 모형의 상황평가, 법정변호평가 모형, Stake의 반응평가 모형에서 평가 관련자들의 의견을 수렴하는 데 적용되고 있다. 나아가 Delphi 기법에서 사용될 질문 문항 선정 방법으로 활용할 수도 있다.

## 2.2. 절차

명목집단 기법으로 평가자료를 수집하는 절차는 다음과 같다.

첫째, 가능한 매우 단순한 질문을 참여자들에게 제시한다. 예를 들면 '최고위 과정 교육 프로그램을 운영할 경우 어떤 문제점이 있을 것인가?'처럼 단순해야 한다. '한국 교육평가의 목적은 무엇인가?'의 질문은 바람직하지 않다. 질문을 서면으로 제시해도 되고, 공개적으로 말해도 된다. 5분 동안 참여자들에게 생각할 시간을 준다.

둘째, 질문에 대한 대답을 차트나 노트북에 정리를 하여 집단 전체의 의견을 수합하는 과정을 가진다. 각자 정리한 내용을 항목별로 2분 정도로 전체 참여자들에게 간단하게 설명을 한다.

셋째, 명목집단 기법의 가장 큰 특징은 투표를 하여 의견을 수렴하는 것이다. 여기서 각 문항의 상대적 중요도 따라 7점 척도를 사용하여 가장 중요한 내용을 7개 정도 선정한다. 물론 일반적으로 널리 사용하는 5점 척도를 사용할 수도 있다. 여기서 간단하게 투표를 하는 목적은 다른 참여자들의 의견을 일차적으로 정리하는 데 있다. 여러 집단이 있을 경우 이러한 과정을 반복하면 된다.

넷째, 척도를 사용한 투표 결과의 기록과 함께 동의하지 않은 내용들에 대하여 참여자들은 서로 토의를 한다.

다섯째, 참여자들은 가장 중요하다고 생각되는 내용을 상대적 중요도에 따라 5문항 정도 선정하게 된다. 이 경우 대부분 10점 척도를 사용하기도 한다.

### 2.3. 장 · 단점

실제 평가에서 다른 방법으로 자료를 수집할 수 없는 경우에 다양하게 응용하여 사용할 수 있다. 특히 관찰로 가능하지만 문서화하기 어려운 자료는 이 기법을 사용하는 것이 효과적이다. 명목집단 기법의 장점은 다음과 같다.

① 형식적인 집단의 의견 수렴을 막을 수 있다.
② 지나친 경쟁이나, 권력으로부터의 압력, 복종의 압력에서 벗어날 수 있다.
③ 참여자에게 다양한 아이디어를 제공할 수 있다.
④ 매우 간단하면서 쉽게 활용할 수 있다.

이러한 장점이 있는가 하면, 사용에 앞서 다음과 같은 제한점을 고려해야 한다.

| 장점 | 단점 |
| --- | --- |
| • 형식적인 집단의 의견 수렴을 막을 수 있음<br>• 지나친 경쟁이나 권력으로부터의 압력, 복종의 압력에서 벗어날 수 있음<br>• 참여자에게 다양한 아이디어를 제공할 수 있음<br>• 매우 간단하면서 쉽게 활용할 수 있음 | • 간단히 할 수 있는 장점 때문에 적절하지 않은 상황에서 쉽게 사용하고 있음<br>• 참여자들이 제안하는 의견들이 매우 다양하기 때문에 일부는 피상적인 것도 있고 비현실적일 수도 있음 |

① 간단히 할 수 있다는 장점 때문에 적절하지 상황에서 쉽게 사용하고 있다.

② 참여자들이 제안하는 의견들이 매우 다양하기 때문에 일부는 피상적인 것도 있고 비현실적일 수도 있다. 그러므로 아이디어 탐색 목적으로 사용될 필요가 있다.

## 3. 델파이(Delphi) 기법

| 델파이 기법 (Delphi) | • 다수의 전문가에게 질문지를 연속적으로 보내 개인의 판단을 수렴하는 방법<br>• 미래의 예측 불가능한 문제는 여러 명의 전문가 판단이 바람직하다는 것을 전제로 함 |
|---|---|

### 3.1. 의미

델파이는 다수의 전문가에게 설문지를 연속적으로 보내 개인의 판단을 수렴하는 방법이다. 델파이 원리는 미래의 예측 불가능한 문제일수록 여러 명의 전문가 판단이 바람직하다는 것을 전제로 하고 있다(Gredler, 1996). '델파이'는 고대 그리스 아폴로 신전이 있던 지명이다. 델파이 기법은 1950년대 미국의 랜드연구소(Rand Corporation)에서 공학적 예측을 하고자 개발되었다(Gredler, 1996).

물론 집단의 의견을 수렴하기 위하여 설문지를 사용하거나 토의나 면접(핵심집단 면접, 명목집단 면접)을 통한 방법이 널리 사용되고 있다. 그런데 델파이는 설문지와 집단 모임 방법의 장점을 활용한 방법이라고 할 수 있다. 설문지를 반복하여 사용하기 때문에 응답자에게 피드백을 하여, 자신의 판단을 수정할 수 있는 기회를 주는 점에서 일반 설문지 조사와는 다르다. 또한 전문가들이 직접 만나지 않기 때문에 회의나 토의에서 나타날 수 있는 바람직하지 못한 심리적 효과를 예방할 수 있다.

일반적으로 3회 정도 반복하여 설문지를 사용하지만, 필요에 따라 5회까지 하는 경우도 있다. 특히 최종적인 합의를 목적으로 하는 경우, 다른 전문가 의견을 보고 자신의 판단을 수정할 시간적 여유를 주어야 하기 때문이다. 이 경우 2차, 3차에 사용하는 설문지는 1차에서 회수된 설문지 내용을 분석하여 전문가들의 의견이 수렴된 결과를 제시하고 이에 따른 새로운 판단을 요구하게 된다.

Moore(1987)는 실제 사용 방법에 따라 우편 델파이와 실시간 델파이로 구분하고 있다. 우편 델파이는 적어도 45일 정도 걸리지만, 실시간 델파이는 랜으로 연결된 컴퓨터나 회의 도중에 실시하는 것을 말한다. 특히 인터넷을 활용한 델파이는 전통적인 우편 델파이에서 요구되는 시간을 많이 줄일 수 있다.

평가에서 델파이는 평가 준거 개발, 미래 예측, 교수방법, 교육제도 개선, 교육과정 연구 등에 모든 분야에서 활용될 수 있다. 특히 서로 이해 갈등이 있거나, 특정한 분야 즉 전문가들의 판단이 요구되는 곳에서 효과적으로 활용될 수 있다.

### 3.2. 절차

델파이는 전문가들의 의견을 수렴하는 데 비교적 적용하기 쉽고, 이해집단의 의견을 수렴하는 데 다양하게 이용될 수 있다. 델파이 목적이나 내용에 따라 달라질 수 있으나, 일반적인 델파이 절차는 다음과 같다.

첫째, 평가 또는 관심 분야에 대하여 광범위한 질문을 개발한다. 그러나 너무 공허하고 초점을 벗어난 질문은 응답자를 좌절시키거나 관심을 떨어뜨릴 수 있다. 이 단계에서 일반적으로 다음과 같은 개방형 질문을 사용한다. '현재와 같은 출산율(1.19)이 지속된다면 20년 후 우리나라 대학 교육에서 일어날 것으로 예상되는 변화를 차례대로 적어주십시오.'

둘째, 구체적이고 필요한 정보를 수집하기 위하여 평가자 또는 연구자들은 개방형 문항의 반응을 편집하여 구조화된 2차 설문지를 구성한다. 이 경우 각 문항에 대하여 비율이나 평점 척도로 답을 하도록 할 수도 있고, 각 문항에 의견을 다시 제시하게 할 수도 있다.

셋째, 회수된 2차 설문지를 문항별로 중앙값 또는 비율을 산출하고, 기타

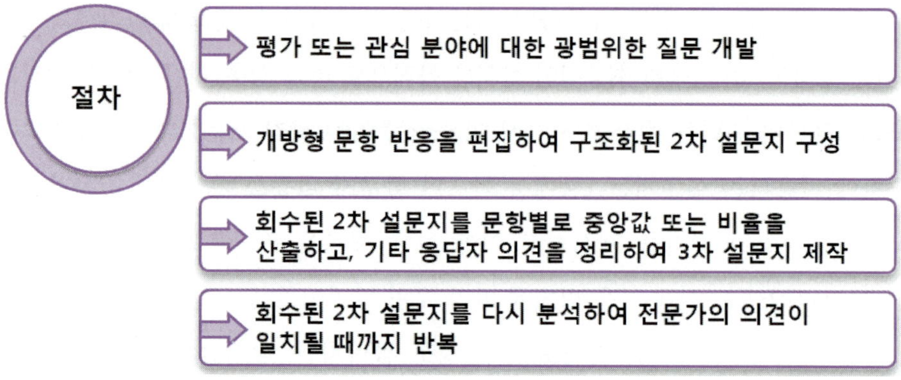


응답자의 의견을 정리하여 3차 설문지를 제작한다. 여기서는 문항별로 전체 전문가의 척도 점수 또는 비율을 제시함과 동시에, 응답자 본인의 반응을 함께 제시하여 필요하다면 수정 의견이나 다른 전문가들의 전체 점수나 비율에서 벗어난 이유를 쓸 수 있는 공간을 제공한다.

넷째, 회수된 2차 설문지를 다시 분석하여 전체 점수나 비율을 제시하는 방법으로 전문가의 의견이 일치될 때까지 몇 차례 반복을 한다.

### 3.3. 장 · 단점

최근 학위 논문이나 정책 연구에서 델파이 기법이 널리 활용되고 있다. 그러나 전문가 선정, 문항 개발, 실시 시간 등에 대하여 너무 쉽게 생각하면 오히려 실패할 수도 있다. 델파이는 다음과 같은 장점을 가지고 있다.

① 몇 차례 반복되므로 단 한 번으로 끝나는 설문지와 달리 응답자들로 하여금 생각할 수 있는 시간적 여유를 줄 수 있다.

② 소수 의견이 무시되는 다수에 의한 결정, 사전 합의, 목소리 큰 전문가의에 의해 주도되는 문제점을 극복할 수 있다.

③ 일반적인 토의나 협의 과정에서 선정되는 전문가보다 더 많은 전문가의 의견을 수렴할 수 있다.

이러한 장점을 가지고 있지만, 사용하기에 앞서 다음과 같은 유의점을 고려해야 한다.

**장점**

- 응답자로 하여금 생각할 수 있는 시간적 여유를 줄 수 있음
- 소수의견이 무시되는 다수에 의한 결정, 사전합의, 목소리 큰 전문가에 의해 주도되는 문제점을 극복할 수 있음
- 일반적인 토의나 협의과정에서 선정되는 전문가보다 더 많은 의견을 수렴할 수 있음

**단점**

- 의견수렴기간이 길고, 몇 차례 반복되므로 응답하는 전문가를 피곤하게 할 수 있음
- 다른 전문가들의 의견이 점수나 비율로 제시되어 반복하는 과정에서 다른 전문가의 의견에 쉽게 동조할 수 있음
- 문항별로 분석하여 제시하는 통계치(중앙값, 사분편차)로 인하여 전체 의견에 따르도록 강요할 가능성이 있음

① 의견 수렴 기간이 오래 걸리고, 몇 차례 반복되므로 응답하는 전문가를 피곤하게 할 수 있다.

② 다른 전문가들의 의견이 점수나 비율로 제시되기 때문에 반복하는 과정에서 다른 전문가의 의견에 쉽게 동조할 수 있다.

③ 문항별로 분석하여 제시하는 통계치(중앙값, 사분편차)로 인하여 전체 의견에 따르도록 강요할 가능성이 있다.

④ 델파이 대상 집단 선정이 매우 중요하다. 대부분 대상 집단의 동료들의 판단이나 추천을 통해 많은 지명을 받기 때문에 제한적일 수 있다.

## 4. 설문지법

| 설문지 | 어떤 문제에 대해 미리 만들어진 질문을 체계적으로 작성한 글 |
|---|---|

## 4.1. 의미

설문지는 어떤 문제에 대하여 미리 만들어진 질문을 체계적으로 작성한 글을 의미한다. 설문지는 사실적인 정보와 생각이나 판단과 같은 개인의 내면적인 성향을 조사할 수도 있다. 물론 후자의 목적으로 문항을 제작하는 것은 쉽지 않다. 설문지는 교육뿐만 아니라 마케팅, 여론조사 분야에서 매우 광범위하게 사용되고 있다. 그리고 우리 주변에서도 설문지를 많이 볼 수 있으며, 대부분 이러한 설문지를 받아 응답을 한 경험을 가지고 있다.

설문지는 1930년 미국의 Hall에 의해서 개발되어, 아동연구에 처음으로 사용되었다. 그 이후 인간의 의식에 관해서도 비교적 쉽게 자료를 수집할 수 있다는 장점을 가지고 있기 때문에 널리 사용되어 왔다. 그리고 한 번에 많은 자료를 수집할 수 있으며, 특히 익명성이 보장되면 심층적인 정보를 얻을 수 있다. 그러나 이것은 어디까지나 응답자의 반응을 근거로 하는 것이기 때문에 응답자가 어느 정도로 솔직하게 답을 하느냐에 달려 있다.

이러한 장점이 있는 반면 사용에 앞서 고려해야 할 단점도 지니고 있다. 우선 익명의 보장이 오히려 단점이 될 수 있다. 자신이 누구인지 밝혀지지 않기 때문에 불성실하게 답을 할 가능성이 많다. 그리고 회수된 설문지의 신뢰도 문제가 항상 제기되고 있다. 면접이나 관찰과 달리 설문지는 응답자의 상태를 알 수 없으며, 더 알고 싶은 내용도 알 수 없다는 단점을 가지고 있다. 따라서 설문지에 의한 자료 수집은 '게으른 연구자가 하는 방법'이라는 비난을 받기도 한다.

## 4.2. 제작

### 4.2.1. 제작 절차

실제 평가 도구로 설문지를 직접 사용하기에 앞서 전문가의 검토를 거쳐 문제점을 수정한 후 사용하게 되면 타당도나 신뢰도를 높일 수 있다. 다음 [그림 11-1]은 설문지 제작과정을 내용 선정, 문항 표집, 초안 작성, 예비실시, 설문지 완성의

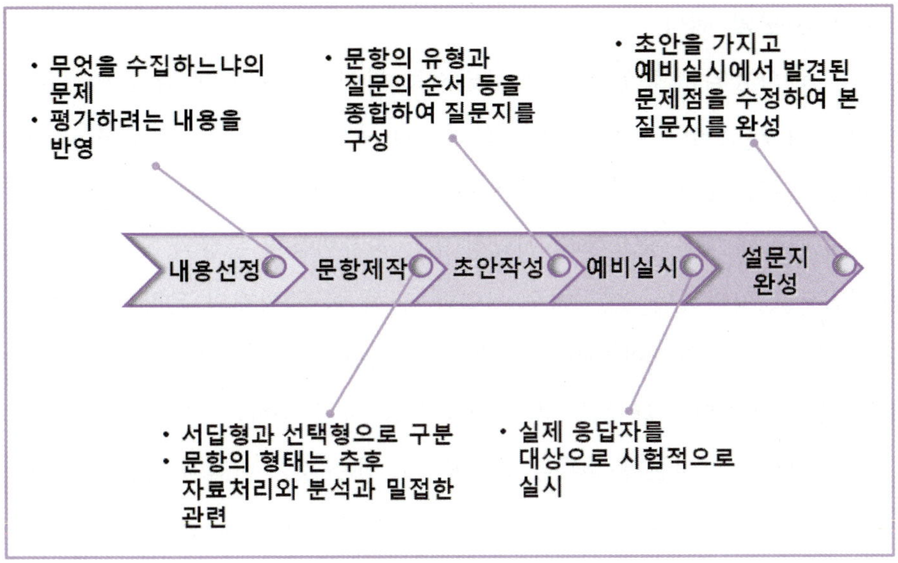


그림 11-1 설문지 제작과정

5단계로 구분하여 제시한 것이다. 설문지 완성에서 다시 처음부터 이러한 과정을 반복하면 좋은 설문지를 만들 수 있음을 나타내고 있다.

### 4.2.2. 내용 선정

설문지 작성에서 가장 먼저 해야 할 일은 무엇을 수집하느냐의 문제이다. 흔히 설문지 조사에서 애매하고 모호한 내용으로 작성된 설문지를 많이 보게 된다. 사실을 묻는 것인지 판단을 묻는 것인지 불분명한 문항도 있고, 때로는 응답자의 사생활에 관련된 내용이나 밝히기 곤란한 것을 답하도록 하는 문항도 있다. 이러한 질문들은 응답자로 하여금 솔직한 답을 기대하기 어렵다.

설문지의 문항은 수집하려는 내용을 반영해야 한다. 그러나 수집 내용과 직접 관련은 없지만 때로는 수집에 도움이 되는 내용들을 선정할 수도 있다. 교육에서 흔히 가정환경 변인이나 개인 관련 변인 — 나이, 성별, 학력, 사회경제적 지위 등 — 을 포함시킬 수 있다. 뿐만 아니라 자료 수집의 자세한 정도까지 결정해야 한다. 예를 들어 가정의 수입을 묻고자 한다면 어림수로 할 것인가 아니면 일의 자리까지 답하도록 할 것인가를 결정해야 한다.

### 4.2.3. 문항 제작

설문지에 사용되는 문항은 크게 응답자로 하여금 자유롭게 답을 하게 하는 형태와 답을 선택하게 하는 형태로 구분할 수 있다. 전자를 서답형, 후자를 선택형이라고 한다. 문항의 형태는 추후 자료 처리 및 분석과 밀접한 관련을 가지기 때문에 매우 중요하다. 서답형 또는 자유반응형 문항의 응답 자료들을 통계적으로 처리하는 것은 매우 어렵다. 또한 이런 형태의 문항들은 시간이 많이 걸리고 신경을 써야 하므로 응답자가 기피하게 된다. 응답자는 이런 설문지를 귀찮게 여긴다. 그러므로 성실하게 답을 하지 못하는 경우가 많다.

물론 그렇다고 모든 문항들을 선택형으로 하는 것이 바람직한 것은 아니다. 선택형은 응답자가 마음에 들지 않아도 선택해야 한다는 단점을 가지고 있다. 이러한 문항 유형도 연구자가 수집하려는 자료의 성격과 관련되어 있다.

일반적으로 본 설문지를 제작하기에 앞서 예비 단계로 자유반응형의 문항으로 답하게 하고, 이를 분석하여 선택형 문항을 만드는 절차를 따르고 있다. 응답자의 편의를 생각하여 선택형이 더욱 선호되고 있다. 응답을 직접 쓰는 것보다 주어진 답지 중에서 선택하는 것이 훨씬 편하기 때문이다. 그러나 연구자가 선택형 문항을 작성하는 데 시간과 노력이 많이 들뿐만 아니라, 좋은 문항을 만들기가 쉽지 않다.

다음은 자유반응형 문항의 예이다.

**● 자유반응형 문항의 예**

**1. 고등학교에서 영어 교과 수업을 영어로 실시하는 것에 대하여 어떻게 생각하십니까?**

______________________________

______________________________

______________________________

______________________________

**선택형 문항의 예**

**1. 다음에서 학생이 가장 선호하는 교과는 어느 것입니까?**
① 국어 ② 도덕 ③ 사회 ④ 수학 ⑤ 과학
⑥ 실과(기술·가정) ⑦ 체육 ⑧ 음악 ⑨ 미술
⑩ 외국어(영어)

**1. 다음 중 학생이 선호하는 교과의 순서를 정하시오.**
① 국어( ) ② 도덕( )
③ 사회( ) ④ 수학( )
⑤ 과학( ) ⑥ 체육( )

선택형 문항은 다시 정도를 묻는 문항과 질적 변수의 특성을 그대로 답지에 제시하는 문항으로 구분될 수 있다. 위의 두 가지 예는 같은 선택형 문항이지만 차이가 있다. 이와 달리 선호하는 교과목의 순위를 정하게 할 수도 있다.

이와는 달리 정의적인 특성을 묻고자 할 때는 일반적으로 평정 척도의 형태로 문항을 작성한다.

**평정척도의 예**

| | 전혀 그렇지 않다 | 그렇지 않다 | 그렇다 | 조금 그렇다 | 매우 그렇다 |
|---|---|---|---|---|---|
| **1. 대학평가가 대학의 질을 향상시켰다고 생각하십니까?** | ( ) | ( ) | ( ) | ( ) | ( ) |

### 4.2.4. 초안 작성

문항의 유형과 질문의 순서 등을 종합하여 설문지를 구성한다. 전체 문항 수는 적절하며 질문의 순서들은 잘 되어 있는가를 검토하게 된다. 연구자가 연구에 집착한 나머지 문항의 수가 너무 많아도 좋지 않으며, 응답자가 답을 꺼릴 수 있는 문항은 제외시켜야 한다.

최근 사회 여론조사를 보면 동일한 내용을 가지고 실시한 조사 결과가 서로 다른 것을 보게 된다. 이런 경우는 조사자가 의도적으로 대답을 유도하는 문항을 만들거나 질문을 하였기 때문이다. 그리고 선택형 문항과 자유반응형 문항도 적절하게 사용하는 것이 바람직하다.

초안이라고 하지만 실제 설문지와 똑같이 만들어야 한다. 우선 표지 또는 첫 장에 연구의 취지와 함께 인사말을 하고 연구기관이나 연구자를 밝히는 것이 응답자로 하여금 신뢰감을 갖게 한다. 그리고 설문지의 표지나 첫 장에서 응답하는 방법과 함께 우편일 경우 회수 방법을 안내해야 한다. 만약 우편으로 배부하고 회수할 경우 회송용 봉투(우표 첨부)를 사용하여 응답자를 귀찮게 하거나 부담을 주어서는 안 된다.

설문지 용지의 크기와 한 면에 몇 문항을 편집하는 것이 적절할 것인가는 응답자에 따라 다를 수 있다. 최근에는 A4 용지가 많이 사용되고 있기 때문에, 특별한 경우가 아니면 사람들에게 익숙한 용지의 크기를 선택하는 것이 바람직하다. 응답자에 따라 글자의 크기도 다르게 해야 하며, 문항이 많고 다음 면에 계속될 경우 이를 표시하는 것(예 : 다음 면에 계속됩니다.)이 좋고, 마지막에 끝났다는 말과 함께 감사의 말을 넣는 것이 좋다.

### 4.2.5. 예비실시

설문지 초안이 완성되면 실제 응답자를 대상으로 시험적으로 실시를 하는 단계이다. 연구자가 아무리 잘 제작하였다고 하더라도 실제 응답자들에게 맞지 않거나 불분명하게 표현된 문항이 있을 수 있기 때문이다. 특히 학위논문의 경우 외국의 설문지를 그대로 사용하거나 번안할 경우 우리의 생활이나 문화에 적절하지 못한 문항이 포함될 수 있다.

예비실시를 통하여 드러나는 오류를 수정하고, 불필요한 문항을 삭제 또는 수정하게 되면 좋은 설문지가 되는 것이다. 이러한 예비실시의 대상은 많지 않아도 된다. 물론 연구자가 실제 자료를 통하여 변인들 간의 관계를 미리 알고 싶을 때는 자료 처리에 필요한 수만큼 표집하여 실시하면 된다. 이 경우에 예비

실시 응답자들은 본 설문지 배부 대상에서 제외시켜야 한다.

#### 4.2.6. 설문지 완성

초안을 가지고 예비실시에서 발견된 문제점을 수정하여 본 설문지를 완성하는 단계이다. 설문지가 완성되면 배부 계획에 따라 다시 꾸러미를 만들고, 배부와 회수에 따른 준비를 한다. 특히 우편으로 인한 조사는 별도의 안내문을 첨부하는 것이 좋다. 이 안내문에 언제까지 응답을 하여 보내라는 회수기한을 밝혀 주는 것이 좋다.

### 4.3. 유의점

자료 수집 방법으로 설문지가 널리 사용되는 것은 사실이나 그렇다고 설문지가 가장 좋은 방법은 아니다. 자료를 수집하는 데 설문지를 사용하는 것이 필요할 수 있으나 자료 수집에 충분한 것은 아니다. 가능하면 설문지의 신뢰도를 높이기 위하여 제한적으로나마 다른 수집 방법을 병행하는 것도 바람직하다. 다음은 설문지로 자료를 수집할 경우 고려되어야 할 사항이다.

첫째, 연구자는 설문지법이 가장 효과적인 자료 수집 방법인가를 검토해야 한다. 특히 설문지가 지니고 있는 단점을 극복할 수 있는 대안을 마련해야 한다. 다시 말해서, 연구자는 설문지에 의한 자료 수집이 가장 좋다는 확신을 가질 때에 설문지를 만들고 실시해야 할 것이다.

둘째, 연구자의 의욕이 지나치게 되면 설문지 사용에서 실패할 가능성이 많다. 설문지 내용과 문항 표현에서 연구자는 응답자의 입장이 되어야 한다. 지나치게 대답하기 곤란하거나 일부 응답자만 대답할 수 있는 특수한 내용은 피해야 한다.

셋째, 설문지에서 가장 어려운 점은 회수율이 낮아진다는 점이다. 특히 우편으로 사용할 경우 경험으로 보면 약 60% 정도가 회수된다. 회수율을 고려하여 배부수를 정해야 한다. 회수기한을 연기한다고 하여도 회수율은 크게 높아지지 않는다. 간곡한 요청이나 설문지 응답에 대한 감사의 표시 방법을 고안하여

| 장점 | 단점 |
|---|---|
| • 인간의 의식에 관해서도 비교적 쉽게 자료를 수집할 수 있음<br>• 한 번에 많은 자료를 수집할 수 있음<br>• 특히 익명성이 보장되면 심층적인 정보를 얻을 수 있음 | • 익명의 보장이 오히려 단점이 될 수 있음<br>• 누구인지 밝혀지지 않기 때문에 불성실하게 답할 가능성 많음<br>• 회수된 설문지의 신뢰도가 제기됨<br>• 응답자의 상태를 알 수 없으며, 더 알고 싶은 내용도 알 수 없음 |

되도록 회수율을 높이는 것이 매우 중요하다.

넷째, 설문지를 활용할 때 고려해야 할 점은 자료 분석 방법을 미리 결정해야 한다. 물론 이러한 자료 처리는 전체적 점수의 총점뿐만 아니라 문항별로 검토되어야 한다. 물론 척도의 유형에 따라 자료 분석은 다양할 수 있다.

## 5. 관찰법

### 5.1. 의미

관찰법은 인간이 사용한 방법 중에서 가장 오래된 측정 방법이다. 일반적으로 인간 행동에 관한 정보를 수집하는 방법은 크게 두 가지로 구분할 수 있다. 즉, 사람을 관찰하느냐, 그 사람에게 묻느냐는 것이다. 그런데 피험자에게 답을 하게 하거나 물어보는 방법은 그 반응의 타당성과 신뢰성이 문제가 된다. 그러므로 연구자가 직접 정밀한 관찰을 통하여 정보를 수집하는 방법이 오랜 역사를 가지고 있으며 연구의 기본 수단으로 널리 활용되고 있다. 특히 관찰법은 비언어적인 정보를 수집하는 데 일차적 목표를 가지고 있으며, 설문지나 심리검사 등과 같은 방법으로 파악하기 어려운 자료를 수집할 수 있다는 특징을 가지고 있다.

| 관찰법 | • 인간이 사용한 방법 중에서 가장 오래된 측정 방법<br>• 비언어적인 정보를 수집하는 데 일차적 목표를 가지고 있음 |
|---|---|

**관찰이 자료 수집에서 사용되는 두 가지 이유**

1. 다른 측정 방법으로 사회적 상호작용의 과정을 방해할 위험이 있을 경우
2. 행위자 자신이 직접적인 정보원으로서는 부적당한 경우

연구자가 아닌 일반 사람들도 일상생활에서 많은 관찰을 하고 있다. 의사가 환자의 상태를 관찰하기도 하고, 대화할 때 상대방의 표정을 살피는 것도 관찰이다. 그런데 이러한 관찰은 주관적이고 일시적으로 끝나는 것이 보통이다. 그렇기 때문에 일반 사람들이 하는 모든 관찰 형태가 연구 방법으로 사용될 수는 없다. 연구로서의 관찰은 타당성과 신뢰성을 가져야 하며 객관적으로 실시되어야 한다.

관찰이 연구에서 사용되는 경우는 다음의 두 가지 이유 때문이다.

첫째, 다른 측정 방법으로서는 사회적 상호작용의 과정을 방해할 위험이 있을 경우이다.

둘째, 행위자 자신이 직접적인 정보원으로서는 부적당한 경우이다. 특히 감수성이나 언어 표현이 부족한 피험자의 행동 등은 질문(설문지나 면접)에 의해서 불가능하기 때문이다. 피관찰자에게 반응을 요구하지 않고 단지 그 행동을 관찰하여 증거를 수집하는 방법이다.

관찰은 특별한 도구를 사용하지 않고 관찰 대상에게 영향을 주지 않는 장점을 가지고 있다. 관찰은 결국 관찰자가 도구의 역할을 하게 된다.

## 5.2. 유형

관찰 방법은 어떠한 기준을 가지고 구분하느냐에 따라 구분된다. 관찰자의 참여 정도에 따라 참여관찰과 비참여관찰로 구분하기도 한다. 관찰의 장면 통제 정도에 따라 비통제적(자연적) 관찰과 통제적 관찰로 구분하고, 한편 관찰의 장면의 구조화의 정도에 따라 비구조화 관찰과 구조화 관찰로 구분하기도 한다(권순달, 2002). 이 두 가지 분류 준거를 조합하여 관찰 유형을 나타내면 다음 〈표 11-1〉과 같다.

〈표 11-1〉 관찰의 구분

| 장 면 / 관찰자 | 자연적 상황(현장) | 인위적 상황(실험실) |
|---|---|---|
| 비구조화 | 자연적 관찰 | 기계관찰 |
| 구조화 | 통제된 관찰 | 실험관찰 |

그러나 넓은 의미에서 보면 자연적인 관찰 상황에서 관찰자가 전혀 구조화를 시키지 않은 자연적 관찰과 인위적인 상황에서 구조화시킨 관찰로 구분할 수 있다. 즉, 자연적 관찰을 제외한 나머지 관찰은 비자연적인 관찰이라고 할 수 있다.

### 5.2.1. 자연적 관찰

교육에서 자연적 관찰은 교육 현실을 그대로 두고 관찰하는 것을 말한다. 예를 들어 '중학생의 친구관계'를 연구하기 위하여 한 학급에서 학생들의 생활을 자연스럽게 관찰하는 것을 말한다. 특별한 조작이나 자극을 가하지 않고, 일상생활에서 일어나는 행동의 증거를 수집하는 것이다. 이렇게 보면 학교의 교사들은 훌륭한 관찰자인 것이다. 왜냐하면 학생들은 선생님을 관찰자로 의식하지 않고 있기 때문이다. 물론 학생들은 교사가 관찰한다고 판단하면 스스로 바람직하지 않다고 생각하는 행동들을 교사가 볼 때는 하지 않을 수도 있다.

| 자연적 관찰 | |
|---|---|
| | • 교육현실을 그대로 두고 관찰하는 것<br>• 특별한 조작이나 자극을 가하지 않고, 일상생활에서 일어나는 행동의 증거를 수집 |
| | • '무엇을 어떻게 관찰할 것인가' 하는 연구자의 목적이 분명히 나타나야 함 |
| | • 피관찰자가 관찰자를 의식하지 못하게 하는 것이 매우 중요함 |

위의 예를 자연적 관찰이라고 할 수 있으나, 자료 수집 방법으로서 관찰은 일상생활의 관찰과 다르다. 일상생활의 관찰은 특별한 관찰 의도를 가지지 않은 상태에서 이루어지지만, 연구로서의 관찰은 연구자의 관찰 의도가 명백하다. 무엇을 어떻게 관찰할 것인가 하는 연구자의 목적이 분명히 나타나야 한다. 따라서 학생들의 모든 행동이 관찰 대상이 아니라 연구자가 필요한 행동만을 관찰하게 되는 것이다. 그러므로 이러한 행동이 나타날 때를 기다려야 한다는 어려움이 따른다. 그리고 이런 행동이 나타나게 되면 학생들이 알아차리지 못한 상태에서 기록해야 한다. 교사가 자신을 관찰하여 무엇인가 기록하는 것을 알게 되면 학생들은 다시는 그러한 행동을 하지 않거나 의식적으로 더 행동할 가능성이 많다.

학교에서 관찰자를 의식한 대표적인 사례가 장학사가 방문하는 경우이다. 장학사가 학교를 방문하는 날짜가 확정되면 학교는 며칠 전부터 준비를 한다. 그런데 학교를 방문한 장학사들의 대부분이 학교 곳곳을 살피면서 무엇인가 체크하고 기록하는 것을 우리는 경험했다. 이러한 현상이 오늘날 대학평가에서도 나타나고 있다. 대학평가를 받기 위해 1년 전부터 많은 준비를 할 뿐만 아니라, 실사를 위해 평가단이 학교를 방문하여 학생들에게 질문할 경우를 대비하여 예상 답변을 마련한 대학이 있었다고 하니, 어느 정도로 관찰자를 의식하는지 엿볼 수 있는 대목이다.

이렇게 보면 자연적 관찰에서 피관찰자가 관찰자를 의식하지 못하게 하는 것이 매우 중요하다. 그렇다면 관찰자가 곧 피관찰자처럼 행동하는 수밖에 없다. 그런데 학생들을 대상으로 한 관찰연구에서 연구자가 학생이 될 수 없다. 물론 피관찰자 연령의 학생들을 훈련시킨다면 불가능한 일은 아니다. 또는 연구자가 아닌 기계를 활용한 관찰 방법(몰래카메라)도 있다. 그러나 이런 경우 우리는 또 다른 문제를 야기할 수 있다. 사전에 피관찰자로부터 동의를 구하지 않으면 윤리적인 비난이나 법적인 문제에 직면할 수도 있다.

### 5.2.2. 기계에 의한 관찰

관찰은 인간만이 하는 것으로 알려져 있으나 최근에는 기계를 사용한 정교한 관찰이 이루어지고 있다. 기계가 발달함에 따라 관찰 내용을 기계가 기록(녹음·녹화)한 내용을 분석하게 된다. 우리나라도 일부 몰지각한 사람들이 관찰이 아닌 감시의 목적으로 카메라를 설치하여 윤리적으로 비난을 받기도 하고 법정으로까지 비화된 사건도 있다.

물론 이러한 기계의 관찰은 비용이나 설치 등의 복잡한 문제들이 있어 보편적으로 사용하는 데에는 어려움이 따른다. 다음은 아직 널리 활용되고 있지 않으나 몇 가지 기계를 사용한 관찰법을 소개하고자 한다(권순달, 2002).

- 모션 픽처 카메라(motion picture camera) : 은행, 지하철 계단, 백화점, 지하 주차장 등에 설치하고 있는 영상 카메라를 말한다. 정확한 측정과 함께 반복 재생이 가능하다는 장점을 가지고 있다.
- 오디메터(audimeter) : 라디오, TV 등을 켜게 되면 시청 시간이나 시청 프로그램 등이 자동적으로 기록되는 장치이다. 전기, 가스 등의 검침기 원리를 사용한 것이다.
- 사이코갈바노메터(psychogalvanometer) : 어떤 사람에게 특정한 자극을 주었을 때 감정의 변화로 흘린 땀의 양을 측정하는 기계이다. TV 등에 인기 스타가 등장하였을 때 손바닥에서 나오는 수분을 측정하여 감정의 상태를 알 수 있다.

**기계를 사용한 관찰법**

- 동공 카메라(eye camera) : 눈동자의 움직임을 측정하는 기계로, 관찰 대상이 신문, TV 등을 응시할 때 동공의 움직임을 통해 내용이나 응시 시간을 측정할 수 있다.
- 퓨필로메터(pupilometer) : 눈동자 동공의 확대 정도를 측정하는 기계를 사용하여 관찰하는 방법으로 사람들은 시각 정보에 따라 동공의 크기가 변한다는 원리를 활용한 것이다.

이와 같은 기계를 사용한 관찰에는 몇 가지 고려해야 할 사항이 있다. 현재 우리는 모션 픽처 카메라를 관찰이 아니라 감시당하는 것으로 받아들이고 있는 현실이고, 더욱 관찰의 결과 활용에 우려를 나타내어 기계관찰 자체를 거부할 가능성이 크다. 그렇다고 기계를 피관찰자가 의식하지 못하도록 숨기게 되면 윤리적인 문제가 제기될 수 있다. 사전에 동의를 구하지 않은 상태에서 이러한 방법으로 자료를 수집하게 되면 비판을 받기 쉽다. 미국의 경우 심리학회에서 마련한 연구자가 지켜야 할 윤리강령이 있다. 인간을 대상으로 기계관찰 방법을 사용할 경우 연구자는 연구 참여자들이나 대상자들의 사생활침해 문제를 되새겨 볼 필요가 있다. 연구에 집착한 나머지 연구 대상의 윤리적인 문제를 소홀히 다루고 있지는 않은가?

### 5.2.3. 구조화된 관찰

구조화된 관찰이란 관찰 상황을 연구자의 의도에 맞게 조직한 상태에서 이루어지는 관찰을 말한다. 피관찰자를 통제하는 것이 아니라 관찰자 스스로 구조화된 관찰 방법을 사용하는 것을 말한다. 그 이유는 자연적인 관찰은 시간도 많이 걸리고 노력과 비용이 많이 들기 때문에 실제적으로 외부의 연구자에 의하여 이루어지기 어렵다. 필요하다면 연구 대상의 내부 인사에 의해서 이루어지는 것이 바람직하다.

구조화된 관찰은 실험실과 같이 통제를 하는 것은 아니지만 어느 정도 관찰 장면을 구조화시킨다. 예를 들어, 유아들의 공격성을 연구하기 위하여 폭력물 비디오를 일정 기간 동안 시청하게 하면서 유아들의 행동을 관찰하는 방법이다.

### 5.2.4. 실험관찰

실험관찰이란 실험연구의 과정이나 결과를 관찰하는 방법이다. 교육연구에서 실험의 결과는 주로 피험자의 변화의 정도를 관찰하게 된다. 이러한 변화의 정도는 피험자들을 대상으로 검사(학업성취도)를 실시하여 밝힐 수 있으나, 연구자가 체계적인 관찰을 하여 나타낼 수도 있다. 후자의 경우가 타당하다는 것을 증명하기 위하여 관찰자는 훈련받은 전문가이어야 하고, 한 명보다는 여러 명일 경우 더 신뢰할 수 있을 것이다.

**구조화된 관찰**

- 피관찰자를 통제하는 것이 아니라 관찰자 스스로 구조화된 관찰 방법을 사용하는 것
- 필요하다면 연구 대상의 내부 인사에 의해 이루어지는 것이 바람직함

**실험관찰**

- 교육연구에서 실험의 결과는 주로 피험자의 변화의 정도를 관찰하게 됨
- 관찰자는 훈련받은 전문가이어야 하고, 한 명보다는 여러 명일 경우 더 신뢰할 수 있을 것

### 5.3. 관찰의 유의점

관찰이 일상생활에서 인간이나 사물을 평가하는 방법으로 가장 오래 되었지만, 자료 수집 방법으로서 타당성과 신뢰성은 높지 못하다. 그 이유는 관찰은 관찰자의 주관에 좌우되기 때문이다.

다음은 관찰 방법을 통하여 자료 수집을 할 경우 고려해야 할 사항이다.

첫째, 관찰자는 관찰하려는 대상을 분명히 해야 한다. 모든 대상을 다 관찰할 수 있다는 생각을 할 수 있지만, 사실 관찰할 수 없는 것도 있다는 사실을 알아야 한다. 특히 인간의 정의적 특성들은 직접 관찰이 불가능하다. 그러므로 이러한 정의적 특성들은 행동을 통해 간접적으로 관찰하여 판단하게 되는데, 이러한 행동이 나타날 때까지 기다려야 한다는 어려운 짐이 있다. 예를 들어, 학교에서 물건을 훔치는 상황을 직접 관찰하기는 매우 어렵다.

둘째, 체계적이고 과학적인 방법으로 관찰을 해야 한다. 관찰자는 전문 지식을 소유하고 있으며, 훈련을 통해 풍부한 경험을 가지고 있어야 한다. 관찰자는 관찰 장면 선정과 기록을 세밀하게 하여야 한다. 특히 분석적인 방법을 사용하면서도 전체적인 상황이나 흐름을 파악할 수 있어야 한다. 관찰 당시의 상황을 기록하는 것도 반드시 필요하다. 관찰 내용만 기록했을 경우 잘못 해석할 경우가 있다.

셋째, 관찰자는 객관적인 태도를 지켜야 한다. 관찰 결과의 신뢰성은 관찰자에 달려 있다. 관찰자가 선입견이나 편견을 가져서는 안 된다. 관찰이 객관적으로 이루어져야 한다는 사실은 동일한 장면이라면 어떤 관찰자가 관찰하여도 같아야 한다는 것이다. 즉 관찰사건에 대한 생각이나 느낌, 판단은 다를 수 있지만 사실은 같아야 한다.

넷째, 관찰 대상에게 관찰을 전후하여 관찰자의 영향이 미치지 않도록 해야 한다. 피관찰자가 관찰자를 의식하지 못하도록 해야 하며 가능하면 자연스러운 상황을 유지하도록 해야 한다. 더구나 그들의 사생활을 침해하거나 윤리적인 문제를 야기해서는 안 된다.

다섯째, 관찰의 대상이나 장면 선정이 전체를 어느 정도 대표할 수 있어야

**관찰의 유의점**

1. 관찰하려는 대상이 명확해야 함
2. 체계적이고 과학적인 방법으로 관찰해야 함
3. 관찰자는 객관적인 태도를 지켜야 함
4. 관찰 대상에게 관찰을 전후하여 관찰자의 영향이 미치지 않도록 해야 함
5. 관찰의 대상이나 장면 선정이 전체를 어느 정도 대표할 수 있어야 함

한다. 대부분 관찰을 사용한 연구가 비교를 목적으로 이루어지는 것은 아니지만 관찰의 결과가 신뢰를 얻기 위해서 어느 한쪽에 치우친 표집을 해서는 안 된다. 예를 들어 '청소년의 여가 활용' 연구에서 PC방을 드나드는 청소년만 관찰하여 이들이 대부분 '오락으로 시간을 보내고 있다'로 판단하는 것은 옳지 않다. 왜냐하면 PC방에서 자료를 얻거나 숙제를 할 수도 있기 때문이다.

12장

# 평가 도구의 질

교사들은 학생들의 학업성취도를 파악하기 위하여 다양한 평가 도구를 사용하게 된다. 그런데 평가 도구 사용에 앞서 표준화 평가 도구이건, 교사가 직접 제작한 평가 도구이건 이러한 도구들에 대한 질을 검토해야 한다. 평가 도구의 질을 판단하는 기준으로 타당도, 신뢰도, 객관도 및 실용도가 있다. 타당도는 평가하고자 하는 대상을 얼마나 충실하게 재고 있는 정도이며, 신뢰도는 평가 도구의 일관성 또는 안정성을 말한다. 객관도는 평정자(채점자)의 신뢰도이며, 실용도는 평가 도구 활용과 관련한 시간, 비용 및 노력의 효율성의 정도를 말한다. 본 장에서는 이들 각각에 대한 개념과 검증 방법, 이를 높이기 위한 방법을 공부하게 될 것이다.

# 1. 타당도

## 1.1. 개념

타당도란 평가 도구가 평가하고자 하는 평가목표를 정확하게 잴 수 있는 정도를 말한다. 측정의 관점에서 보면, 평가 도구가 측정하고자 하는 내용을 충실하게 측정했는가의 정도를 말한다. 즉, 한 평가 도구가 실제로 '무엇(what)'을 재고 있느냐는 개념이다. 따라서 타당도라는 개념 속에는 반드시 준거(criteria)가 있어 '여기에 비추어 본 기준'을 가지고 언급하게 된다. 따라서 타당도는 언제나 그 재려고 하는 측정의 특수한 평가 목적이나 용도에 의해 성립될 수 있을 뿐이고, 모든 평가 목적에 일반적으로 적용되는 추상적인 개념은 아니다. 이런 의미에서 보면 타당도는 검사가 지닌 독자적인 속성이라기보다는 검사를 통해 드러난 결과를 가지고 타당성의 정도를 알아보는 방법이다.

타당도는 일반적으로 다섯 가지 유형 즉 내용타당도(content validity), 공인타당도(concurrent validity), 예언타당도(predictive validity), 구인타당도(construct validity), 그리고 최근에 제기되고 있는 결과타당도(consequential validity) 등에 대하여 살펴보고자 한다.

**타당도** | **평가 도구가 실제로 '무엇(what)'을 재고 있느냐는 개념**

**1** 개념 속에 반드시 준거(criteria)가 있어 '여기에 비추어 본 기준'을 가지고 언급하게 됨

**2** 재려고 하는 측정의 특수한 평가 목적이나 용도에 의해 성립될 수 있음

**3** 모든 평가 목적에 일반적으로 적용되는 추상적인 개념은 아님

## 1.2. 유형

### 1.2.1. 내용타당도(content validity)

내용타당도는 흔히 논리적 타당도로 불리기도 하는데, 먼저 측정하려는 개념이나 사물을 논리적으로 분석·종합하여 전문가가 판단하는 타당도이다. 즉 실제 측정하고 있는 문항과 이러한 문항 제작의 근거가 되는 내용을 판단하여 이 둘이 어느 정도 서로 합치하느냐의 정도를 의미한다. 그러나 여기서 말하는 합치 정도란 매우 주관적이고 논리적 방법에 의한 것으로 실증적 방법으로 검증하게 되는 예언타당도, 공인타당도, 구인타당도와 다른 접근이라고 할 수 있다.

예를 들어 '~에 대한 태도'를 측정하는 평가 도구의 내용타당도를 검토하는 경우, 먼지 대도를 분석하여 인지적 영역, 정서적 영역 및 행동적 영역 등 세분된 정의를 내려놓고 실제로 측정에 쓰인 문항들이 이들 영역을 어느 정도 포괄적이며 순수하게 재고 있느냐를 비교 판단하는 것이다. 이때 만약 '~에 대한 태도' 평가 도구가 한쪽 영역이나 또는 엉뚱한 것들을 재고 있다면 그만큼 그 측정의 타당도는 낮다는 말이 된다. 그러나 내용타당도의 검토(content validation)는 어디까지나 논리적인 비교판단 위에 이루어지므로 검토자의 주관이 개입할 염려가 있다.

실제 학교현장에서는 내용타당도를 교육과정 타당도로 인식하고 있다. 학업성취도 평가에서 한 교과의 성취도를 평가하기 위하여 제작된 평가 도구의 타당도는 그 교과전문가(담당교사)가 교과교육과정을 논리적으로 분석할 때 가능한 것이다. 따라서 내용타당도는 일반적으로 양적인 자료를 분석하여 통계적인 방법으로 제시되는 것은 아니기 때문에, 내용타당도를 파악하는 전문가의 전문적인 능력에 영향을 받게 된다. 내용타당도는 계량화되어 있는 정보를 제공하지 못한다 하여도 전문가들의 판단에 의하여 평가 도구의 타당성을 검증받는 것이므로 평가 목적에 부합함의 여부를 검정할 수 있는 장점이 있다. 일반적으로 전문가들이란 어느 측정영역에 대한 인식을 공유하므로 검사의 타당성 입증에 다른 견해를 표출하는 경우는 많지 않기 때문이다.

그러나 개념 정의에 대한 합의가 이루어지 않는 심리적 특성 중 정의적 행동특성을 측정할 때는 전문가마다 각기 다른 견해를 가지므로 내용타당도에 대한 각기 다른 판단 결과를 얻을 수 있다. 예를 들어 성격에 대한 정의가 매우 다양하기 때문에 한 연구자가 제작한 성격검사에 대하여 어떤 전문가는 내용타당도가 있다고 평가하였으나 다른 전문가는 내용타당도가 없다고 평가할 수 있는 단점을 지니고 있다. 그러므로 성격과 같은 심리적 속성을 측정할 때는 내용타당도가 아닌 구인타당도를 적용하고 있다. 일반적으로 내용타당도는 계량화되지 않지만, 다수의 전문가가 평정한 결과를 평균한 값이나 중앙치로 나타낼 수도 있다.

### 1.1.2. 공인타당도(concurrent validity)

공인타당도는 한 측정 점수와 어떤 준거점수와 상관의 정도를 통해서 타당도를 검토한다는 점에서 예언타당도와 비슷하지만 준거점수가 장래의 효과가 아니라 현재의 성과라는 점에 그 차이가 있다. 공인타당도는 두 평가 도구의 공통된 요인의 정도를 의미한다. 공존타당도라고도 한다. 예를 들어 한 지능검사가 있다면 이 지능검사의 점수가 그 사람의 행동으로 나타난 지능의 정도와 실제로 어느 정도 합치하는가를 검토해서 그 검사의 타당도 여부를 가려내는 방법이 바로 공인타당도라고 하겠다. 또한 한 측정의 결과와 동일한 내용이나 영역의 평가를 위해 이미 제작되어 있는 평가 도구와 관련성 여부를 상관계수의 산출을 통하여 가려내는 것도 공인타당도 방법이다. 예를 들면 중학교에서 같은 영역을 가지고 A교사가 제작한 학업성취도 평가 도구의 점수와 B교사가 제작한 학업성취도 평가 점수의 상관이 높게 나타났다면 이 두 평가 도구는 공통된 요인을 평가하고 있다고 할 수 있다.

공인타당도는 계량화되어 타당도에 대한 객관적인 정보를 제공할 수 있으며 타당도의 정도를 나타낼 수 있는 장점을 갖는다. 그러나 단점으로 현재에 타당성을 입증 받고 있는 검사가 없을 경우 공인타당도를 추정할 수 없으며, 현재에 타당성을 입증 받은 검사가 있을지라도 그 검사와의 관계에 의하여 공인타당도가 검정되므로 현재에 타당성을 입증 받은 검사에 의존한다는 점이다(박도순 외, 2008).

### 1.2.3. 예언타당도(predictive validity)

예언타당도는 내용타당도와는 달리 실증적인 입장에서 주어진 측정의 결과가 장래 어떤 특성이나 행동을 얼마나 잘 예언할 수 있느냐의 정도를 실증적 자료를 가지고 통계적으로 밝히는 방법이다. 예언타당도를 예측타당도라고도 한다. 예언타당도 추정 방법은 평가의 결과를 보관하였다가 일정한 시간이 경과한 후 실제의 효과나 행동에 관한 자료를 수집하여 이 두 가지의 측정 결과의 합치 정도를 비교 검토하여 그 결과를 가지고 타당도를 판단하게 된다. 합치 정도는 일반적으로 상관계수 방법이 사용되고 있다. 여기서 먼저 얻은 점수를 $X$라고 하고, 미래 행동 특성의 준거점수를 $Y$라고 했을 때, $X$와 $Y$ 사이의 상관계수 $r_{xy}$를 산출해서, 이 상관계수가 높으면 예언타당도가 높고 낮으면 타딩도가 낮다고 판딘힌다. 이때 비교 대상이 되는 '실제의 효과니 행동'을 준기(criteria)라고 하는데, 때로는 이러한 준거점수를 얻기 위해 오랜 시간 기다려야 하는 번거로움이 따르기도 한다.

예를 들어 비행사 양성기관에서 실시하는 적성검사는 예언타당도가 높아야 할 것이다. 즉 비행사 적성검사 점수와 실제 비행사로의 직무성적평정 점수의 상관계수가 높게 나타난다면 이 비행사 적성검사는 예언타당도가 높다고 할 수 있다. 현재 대부분의 중학교 1학년과 고등학교 1학년에서 실시되고 있는 진로적성검사는 예언타당도가 높아야 그 결과를 가지고 진학 및 진로 지도로 활용할 수 있다. 대학입학 전형에서 고등학교 내신 성적과 대학수학능력 점수를 반영하는 이유도 바로 이러한 점수들이 대학에서 수학능력을 나타내는 평균평점(GPA)과 높은 상관관계를 나타내고 있기 때문이다. 그런데 신뢰도가 낮으면 예언타당도가 낮아지게 된다. 예언타당도는 신뢰도의 제곱근을 넘지 못하기 때문에 다음과 같이 나타낼 수 있다.

$$Y_{\max} = \sqrt{Y_{tt}(\text{신뢰도})}$$

예언타당도의 장점으로는 평가 도구가 미래의 행위를 예언하기 때문에 예언타당도가 높은 검사는 선발, 채용, 배치 등의 목적을 위하여 사용될 수 있다. 예를 들어 약사고시, 의사고시 등의 시험에서 사용되는 평가 도구는 예언타당도가 높아야 한다. 예언타당도의 단점으로는 동시 측정이 불가능하므로 평가 도구의 타당성을 검정하기 위하여 시간적 여유가 필요하다는 것이다. 또한 일정 시간 뒤에 측정한 행위와 검사의 점수 간에 상관계수에 의하여 타당도를 검정하기 때문에 검사를 실시하고 난 후 인간의 특성이 변화되지 않았다는 보장을 하기도 힘들다(박도순 외, 2008).

#### 1.2.4. 구인타당도(construct validity)

구인타당도는 어떤 시험이나 측정 방법에 의해서 구인(構因)이라고 하는 특성이나 속성을 명확히 정의하려고 할 때 사용한다. 구인(construct)이란 과학적인 상상의 산물로서 지능, 동기, 태도, 성취와 같이 직접 관찰하거나 측정할 수 없는 행동에 대한 이론적인 개념화, 즉 심리학적 구성 개념을 말한다(권순달, 2002). 구인타당도를 구성타당도라고도 한다. 예언타당도나 공인타당도가 준거를 기준으로 타당화(validation)를 검토하는 데 반면, 이것은 준거 없이 한 측정에서 나온 점수의 의미를 심리학적 개념(psychological concepts)으로 분석하는 방법이다.

여기서 심리학적 개념에 의한 분석이란, 예를 들어 구인 A의 작용이 한 측정의 결과에 중요한 구실을 하리라고 추측이 되면 실험을 통해서 측정에서 높은 점수를 얻은 사람이 실제로 구인 A의 특성을 가지고 있느냐를 검토해 냄으로써 구인타당도를 밝히는 것이다. 구인타당도를 검토하는 집단 간의 차이의 비교, 요인 분석(factor analysis), 측정검사의 내부 구조의 연구, 검사과정의 분석 및 타 검사와의 상관에 의해 산출된다.

구인타당도는 응답 자료에 의하여 계량적 방법에 의하여 검증되므로 과학적이고 객관적이라 할 수 있다. 또한 심리적 특성에 부여한 조작적 정의의 타당성을 밝혀 주므로 많은 연구의 기초가 될 수 있다. 단점으로는 요인 분석을 실시할

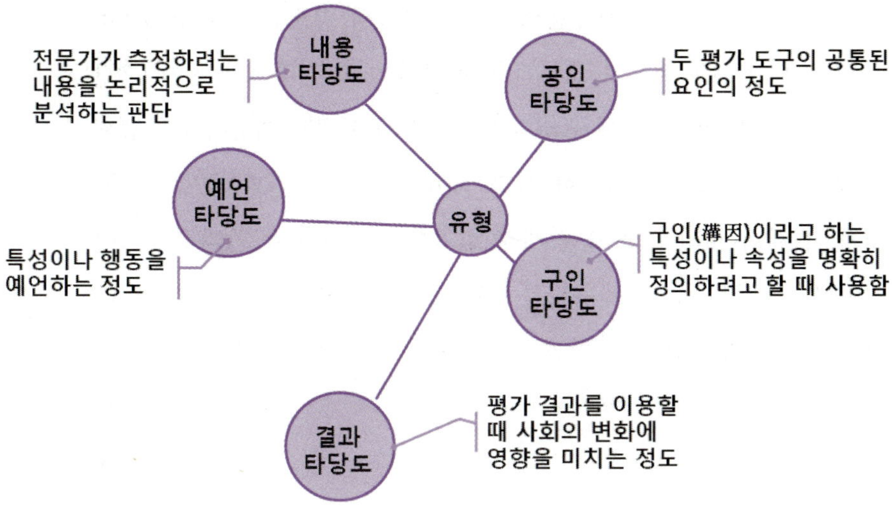


경우 변수 혹은 문항들 간의 보다 안정적인 상관계수를 얻기 위하여 많은 자료가 요구된다. 요인 분석을 하기 위하여 일반적으로 300명 이상의 응답자가 필요하다.

### 1.2.5. 결과타당도(consequential validity)

평가 도구의 제작과정을 검토하는 것도 중요하지만 그러한 평가 결과가 사회에 미치는 영향에 대해서도 논의해야 한다는 주장이 제기되었다. 결과타당도란 검사나 평가를 실시하고 난 결과에 대한 가치판단으로, 평가 결과와 평가 목적과의 부합성, 평가 결과를 이용할 때의 목적 도달, 평가 결과가 사회에 주는 영향, 그리고 평가 결과를 이용할 때 사회의 변화에 영향을 미치는 정도를 의미한다.

Cronbach(1971)도 타당도는 검사 자체의 속성이 아니라 각 검사의 활용에 비추어 새로이 평가되어야 한다고 주장하였다. 타당도의 개념에는 검사점수에 기초한 기술적 해석뿐 아니라 평가 결과와 그에 따른 조치에 대한 평가도 포함되어야 함을 의미한다.

타당도의 개념이 검사 도구 특성의 문제라기보다는 검사점수 결과를 적용하는 데 관심이 주어지면서 Messick(1989)은 1970년 후반 평가점수 사용을 둘러싼 사회적 가치와 윤리적 이유를 제기하였다. 그는 타당도의 개념이 사회적 결과와 연관되어 있다고 주장하고 검사 사용의 사회적 결과는 타당도의 틀 속에서 중요한 부분이라며 결과타당도를 제안하였다(박도순 외, 2008).

성태제(1999)는 검사가 교육적 목적에 의하여 제작되나 정치 · 경제 · 사회 · 문화와 국가의 교육이념에 둘러싸여 있으므로 시대적 배경이나 환경을 고려하여야 하며, 검사 결과는 의도한 결과, 의도하지 않은 결과, 긍정적 결과, 부정적 결과, 실제적 결과 그리고 잠재적 결과를 분석하여야 한다고 주장하고 있다. 그럼에도 불구하고 결과타당도를 타당도의 범주 안에 포함하는가에 대한 논쟁은 계속되고 있다.

## 2. 신뢰도

### 2.1. 개념

타당도가 '무엇(what)'을 측정하고 있느냐의 문제라면 신뢰도는 평가 도구가 '어떻게(how)' 재고 있느냐의 문제라 할 수 있다. 즉 한 평가 도구가 일관성 있는 측정을 하고 있느냐의 문제로 신뢰도는 믿음성(dependability), 안정성(stability), 일관성(consistency), 예측성(predictability), 정확성(accuracy)이란 말과 같은 뜻을 가지고 있다.

신뢰도를 좌우하는 가장 큰 하나의 조건은 채점의 객관성인데 채점이 주관적이면 신뢰도는 낮아진다. 따라서 평가 도구의 신뢰도를 높이기 위해서는 가능한 한 채점의 객관성을 유지하여 개인적인 판단이나 편견이 점수에 영향을 주지 않도록 해야 한다. 그리고 신뢰도는 평가 점수의 계속성과 관계가 있다. 즉 한번 얻어진 점수는 다른 측정에서 얻어진 점수와 비슷해야 한다. 물론 측정에서 시간의 차이, 문항 간 차이, 부분적 검사의 다양성으로 인해 오차가 발생할 수 있다. 교육학이나 심리학 등 사회과학에 있어 측정 도구로 인간 행동을 있는 그대로 오차 없이 측정한다는 것은 불가능하기 때문에, 측정의 오차는 결코

| 신뢰도 | 평가 도구가 '어떻게(how)' 재고 있느냐의 개념 |
|---|---|

| | |
|---|---|
| 1 | 믿음성, 안정성, 일관성, 예측성, 정확성이란 말과 같은 뜻을 가지고 있음 |
| 2 | 신뢰도를 좌우하는 가장 큰 하나의 조건은 채점의 객관성임 |
| 3 | 채점의 객관성을 유지하여 개인적인 판단이나 편견이 점수에 영향을 주지 않도록 해야 함 |

피해 갈 수 없는 문제이기도 하다. 하지만, 얼마나 그 오차를 줄이는가에 따라 도구의 질은 높아질 수 있으며, 바로 그것이 신뢰도의 과제라 할 수 있다.

신뢰도는 다른 상황하에서 검사점수가 얼마나 많은 변화가 있는가의 정도를 나타낸다. 신뢰도를 제시하는 방법으로 신뢰도 계수와 표준오차의 측정 등이 사용되고 있다. 일반적으로 사용되는 신뢰도 유형은 재검사신뢰도, 동형검사신뢰도, 반분신뢰도, 문항내적 합치도 등이 있다. 실제 학교현장에서 활용되고 있는 수행평가나 포트폴리오 평가에서 채점자 신뢰도가 논란이 되고 있다.

채점자의 신뢰도는 다시 채점자내 신뢰도와 채점자간 신뢰도로 구분할 수 있다. 채점자내 신뢰도는 채점자 자신이 점수 부여에서 변덕을 부리는 정도를 말하여, 채점자간 신뢰도는 한 채점자와 다른 채점자 사이의 점수의 일치 정도를 의미한다. 한 교사가 채점한 학생들의 논술형 문항의 점수나 수행평가의 점수가 다른 채점자와 큰 차이가 있다면 채점자간 신뢰도가 낮음을 의미한다.

신뢰도는 일반적으로 네 가지 유형 즉 재검사신뢰도(test-retest reliability), 동형검사신뢰도(equivalent or parallel-form reliability), 반분신뢰도(split-half reliability), 그리고 문항내적 합치도(Kuder-Richardson reliability, Cronbach alpha 계수) 등으로 구분할 수 있다. 이러한 유형별 신뢰도에 대하여 살펴보고자 한다.

## 2.2. 유형

### 2.2.1. 재검사신뢰도(test-retest reliability)

재검사신뢰도는 한 평가 도구를 동일 집단에게 시간의 간격을 두고 두 번 실시해서 얻은 점수들 간의 상관계수로 나타낸다. 재검사신뢰도는 동일한 검사를 두 번 실시해서 각 점수들이 어느 정도 안정적인가를 분석하는 것으로 안정성계수(coefficient of stability)라고도 부른다. 이때 선행검사와 후행검사 간의 간격에 따라 달라질 수 있다. 재검사신뢰도 계수는 측정 절차의 오차에 의해 그리고 피검사자의 시간에 따른 반응의 변동에 의해 영향을 받는다. 학생들의 학업성취도 평가 도구의 신뢰도는 실시 간격이 짧을수록 높게 나타날 수 있다. 검사 실시 간격이 길어지면, 학생들 사이의 특성의 행동의 변화에 의해 낮은 재검사신뢰도는 낮아질 것이다. 재검사신뢰도 계수를 보고할 때는 실시 간격을 나타낼 필요가 있다.

재검사신뢰도를 나타내는 상관계수는 다음 13장에 제시되는 상관계수 공식을 사용하여 직접 구하거나 통계 프로그램(SPSS, SAS)을 사용하여 쉽게 구할 수 있다. 다음은 평균이나 표준편차를 구하지 않고 원점수를 직접 대입하여 상관계수를 구하는 식이다.

$$r_{xy} = \frac{N\sum X \cdot Y - (\sum X)(\sum Y)}{\sqrt{N\sum X^2 - (\sum X)^2} \cdot \sqrt{N\sum Y^2 - (\sum Y)^2}}$$

다음 [그림 12-1]은 재검사신뢰도를 산출하기 위한 예시 자료이다. 위의 공식을 대입하면 손쉽게 구할 수 있다.

재검사신뢰도의 문제점은 같은 내용의 검사를 동일한 집단을 대상으로 두 번 실시하기가 어렵다는 점이다. 그리고 평가 도구 혹은 검사에 표본되는 문항의 오차 분산이 진점수 분산으로 다루어진다는 점이다. 문항 표본의 성질에 따라 같은 능력을 가진 학생의 점수가 다르게 나올 수 있는데, 이 방법에서는 같은

☞ 교사가 학생 5명을 대상으로 동일한 검사를 두 번 실시한 결과가 다음과 같을 때, 이 도구의 재검사신뢰도를 구하시오.

| | 1차 검사 | 2차 검사 |
|---|---|---|
| 철수 | 4 | 5 |
| 영희 | 6 | 7 |
| 재형 | 5 | 6 |
| 규만 | 6 | 7 |
| 가람 | 5 | 5 |

그림 12-1 재검사신뢰도 계산 자료

검사이므로 문항표본에서 오는 오차가 전후 같아져서 신뢰도가 사실보다 크게 나올 확률이 많다. 전후의 검사 실시에서의 여러 가지 조건 예컨대, 동기수준, 수험태도, 검사지시, 검사시간 등을 똑같이 통제하기 어렵다는 점이다, 이를 통제하지 못한다면 전·후검사 측정과정에서 오차가 가중될 수 있다.

이와 같은 이유로 실제 학교현장에서 재검사신뢰도를 사용하는 경우는 드물지만 표준화검사 제작에서 검사 도구의 양호도를 검증하기 위하여 재검사신뢰도를 제시하기도 한다.

### 2.2.2. 동형검사신뢰도(equivalent or parallel-form reliability)

동형의 두 검사를 한 집단에게 실시하여 얻어진 상관계수를 동형검사신뢰도라고 한다. 동형의 두 검사란 다른 검사지만 동일한 능력을 측정하기 위하여 서로 독립적으로 제작된 검사를 의미한다. 그러나 문항의 번호와 답지를 다르게 하여 구성된 두 검사는 동형검사가 아니라 하나의 검사라고 할 수 있다. 동형검사신뢰도 계수는 두 검사의 적절성 여부를 나타낸다. 다시 말해 동형검사신뢰도가 높다는 것은 동형의 독립적 평가 도구가 같은 영역이나 특성을 측정하고 있다는 것을 가리킨다. 그러나 동형검사는 측정과정에서 오차, 서로 다른 표본문항의 차이, 피검사자의 시간에 따른 반응의 변동에서 나타나는 오차 등이 신뢰도 계수에 영향을 줄 수 있다.

동형검사신뢰도의 목적은 두 개의 검사가 동일한 검사인지를 확인하는 데 있다. 그럼에도 동형검사신뢰도를 산출하는 데 가장 큰 문제는 현실적으로 평가 목표가 동일한 다른 형태의 검사를 개발하기가 어렵다는 점이고 같은 집단에 연속적으로 실시하기가 교육적으로 바람직하지 않다. 동형검사신뢰도를 동형성 계수(coefficient of equivalent)라고도 한다.

다음 [그림 12-2]는 동형검사신뢰도를 산출하는 예이다. 동형검사신뢰도 역시 재검사신뢰도 추정에 사용되는 상관계수 공식이나 통계 프로그램을 활용하여 구할 수 있다.

☞ 5명의 학생에게 동형인 두 검사를 실시한 결과가 다음과 같을 때, 이 도구의 동형검사신뢰도를 구하시오.

| | (국어) | (국어)' |
|---|---|---|
| 가희 | 60 | 50 |
| 창호 | 80 | 80 |
| 영래 | 70 | 60 |
| 덕수 | 80 | 70 |
| 자옥 | 90 | 80 |

**그림 12-2 동형검사신뢰도 계산 자료**

동형검사는 표면적, 외형적인 내용은 서로 다르지만 두 검사가 측정이론에서 보아 동질적이며 동일하다고 추정할 수 있는 문항으로 구성된 검사이다. 예컨대 문항의 난이도 및 변별도에서 같거나 비슷하고, 문항내용도 같은 것으로 구성된 검사이다. 이 검사 방법은 기억효과, 연습효과는 최소한으로 감소시키며, 문항표본에서 파생하는 오차도 오차 분산으로 포함된다는 점에서는 비교적 좋은 방법이다. 그러나 실제적으로 두 검사를 측정이론에서 보아 거의 같거나 완전히 같은 동질적인 검사로 구성한다는 것 자체가 힘든 일이다. 이 점에서 보면 재검사신뢰도가 갖는 오차 분산 이외의 오차도 함께 지니고 있는 셈이다.

### 2.2.3. 반분신뢰도(split-half reliability)

반분신뢰도는 한 번 실시한 검사를 두 부분으로 나누어 산출된 점수의 상관계수를 의미한다. 두 부분으로 분할할 때는 일반적으로 문항의 수를 기준으로 한다. 문항의 수를 기준으로 나누는 경우 다음의 몇 가지 방법이다.

우선 간단하게 홀수번호 문항으로 한 검사를 구성하고, 나머지 짝수번호 문항으로 검사를 구성하는 방법을 기우반분법이라고 한다. 다음으로 처음 문항 번호부터 중간 문항번호까지를 전반부로, 나머지를 후반부로 하여 두 검사를 구성할 수 있다. 이를 전후반분법이라고 한다. 이외에 무선적으로 문항번호를 추출하여 두 검사를 구성할 수도 있고, 전문가의 관점에서 평가목표와 문항난이도가 유사한 두 문항을 선택하여 각각 서로 다른 부분 검사에 할당하여 두 검사를 구성할 수도 있다. 동형검사신뢰도의 방법처럼 이 과정도 서로 다른 표본문항의 일관성의 차이, 검사과정에서 나타나는 오차를 제거하지 못하고 피검사자의 시간에 따른 반응의 변동에 대한 안정성도 보장되지 못한다. 검사도구의 신뢰도는 검사의 길이와 관계가 있다. 일반적으로 검사의 길이가 길어지면 즉, 문항의 수가 많아지면 신뢰도 계수도 증가하기 때문에 반분에 의해 구해진 신뢰도 계수는 전체 검사의 신뢰도보다 낮게 추정된다. 그래서 이의 교정을 위해서 다음과 같은 Spearman-Brown 공식을 사용한다. 아래 공식을 사용하여 반분신뢰도를 구할 경우 $n$ 대신에 2를 대입하면 된다. 전체 검사 문항은 두 부분으로 나눈 검사 문항의 2배가 되기 때문이다. 반분신뢰도를 동질성 계수(coefficient of homogeneity)라고도 한다.

| $r_{xx} = \dfrac{n.r}{1+(n-1)r}$ | $r_{xx}$ : n배 했을 때 신뢰도 계수<br>$n$ : 분할된 부분검사의 수<br>$r$ : 얻은 부분 검사의 신뢰도 계수(상관계수) |
|---|---|

위의 공식은 반분신뢰도 산출에만 적용되는 것은 아니다. 일반적으로 문항의 수를 늘릴 때, 실제 신뢰도가 얼마나 높아지는가를 미리 계산할 수 있다. 반분신뢰

도는 손쉽고 편리한 신뢰도 계산 방법이다. 그러나 검사 실시에 있을 수 있는 특수한 조건, 피검사자의 사건에 따른 우연적 변동 등이 진짜 변량으로 취급될 가능성이 있다는 것이 단점이다. 또한 순수한 속도검사에서는 두 부분으로 나누어진 부분점수 사이의 상관은 자연히 크기 때문에 이 방법을 사용할 수 없다. 반분검사에 의한 동질성 계수의 추정 방법은 나누어진 두 부분의 점수의 변량이 같다는 데 있다. 만약 이 차이가 크면 클수록 전체에 대한 신뢰도는 Kuder-Richardson 공식이나, 다른 동질성 추정 방법에 의한 신뢰도보다 과대하게 나올 가능성이 있다는 점에 주의해야 한다.

### 2.2.4. 문항내적 합치도

문항내적 합치도는 피험자가 각 문항에 반응하는 일관성, 합치성에 그 기초를 두고 있다. 반분신뢰도에서는 분할된 두 부분을 독립된 각각의 검사로 생각하듯이, 여기에서는 검사 속의 한 문항, 한 문항을 모두 독립된 한 개의 검사 단위로 생각하고 그 합치성 · 동질성 · 일치성을 종합하는 입장이다.

#### (1) 쿠더-리차드슨 신뢰도(Kuder-Richardson reliability)

쿠더-리차드슨 신뢰도는 한 검사 내에서의 독립된 문항 하나하나를 별개의 검사로 간주하여 문항 내의 일관성을 신뢰도로 표시하는 방법을 말한다. 쿠더-리차드슨 신뢰도는 비교적 쉽게 신뢰도를 계산할 수 있는 방법으로 Kuder-Richardson에 만들어진 *K-R* 20공식이 널리 사용되기 때문에 붙여진 명칭이다. *K-R* 20과 함께 모든 문항의 난이도가 동일한 경우 보다 간편하게 신뢰도를 구할 수 있는 *K-R* 21공식이 함께 제안되었다.

$$KR20 = r_{xx} = \frac{n}{n-1}\left(1 - \frac{\Sigma pq}{S_x^2}\right)$$

$$KR21 = r_{xx} = \frac{n}{n-1}\left(1 - \frac{\overline{X}(n-\overline{X})}{nS_x^2}\right)$$

그런데 모든 문항난이도가 동일하지 않은 경우에 *K-R*21공식은 실제보다 낮은 신뢰도를 산출하게 된다. *K-R*20과 *K-R*21의 차이는 *K-R*21이 모든 문항의 난이도가 같다는 가정, 즉 모든 문항의 $p$(정답률)가 같다는 가정에 기초하고 있다. 만약 이 가정이 맞지 않을 경우, 혹은 크게 이탈할 경우 *K-R*21은 신뢰도를 약간 낮게 추정할 가능성이 있다. 이런 위험이 있는 반면에 *K-R*21은 각 문항의 $p$(정답률), $q$(오답률)를 계산하지 않고 전체 검사점수의 평균과 표준편차만 알고서 추정할 수 있다는 장점 때문에 많이 이용된다.

쿠더-리차드슨 공식들은 모두 문항난이도가 거의 비슷하고 그 범위가 .3~.7 정도, 즉 아주 어려운 문항이나 아주 쉬운 문항이 별로 없을 때 적절하다. 만약 그렇지 않을 때는 신뢰도를 과소추정할 위험이 있다. 이와 빈대로 검사가 속도를 지나치게 강조하는 경우, 즉 많은 학생이 시간이 모자라 손대지 못한 문항이 많은 경우에는 문항내적 합치도를 과대추정할 위험이 있다. 그러므로 학생의 90~95%가 문항에 답을 했을 경우에 사용하는 것이 바람직할 것이다.

(2) 크론박 알파(Cronbach-$\alpha$)

신뢰도의 추정을 상관계수에 의한 접근 방법을 적용하면 두 차례의 검사나 두 번에 걸친, 또는 양분하는 절차 속에서 더 많은 오차를 유발할 수 있는 가능성이 있다. 그래서 한 개의 검사를 한 집단에게 실시하고 거기에서 오차변량을 제외한 진점수변량을 추정해 보려는 노력이 시도되기 시작했다. 신뢰도 계수가 회귀계수에 기초를 둔 상관계수에서 출발하고 있는 반면, Cronbach-$\alpha$는 Fisher가 개발시킨 변량분석에 근거하여 개발되었다. 이 접근에 기초가 되는 것은 한 검사 속의 문항들 사이의 신뢰도 계수는 급내 상관계수(intraclass coefficient of correlation)로 나타낼 수 있으며, 그것은 문항 간의 평균공변량/문항간 변량의 비율로 나타내려는 개념이다. Cronbach-$\alpha$의 계산 공식은 다음과 같다.

$$a_k = r_{xx} = \frac{k}{k-1}\left(1 - \frac{\Sigma S_i^2}{S_x^2}\right)$$

| | |
|---|---|
| 재검사 신뢰도 | 한 평가 도구를 동일 집단에게 시간의 간격을 두고 두 번 실시해서 얻은 점수들 간의 상관계수 |
| 동형검사 신뢰도 | 동형의 두 검사(다른 검사지만 동일한 능력을 측정하기 위하여 서로 독립적으로 제작된 검사)를 한 집단에게 실시하여 얻어진 상관계수 |
| 반분 신뢰도 | 한 번 실시한 검사를 두 부분으로 나누어 산출된 점수의 상관계수 |
| 문항내적 합치도 | 피험자가 각 문항에 반응하는 일관성, 합치성에 그 기초를 두고 있음 |

Cronbach-$\alpha$ 계수는 논술형 문항과 같이 한 개의 문항이 여러 단계의 점수로 채점되는 경우(부분점수 부여)에도 사용할 수 있기 때문에 측정학적 결함이 비교적 적은 방법이다.

이상에서 타당도와 신뢰도를 간단히 설명해 보았는데 실제 이들의 검증 방법은 최근 컴퓨터의 보급에 따라 여러 가지 컴퓨터 통계 프로그램(예 : SPSS, SAS)이 개발됨으로 해서 컴퓨터(PC용 포함)를 이용해서 쉽게 구할 수 있게 되었다.

## 2.3. 신뢰도 저해 요인

측정과정에서 신뢰도를 높이기 위해서는 먼저 신뢰도를 저하시키는 요소들을 배제하여야 하겠다. 이러한 저해요소들로는 다음 세 가지를 들 수 있다.

첫째, 측정 도구 자체의 결함을 들 수 있다. 예를 들어 검사의 문항이 잘못 선정되었다든지 문항 수가 적다든가 또는 문항의 뜻이 모호하여 여러 가지 뜻으로 해석되는 경우를 들 수 있다.

둘째, 피험자들의 신체적 및 심리적 조건을 들 수 있다. 예를 들어 지나치게 긴장하였다든지 신체적으로 피로해 있다든지, 측정 장소가 어둡다든지 덥다든지 하는 조건 등이 신뢰도를 낮추는 중요한 요인이 된다.

셋째, 점수가 우연적이거나 일시적인 착각에 의하여 얻어질 수 있다.

그러나 실제 태도나 여론조사에서 가장 문제되는 것은 조사자와의 관계나, 솔직히 응답을 하지 않으려는 피조사자들의 태도 등이 신뢰도를 낮추는 큰 요인이 된다. 따라서 측정검사상의 신뢰도를 높이려면 이상과 같은 저해 요인들을 배제해야 되겠다.

첫째, 측정검사 도구의 문항들이 명료해야 된다.

둘째, 검사의 항목수가 충분하도록 해야 한다.

셋째, 측정오차를 줄이기 위해서는 피검사자자들에게 응답요령 등을 분명하게 지시해 주어야만 한다.

## 2.4. 신뢰도를 높이는 방법

신뢰도를 높이기 위하여 다음과 같은 방법들이 사용되고 있다.

첫째, 검사 도구의 길이가 늘면, 즉 문항의 수가 많아지면 신뢰도는 높아진다. 문항의 수가 많다는 것은 점수를 높게 하거나 낮게 하는 요인들이 서로 상쇄되어 보다 신뢰로운 결과를 초래할 수 있기 때문이다. 즉, 피험자가 한두 개의 문항 내용이나 검사 지시의 오류를 범했다 하더라도 큰 문제는 안 될 것이란 점이다.

둘째, 검사 실시과정이 표준화되어야 한다. 검사 주의사항을 정확히 서술해서 모든 학생들이 지시 내용을 이해할 수 있도록 해야 하며, 검사 실시 시간과 채점의 기준이 동일해야 한다.

셋째, 선택형 검사는 각 문항의 답지(보기)를 많이 제시하여 추측에 의하여 정답을 할 수 있는 가능성을 줄이도록 한다. 서술형 검사는 채점하기 전에 미리 모범 답안을 작성하여 채점 도중에 기준이 흔들리지 않게 하며 정답에 대한 배점 기준을 명확히 한다.

## 2.5. 타당도와 신뢰도와의 관계

일반적으로 타당도와 신뢰도와의 관계를 이야기할 때 신뢰도는 타당도의 필요조건이기는 하지만 충분조건은 아니라는 이야기를 한다. 이 말은 신뢰도보다 타당도가 선행되어야 함을 의미한다. 그런데 단순하게 평가 도구의 신뢰도를 높이기 위하여 문항 수만 늘리다보면 타당도는 오히려 내려갈 가능성이 있음을 유의할 필요가 있다. 즉 어느 특정한 영역에서 많은 문제를 출제하게 되면 신뢰도는 올라갈 수 있지만, 출제가 어느 한 부분에만 치우치게 되어 타당도는 오히려 낮아질 수 있기 때문이다.

평가 도구로서 타당도란 어느 한 검사 도구가 본래 측정하고자 하는 내용을 얼마나 충실하게 측정하는가의 문제, 즉 이미 설정된 검사 목적에 비추어 본 검사 도구의 적합성을 의미하며, 신뢰도란 측정하는 내용에 대한 검사 도구의 일관성을 의미한다. 따라서 검사 제작과 관련하여 우선 염두에 두어야 할 점은 타당도라 할 수 있겠다. 다음 [그림 12-3]은 타당도와 신뢰도의 관계를 그림으로 나타낸 것이다.

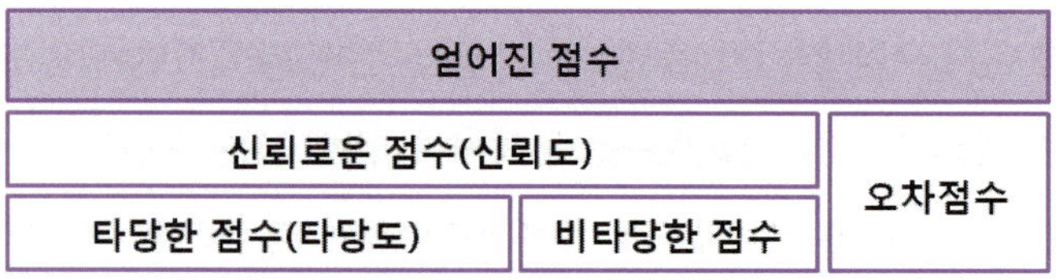


**그림 12-3** 타당도와 신뢰도의 관계

위의 그림에서 보는 바와 같이 결국 타당도와 신뢰도의 관계를 측정상의 문제와 관련지어 볼 때, 측정의 오류를 크게 나누어 체계적인 오류와 비체계적인 오류로 구분하게 되는데, 체계적인 오류란 측정에 있어 일정한 방향으로 항상 나타나는 오류를 의미하며 비체계적인 오류는 무선적으로 그 크기와 방향이 일정치 않게 나타나는 오류를 말한다. 결국 신뢰도는 비체계적 오류와 관련된 개념이며 타당도는 체계적인 오류와 관련된 개념이라 할 수 있다. 일반적으로 타당도는 신뢰도의 제곱근 값과 같거나 작은 값을 지니게 된다.

## 3. 객관도

### 3.1. 개념

객관도란 채점자(평정자) 신뢰도라 할 수 있는데, 채점자가 점수를 부여할 때 주관적 편견을 갖지 않고 얼마나 객관적 입장에서 공정하게 채점하느냐를 말한다. 이렇게 보면 객관도는 신뢰도의 일부분으로 채점자의 신뢰도(tester's reliability)라고 할 수 있다. 타당도와 신뢰도가 측정 도구의 문제라면 객관도는 평정자 또는 채점자의 문제라고 할 수 있다. 즉, 객관도는 평가에서 평정자 또는 채점자의 주관을 얼마나 배제하였느냐의 문제이다.

객관도는 두 가지로 구분될 수 있다. 우선 동일한 대상에 대하여 한 채점자가 다른 채점자와 유사하게 점수를 부여하였느냐에 초점을 두는 것이다. 이와 달리 한 채점자가 평가 대상에 대하여 일관되게 채점하였느냐에 관한 것이다. 전자를 채점자간 신뢰도라 하며, 후자를 채점자내 신뢰도라고 한다.

채점자간 신뢰도란 다수의 채점자들이 동일한 답안지를 각자 채점한 후, 여러 사람들의 채점의 결과가 상호 얼마나 일치하는가를 알아보는 것을 의미한다. 각기 다른 채점자들 간의 일치도를 알아보기 위해서는 채점 결과 간의 상관계수를 산출하게 되는데 이렇게 해서 산출된 상관계수를 채점자 신뢰도 계수라고 하며 상관계수가 높을수록 채점자 간의 일치도가 높아 채점의 신뢰도가 높아지게 되며, 신뢰도 계수가 낮을수록 채점자 간의 일치도 즉 신뢰도가 저하되는 것으로 해석되어진다.

예를 들면, 동일한 피험자의 답안지를 가지고 한 교사는 95점을 부여하고 다른 교사는 80점, 그리고 심한 경우에 또 다른 제3의 교사는 50점을 부여하게 되는 가능성을 생각할 수 있는데, 이처럼 객관도가 크게 나타나는 이유는 다음의 두 가지 때문이다. 우선 측정 도구 자체의 불완전성 때문에 나타나는 결과이고, 다른 하나는 평가자 자신의 소양 부족 때문에 오는 원인을 들 수 있다. 일반적으로 객관도를 높이는 방법은 다음과 같다.

| 객관도 | 채점자가 점수를 부여할 때 주관적 편견을 갖지 않고 얼마나 객관적 입장에서 공정하게 채점하느냐를 말함 |
|---|---|
| 1 | 신뢰도의 일부분으로 채점자의 신뢰도 (tester's reliability)라고 할 수 있음 |
| 2 | 평정자 또는 채점자의 문제라고 할 수 있음 |
| 3 | 평가에서 평정자 또는 채점자의 주관을 얼마나 배제하였느냐의 문제임 |

① 평가 도구를 객관화시켜야 한다.

② 검사자의 평가에 대한 소양을 높여야 한다.

③ 검사자의 인상, 편견, 추측, 감정, 어림짐작, 착오 등 주관적 요인을 최소한도로 줄여야 한다.

④ 가능하면 비객관적 평가 도구는 여러 사람이 공통으로 평가해서 그 결과를 종합하는 것이 객관성을 높일 수 있다.

⑤ 다양한 오류를 줄여야 객관도가 높아진다.

결국 객관도의 두 유형인 채점자내 신뢰도와 채점자간 신뢰도는 서로 동떨어진 별개의 것이 아니며, 채점자내 신뢰도인 채점자 개인의 일관성이 전제될 때 채점자간 신뢰도가 높아진다. 만약 채점자내 신뢰도가 낮다면 채점자 자신의 채점 기준이 들쑥날쑥하다는 것을 의미하므로 채점자간 신뢰도를 구하는 것은 실질적 의미가 없게 된다. 그러므로 채점자내 신뢰도가 채점자간 신뢰도의 기본 전제라고 할 수 있다.

### 3.2. 유형

평가 결과가 점수로 부여될 때, 서로 다른 채점자가 동일한 집단의 피험자에게 얼마나 유사하게 점수를 부여하였나를 확인하기 위한 가장 간단한 방법은 점수의 관련성을 파악하는 일이다. 그리고 점수가 아닌 평정이나 등급일 경우는 일치 정도를 파악하면 된다. 이에 따라 객관도 분석은 크게 두 가지로 구분된다. 점수가 부여될 때는 상관과 일반화가능도가 널리 사용되고, 평정(등급)을 하는 경우는 일치도와 Kappa 계수로 분석이 가능하다.

### 3.2.1. 상관

두 변수의 관련성 분석에 사용되는 상관은 객관도를 확인하는 방법으로 널리 사용된다. 상관관계의 수리적 공식은 Pearson 적률상관이 널리 알려져 있다. 만약 상관계수가 높으면 각각의 채점자는 동일한 채점 기준에 의하여 채점한 것으로 분석되며, 이와는 반대로 상관이 낮으면 채점자가 각기 다른 채점 기준에 의하여 채점한 것으로 분석된다. 그러나 이러한 상관계수에 의한 객관도는 타당도가 높다는 가정을 충족시켜야 된다. 그 이유는 서로 다른 영역을 평가하는 도구도 점수가 비슷하게 나올 수 있고, 그렇게 되면 상관계수는 높아질 수 있기 때문이다.

### 3.2.2. 일반화가능도

평가 도구가 선택형으로 되어 있지 않고, 논술형이거나 행동 및 수행을 채점할 때는 객관도가 낮아질 수밖에 없다. 그 이유는 점수 부여과정에서 많은 오차가 발생할 수 있기 때문이다. 즉 채점자가 점수를 부여할 때 검사 상황, 검사 형태, 분위기, 일시적 감정 같은 다양한 형태의 오차가 영향을 주게 된다. 이러한 다양한 오차 발생 원인을 세분화하는 방법으로 일반화가능도 이론이 적용되고 있다. 일반적인 검사이론은 오차점수 분산을 하나의 덩어리로 간주하고 더 세분하지 않으나, 일반화가능도 이론은 오차점수 분산을 여러 개의 구성 요소로 세분하고 각각의 크기를 구할 수 있는 장점을 가지고 있다. 나아가 일반화가능도 이론은 오차점수 분산의 원인을 밝힐 뿐 아니라, 측정 방법, 절차, 그리고 목적에 따라 어떤 요인이 어떤 오차점수와 관계가 있는지 밝힌다. 일반화가능도 이론은 Cronbach, Rajartnam, & Gleser(1963)에 의하여 이론적 모형이 형성되었고,

Brennan(1983)에 의해 체계적 개론서가 제공되었으며, 자료 분석을 위한 컴퓨터 프로그램인 GENOVA가 Crick & Brennan(1983)에 의해 공급되었으며, 그 후 많은 이들에 의해 적용범위가 확장되었다. 다만 일반화가능도 이론은 복잡하기 때문에 실제 분석을 위해서는 다른 전문서적과 프로그램을 활용해야 한다는 어려운 점이 있다.

### 3.2.3. 일치도

일치도는 평가자가 관찰 대상의 행위나 수행 결과에 점수를 부여하기 보다는 어떤 유목이나 범주로 분류할 때, 즉 등급을 부여할 때 평정자 간의 분류 일치도를 추정하는 방법이다. 일치도는 관찰에서 관찰자들이 관찰 대상의 행동을 분류하여 관찰자간 분류의 유사성을 추정하는 목적으로 흔히 사용된다. 두 관찰자에 의하여 일치되게 평정된 피험자 수를 고려한 비율은 다음과 같이 정의된다. 아래에서 P는 비율, 아래첨자 A는 agreement의 앞글자이다. 아래 정의에서 알 수 있듯이, 분류된 전체 대상 가운데 일치된 분류가 어느 정도인지를 나타낸다. 두 평정자의 실제 일치도도를 구할 때는 행렬표를 작성하여 계산하는 것이 편리하다.

$$P_A = \frac{N_{11} + N_{22} + \cdots + N_{JJ}}{N}$$

위 식에 직접 대입하여 일치도를 구할 수 있지만, SPSS 프로그램에서 상단메뉴 ▷ 분석 ▷ 기술통계 ▷ 교차분석에서 행과 열에 구하려는 관찰자를 위치시키고, 선택메뉴 ▷ 셀을 선택하여 셀 대화상자를 열어 관찰 빈도와 전체 퍼센트를 선택하면 교차표가 산출된다. 일치도는 점수 부여가 아닌 평정에서 간편하게 일치도를 계산할 수 있는 장점을 가지고 있지만, 우연에 의하여 동일하게 평정되는 확률을 포함하므로 객관도를 과대 추정할 수 있음을 간과하지 말아야 한다.

### 3.2.4. Kappa 계수

일치도는 두 채점자의 평정 결과가 일치하는 빈도수에 의해서 계산되기 때문에 우연에 의한 피험자가 포함될 수밖에 없다. 이러한 문제점을 해결하기 위하여 Cohen(1960)은 일치도에서 우연에 의한 확률을 제거한 kappa 계수를 제안하였다. 우연에 의하여 분할표의 대각선에 있는 칸에 분류되는 사례 수는 다음과 같이 해당 칸과 관계된 주변 피험자 수들을 곱한 값을 총 사례 수로 나누어 계산한다(박도순 외, 2008).

$$N_{jc} = \frac{N_{.j} \times N_{j.}}{N}$$

위 공식은 우연에 의해 떨어질 수 있는 기대빈도를 말한다. 따라서 분할표에서 두 채점자에 의하여 동일하게 분류되는 사례 수를 더하면 되고, 이것을 전체 사례 수로 나누면 전체 N명의 피험자 중 우연히 두 채점자에 의하여 일치된 평정을 받은 피험자의 비율이 계산된다.

$$N_c = \sum_{j=1}^{I} \frac{N_{.j} \times N_{j.}}{N}$$

$$P_C = \frac{N_C}{N}$$

일치도 통계를 추정할 때 이 부분은 확률에 의하여 우연히 포함되므로 모든 과정에서 제거하여야 한다는 것이 Cohen의 주장이다. 그러므로 우연에 의하여 평정 결과가 일치할 비율을 제거한 Cohen의 kappa 계산 공식은 다음과 같다.

| | |
|---|---|
| $K = \frac{P_A - P_C}{1 - P_C}$ | $P_A$ : 일치도 통계<br>$P_C$ : 확률적으로 우연에 의하여 일치될 확률 |

**상관**
- 두 변수의 관련성 분석에 사용되는 상관은 객관도를 확인하는 방법으로 널리 사용
- 상관관계의 수리적 공식은 Pearson 적률상관이 널리 알려져 있음

**일반화 가능도**
- 오차점수 분산의 원인을 밝힐 뿐 아니라, 측정 방법, 절차, 목적에 따라 어떤 요인이 어떤 오차점수와 관계가 있는지 밝힘

**일치도**
- 등급을 부여할 때 평정자 간의 분류 일치도를 추정하는 방법
- 관찰자들이 관찰 대상의 행동을 분류하여 관찰자 간 분류의 유사성을 추정하는 목적으로 흔히 사용

**Kappa 계수**
- 두 채점자의 평정 결과가 일치하는 빈도 수에 의해서 계산되기 때문에 우연에 의한 피험자가 포함될 수밖에 없는 문제점을 해결하기 위해 제안됨

## 4. 실용도(usability, practicability)

실용도란 한 평가 도구가 경비와 시간 그리고 노력을 적게 들이고도 평가 목적을 얼마나 달성할 수 있느냐의 정도를 말한다. 아무리 신뢰도, 타당도가 검증되고 객관도를 유지하는 평가 도구이지만 실제 실시하는 데 시간과 노력 그리고 많은 비용이 요구된다면 활용하는 데 주저하게 된다. 그러므로 지시사항이 간단하고 분명하며 평가 문항의 수가 적당하여 평가가 용이해야 하며, 실시 절차와 채점 방법이 간편하고 결과의 해석과 활용이 용이한 평가 도구를 제작하여야 한다. 신뢰도 · 타당도 · 객관도는 아주 높지만 많은 시간과 노력이 투입되거나, 경비의 부담이 크고 채점이 너무 복잡하게 되면 평가 도구는 실용성을 잃게 되는 것이다.

평가 도구의 실용도는 대상자가 다수일 때 문제가 될 수 있다. 만약 소수일

**실용도** | 한 평가 도구가 경비와 시간 그리고 노력을 적게 들이고도 평가 목적을 얼마나 달성할 수 있느냐의 정도

**1** 평가 도구가 실용성을 갖기 위해서는 먼저 평가하는 데 어려움이 없어야 함(즉, 간편해야 함)

**2** 지시사항이 간단하고 명백하며, 하위 요인의 수가 적어 평가를 실시하는 데 편리해야 함

**3** 일반적으로 평가 시간이 짧을수록 실용도가 높다고 할 수 있음

경우에는 평가 실시와 채점 그리고 그 결과의 적용이 제한적이기 때문에 실용성이 큰 문제가 되지 않을 것이다. 그러나 평가 대상이 다수일 경우에는 평가 도구의 실시, 채점, 해석에의 용이성이 반드시 확보되어야 하는 것이다.

평가 도구가 실용성을 갖기 위해서는 먼저 평가하는 데 어려움이 없어야 한다. 즉 실시하기 간편해야 한다. 지시사항이 간단하고 명백하며, 하위 요인의 수가 적어 평가를 실시하는 데 편리해야 한다. 평가 실시에 필요한 시간은 타당하고 신뢰로운 결과를 얻는 데 필요한 만큼의 시간만 할당될 수 있도록 해야 한다. 일반적으로 평가 시간이 짧을수록 실용도가 높다고 할 수 있다. 평가 도구의 실용성은 채점이 쉽고 빠를수록 높게 된다. 채점을 위해서 최소의 시간, 노력, 비용을 요하는 평가 도구이어야 하는 것이다. 결과의 해석과 활용의 용이성은 평가 도구 실용도의 또 하나의 요건이다. 평가 결과의 활용성이 높은 검사를 최우선적으로 선택하는 것이 바람직하다. 또한 여러 가지 검사가 동일한 효과를 나타낼 때 비용이 적은 평가 도구가 실용적인 도구라는 것은 당연하다.

13장

# 기술통계와 상관관계

13장은 교육평가에서 수집된 자료들을 교육이해관련자들이 알기 쉽게 처리하고 분석하는 방법을 다루게 될 것이다. 많은 자료들 중에서 질적인 자료들은 연구자나 평가자의 관점에서 정리하면 되지만, 양적인 자료들은 전문적인 통계적 기법을 사용하게 된다. 통계는 크게 기술통계와 추리통계로 구분할 수 있다. 본 장에서는 연구나 평가 결과 보고서에 널리 사용되는 기술통계와 상관관계에 대하여 살펴보게 될 것이다. 기술통계 및 상관관계의 산출은 SPSS(Statistical Package for Social Science), SAS(Statistical Analysis System) 등과 같은 통계 프로그램을 사용하면 쉽게 산출할 수 있다. 이 장을 통해 통계에 대한 기초적인 능력의 향상을 기대한다.

## 1. 기술통계

평가나 연구에서 수집되는 자료는 매우 다양하고, 때로는 너무 많기 때문에 자료 정리 및 분석에 많은 시간을 보내게 된다. 특히 양적 연구 논문을 쓸 경우 대부분의 연구자들은 수집된 자료 처리 및 해석 방법을 매우 어렵게 생각하여 다른 사람에게 통계처리를 부탁하기도 한다. 그러나 추리통계가 아닌 경우 기술통계는 비교적 간단한 방법으로 처리하고 해석할 수 있다. 기술통계란 수집된 자료를 간단하게 분석하고 요약하는 것을 말한다. 그러므로 기술통계는 단순하게 모아진 자료를 정리하는 것에 불과하다.

일반적으로 기술통계에서 점수의 전체적인 특성을 파악하는 기본 통계값으로는 빈도 · 백분율 · 그래프 · 평균값 · 중앙값 · 최빈값 등이 있으며, 점수의 흩어짐 정도를 나타내기 위하여 범위 · 분산을 사용하고, 변수들의 관련성을 나타내기 위하여 상관계수와 같은 통계값을 사용하고 있다.

| 기술통계 | • 수집된 자료를 간단하게 분석하고 요약하는 것<br>• 단순하게 모아진 자료를 정리하는 것에 불과함 |
|---|---|

| 점수의 전체적인 특성 파악 | 빈도, 백분율, 그래프, 평균값, 중앙값, 최빈값 |
|---|---|
| 점수의 흩어짐 정도를 나타내기 위함 | 범위, 분산, 표준편차 |
| 변수들의 관련성을 나타내기 위함 | 상관계수 |

## 1.1. 기본 통계값

### 1.1.1. 빈도와 백분율

빈도란 점수별 사례 수를 의미한다. 빈도분석은 자료 분석의 가장 기초적인 방법으로 집단 각각의 점수에 해당되는 사례 수를 표시하면 된다. 백분율은 집단 사례 수를 100으로 하였을 때, 각 점수의 비율을 의미한다. 다음 〈표 13-1〉은 한 학급 40명 학생의 수행평가점수를 빈도와 백분율을 표로 나타낸 것이다.

- **빈도분석**: 자료 분석의 가장 기초적인 방법으로 집단의 각각의 점수에 해당되는 사례 수를 표시하면 됨
- **백분율**: 집단 사례 수를 100으로 하였을 때, 각 점수의 비율을 의미

〈표 13-1〉 수행평가점수 빈도와 백분율

| 점수 | Frequency | Percent |
|---|---|---|
| 19 | 1 | 2.5 |
| 20 | 1 | 2.5 |
| 21 | 1 | 2.5 |
| 22 | 2 | 5.0 |
| 23 | 4 | 10.0 |
| 24 | 6 | 15.0 |
| 25 | 1 | 2.5 |
| 26 | 3 | 7.5 |
| 27 | 4 | 10.0 |
| 28 | 5 | 12.5 |
| 29 | 4 | 10.0 |
| 30 | 2 | 5.0 |
| 31 | 3 | 7.5 |
| 33 | 2 | 5.0 |
| 35 | 1 | 2.5 |
| Total | 40 | 100.0 |

### 1.1.2. 그래프

수집한 자료를 그래프로 나타내면 별도의 통계적 처리를 하지 않고서도 원자료의 속성을 파악할 수 있다. 그러므로 빈도와 백분율을 이해하기 쉽도록 다양한 그래프로 나타낼 수 있다. 널리 사용되는 그래프의 종류에는 히스토그램(histogram), 막대그래프(bar diagram) 빈도다각형(frequency polygon) 등이 있다. 다음 [그림 13-1]은 앞의 〈표 13-1〉의 자료를 히스토그램으로 나타낸 것이다.

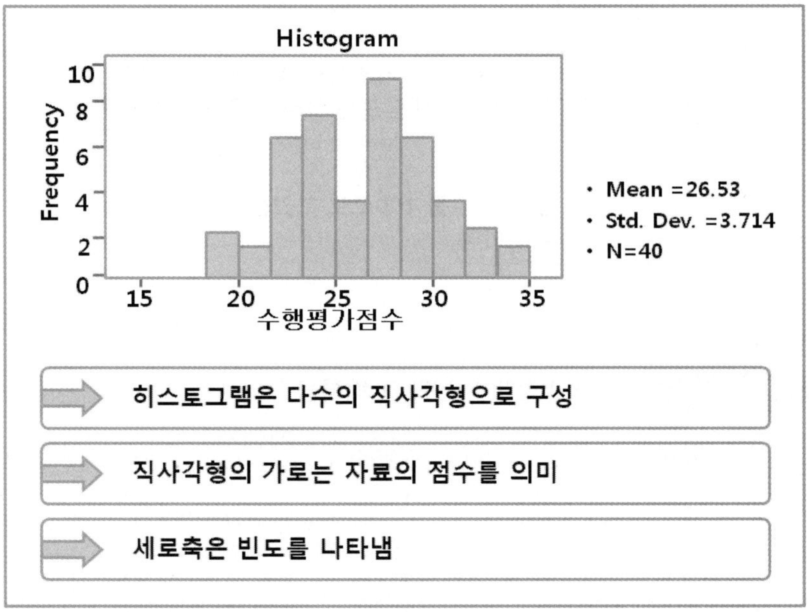


그림 13-1 수행평가점수의 히스토그램

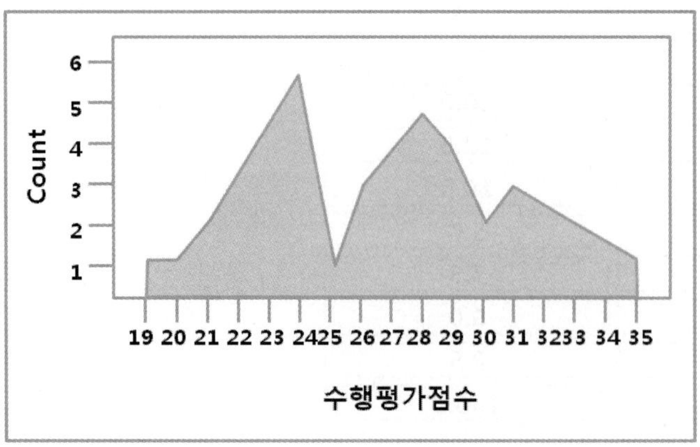


히스토그램은 다수의 직사각형으로 구성된다. 각 직사각형의 가로는 자료의 점수를 의미하며, 가로축은 빈도를 가로축은 빈도를 나타낸다. 위의 자료를 빈도다각형으로 나타내면 다음 [그림 13-2]와 같다.

그림 13-2
수행평가점수의 빈도다각형

그래프에서 가로축은 빈도 대신에 백분율(percentage)을 사용하여 그려도 된다. 그래프로 나타낼 때는 세로축은 가로축의 3/4 정도를 유지하는 것이 바람직하다. 막대그래프는 변수가 명명척도일 경우에 사용한다. 다음 [그림 13-3]은 학생의 수준을 3으로 하여 막대그래프로 나타낸 것이다.

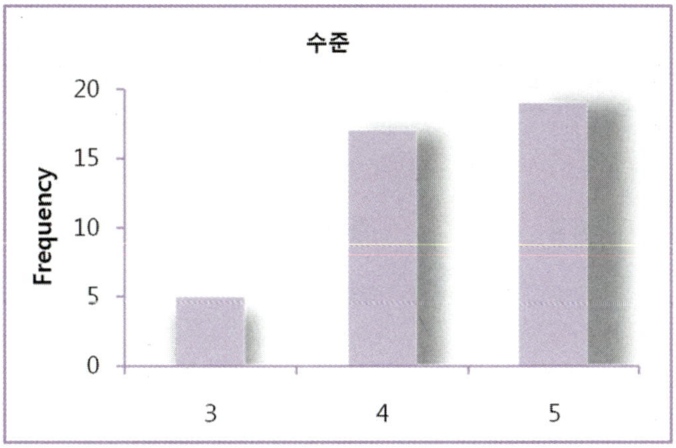


그림 13-3 학생 수준의 막대그래프

막대그래프의 자료를 파이 형태로 나타내면 다음 [그림 13-4]와 같다.

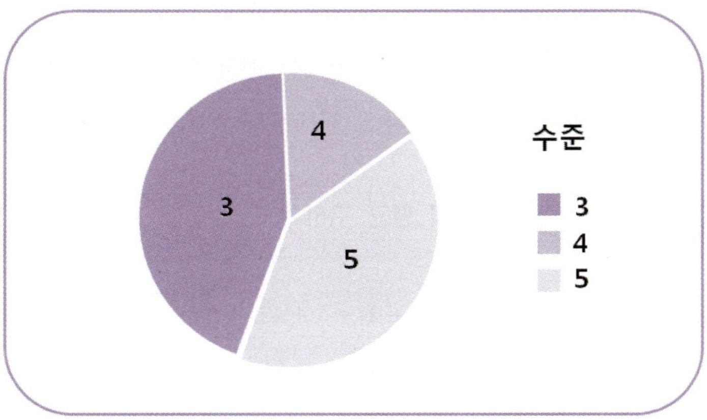


그림 13-4 학생 수준의 파이형 도표

### 1.1.3. 중심경향값

수집된 평가자료의 특성을 파악하기 위해서는 우선 점수의 경향성을 살펴볼 필요가 있다. 이러한 자료가 어느 한 점수를 중심으로 몰리는 현상을 중심경향성이라고 하며 얻어진 자료를 대표하는 값이다. 중심경향값에는 평균, 중앙값, 최빈값이 있다.

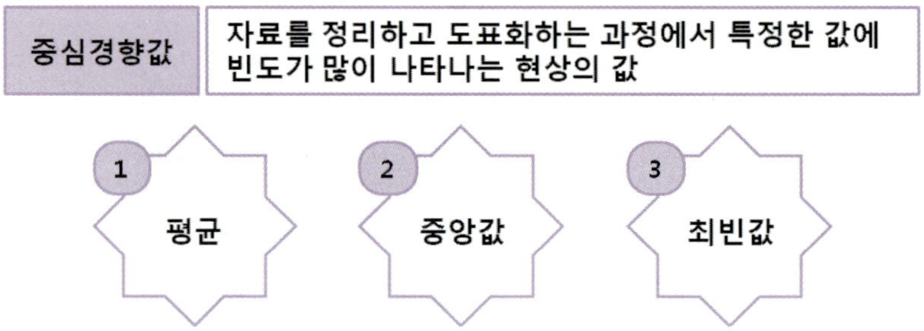


(1) 평균(mean)

평균은 중심경향값 중에서 가장 널리 사용되고 있다. 평균은 전체 점수들을 더한 다음 사례 수로 나눈 값이다. 특히 이러한 방법으로 계산된 평균을 산술평균이라고 한다. 평균은 M, 또는 $\overline{X}$로 표기한다. 평균은 다음과 같은 특징을 가진다.

첫째, 각 점수를 일정수로 나누거나 곱하면 평균도 똑같이 바뀐다.

둘째, 평균은 분포의 균형점이다.

셋째, 원점수－평균 즉 편차점수의 합은 0이다.

넷째, 평균으로부터 자승한 편차들의 합계는 평균 이외의 다른 어떤 점수로부터 제곱한 편차들의 합계보다 작다.

〈표 13-2〉 수행평가점수의 평균 구하기

$$\overline{X} = \frac{X_1 + X_1 + X_1 + \cdots + X_n}{N} = \frac{\sum_{1}^{n} \overline{X}}{N}$$

| | N | Mean |
|---|---|---|
| 수행평가점수 | 40 | 26.53 |

**평균**

- 중심경향값 중에서 가장 널리 사용
- 전체 점수들을 더한 다음 사례수로 나눈 값
- 이러한 방법으로 계산된 평균을 산술평균이라 함
- M, $\bar{X}$로 표기

그런데 양 극단의 점수가 존재한다면 평균은 올바른 중심경향값이 되지 못한다. 예를 들면 성취도 평가에서 학급 평균을 산출했을 때, 성적이 아주 높거나 낮은 학생들이 존재한다면, 그 학생들로 인하여 평균이 높아지거나 낮아지기 때문이다.

(2) 중앙값(median)

중앙값이란 자료에서 얻어진 점수를 크기의 순서로 배열할 때, 중앙에 위치하는 사례의 점수를 말한다. 백분위의 개념에 비추어보면 제50백분위 점수, 즉 50 percentile을 말한다. 그런데 총 사례 수가 홀수이면 크기의 순서에 따라 중앙에 위치한 사례 수의 점수가 중앙값이 되지만, 사례 수가 짝수이면 중앙에 위치하는 두 점수를 더한 후에 2로 나누어야 한다. 중앙값은 Mdn, $\hat{M}$ 로 나타낸다.

다음은 사례 수가 홀수인 경우와 짝수일 경우의 중앙값을 계산하는 예이다.

**사례수가 홀수인 경우**

16, 23, 21, 14, 15 → 14, 15, (16), 21, 23

크기의 순서에 따라 배열한 중앙에 오는 점수

**사례수가 짝수인 경우**

16, 23, 21, 14, 15 → 14, 15, (16, 21), 23, 24

$\frac{16+21}{2}$

크기의 순서에 따라 배열한 중앙의 두 수의 평균점수

**중앙값**

- 자료에서 얻어진 점수를 크기의 순서로 배열할 때, 중앙에 위치하는 사례의 점수
- 백분위의 개념에 비추어 보면 제50백분위 점수(50percentile)
- 총 사례 수가 홀수이면 크기의 순서에 따라 중앙에 위치한 사례 수의 점수가 중앙값이 됨
- 사례 수가 짝수이면 중앙에 오는 두 점수를 더한 후에 2로 나누어야 함
- Mdn, $\hat{M}$로 나타냄

중앙값은 다음의 특징을 가진다.

첫째, 평균에 비해 쉽게 구할 수 있다.

둘째, 양극단의 값이 존재하거나, 편포일 경우에 다른 중심경향값에 비하여 양호하다.

셋째, 집단의 모든 점수들과 중앙치와의 거리의 합이 어떤 다른 어떤 임의의 점수들의 거리의 합보다 작다.

#### (3) 최빈값(mode)

최빈값이란 빈도수가 가장 많은 점수 또는 가장 빈번하게 일어나는 유목을 뜻하며, $M_0$로 표기한다. 자료에 따라서는 최빈값이 두 개인 경우도 있고(이봉분포), 최빈값이 없이 모든 점수의 빈도가 동일한 경우도 있을 수 있다. 다음 〈표 13-3〉은 다양한 최빈값을 보여주는 예이다.

**〈표 13-3〉 최빈값의 유형별 사례**

| 최빈값 유형 | 점수 | $M_0$ (최빈값) |
|---|---|---|
| 하나인 경우 | 6, 7, 8, 7, 6, 7, 4 | 7 |
| 둘인 경우 | 14, 19, 31, 16, 14, 19 | 14, 19 |
| 없는 경우 | 26, 151, 196, 181, 126, 469 | |

**최빈값**

- 빈도 수가 가장 많은 점수 또는 가장 빈번하게 일어나는 유목
- $M_0$로 표기
- 자료에 따라서는 최빈값이 두 개인 경우도 있음
- 최빈값이 없이 모든 점수의 빈도가 동일한 경우도 있을 수 있음

최빈값은 안정성이 없고 변동이 심하다. 그러므로 최빈값은 중심경향값으로 자주 쓰이지 않지만 자료를 쉽게 파악하거나 다른 목적으로 활용된다. 예를 들면 의류회사에서 자동화하여 옷을 대량생산을 할 경우, 보통사람 체형 크기의 옷을 가장 많이 생산하는 경우이다.

### (4) 중심경향값의 비교

평균, 중앙값, 최빈값은 서로 다른 특징을 가지고 있기 때문에 목적에 따라 사용하면 된다. 통계적으로 평균을 많이 사용하고 있으나, 편차가 큰 양극단의 점수가 존재한다면 중심경향값으로 평균을 사용하는 것보다 다른 중심경향값을 사용하는 것이 바람직하다. 다음 〈표 13-4〉는 평균, 중앙값, 최빈값의 특징을 비교한 것이다.

그러나 자료를 가지고 그래프로 나타낼 때 평균, 중앙값, 최빈값의 위치는 매우 다양하다. 즉 세 값이 한 점수로 일치할 수도 있고, 각기 서로 다른 위치에

〈표 13-4〉 평균, 중앙값, 최빈값의 비교

| | 평균값 | 중앙값 | 최빈값 |
|---|---|---|---|
| 극단점수 영향 | 크다 | 작다 | 작다 |
| 질적 자료 | 부적절 | 부적절 | 적절 |
| 표집 안정성 | 가장 좋음 | 좋음 | 좋지 않음 |
| 통계적 적용 | 많이 사용 | 사용 | 조금 사용 |

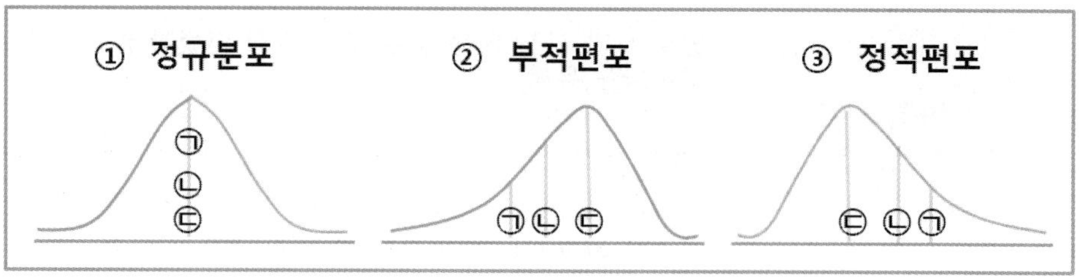


(㉠ 평균, ㉡ 중앙값, ㉢ 최빈값)

**그림 13-5** 중심경향값의 크기와 그래프

놓일 수도 있다. 평균, 중앙값, 최빈값의 위치에 따라 [그림 13-5]와 같이 세 가지 모양의 그래프가 그려진다.

위의 [그림 13-5]에서 ①은 평균, 중앙값, 최빈값이 동일할 자료일 때 그려지는 분포로 정규분포이며, ②는 최빈값이 가장 크고, 평균이 가장 작으며 중앙값은 그 사이에 위치하는 자료의 형태에서 그려지는 그래프로 부적편포라고 하고, ③은 평균이 가장 크고, 최빈값이 가장 작으며 중앙값이 그 사이에 위치하는 자료에서 그려지는 그래프로 정적편포라고 한다. 즉 중심경향값을 중심으로 좌우 대칭인 분포가 정규분포이며, 비대칭인 분포를 편포라고 하며, 부적편포와 정적편포가 있다. 정규분포와 편포는 비대칭도(skewness)로 나타내며 이 값이 음수인 경우 부적편포, 양수인 경우 정적편포라고 한다.

### 1.1.4. 분산도

학교현장에서 성취도 평가를 했을 때, 두 학급의 평균이 동일하지만 두 학급 학생들의 특성이 동일하지 않을 경우가 있다. 한 반은 평균을 중심으로 학생들이 몰려 있는가 하면, 다른 한 반은 매우 낮은 점수와 높은 점수를 가진 학생들로 구성되어 있을 수 있다. 전자의 학급은 비교적 동질적인 집단으로 실제 수업을 하기가 쉽지만, 후자의 경우 다양한 수준의 매우 이질적인 집단으로 되어 있기 때문에 성공적인 수업을 하기가 쉽지 않다. 다시 말해 두 반의 점수의 흩어짐이 다름을 알 수 있다. 이와 같이 점수의 흩어진 범위가 좁을 수도 있고 넓을 수도 있다. 이를 분산도라고 하며, 범위, 사분위편차와 표준편차가 널리 사용되고 있다.

### (1) 범위(range)

점수의 흩어짐 정도를 가장 빠르면서도 간단하게 알 수 있는 방법이 범위이다. 범위는 가장 높은 점수와 낮은 점수의 간격을 말한다. 그런데 가장 높은 점수의 상한계에서 가장 낮은 점수의 하한계를 뺀 값으로 범위를 계산한다. 범위를 계산하는 공식은 다음과 같다.

**범위 계산공식**

$R$ = (가장 높은 점수의 상한계) − (가장 낮은 점수의 하한계)

$R = (H + u/2) - (L - u/2)$

$R = (H - L) + u$

∴ 측정 단위가 1일 때 점수의 범위는? $R = (H - L) + 1$

〈예시〉 교육평가 50명 학생이 중간고사에서 최고 점수가 96, 최저 점수가 61이라고 할 때 범위는?

$R = (96 + 0.5) - (61 - 0.5)$ 또는 $R = (96 - 61) + 1$

$= 96.5 - 60.5 + 1$ $\quad$ $= 35 + 1$

$= 36$ $\quad$ $= 36$

범위는 점수의 흩어짐을 간단하게 파악할 수 있다는 장점이 있지만 정밀성이 결여되어 있다. 그 이유는 가장 높은 점수와 가장 낮은 점수에 의해서 범위가 산출되므로 그 이외의 다른 점수들을 고려하지 않기 때문이다.

**범위**

- 점수의 흩어짐 정도를 가장 빠르면서도 간단하게 알 수 있는 방법
- 범위는 가장 높은 점수와 낮은 점수의 간격을 말함
- 가장 높은 점수의 상한계에서 가장 낮은 점수의 하한계를 뺀 값으로 범위 계산
- 최빈값이 없이 모든 점수의 빈도가 동일한 경우도 있을 수 있음

### (2) 사분위편차

사분위편차란 중앙값을 중심으로 나타내는 분산값의 하나라고 할 수 있다. 사분위편차를 계산하는 공식은 다음과 같다.

| $Q = \dfrac{Q_3 - Q_1}{2}$ | $Q$ : 사분위편차 |
|---|---|

위 식은 분산의 정도를 분포의 중앙에 위치한 중앙값의 좌우로부터 동일한 백분율을 가진 두 점 간의 거리에 의하여 분석하는 것이다. 위의 식에서 분자 즉 제3사분위수와 제1사분위수의 차이를 사분위편차라고 한다. [그림 13-6]에서 사분위편차의 값이 크면 보다 흩어진 분포(b)이고, 작으면 밀집된 분포(a)임을 알 수 있다.

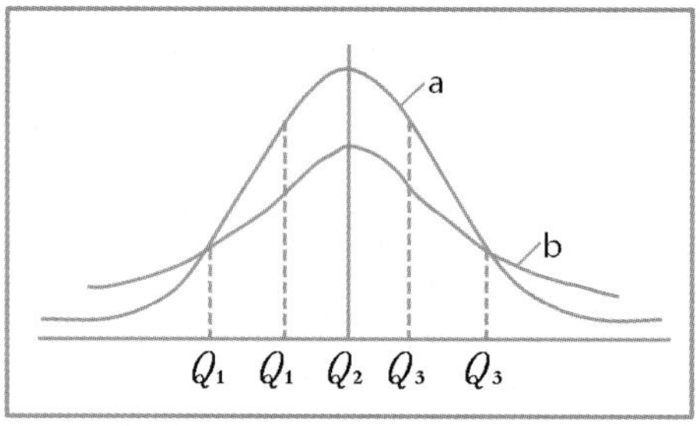


그림 13-6

[그림 13-7]에서 ①정규분포일 경우는 $|Q_1 - Q_2| = |Q_3 - Q_2|$가 성립된다. 이는 중앙값에서 제1사분위수와 제3사분위수의 거리가 동일하다는 것을 의미한다. 그러나 ②부적편포일 경우는 $|Q_1 - Q_2| > |Q_3 - Q_2|$가 성립되어 중앙값으로부터 왼쪽의 길이가 오른쪽 길이보다 길다. 그리고 ③정적편포일 경우는 $|Q_1 - Q_2| < |Q_3 - Q_2|$가 성립되어 오른쪽 길이가 왼쪽 길이보다 길게 된다.

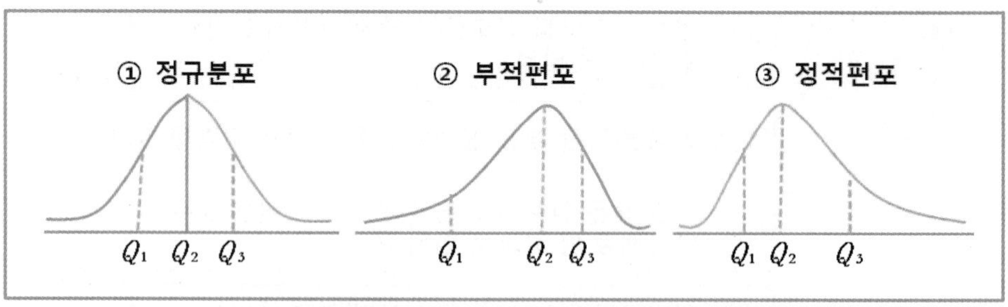


그림 13-7 사분위편차와 분포 모양

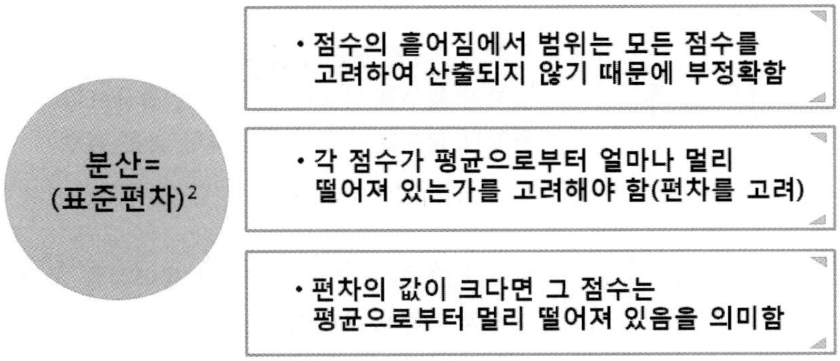


(3) 분산 = (표준편차)$^2$

점수의 흩어짐에서 범위는 모든 점수를 고려하여 산출되지 않기 때문에 부정확하다고 할 수 있다. 그렇다면 모든 점수들을 고려하는 방법을 생각할 수 있다. 모든 점수를 고려한다는 것은 각 점수가 평균으로부터 얼마나 멀리 떨어져 있는가, 즉 편차를 고려하면 된다. 편차의 값이 크다면 그 점수는 평균으로부터 멀리 떨어져 있음을 의미한다. 물론 편차가 0이면 평균과 같음을 의미하고, 편차가 음수로 나오면 그 점수는 평균보다 작고, 편차가 양수로 나오면 평균보다 높은 점수임을 알 수 있다.

편차를 계산하는 공식은 다음과 같다.

$$d_i = Y_i - \overline{Y}$$

위의 식을 가지고 각 점수들의 편차를 구할 수 있다. 그런데 모든 편차를 고려하여 점수의 흩어짐을 고려하기 위하여 $d_1$에서 $d_n$까지의 점수를 더하여 사례 수로 나누면 점수의 흩어짐을 나타낼 수 있다.

$$\overline{d} = \frac{\sum_{1}^{n} d_i}{n} = \frac{\sum_{1}^{n} (Y_i - \overline{Y})}{n}$$

$$d_i = Y_i - \overline{Y}$$

- 편차가 0이면 평균과 같음을 의미
- 편차가 음수로 나오면 그 점수는 평균보다 작음
- 편차가 양수로 나오면 평균보다 높은 점수

$$\overline{d} = \frac{\sum_{t}^{n} d_i}{n} = \frac{\sum_{t}^{n}(Y_i - \overline{Y})}{n}$$

- 모든 편차를 고려하여 점수의 흩어짐을 고려하기 위하여 $d_i$에서 $d_n$까지의 점수를 더하여 사례 수로 나누게 되면 점수를 흩어짐으로 나타낼 수 있음

그런데 위의 공식에서 산출되는 값은 항상 0이 된다. 즉, 모든 자료에서 편차의 합은 항상 0이 되기 때문에 편차들의 합을 고려하여 점수의 흩어짐을 계산할 수 없다.

이러한 문제점을 극복하기 위하여 편차 점수를 제곱하여 모두 더하여 사례 수로 나눈 값을 생각하게 된다. 이를 분산이라고 하며 다음과 같은 공식을 사용한다.

$$S_Y^2 = \frac{\sum_{1}^{n}(Y_i - \overline{Y})^2}{n}$$

편차들의 합을 제곱한 이유는 0이 되지 않도록 하는데 있으므로, 이를 다시 되돌리기 위해 제곱근을 사용한다. 즉, 분산의 제곱근을 표준편차라고 하며 계산 공식은 다음과 같다.

$$S_Y = \sqrt{S_Y^2} = \sqrt{\frac{\sum(Y_i - Y)^2}{n}}$$

### (4) 분산과 분포

중심경향값이 동일하다고 하여도 점수의 흩어짐은 다를 수 있고, 흩어짐이 다르면 그래프의 모양이 다르게 된다. 즉 대부분의 점수들이 중심경향값 근처에 모여 있다면 그래프는 그 폭이 좁아지고 높은 봉우리 모양을 할 수 있고, 반대로 점수들의 편차가 크고 다양하다면 그래프의 폭이 넓어지고 퍼진 모양을 하게 된다.

분산의 퍼짐 정도를 첨도(kurtosis)라고 하며, 줄여서 $k$로 나타낸다. $k=0$이면 정규분포, $k$〉0보다 크면 뾰족한 모양, $k$〈0이면 퍼진 모양을 나타낸다.

다음 [그림 13-8]은 중심경향값은 같고 분산이 다른 두 분포를 비교하여 나타낸 것이다.

[그림 13-8]에서 ㉠분포의 분신이 ㉡분포의 분산보다 작음을 알 수 있다. ㉠분포처럼 분산이 작다는 것은 그 분포를 구성하는 요소들이 동질적이라고 할 수 있으며, ㉡분포처럼 분산이 크다는 것은 그 분포를 구성하는 요소들이 매우 이질적으로 구성되어 있음을 알 수 있다. 그런데 분산이 크고 작은 것은 선호도의 문제가 아니라 목적에 따라 다르다.

학교현장에서 교사의 학급별 수업은 분산이 작은 동질적인 학급에서 더 효과적일 수도 있다.

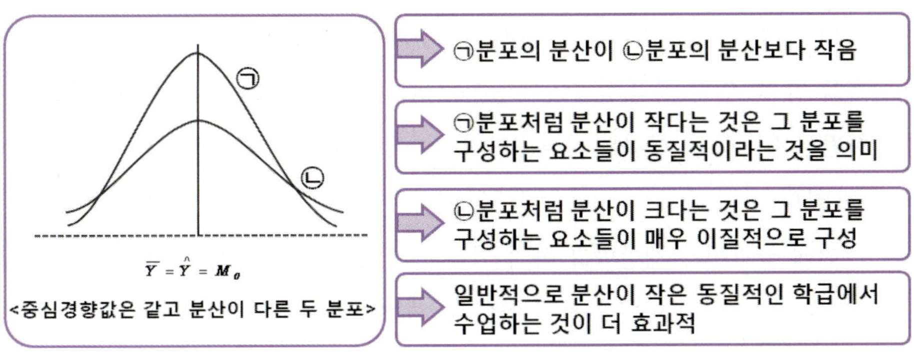


**그림 13-8** 중심경향값은 같고 분산이 다른 두 분포

# 2. 상관관계

| 상관관계 | 두 변수 또는 집단과의 관계 |
|---|---|

한 변수 또는 집단에서 얻어진 자료들은 대부분 기술통계로 그 특성을 파악할 수 있다. 그러나 여러 변수나 집단이 있을 때는 이들 변수, 또는 집단 간의 관계를 알고 싶을 때가 있다. 교사와 학생의 관계, 국어와 사회 교과의 성취도 점수 관계의 관련성을 상관이라고 한다. 이러한 상관의 정도는 어떻게 나타내며, 해석하고 활용되는가에 대하여 공부하게 될 것이다. 상관계수의 의미, 산포도, 상관계수의 종류, 상관계수의 해석에 대하여 살펴보게 될 것이다.

## 2.1. 개념

상관(correlation)이란 두 변수 또는 집단 간의 관계를 말한다. 상관은 상호작용을 의미한다. 즉 한 변수에서 점수가 변할 때, 다른 변수에서 점수는 어떻게 변하는가를 의미한다. 학교에서 학생들은 많은 과목들을 공부하고 있다. 그런데 학생들의 성취도 점수 결과를 주의 깊게 들여다보면 관련성을 발견할 수 있다. 즉 국어 과목의 성취도 점수가 높은 학생들은 수학보다 사회 과목의 성취도 점수가 높음을 알 수 있다. 수리영역에서 높은 성취를 보이는 학생들은 사회탐구보다는 과학탐구에서 높은 성취를 나타내고 있다. 이렇게 변수들의 변하는 정도를 상관이라 한다.

그런데 상관이 존재한다고 하여 이를 곧장 인과관계로 해석해서는 곤란하다. 두 변수의 관련성이 있다고 하여 반드시 하나의 변수가 원인이 되어 다른 변수의 결과에 영향을 주는 것은 아니기 때문이다. 인과관계란 두 변수의 원인과 결과의 관계를 말한다. 물론 인과관계가 존재하려면, 그 이전에 상관이 존재함을 알 수 있다. 상관의 정도를 알아보는 방법에는 크게 산포도와 상관계수가 있다.

### 2.1.1. 산포도

산포도(scatter plot)란 두 변수의 관계를 가장 쉽게 알 수 있도록 그래프로 나타낸 것이다. 산포도는 히스토그램이나 막대그래프와 달리 두 변수를 관계이기 때문에 가로축에 하나의 변수 점수를 나타내고 세로축에 다른 변수의 점수를 나타내어 두 변수의 관계성을 점으로 표시하는 그래프를 의미한다.

다음 [그림 13-9]은 40명 한 학급의 국어와 사회 교과 성취도 점수를 산포도로 나타낸 것이다. [그림 13-9]에서 국어 성취도 점수가 증가하면 사회 성취도 점수도 증가하는 경향을 알 수 있다. 두 변수의 산포도 관계를 그래프로 나타내면 크게 세 가지 모양으로 구분된다. 산포도에서 각 점들의 전체 모양이 원을 이루게 되면 두 변수의 상관이 없는 것을 말하며, [그림 13-8] 산포도와 달리 반비례 모양으로 흩어져 있으며 하나의 변수 점수가 커지면 다른 변수의 점수기 작아지는 관계임을 알 수 있다.

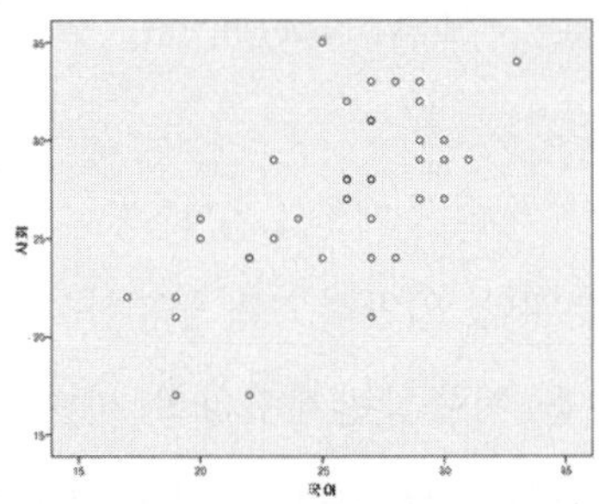

< 국어와 사회 과목 점수의 산포도>

국어 성취도 점수가 증가하면 사회 성취도 점수도 증가

산포도에서 각 점들의 전체 모양이 원을 이루게 되면 두 변수의 상관이 없는 것

반비례 모양을 하게 되면 하나의 변수 점수가 커지면 다른 변수의 점수가 작아짐

그림 13-9 국어와 사회 과목 점수의 산포도

### 2.1.2. 특징

산포도는 두 변수 상관의 정도를 시각적으로 쉽게 파악할 수 있지만 정확성은 부족하다. 그러므로 상관의 정도를 수로 파악하는 것을 불가능하다. 상관의 정도를 수로 나타낸 것을 상관계수(coefficient of correlation)라고 한다. 상관계수는 두 변수의 변하는 정도를 기초로 하여 계산된다.

다음은 통계치의 상관계수 공식이다. 두 변수의 공분산을 각 변수의 표준편차로 나누어 준 값이 된다.

$$r_{XY} = \frac{S_{XY}}{S_X S_Y}$$

상관계수는 두 가지 특징을 가지고 있어서 첫째, 두 변수의 모든 점수에 일정한 상수를 더하거나 빼도 상관계수는 변하지 않는다.

둘째, 두 변수의 모든 점수에 일정한 상수를 곱하거나 나누어도 상관계수는 변하지 않는다.

그런데 모든 점수에 일정한 수를 곱하거나 나누면 공분산의 값은 변하게 된다. 그러므로 위의 상관계수 공식에서 보는 바와 같이 두 변수의 공분산을 각 변수의 표준편차의 곱으로 나누어야 한다. 그러나 실제 상관계수 산출은 이러한 공식을 직접 사용하여 산출하지 않고 대부분 통계 프로그램에서 쉽게 구할 수 있다.

## 2.2. 유형

상관계수는 변수의 특성에 따라 몇 가지로 구분된다. 일반적으로 공분산을 표준편차의 곱으로 나누어서 구해지는 상관계수를 적률상관계수라고 하며 Karl Pearson이 유도하였다. 적률상관계수 외에 주로 많이 사용되는 몇 가지 상관계수를 제시하고자 한다. 이외의 상관계수와 각 상관계수 공식의 유도에 대해서는 통계학 교재를 참고하면 된다.

### 2.2.1. 적률상관계수(product-moment coefficient of correlation)

상관계수하면 대부분 적률상관계수를 의미하며 $r$로 표기한다. 여기서 moment는 물리학에서 사용하는 용어로, 중력의 중심으로부터 물체까지의 거리 함수를 가리킨다. 통계학에서는 각 변수에서 평균의 차이를 말한다. 적률상관계수는 두 변수 모두 연속변수이며, 선형성(linearity)을 가정하고 있다. 선형성이란 하나의 변수가 증가할 때 다른 변수도 증가해야 하고, 하나의 변수가 감소할 때 다른 변수도 감소하는 경향성을 나타내는 특성을 말한다. 다음은 상관계수의 논리적 관계를 수식으로 나타낸 것이다.

$$r_{XY}=\frac{S_{XY}}{S_X S_Y}$$

위의 수식을 상관계수 공식에 차례로 대입하면 다음과 같은 간편한 공식이 유도된다. 맨 마지막에 유도된 공식은 상관계수를 구하는 간편 공식으로 소개되고 있다. 간편 공식이라고 하는 이유는 두 변수의 평균을 구하지 않고 원점수를 사용하여 상관계수를 구할 수 있기 때문이다.

*X*분산

$$S_{x^2}=\frac{\sum d_i}{n}=\frac{\sum(X-\overline{X})^2}{n} \quad \text{또는} \quad \frac{\sum(X-\overline{X})(X-\overline{X})}{n}$$

*Y*분산

$$S_{y^2}=\frac{\sum d_i}{n}=\frac{\sum(Y-\overline{Y})^2}{n} \quad \text{또는} \quad \frac{\sum(Y-\overline{Y})(Y-\overline{Y})}{n}$$

*X*와 *Y*공분산

$$S_{xy}=\frac{\Sigma xy}{N}=\frac{\Sigma(X-\overline{X})\cdot(Y-\overline{Y})}{N}$$

$$r_{XY}=\frac{S_{XY}}{S_X S_Y}=\frac{\frac{\Sigma(X-\overline{X})\cdot(Y-\overline{Y})}{n}}{\sqrt{\frac{\Sigma(X-\overline{X})}{n}}\sqrt{\frac{\Sigma(Y-\overline{Y})}{n}}}=\frac{n\Sigma XY-\Sigma X\Sigma Y}{\sqrt{n\Sigma X^2-(\Sigma X)^2}\sqrt{n\Sigma Y^2-(\Sigma Y)^2}}$$

다음 〈표 13-5〉는 A 중학교 2학년 국어와 사회 과목 중간고사 점수의 상관계수를 구한 것이다.

〈표 13-5〉 국어, 사회 과목 점수의 상관계수

| 과 목 | | 국어 | 사회 |
|---|---|---|---|
| 국어 | Pearson 상관계수 | 1 | .517 |
| | 사회 | 40 | 40 |
| 사회 | Pearson 상관계수 | .517 | 1 |
| | 사회 | 40 | 40 |

### 2.2.2. 등위상관계수(rank correlation coefficient)

두 변수가 연속변수가 아닌 서열척도의 경우는 적률상관계수를 사용할 수 없다. 이런 경우 Spearman이 제시한 등위상관계수를 사용한다. 서열척도는 동간성을 보장하지 못하고, 선형성도 충족시키지 못한다.

학교현장에서 등위상관계수가 사용되는 경우는 체육 수업에서 달리기 등수와 키 등위 자료가 있을 때, 달리기와 키의 상관관계는 등위상관계수로 산출할 수 있다.

다음은 등위상관계수를 산출하는 간편 공식이다.

$$r_s = 1 - \frac{6\sum D_i^2}{N(N^2-1)}$$

위 식에서 등위상관계수의 특징을 보면 다음과 같다.

첫째, $D_i^2$는 두 변수의 등위 차를 제곱한 값이다.

둘째, 양적 변수로 된 두 변수를 서열척도로 전환하여 산출되는 등위상관계수는 원점수로 산출되는 적률상관계수보다 낮게 산출된다. 물론 원점수가 양적변수인 경우에 이를 다시 등위로 변환하여 등위상관계수를 구할 필요는 없다.

### 2.2.3. 양류상관계수(point-biserial correlation coefficient)

양류상관계수는 하나의 변수가 명명척도의 형태로 양분되어 있고, 다른 변수는 양적 변수일 때 두 변수의 상관관계를 산출할 때 사용하는 상관계수이다. 점이연상관계수라고도 한다.

| 양류상관계수 | • 하나의 변수가 명명척도의 형태로 양분되어 있고, 다른 변수는 양적 변수일 때 두 변수의 상관관계를 산출할 때 사용하는 상관계수<br>• 점이연상관계수라고도 함 |
|---|---|

실제 학교현장에서 양류상관계수가 사용되는 경우는 흔하다. 예를 들면 성별과 체중의 관계, 성별과 어휘력 관계 등을 연구할 때 적용할 수 있다.

다음은 양류상관계수를 계산하는 공식이다.

| $r_{pb} = \dfrac{\overline{Y_H} - \overline{Y_L}}{S_Y}\sqrt{pq}$ | $\overline{Y_H}$ : 두 변수 중 평균이 높은 집단의 평균<br>$\overline{Y_L}$ : 두 변수 중 평균이 낮은 집단의 평균<br>$S_Y$ : 낮은 집단의 표준편차<br>$p$ : 한 집단의 사례 수 비율<br>$q$ : 다른 집단의 사례 수 비율 |
|---|---|

### 2.2.4. 양분상관계수(biserial correlation coefficient)

양분상관계수는 두 변수가 모두 양적 변수이지만, 연구자가 필요에 따라 인위적으로 하나의 변수들을 양분하여 상관을 산출할 때 사용한다. 이연상관계수라고도 하며, $r_b$로 나타낸다.

| 양분상관계수 | • 두 변수가 모두 양적 변수이지만, 연구자가 필요에 따라 인위적으로 하나의 변수들을 양분하여 상관을 산출할 때 사용<br>• 이연상관계수라고도 함 |
|---|---|

실제 학교현장에서 사회탐구 점수와 과학탐구 점수의 관계를 연구할 때, 사회탐구 점수를 높은 집단과 낮은 집단으로 양분한 상태에서 과학탐구 점수와 상관계수를 산출할 때 적용할 수 있다.

다음은 양분상관계수를 산출하는 공식이다.

| | |
|---|---|
| $r_b = \dfrac{\overline{Y_H} - \overline{Y_L}}{S_Y}\sqrt{\dfrac{pq}{h}}$ | $\overline{Y_H}$ : 두 변수 중 평균이 높은 집단의 평균<br>$\overline{Y_L}$ : 두 변수 중 평균이 낮은 집단의 평균<br>$S_Y$ : 낮은 집단의 표준편차<br>$p$ : 한 집단의 사례 수의 백분율<br>$q$ : 다른 집단의 사례 수의 백분율<br>$h$ : 표준정규분포에서 $p$와 $q$가 분할되는 높이 |

### 2.2.5. $\Phi$상관계수(phi coefficient)

상관계수는 두 변수가 모두 이분화된 질적 변수일 때 두 변수의 상관관계를 산출할 때 사용된다. 그리스 문자를 '파이'로 읽는다. 학교현장이나 실험연구에서 이러한 상관계수가 적용될 수 있다.

| 상관계수 | **두 변수가 모두 이분화된 질적 변수일 때 두 변수의 상관관계를 산출할 때 사용됨** |
|---|---|

예를 들면 두 가지 교수법에 따른 학업의 성공과 실패의 관계는 상관계수로 산출해야 한다.

다음은 Φ상관계수를 산출하는 공식이다.

| | |
|---|---|
| $\hat{\Phi} = \dfrac{ab - bc}{\sqrt{(a+b)(c+d)(a+c)(b+d)}}$ | ▸ 그리스 문자 $\hat{\Phi}$를 '파이'로 읽음<br>▸ 예를 들면 두 가지 교수법에 따른 학업의 성공과 실패의 관계는 상관계수로 산출해야 함<br>▸ 상관계수에 앞서 분할표(2×2)를 먼저 작성해야 함 |

그런데 상관계수에 앞서 다음과 같이 분할표(2×2)를 먼저 작성해야 한다.

| a | b |
|---|---|
| c | d |

## 2.3. 상관계수 해석

상관계수 해석은 우선 인과관계로 해석하지 않는다는 사실에 주의할 필요가 있다. 상관계수는 값은 0에서 1까지의 범위를 가진다.

그런데 상관계수에는 부호가 붙는다. 양의 부호가 있으면 두 변수의 관계가 정적(+)인 상관을 의미하며, 음의 부호가 붙으면 두 변수의 관계가 부적(−)인 상관을 의미한다. 그러므로 정적 상관이란 하나의 변수가 값이 증가하면 다른 변수의 값도 증가하는 것을 말하며, 부적 상관이란 하나의 변수값이 증가하는데 다른 변수값은 감소하는 관계를 말한다.

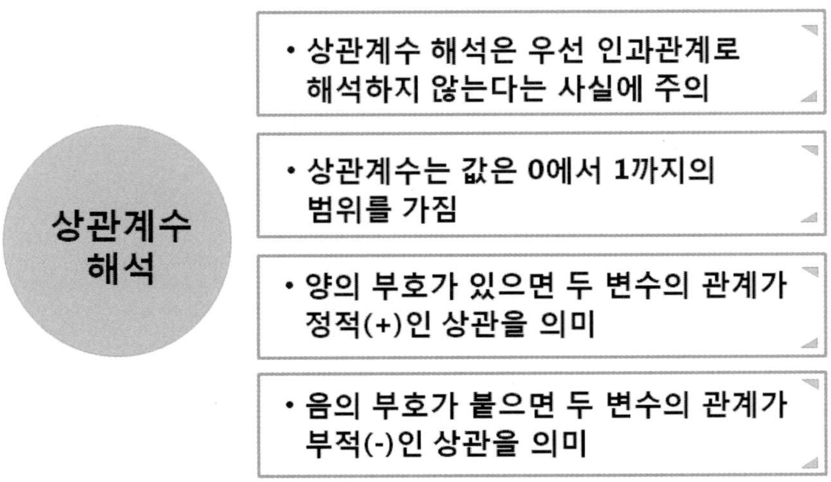

**정적 상관**
- 하나의 변수가 값이 증가하면 다른 변수의 값도 증가하는 것

**부적 상관**
- 하나의 변수 값이 증가하는데 다른 변수 값은 감소하는 관계

상관계수를 언어적 표현에 절대적인 기준은 없으나 일반적으로 1에 가까울수록 '상관이 매우 높다'라고 해석하면 된다.

다음 〈표 13-6〉은 일반적으로 사용되는 상관계수의 언어적 해석을 나타낸 표이다.

〈표 13-6〉 상관계수의 언어적 해석

| 상관계수 범위 | 언어적 해석 |
|---|---|
| .00 ~ .20 | 상관이 매우 낮다 |
| .20 ~ .40 | 상관이 낮다 |
| .40 ~ .60 | 상관이 있다 |
| .60 ~ .80 | 상관이 높다 |
| .80 ~ 1.00 | 상관이 매우 높다 |

14 장

# 추리통계

본 장에서는 제13장의 기술통계를 기초로 하여 모집단의 모수치와 분포를 추론하는 통계적 방법을 다루게 될 것이다. 추리통계를 통해 연구자가 알려고 하는 것은 모집단의 모치수이다. 그런데 모집단 전체의 자료를 수집하는 데는 많은 시간과 비용이 든다. 그러므로 모집단의 일부를 통해서 얻은 통계치를 가지고 모수치를 추정한다. 추리통계에서 중요한 것은 표본이 모집단을 잘 대표할 수 있어야 한다. 표본을 잘 표집하는 일이 무엇보다 중요하다. 표집 방법과 가설검정, 그리고 실제 학교현장이나 연구논문에서 널리 사용되고 있는 추리통계 방법에 대한 자신감을 가질 것을 기대한다.

# 1. 표집 방법

추리통계에서 가장 중요한 것은 모집단을 대표할 수 있는 표본을 구성하는 일이다. 가장 이상적인 경우는 모든 사례들이 추출될 확률이 동일한 상태에서 표집을 하는 것이다. 이렇게 하면 표집과정에서 발생하는 오차를 줄일 수 있다. 그러나 이것은 통계적으로 볼 때에 가능한 일이고, 실제에서는 연구 대상 모집단이 매우 작은 경우를 제외하고는 이와 같은 확률적 표집을 하기 어렵다. 따라서 연구자는 모집단을 가장 잘 나타낼 수 있는 표집 방법에 대하여 먼저 알 필요가 있다.

## 1.1. 표집과 표본

표집(sampling)이란 모집단의 일부를 추출하는 것을 말한다. 평가나 연구에서만 표집을 하는 것은 아니다. 실제 일상생활에서 일어나는 표집의 예를 들어보면 다음과 같다.

**표집의 예**

〈예시 1〉 상자에 들어 있는 과일을 대량으로 구매할 때, 그 중 과일을 몇 개의 상태를 보고 구매를 결정한다. 때로는 상자를 뜯거나, 속 깊숙하게 들어있는 과일의 상태를 보고 싶을 때가 있다. 과일 전체가 내가 선택한 과일과 동일하기를 바라는 것이다.

〈예시 2〉 어머니들이 끓인 된장국은 간이 잘 맞는다. 물론 때로는 그렇지 않을 경우도 있지만. 어머니들은 된장국이 싱거운지 짠지 어떻게 아는가? 어머니들은 펄펄 끓는 된장국을 충분히 휘저어 한 숟가락을 떠서 맛을 본다. 여기서 만약 끓는 부분만 살짝 떠서 맛을 보거나 아니면 가장자리의 국물 맛을 보고 간을 맞춘다면 어떻게 될까? 왜 휘저은 다음 맛을 볼까? 어머니가 맛보는 한 숟가락의 국물 맛은 된장국을 대표하게 되는 것이다.

여기서 우리는 중요한 사실을 깨닫게 된다. 일부분을 가지고 전체를 대표한다고 생각한다. 표본(sampling)이란 표집된 전체의 일부분을 의미한다.

## 1.2. 표집 방법

표집 방법에는 확률적 방법과 비확률적 방법이 있다. 확률적 방법이란 모집단의 모든 구성원들이 표집될 확률이 동일한 상태에서 추출이 이루어지는 것을 말한다. 비확률적 표집이란 표집과정에서 모집단 구성원들이 뽑힐 확률이 서로 다른 상태에서 표집하는 방법을 의미한다. 그러므로 비확률적 표집은 표집오차가 커지게 된다. 표집오차를 최소화하는 표집 방법을 선택해야 한다.

### 1.2.1. 단순무선표집(simple random sampling)

단순무선표집(simple random sampling)이란 확률적 표집의 가장 대표적인 것으로 그 원리는 비교적 간단하다. 흔히 제비뽑기의 방법을 떠올리면 된다. 모든 구성원들이 뽑힐 확률이 같다는 것이다. 일부 사립초등학교와 국립초등학교에서 입학생을 받아들일 때 사용하는 은행알을 사용한 추첨도 무선표집의 예이다.

이러한 확률적 표집은 표집오차를 통계적으로 추정할 수 있는 특징을 가지고 있다. 그러므로 무선표집은 '되는대로 뽑는 제비뽑기'가 아니라 엄격한 절차를 거칠 때 비로소 확률적 표집을 했다고 할 수 있다.

무선표집은 다음과 같은 조건을 만족시켜야 한다.

① 모집단의 모든 요소가 추출될 확률이 같아야 한다.

② 전집의 각 구성 요소들이 다른 요소의 추출에 영향을 주지 말아야 한다. 즉, 모집단 속의 각 사례는 선택될 확률이 서로 독립적이어야 한다.

③ 표집이 진행될 때 전집의 특성이 변화하지 않아야 한다.

**표집 절차**

① 모집단의 모든 구성 요소가 포함될 목록을 만들어야 한다.

② 작성된 목록에 번호를 부여한다.

③ 난수표, 컴퓨터 추첨기 등을 이용하여 모집단의 번호를 추출한다. 난수표는 일반적으로 통계학 교재에 부록으로 실려 있다. 그러나 난수표마다 모두 서로 다른 수의 배열을 발견할 수 있다. 그것이 곧 난수표의 특성이다. 난수표에서 필요한 표집 수의 크기만큼 자리 수를 정하여 임의의 수를 차례(세로)로 읽어 목록의 번호를 추출하면 된다. 전집의 가장 큰 목록의 번호보다 큰 수가 나오거나 추출된 수와 같은 수가 다시 나오면 버리면 된다.

### 무선표집의 예

S대학교 1학년과 4학년 여학생들의 이상적인 남성에 대한 인식의 차이를 조사할 경우, 전체 여학생을 대상으로 자료를 수집하기 어렵기 때문에 각각 100명의 표본을 가지고 연구를 하려고 한다.

1학년 전체 학생 수와 4학년 전체 학생 수의 목록을 만들고 번호를 부여한다. 전집의 학생 수가 같을 경우 1학년, 4학년을 각각 같은 번호를 가지고 짝으로 표집하면 시간과 노력을 절약할 수 있다. 이럴 경우에 짝으로 표집하는 것은 표집의 시간을 줄이기 위해서 쓰는 방법이지 종속표집이라고 할 수는 없다. 종속표집이란, 예를 들어 부부관계의 연구를 할 때 남편이 추출되면 아내도 함께 추출되어야 하는 것을 말한다.

### 제한점

모집단이 매우 크거나 표본 수가 많을 경우에는 모든 목록을 만들고 번호를 부여하기가 어렵다. 이러한 이유 때문에 실제 무선표집을 사용하여 자료를 수집하는 경우는 많지 않다.

그리고 모집단이 매우 작을 경우에는 표집이 진행될수록 표본이 추출될 확률이 차이가 나게 된다. 따라서 모집단의 수가 적을 경우에는 확률적 표집을 위해서 표집된 사례의 번호를 적은 다음 다시 모집단에 포함시켜야 한다. 동일한 표본인 경우에는 유층표집에 비해 오차가 크게 나타난다.

### 1.2.2. 유층표집(stratified sampling)

유층표집이란 모집단을 몇 개의 작은 집단(층)으로 구분하여 각 층에서 필요한 표본을 추출하는 방법이다. 모집단을 층으로 구분할 때는 집단 내에서는 동질적으로, 집단 간은 이질적으로 구분되어야 한다. 즉, 유층표집은 동질적인 집단의 분산이 이질적인 집단의 분산보다 작다는 논리에서 출발하고 있다. 유층표집을 층화표집이라고 부르기도 한다.

#### ➡ 표집 절차

유층표집에서 가장 중요한 것은 연구자가 모집단의 특성을 잘 파악하여 층으로 구분하는 것이 중요하다. 이때 구분되는 층은 연구의 목적이나 연구문제에 따라 매우 다양하게 이루어질 수 있다. 유층표집 절차는 다음과 같다.

① 모집단을 몇 개의 층으로 적절하게 범주화시킨다. 이때의 구분되는 층은 상호 독립적이어야 한다.
② 이러한 층은 연구의 목적에 따라 더 다양하게 될 수 있다.
③ 각 층에서 필요한 표본을 추출한다.

이때 각 집단 내에서 표본수를 전집의 구성 비율과 같도록 하는 것을 비례유층표집이라고 하며, 연구자가 필요에 따라 전집의 구성을 고려하지 않고 임의로 비율을 다르게 하여 표집하는 것을 비비례유층표집이라고 한다.

#### ➡ 유층표집의 예

이종재와 권순달(1998)은 초등학교 방과후 교육 활동에 관한 연구를 위하여 전국 5,655개 초등학교를 모집단으로 실태 조사를 실시하였다. 표집은 1997년 기준으로 전국 5,655개 초등학교 중 약 12%인 687개 학교를 선정하였다. 이때 비례유층표집 기법을 사용하였다. 우선 학교 소재지(특별시, 광역시, 시, 군 이하)를 층으로 하여 학교 수를 조사하였다. 전체 학교 수에 대한 소재지별 학교 수를 구하여 이러한 비율을 유지하면서 687개 학교를 추출하였다. 다음 〈표 14-1〉은 연구에서 사용한 지역별 표집 대상 학교 수이다(권순달, 2002).

〈표 14-1〉 표집 대상 학교 수

| 지 역 | 서울특별시 | | 광역시 | | 시 | | 군 이하 | | 계 | |
|---|---|---|---|---|---|---|---|---|---|---|
| 구 분 | 대 상 | 표 집 | 대 상 | 표 집 | 대 상 | 표 집 | 대 상 | 표 집 | 대 상 | 표 집 |
| 학교수 | 498 | 60 | 864 | 105 | 2,208 | 266 | 2,085 | 256 | 5,655 | 687 |

교육에서 학생이나 교사들을 대상으로 조사연구를 할 때 층을 구분할 수 있는 기준으로 다음과 같은 것을 들 수 있다.

- 인구학적 변인 : 남녀, 종교, 연령 등
- 거주지 변인 : 특별시, 광역시, 시, 군 이하 또는 공업지역, 상업지역, 농촌, 어촌 등
- 학교 변인 : 학급 수, 교원 수, 교원의 경력 등
- 가정환경 변인 : 부모의 직업, 소득, 교육 정도 등

| 인구학적 변인 | 남녀, 종교, 연령 등 |
|---|---|
| 거주지 변인 | 특별시, 광역시, 시, 군 이하 또는<br>공업지역, 상업지역, 농촌, 어촌 등 |
| 학교 변인 | 학급 수, 교원 수, 교원의 경력 등 |
| 가정환경 변인 | 부모의 직업, 소득, 교육 정도 등 |

### 제한점

유층표집은 단순무선표집보다 모집단의 특성을 더 잘 반영할 수 있고, 표집오차도 적다는 장점을 가지고 있다. 그러나 모집단의 특성을 잘 반영하기 위해서는 연구자가 모집단의 특성을 잘 알고 있어야 한다. 또한 각 층(집단)별 전집의 구성 비율을 정확하게 파악하지 못하면 분류에 오류가 발생하게 된다.

앞의 예는 비례유층표집 방법을 사용했다. 그러나 비례유층표집이 항상 바람직한 것은 아니다. 한 연구자가 종교를 기준으로 모집단을 하위집단으로 분류했을 때 특정 종교(이슬람교)를 가진 사람들이 매우 적을 수 있다. 이러한 비율로 표집을 하게 되면 특정 종교의 표본이 매우 적게 되기 때문에 자료 처리에 어려움을 겪을 수 있다. 이러한 경우에는 비비례유층표집 방법을 사용한다.

### 1.2.3. 군집표집(cluster sampling)

모집단의 구성 명부나 모집단의 특성을 정확하게 알 수 없을 경우 연구자는 어느 한 지역을 먼저 추출하고 선정된 집단 내의 구성원들을 대상으로 표본을 추출할 수 있는데 이를 군집 표집(cluster sampling)이라고 한다. 이러한 표집 방법을 집락표집, 군락표집이라고 한다. 모집단이 매우 클 경우 구성원 개인들을 표집하는 방법은 시간과 노력이 많이 요구된다. 이런 경우에는 모집단이 자연적으로 구성되어 있는 군집을 먼저 표집한 후, 군집 내의 사례를 추출하는 방법이 훨씬 쉽다.

#### 표집 절차

군집표집을 위해서는 모집단의 군집 상태를 파악하는 일이 중요하다. 군집표집은 시간과 비용을 절약할 수 있는 표집 방법으로 모집단의 구성원들이 지리적으로 널리 퍼져 있을 경우 효과적이다. 그러나 군집표집을 하려면 군집들 사이는 동질적이며, 군집 구성원들은 서로 이질적이어야 한다. 즉, 군집의 특성이 이질적이라면 유층표집을 하는 것이 바람직하다. 군집표집 절차는 다음과 같다.

① 모집단의 군집들이 서로 동질적인가 확인한다.

② 필요한 군집을 선택한다. 모집단이 클 경우 다단계 군집표집 방법을 선택한다.

③ 선택된 군집의 구성원들을 무선표집 방법이나 체계적 표집 방법으로 추출한다.

**군집표집의 예**

서울시내 초등학교 학생들을 대상으로 연구를 수행하는 경우, 서울 시내 모든 초등학교 학생들을 단순무선표집이나 체계적 표집 방법으로 선정하는 데에는 어려움이 따른다. 그러나 우선 서울 시내 초등학교 몇 개(군집)를 표집하고, 이러한 학교의 학생들을 대상으로 필요한 수만큼 추출하면 된다. 물론 학교를 선택한 후 더 작은 군집(학급)을 선택한 후 학생들을 추출할 수도 있다.

**제한점**

군집표집은 시간과 노력이 적게 들지만 표집의 오차는 커지게 된다. 즉, 군집들이 과연 어느 정도 동질적일 수 있느냐이다. 현실적으로 본다면 군집 사이는 이질적이고 군집 구성원들은 오히려 동질적일 가능성이 많다. 이런 단점을 극복하기 위해서는 군집들을 작게 나누어 집단 사이의 분산을 최소화시켜야 한다.

위의 예에서 서울 시내 초등학교가 거의 비슷하다면 몇 개 학교만 선정하여 연구를 수행하면 될 것이다. 그러나 과연 서울 시내 560여 개의 초등학교들이 모두 같다고 할 수 있겠는가? 오히려 학교 간의 차이가 존재하고 같은 학교의 학생들의 특성이 서로 비슷비슷할 경우 군집표집 방법보다 유층표집 방법을 사용하는 것이 바람직하다. 표집에 필요한 비용과 표집오차 중에서 무엇을 더 중요시할 것인가는 연구자가 판단할 일이다.

### 1.2.4. 체계적 표집(systematic sampling)

단순무선표집이나 유층표집은 모집단의 특성을 잘 반영하는 표집 방법인 것은 분명하다. 그러나 이러한 표집을 위해서는 절차가 복잡하고 많은 노력이 필요하다. 이러한 수고를 덜어 주는 표집 방법이 체계적 표집(systematic sampling)이며, 계통적 표집이라고도 한다. 특히 모집단이 어떠한 체계를 가지고 있다고 가정하게 되면 단순무선표집 방법보다 더 편리하게 표본을 추출할 수 있다. 또한 체계적 표집은 모집단 전체에 걸쳐 광범위하게 표집하기 때문에 정확한 표집을 할 수 있다.

### 표집 절차

체계적 표집 절차는 매우 간단한다. 모집단 구성원의 명단이 있을 경우 표집의 수만큼 선택하면 되기 때문에, 단순무선표집처럼 다시 고유번호를 부여할 필요가 없으며, 난수표도 사용할 필요가 없다. 체계적 표집의 절차는 다음과 같다.

① 전체 모집단 구성원의 수를 파악한다.

② 연구에 필요한 표본의 수를 정한다.

③ 추출 간격을 결정한다. 추출 간격은 전체 모집단의 수를 표본의 수로 나누어 구한다.

④ 맨 처음 표본을 추출할 때는 1에서 추출 간격까지의 수 중에서 무선적으로 선택한다.

⑤ 맨 처음 추출된 표본에 계속적으로 추출 간격을 더해 가면서 선택하면 된다.

### 체계적 표집의 예

각 정당들은 선거에 앞서 공천을 하기 위하여 후보자에 대한 여론조사를 실시하고 있으며, 또한 이러한 여론조사 결과에 따라 공천을 하고 있다. 물론 표집 방법에 따라 결과는 매우 다르게 나타남을 알 수 있다.

서울의 S선거구의 선거인 명단이 있으며, 총 유권자가 200,000명이고, 조사에 필요한 표본을 2,000명이라고 하자. 우선 200,000/2,000을 하게 되면 추출 간격 100이 계산된다. 1에서부터 100까지의 수는 난수표에 의하여 선거인 명부 43번째 유권자가 선정되었다. 우선 43번째 유권자를 추출하고, 여기에 100을 더한 수, 즉 143번째 유권자, 243번째 유권자 등과 같은 방법으로 끝까지 추출하면 2,000명을 표집할 수 있다.

### 제한점

체계적 표집은 실제 많은 곳에서 사용되고 있다. 진열대의 상품, 도서관의 책, 지도상의 도시 등은 체계적 추출 방법이 매우 편리하게 적용될 수 있다.

그러나 이렇게 편리한 표집 방법도 때로는 편파적이 될 수 있음을 유의해야 한다.

체계적 표집에 사용되는 명부가 어떠한 체계를 가지고 있는 경우에는 모집단의 특성이 잘 반영되지 않을 수 있다. 예를 들어, 어떤 유치원 출석부에 홀수는 남아, 짝수는 여아로 되어 있다면, 체계적인 표집을 할 경우 남아나 여아만 표집될 수 있다. 이렇게 되면 모집단과 전혀 다른 표본이 추출되기 때문에 체계적인 표집 방법을 사용해서는 곤란하다.

### 1.2.5. 편의표집(convenience sampling)

편의표집(convenience sampling)이란 연구자가 임의로 표집하는 방법이다. 전집에 대한 지식이 충분하지 못하거나 모집단을 명확하게 알 수 없는 경우 편의표집 방법을 사용한다. 우연적 표집이라고 할 수 있으며, 이러한 표집 방법을 사용하게 되면 확률적 표집이 되지 못한다. 평소 친구나 친분이 있는 사람들을 통해 설문지를 배부하는 것도 편의표집이라고 할 수 있다. 또한 친구의 친구에게 설문지를 배부하는 소위 눈덩이표집(snowball sampling)도 편의표집이라고 할 수 있으며, 연구자가 임의적으로 사례를 할당하여 표집하는 방법도 편의표집의 한 유형이라고 할 수 있다.

#### 표집 절차

편의표집 절차는 특별한 단계를 거치지 않는다. 모집단의 특성을 고려할 필요 없이 연구자가 필요하다고 생각되는 장소와 시간을 선택하여 자료를 수집하면 된다. 광화문 네거리, 서울역 앞, 올림픽공원 등 연구자가 필요하다고 생각하면 아무 곳에서나 표집을 하면 된다.

#### 편의표집의 예

한 교사가 '대중음악에 대한 대학생들의 인식에 관한 연구'를 위하여 대학생들을 조사 요원으로 훈련시켜 그들이 다니고 있는 대학의 학생들을 대상으로 면접 조사를 실시하였다. 이러한 조사에서 성, 연령 등을 포함한 개인 관련

변인들을 고려하여 조사하였다고 하지만 조사 요원들이 연구자를 중심으로 쉽고 편한 장소나 시간을 택해서 조사를 하였기 때문에 이러한 방법은 편의표집이 된다.

**제한점**

편의표집은 연구 목적이나 연구자의 주관에 의하여 이루어지기 때문에 객관도, 신뢰도, 타당도가 매우 낮은 방법이다. 간단한 예비연구가 아니면 사용하지 않는 것이 바람직하다.

## 2. 가설검정

### 2.1. 개념

가설이란 연구문제를 구성하고 있는 변인들 사이의 관계에 대하여 잠정적으로 내린 결론 또는 추측이라고 정의할 수 있다. Kerlinger도 "가설이라 두 개 이상 변인들 사이의 관계를 추측한 진술"이라고 정의하고 있다.

다른 한편 가설은 어떤 문제에 대한 예상된 해답이라고 할 수 있다. 결국 가설이란 논리적으로 변인 간의 관계를 추리한 진술이다.

### 2.2. 가설의 진술

**변인 간의 관계로 진술한다.**

예 "지능이 높으면 학업성취도가 높을 것이다."라는 진술은 '지능'과 '학업성취도'라는 두 변인 간의 관계를 나타낸 것이다.

| | |
|---|---|
| 변인 간의 관계로 진술 | • "지능이 높으면 학업성취도가 높을 것이다."라는 진술은 '지능'과 '학업성취도'라는 두 변인 간의 관계를 나타낸 것 |
| 검증이 가능하도록 진술 | • "아름다운 꽃은 사람의 마음을 순화시켜 준다."라는 가설은 자료를 가지고 검증할 수 없음 |
| 간단명료하게 진술 | • 한정적으로 간단 명료하게 진술해야 하며 하나의 가설은 하나의 관계만을 검증하도록 진술하는 것이 좋음 |
| 선언적·가정적 형식으로 진술 | • '~는(은) ~한다(이다)' 혹은 '만약 ~이라면(하면) ~일 것이다'라는 형식으로 서술 |

➡ 검정이 가능하도록 진술한다.

어떤 가설이 검정할 수 없는 형태로 진술되었다면 그것은 과학적 연구가설의 자격을 상실한 셈이다.

> 예 "아름다운 꽃은 사람의 마음을 순화시켜 준다."라는 가설은 자료를 가지고 검정할 수 없다.

➡ 간단명료하게 진술한다.

가설은 한정적으로 간단명료하게 진술해야 하며 하나의 가설은 하나의 관계만을 검정하도록 진술하는 것이 좋다. 하나의 가설에 여러 가지의 관계를 복합적으로 진술하는 것은 좋지 않다.

➡ 가설은 선언적, 가정적 형식으로 진술한다.

즉, '~는(은) ~한다(이다)' 혹은 '만약 ~이라면(하면) ~일 것이다'라는 형식으로 서술한다.

## 2.3. 가설의 구분

### 2.3.1. 설명적 가설과 통계적 가설

설명적 가설이란 구체화된 연구문제라고 할 수 있다. 대부분의 연구는 연구주제가 있고, 그러한 연구주제를 달성하기 위한 연구문제가 있기 마련이다. 대부분의 연구문제들은 의문문 형태로 나타내어 연구 목적을 잘 나타내고 있으나, 실제 자료를 통하여 검정되지 않은 상태이며 언어적으로 나타내어 설명적 가설이라고 할 수 있다. 연구에서 설명적 가설이란 연구자가 연구문제에 대한 잠정적인 해답의 형태로 표현한 진술문이라고 할 수 있다.

연구가설을 검정하는 데 쉽게 알 수 있도록 기호로 나타낸 것을 통계적 가설이라고 한다. 통계적 가설이란 어떤 조사 대상 전체, 즉 전집의 특성을 추리하기 위하여 모수치에 관한 수식 또는 기호로 나타낸다. 설명적 가설과 통계적 가설의 구분은 가설을 언어적으로 표현하느냐 기호나 수식으로 표현하느냐의 차이라고 할 수 있다.

일반적으로 논문에는 통계적 가설로 나타내지 않고 설명적 가설 형태로 나타내고 있다. 그러나 통계학의 전문서적에는 기호를 가지고 통계적 가설로 설명하기도 한다.

**설명적 가설과 통계적 가설의 예시**

〈설명적 가설〉 개인의 지적 수준과 학업성취도 간에는 차이가 있을 것이다(없을 것이다).

〈통계적 가설〉 $\mu_i \neq \mu_j$, $\mu_i = \mu_j$

### 2.3.2. 영가설과 연구가설

설명적 가설이나 통계적 가설을 진술할 때는 두 가지 형태로 나타난다. 즉, 연구가설은 잠정적인 형태로 검정에서 차이가 있을 수 있고 없을 수도 있다. 물론 연구자는 차이가 있을 것이라는 것을 밝히는 것이 연구의 목적인 것은 분명하다. 그러나 연구의 시작은 차이가 없다는 것을 전제로 하고, 차이가 있을 경우 그것이 정말 의미 있는 차이인가를 밝히는 것이 순서이기 때문이다.

이와 같이 차이가 없다고 진술하는 형태의 가설을 영가설이라고 한다. 즉,

**영가설**

- '귀무가설'이라고도 하며, 연구가설을 차이가 없다고 진술하는 형태
- 둘 또는 그 이상의 모수치 간에 '차이가 없다' 혹은 '관계가 없다'고 진술하는 가설 형태

**연구가설**

- '대안가설', '대립가설'이라고도 하지만, 보통 논문에서는 '연구가설'로 표현됨
- 잠정적인 형태로 검정에서 차이가 있을 수 있고 없을 수도 있음

영가설은 둘 또는 그 이상의 모수치 간에 '차이가 없다' 혹은 '관계가 없다'고 진술하는 가설 형태를 말한다. 이에 반해 연구가설은 영가설에 상대적으로 대립시켜 설정한 가설로서 '차이가 있다'로 진술된다. 일반적으로 연구자가 표집조사나 실험을 통하여 긍정되기를 기대하고 있는 예상이나 주장하려는 내용을 연구가설로 세운다.

영가설을 귀무가설이라고도 하며, 연구가설을 '대안가설', '대립가설'이라고도 한다. 그러나 보통 논문에서 표현되는 가설은 연구가설로 표현되고 있으며, 영가설은 연구 진행 동안 항상 연구자의 마음속에 간직하고 있는 가설이라고 할 수 있다.

**영가설과 연구가설의 예시**

〈영 가 설〉 개인의 지적 수준과 학업성취도 간에는 차이가 없을 것이다.

$H_o : \mu_i = \mu_j$ 또는 $H_o : \mu_i - \mu_j = 0$

〈연구가설〉 개인의 지적 수준과 학업성취도 간에는 차이가 있을 것이다.

$H_A : \mu_i \neq \mu_j$ 또는 $H_A : \mu_i - \mu_j \neq 0$

### 2.3.3. 등가설과 부등가설

연구자는 연구가설을 자료를 가지고 검정하게 된다. 즉, 변인 간의 차이가 있음을

밝혀야 한다. 그런데 단순한 두 변인 간의 차이가 아닌 연구자가 생각하는 한 변인이 다른 변인보다 크게 나타나야 할 경우가 있기 마련이다. 예를 들어, 전통적인 교수법과 새로운 교수법이 학업성취도에 주는 영향을 검정하는 연구에서 연구자는 새로운 교수법에 따라 지도를 받은 학생들의 학업성취도 점수가 높기를 바랄 것이다. 문헌 분석을 통해 자신이 주장하고자 하는 새로운 교수법의 적절성이나 타당성에 대하여 강조했을 것이기 때문이다.

새로운 교수법에 따라 지도를 받은 학생들의 학업성취도가 전통적 교수법에 따른 지도를 받은 학생들보다 학업성취도가 높다는 것을 검정한다고 할 때, 가설은 단순한 '차이가 있다'가 아닌 한 변인이 다른 변인보다 '차이가 크다'라고 진술하게 된다. '차이가 있다'로 진술하는 것을 등가설이라고 하며, 한 변수의 값이 다른 변수의 값보다 '차이가 크다'로 진술하는 것을 부등가설이라고 한다.

대부분의 연구에서 부등가설이 아닌 등가설을 많이 사용하게 된다. 그 이유는 연구자가 튼튼한 이론적 배경이 부족하거나 선행연구 결과를 검토하지 않고 확신을 가지지 못한 상태에서 부등가설을 세우게 되면 검정의 결과가 반대로 나타날 위험성이 있기 때문이다. 즉, 연구자의 의도와 전혀 다른 정반대의 차이가 날 수도 있다. 위의 예에서 연구자는 새로운 교수법의 학업성취도가 전통적인 교수법보다 높다라는 것을 검정하였으나, 전통적인 교수법을 적용한 학생들의 학업성취도가 높을 수도 있기 때문이다. 물론 이런 경우가 나타날 가능성은 크지 않다.

통계적 가설로 나타낼 때 등가설은 모수치 간에 등호(=)로 나타내고, 부등가설은 부등호(<)로 나타낸다. 영가설과 연구가설은 부등호의 방향이 서로 다르고, 대부분의 영가설에 등호를 붙이고, 연구가설에는 등호를 붙이지 않는다. 등가설은 양방검정으로, 부등가설은 일방검정을 사용한다.

**등가설과 부등가설의 예**

〈등 가 설〉 $H_O : \mu_i = \mu_j$, $H_A : \mu_i \neq \mu_j$

〈부등가설〉 $H_O : \mu_i > \mu_j$, $H_A : \mu_i \leq \mu_j$

## 3. 검정력과 오류

### 3.1. 유의도

가설 검정은 제1종의 오류(심각한 오판)의 허용수준을 결정하여 판단을 내려야 한다. 이러한 수준은 연구자가 이론적 배경과 경험적인 선행연구의 결과를 통해서 결정하게 된다. 의사결정은 연구자가 하는 것이다. 예를 들면, 새로 개발한 약에 대한 판단이나 공기오염의 연구에서 오판은 매우 심각할 수 있다. 이럴 경우 유의수준을 아주 낮게 하여야 한다. 연구에서 유의수준은 연구가 시작되기 전에 연구자가 결정하여야 한다.

자료 분석의 결과에 따라 유의수준을 결정하거나, 컴퓨터의 출력 결과(p값)를 그대로 유의수준으로 연구논문에 사용하는 것은 유의수준을 잘못 이해하고 있는 경우이다. p값이란 그와 같은 결과가 나올 확률을 의미하는 것이지 어떤 판단의 실수를 허용하는 것을 의미하는 것은 아니기 때문이다(성태제, 2008).

일반적으로 사회과학(교육학 포함)의 연구에서는 유의수준을 .05 혹은 .01로 설정하고 있으나, 연구자가 연구의 이론적 배경이 튼튼하다면 유의수준을 더 낮출 수도 있다. .01이라는 것은 연구자가 영가설이 참이라는 가정하에 100번 사건 중에 그런 사건이 일어날 확률이 1번이라는 것이다. 따라서 영가설을 진이 아니라고 판단하게 되며 연구가설을 받아들이게 된다. 즉 연구자가 어떤 통계치를 얻었을 경우 검정해야 할 통계치가 유의수준 이하일 경우, 이 검정 통계치가 일어날 확률은 매우 낮으므로 우연으로 생각하고 영가설을 기각하게 된다.

예를 들어 유의수준 .05에서 남녀 교사들 사이에 교사의 정년 단축에 대해 차이가 있다는 결론이 도출되었다. 이럴 경우 해석은 남녀 교사 모집단에서 일정 수의 교사를 표집하여 정년 단축에 대한 설문 조사를 실시하여 집단 간의 차이가 없다는 영가설 아래 두 집단에 대한 연구 결과의 차이가 나타날 확률은 .05로 매우 드문 경우이므로 영가설을 기각한다는 의미이다.

다시 말해서 연구에서 얻은 남녀 교사 집단 간의 정년 단축에 대한 점수 차이는 두 집단 간의 점수 차이가 없다는 영가설 아래서 100번 연구를 하였을 때 5번 이하의 연구가 그런 결과를 얻는다는 뜻이다. 그러므로 이와 같은 연구 결과는 두 집단 간의 차이가 없다는 영가설 아래에서 흔히 일어나지 않는 결과이므로 영가설을 기각하고 연구가설을 채택한다는 것이다.

## 3.2. 오류

- 제1종 오류 : 영가설이 진인데 그 영가설을 기각하고 연구가설을 채택하는 오류(α : significant level 유의수준)
- 제2종 오류 : 영가설이 진이 아닐 때, 즉 연구가설이 진일 때 영가설을 기각하지 않고 받아들여 잘못 판단하는 오류(β)
- 검정력 : 영가설이 진이 아닐 때 영가설을 기각하는 확률(연구가설이 진일 때 연구가설을 채택하는 확률)을 말한다(1-β).

연구자는 오류는 줄이고 검정력은 높여야 한다. 특히 제1종 오류를 줄이도록 해야 한다.

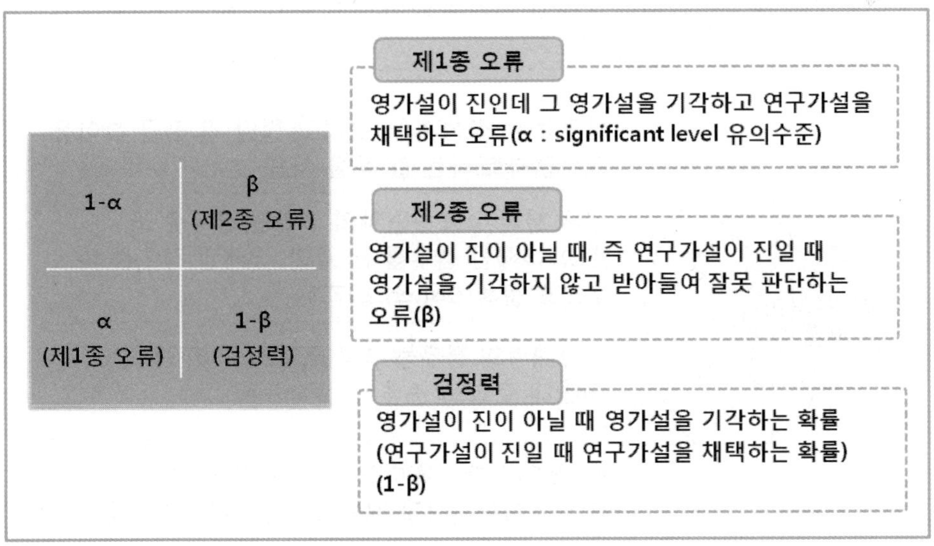


그림 14-1 오류와 검정력

# 4. 효과크기와 자유도

## 4.1. 효과크기

효과 크기(effect size)란 모집단 내에서 관련성의 강도 또는 양, 혹은 영가설에서 벗어난 정도를 의미한다. 효과 크기의 척도로는 상관계수, 결정계수, 그리고 집단간 평균 차이를 표준편차로 나눈 값 등을 사용한다.

Cohen(1977)이 제안한 효과 크기의 기준을 보면 평균 차이가 표준편차의 .2배인 경우를 소 효과, .5배인 경우를 중 효과, 그리고 .8배인 경우를 대 효과로 분류하고 있다. 상관계수의 경우는 .1이 소 효과, .3이 중 효과, 그리고 .5를 대 효과로 분류하고 있다.

> d = 실험집단 − 통제집단/표준편차(집단 내)
> ∴ 효과의 크기가 1일 때는 84%의 효과가 있다.

| 효과크기 | 모집단 내에서 관련성의 강도 또는 양, 혹은 영가설에서 벗어난 정도 |
|---|---|

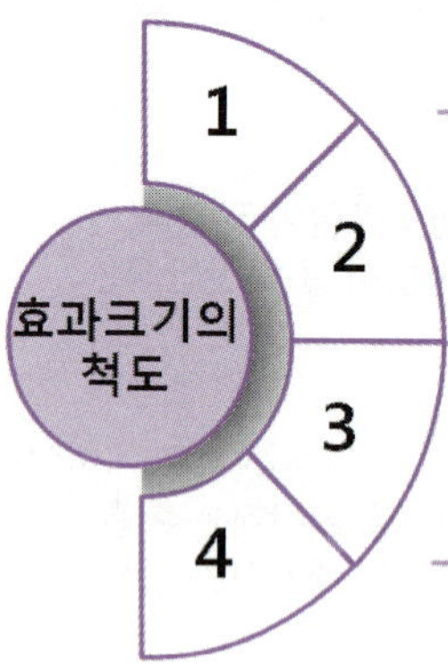


- 상관계수, 결정계수, 그리고 집단 간 평균 차이를 표준편차로 나눈 값 등을 사용
- 평균 차이가 표준편차의 .2배인 경우를 소 효과, .5배인 경우를 중 효과, .8배인 경우를 대 효과로 분류(Cohen,1977)
- 상관계수의 경우는 .1이 소효과, .3이 중 효과, .5를 대 효과로 분류
- d =실험집단 - 통제집단/표준편차(집단 내)
- 효과의 크기가 1일 때는 84%의 효과가 있음

### 4.2. 자유도

편차의 합이 0을 충족시키면서 자유스럽게 어떤 값도 가질 수 있는 사례 수를 자유도라고 한다. 예를 들어 세 학생의 점수가 3, 4, 5점인 표본의 예에서 평균이 3이 되는데, 두 명은 어떤 값으로 변할 수 있으나 나머지 1명은 평균을 3이 되게 하기 위해서는 즉, 편차의 합이 0이 되기 위해서는 어떠한 값도 자유롭게 가질 수 없다. 따라서 자유도는 2=(n−1)가 된다.

| 자유도 | 합이 0을 충족시키면서 자유스럽게 어떤 값도 가질 수 있는 사례 수 |
|---|---|

**세 학생의 점수가 3, 4, 5점인 표본의 예**

평균이 3이 되는데, 두 명은 어떤 값으로 변할 수 있으나 나머지 1명은 평균을 3이 되게 하기 위해서는 즉, 편차의 합이 0이 되기 위해서는 어떠한 값도 자유롭게 가질 수 없음

자유도는 2=(n-1)

## 5. 차이분석

### 5.1. t검정

t검정은 독립된 두 개의 표본 평균 간의 차이를 통계적으로 검정할 때 이용된다. t검정은 표집 분포가 t분포임을 전제로 한다. 이러한 t검정을 하기 위해서는 몇 가지 기본 가정이 필요한데 첫째, 각 전집이 정규분포를 이루고 있어야 하고, 둘째, 두 집단의 분산이 같아야 하며, 셋째, 자료의 척도가 등간척도 또는 비율척도이어야 한다.

일반적으로 t검정을 하면 할수록 제1종 오류(영가설이 참인데 이를 기각하고 연구가설을 채택함으로 범하게 되는 착오)를 범할 위험이 커진다. 이는 유의도 수준을 p=.01로 낮춤으로써 줄일 수 있다. 또한 만약 측정된 변수가 상호 관련이 높다는 것을 발견하면 다원변량 분석이라는 통계적 기술을 사용함으로써 그 위험을 줄일 수 있다.

측정된 자료가 t검정이 적절하다면, 비교되는 두 변수가 다른 변수와 서로 관련이 있는지 고려해야 된다. 만약 관련이 있다면 측정된 변인에 대한 두 그룹의 평균점수의 차이는 상관된 평균에 대한 t검정에 의해 검정될 수 있다.

예를 들어 OHP 활용도가 높은 교사들과 낮은 교사들은 교직 경력에 대해서 서로 관련을 맺게 된다. 그렇기 때문에 OHP 활용도가 높은 교사의 경우 비슷한 경력을 가진 낮은 OHP 활용 교사와 결합시킨다. 이러한 결합 변인으로 인해 두 그룹의 교사에 의해 배운 학생의 과학적 능력을 비교할 때는 상관된 평균에 대한 t검정이 사용될 수 있다. 만약 결합 변인이 유용하지 않다면 평균점수의 차이는 독립된 평균에 대한 t검정을 하여야 한다. 상관된 평균에 대한 t검정의 이점은 독립된 평균에 대한 t검정보다 통계적으로 강력하다는 것이다.

마지막으로 t검정을 사용할 때는 일방검정인지 양방검정인지를 결정해야 한다. 만약 연구자가 자료 수집에 앞서서 특정 집단의 평균점수가 다른 집단보다 클 것이라는 가정을 할 수 있다면, 일방검정을 할 수 있다. 그렇지 않은 경우는 양방검정이 필요하다. 일방검정의 장점은 통계적으로 더 강력하다는 것이다. t검정은 단일표본 t검정, 독립표본 t검정, 종속표본 t검정으로 구분한다.

#### 5.1.1. 단일표본 t검정(one sample t-test)

대부분의 교육연구에서 연구자들은 두 집단의 평균이 서로 통계적으로 유의한가를 알아보기 위해 비교를 한다. 그러나 가끔 연구자들은 어떤 자료의 평균이 특정 모집단 평균과 같은가 다른가 알고 싶을 때가 있다. 예를 들어, 어느 중학교의 1학년 한 학급 30명 학생들의 성취도를 전국 평균과 비교할 경우에 단일표본 t검정을 할 수 있다.

다음은 A 중학교 한 학급의 성취도 평가 점수가 26.53이 나왔다. 이 학급의 평균이 전국 중학교 모집단 평균 30과 같을 것인가 알고 싶다. 우리는 이 차이가 (26.53−30) 통계적으로 유의한지 아닌지 알기 위해 단일표본 t검정을 사용할 수 있다. 다음 〈표 14-2〉는 단일표본 t검정의 예를 나타낸 것이다.

〈표 14-2〉 성취도 점수 차이 검정

| | 사례 수 | 평균 | 표준편차 | t | 유의확률 |
|---|---|---|---|---|---|
| 성취도점수 | 40 | 26.53 | 3.71 | −5.92 | .00 |

위의 〈표 14-2〉를 보면 t값이 −5.92로 나와 위 학급의 성취도 점수 평균은 전국 모집단의 평균과 유의한 차이가 있음을 알 수 있다.

**단일표본 t검정** ⇨ **어떤 자료의 평균이 특정 모집단 평균과 같은가 다른가 알고 싶을 때 사용**

### 5.1.2. 독립표본 t검정(independent samples t-test)

서로 독립된 두 표본의 평균을 비교하는 방법이 독립표본 t검정이다. 표본을 표집할 때 서로 영향을 주지 않은 상태를 유지하기 때문에 독립되었다고 가정하는 것이다. 그런데 두 모집단은 다음 가정을 충족시켜야 한다.

① 두 모집단은 각각 정규분포를 이룬다.

② 두 모집단의 분산은 같다.

다음 〈표 14-3〉은 A 중학교 한 학년의 국어와 사회 과목 성취도 평가 점수가 남학생과 여학생과 차이가 있을 것인가에 대한 t검정을 한 것이다.

〈표 14-3〉 성취도 점수 차이 검정

| | | 사례 수 | 평균 | 표준편차 | t | 유의확률 |
|---|---|---|---|---|---|---|
| 국어 | 남 | 356 | 12.43 | 4.58 | 3.20 | .00 |
| | 여 | 381 | 11.41 | 4.03 | | |
| 사회 | 남 | 356 | 14.14 | 5.08 | .51 | .61 |
| | 여 | 381 | 13.95 | 4.94 | | |

위의 〈표 14-3〉에 따르면 국어 과목 점수는 남학생과 여학생에서 있어 유의한 차이가 있는 것으로 나타난 반면, 사회 과목 점수에서 있어서는 남학생과 여학생에서 유의한 차이가 없는 것으로 밝혀졌다.

**독립표본 t검정**

- 서로 독립된 두 표본의 평균을 비교하는 방법
- 표본을 표집할 때 서로 영향을 주지 않은 상태를 유지하여 독립되었다고 가정

<성취도 점수 차이 검정>

| | 성별 | 사례수 | 평균 | 표준편차 | t | 유의확률 |
|---|---|---|---|---|---|---|
| 국어 | 남 | 356 | 12.43 | 4.58 | 3.20 | .00 |
| | 여 | 381 | 11.41 | 4.03 | | |
| 사회 | 남 | 356 | 14.14 | 5.08 | .51 | .61 |
| | 여 | 381 | 13.95 | 4.94 | | |

- 국어 과목 점수는 남학생과 여학생에서 있어 유의한 차이가 있음
- 사회 과목 점수에서 있어서는 남학생과 여학생에서 유의한 차이가 없음

### 5.1.3. 종속표본 t검정(paired samples t-test)

종속표본 t검정은 표본이 서로 관련성을 가지고 있을 때 평균을 비교하는 방법이다. 표본이 표집될 때 서로 관련성을 가지는 두 가지 경우이다. 우선, 한 집단만

표집하여 서로 평균을 비교하는 방법이다. 예를 들면 고등학교 한 학급의 중간고사 성적과 기말고사 성적을 비교하거나, 한 집단을 대상으로 실시한 사전검사 점수와 사후검사 점수를 비교하는 경우에 적용될 수 있다.

다음으로 표본이 짝을 이루어 표집되는 경우가 있다. 예를 들면 기혼 남녀 몸무게를 비교하고 할 때, 남녀를 서로 다른 모집단에서 표집하지 않고, 부부를 표집한다면, 남편이 선택되면 아내는 당연히 표집되므로 상호 종속적으로 표집되었기 때문에 이때 몸무게 남녀 차이 검정은 종속표본 t검정을 해야 한다.

다음 〈표 14-4〉는 A 중학교 한 학년의 국어 과목 중간고사 점수와 기말고사의 점수 평균에 차이가 있는가를 검정한 것이다.

〈표 14-4〉에 따르면 국어 과목의 중간고사 점수와 기말고사 점수는 유의한 차이가 있다고 할 수 있다.

〈표 14-4〉 중간고사 · 기말고사 성취도 점수 차이 검정

| | 사례 수 | 평균 | 표준편차 | t | 유의확률 |
|---|---|---|---|---|---|
| 중간고사 | 737 | 11.9023 | 4.33185 | -30.58 | .00 |
| 기말고사 | 737 | 18.4817 | 4.75057 | | |

**종속표본 t검정**

**종속표본 t검정은 표본이 서로 관련성을 가지고 있을 때 평균을 비교하는 방법**

**<중간고사·기말고사 성취도 점수 차이 검정>**

| 국어 | 평균 | 사례 수 | 표준편차 | t | 유의확률 |
|---|---|---|---|---|---|
| 중간고사 | 11.9023 | 737 | 4.33185 | -30.58 | .00 |
| 기말고사 | 18.4817 | 737 | 4.75057 | | |

**국어 과목의 중간고사 점수와 기말고사 점수는 유의한 차이가 있음**

### 5.2. 분산분석(ANOVA : analysis of variance)

분산분석은 여러 개의 모집단으로부터 나온 것으로 가정되는 평균치들이 과연 확률적으로 의미 있는 차이를 보이는지를 검정하는 방법이다. 물론 두 개 이상의 평균치들을 검정하려고 할 때, 두 개의 짝을 지워 t검정을 할 수 있다. 그러나 그렇게 하는 경우는 우선 검정에 소요되는 작업량이 엄청나게 커진다는 것이 문제이다. 따라서 이런 경우에는 평균치의 짝을 두 집단씩 개별적으로 검정할 것이 아니라, 여러 집단의 평균점수를 한꺼번에 검정하는 방법이 훨씬 편리하다. 이런 방법이 바로 분산분석이다. 분산분석에 앞서 다음의 기본 가정은 충족되어야 한다.

① 각 집단들의 모집단 분포는 서로 독립적이어야 한다.
② 각 모집단들은 정규분포를 이루어야 한다.
③ 각 모집단의 분산은 동일해야 한다.

분산분석은 집단 간 분산을 집단 내 분산으로 나눈 F값을 가지고 유의도 검정을 한다. 다음 〈표 14-5〉는 분산분석 결과의 예이다.

〈표 14-5〉에서 보면 집단 간 분산 162.475를 집단의 자유도 3으로 나누면 집단 간 분산의 평균 54.158이 구해진다. 같은 방법으로 집단 내 분산 375.500을 집단 내 자유도 36으로 나누면 집단 내 분산의 평균 10.431이 구해진다. 집단 간 분산의 평균 54.158을 집단 내 분산의 평균 10.431로 나누면 5.192가 얻어진다. 이렇게 구해진 5.192를 F값이라고 하며 유의수준을 가지고 해석하게 된다. 유의수준은 통계교과서 부록에서 찾을 수 있으나 일반적으로 자료 분석 프로그램에서

〈표 14-5〉 분산분석의 예

| | 제곱합 | 자유도 | 평균제곱 | F | 유의확률 |
|---|---|---|---|---|---|
| 집단 간 분산 | 162.475 | 3 | 54.158 | 5.192 | .004 |
| 집단 내 분산 | 375.500 | 36 | 10.431 | | |
| 전체 | 537.975 | 39 | | | |

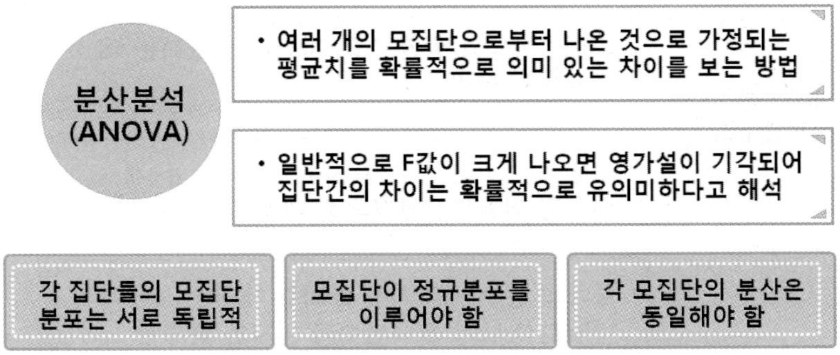


제시해 주므로 비교하면 된다. 일반적으로 F값이 크게 나오면 영가설이 기각되고 연구가설이 채택되어 집단 간의 차이는 확률적으로 유의미하다고 해석하게 된다. 물론 유의수준 설정에 따라 달라질 수 있다.

### 5.3. 공분산분석(ANCOVA : analysis of covariance)

공분산분석은 2집단 이상의 평균 간의 차이를 검정하는 데 이용되는 방법으로 크게 독립변수가 한 개인 일원분산분석과 두 개 이상인 이원분산분석으로 대별된다.

〈예시 1〉 대, 중, 소 도시 간의 평균임금의 차이를 검정하고자 할 때 집단 구분이 3(대, 중 소 도시)이고 종속변수는 비율자료(임금)이므로 일원분산분석을 사용한다. 반면 도시의 규모와 도시 특성 두 개를 독립변수로 고려하게 되면 이원분산분석을 실시하여야 한다. 그러나 독립변수는 두 개지만 실제로 어느 하나의 효과에 초점을 두고 다른 하나의 변수는 통제하여 분석을 실시할 수 있는데 이 경우는 공분산분석을 실시하여야 한다. 즉, 공분산분석은 하나의 변수가 미치는 효과를 제거한 상태에서 나머지 하나가 종속변수에 미치는 순수한 효과만을 분석하고자 할 때 행하는 방법이다.

〈예시 2〉 한 연구자가 '중학교 2학년의 남학생들이 여학생들보다 수학문제 해결검사의 점수가 높다'는 연구가설을 세웠다. 이 경우 연구자는 성을 제외한 다른 변수를 놓고 비교해도 같은 결과를 나타낼 것인가를 생각해야 한다. 예를 들어 문제해결 검사점수들이 계산능력에 따라 다르게 나타날 가능성이 더 높기 때문에 최초의 차이(계산능력)를 통제하면(통제변수) 얻어진 점수 차이(문제해결 점수 차이)를 줄일 수 있는지 분석해야 할 것이다. 공분산분석 후 문제 해결력에 대한 검사를 다시 실시했을 때, 역시 여학생들이 점수가 낮다면 결론은 '문제 해결력의 점수에서 성 차이는 남학생들의 계산능력 때문이 아닌 것'으로 결론을 내리게 된다.

**공분산분석 (ANCOVA)**

- 2집단 이상의 평균 간의 차이를 검증하는 데 이용되는 방법
- 독립변수가 한 개인 일원분산분석과 두 개 이상인 이원분산분석으로 대별
- 하나의 변수가 미치는 효과를 제거한 상태에서 나머지 하나가 종속변수에 미치는 순수한 효과만을 분석하고자 할 때 행함
- 연구의 주요 관심사가 아닌 분야에 관련되는 변수나 적절한 비교그룹을 선택할 수 없다는 전제 때문에 실시하고 있음

공분산분석의 유용성은 연구자가 연구의 주요 관심사가 아닌 분야에 관련되는 변수나 적절한 비교그룹을 선택할 수 없다는 전제 때문에 실시하고 있다.

다음 〈표 14-6〉은 A 중학교 한 학년의 국어 교수법에 따른 기말고사의 점수를 공분산분석한 결과이다. 여기서 중간고사 점수(공분산)의 효과를 제거한 후 추정한 것이다.

〈표 14-6〉에 의하면 중간고사 점수의 영향을 통제한 후 교수법에 따른 교정된 기말고사 점수는 유의한 차이가 있다고 할 수 있다.

〈표 14-6〉 교수법에 따른 기말고사 점수의 공분산분석 결과

| 분산원 | 제곱합 | 자유도 | 평균제곱 | F | 유의확률 |
|---|---|---|---|---|---|
| 중간고사(공분산) | 2633.804 | 1 | 2633.804 | 122.353 | .000 |
| 교수법 | 85.211 | 1 | 85.211 | 3.958 | .047 |
| 오차 | 15800.323 | 734 | 21.526 | | |
| 합계 | 18440.611 | 736 | | | |

- 중간고사 점수(공분산)의 효과를 제거한 후 추정한 것
- 중간고사 점수의 영향을 통제한 후 교수법에 따른 교정된 기말고사 점수는 유의한 차이가 있다고 할 수 있음

## 5.4. 카이제곱($\chi^2$; chi-square)검정

카이제곱법은 자료가 명명척도일 경우 즉, 빈도로 주어졌을 때 사용하는 분석 방법이다. 카이제곱법은 t검정법처럼 분포의 정규성이나 등분산성을 요구하지 않으며, 기대빈도가 5이상일 것과 측정치들이 독립적인 것 두 가지 전제만을 요구한다. 이러한 이유로 인하여 카이제곱은 광범위하게 쓰이고 있다.

카이제곱은 여러 가지 적용영역을 가진 통계적 방법이다. 이 방법은 보통 빈도 자료 혹은 빈도로 환산할 수 있는 자료에 적용된다. 즉, 몇 가지의 통계치를 병합할 수 있다. 그래서 여러 가지 자료를 동시에 다루어 그 자료에 대한 가설의 유의도를 검정할 수 있다.

카이제곱은 두 집단 또는 여러 집단의 분산이 서로 같은 것인지, 분류 유목별 빈도가 이론적으로 기대되는 것에 적합한지 그리고 두 가지 분류척도가 독립적인지 아닌지를 검정하는 데 활용된다.

다음 〈표 14-7〉은 A교과의 성취도 점수의 집단과 낮은 집단과에서 교수법에 따른 선호도의 차이를 조사하여 교차분석한 결과이다.

〈표 14-7〉 성취도 점수의 집단에 따른 교수법 인식 차이

| | | | 성취도 점수 | | 전체 |
|---|---|---|---|---|---|
| | | | 상 | 하 | |
| 교수법 | 1 | 사 례 수 | 48 | 30 | 78 |
| 교수법 | 1 | 교수법(%) | 61.5 | 38.5 | 100.0 |
| 교수법 | 1 | 성취도(%) | 13.5 | 7.9 | 10.6 |
| 교수법 | 1 | 전 체(%) | 6.5 | 4.1 | 10.6 |
| 교수법 | 2 | 사 례 수 | 271 | 264 | 535 |
| 교수법 | 2 | 교수범(%) | 50.7 | 49.3 | 100.0 |
| 교수법 | 2 | 성취도(%) | 76.1 | 69.3 | 72.6 |
| 교수법 | 2 | 전 체(%) | 36.8 | 35.8 | 72.6 |
| 교수법 | 3 | 사 례 수 | 37 | 87 | 124 |
| 교수법 | 3 | 교수법(%) | 29.8 | 70.2 | 100.0 |
| 교수법 | 3 | 성취도(%) | 10.4 | 22.8 | 16.8 |
| 교수법 | 3 | 전 체(%) | 5.0 | 11.8 | 16.8 |
| 전체 | | 사 례 수 | 356 | 381 | 737 |
| 전체 | | 교수법(%) | 48.3 | 51.7 | 100.0 |
| 전체 | | 성취도(%) | 100.0 | 100.0 | 100.0 |
| 전체 | | 전 체(%) | 48.3 | 51.7 | 100.0 |

〈표 14-7〉에 따르면 교수법은 성취도 점수의 높고 낮음에 따라 유의한 차이가 있다고 할 수 있다.

### 5.5. 기타 비모수 방법

비모수적 검정 중에서 카이제곱이 가장 널리 사용된다. 그 밖에는 맨-휘트니 U검정(두 개의 독립적인 집단의 점수분포가 서로 독립적인지 아닌지 결정할 때)와 윌콕슨 부호화 검정(집단의 점수가 상관이 있을 때 두 개의 독립적 집단의 점수분포가 서로 독립적인지 아닌지 결정할 때) 등이 있다.

## 6. 관계분석

### 6.1. 회귀분석

회귀분석(regression analysis)은 변수들 간의 상호 관계를 분석하는 방법이다. 즉 독립변수의 변화가 종속변수의 변화에 미치는 영향을 예측하기 위하여 사용된다. 회귀분석은 회귀방정식에 포함된 독립변수들 중에서 어느 변수가 가장 설명력이 높은가를 검정하게 된다. 회귀방정식은 종속변수의 실제 값과 회귀방정식에 의하여 예측되는 값의 차이를 최소화하는 함수라고 할 수 있다. 회귀방정식은 회귀방정식에 의하여 설명되는 부분이 있고, 그렇지 못한 부분(오차)으로 구성된다. 회귀분석에서 설명력(결정계수)은 상관계수의 제곱이 된다. 회귀계수는 절편(상수)과 변수의 기울기로 구성된다.

회귀분석에 앞서 자료들은 다음의 가정을 충족시켜야 한다.

① 종속변수의 오차항의 모든 X값에 대하여 동일하여야 한다.
② 오차항 사이에는 상관관계가 없어야 한다.
③ 오차항은 평균이 0이며, 분산은 $\sigma^2$인 정규분포를 이루어야 한다.

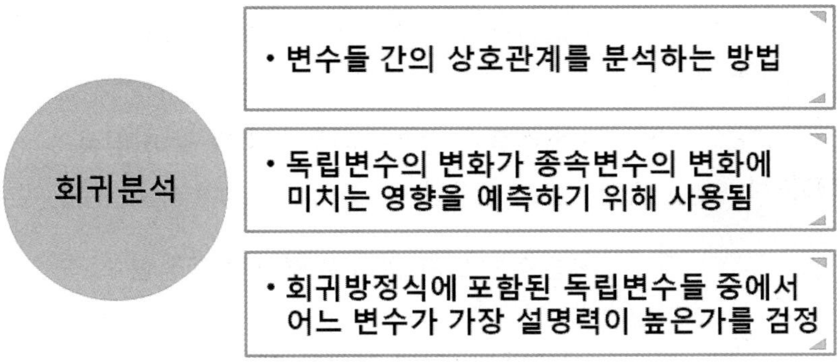


④ 독립변수들 사이의 상관관계가 없어야 한다.

실제 회귀분석에서 독립변수가 2개 이상일 경우 투입되는 방법에 따라 구분된다. 독립변수들을 모두 투입하는 방법, 단계별 투입하는 방법이 있다. 회귀분석에 대하여 자세한 설명과 다중회귀분석 등에 대해서는 통계학 교재를 참고할 수 있다.

### 6.2. 경로분석

경로분석(path analysis)은 다양한 변수들의 인과관계를 분석하는 방법이다. 경로분석은 회귀분석과 달리 종속변수들 간의 관계도 분석할 수 있는 특징을 가지고 있다. 그리고 독립변수들의 종속변수에 대한 직접적인 효과만 분석하는 다중회귀분석과 달리 경로분석은 간접 효과도 분석할 수 있다.

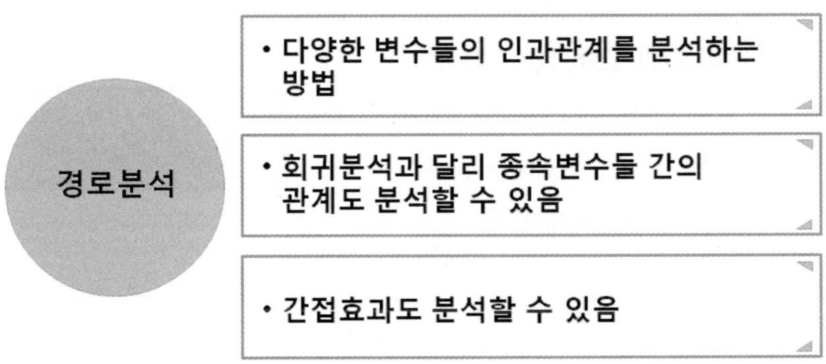

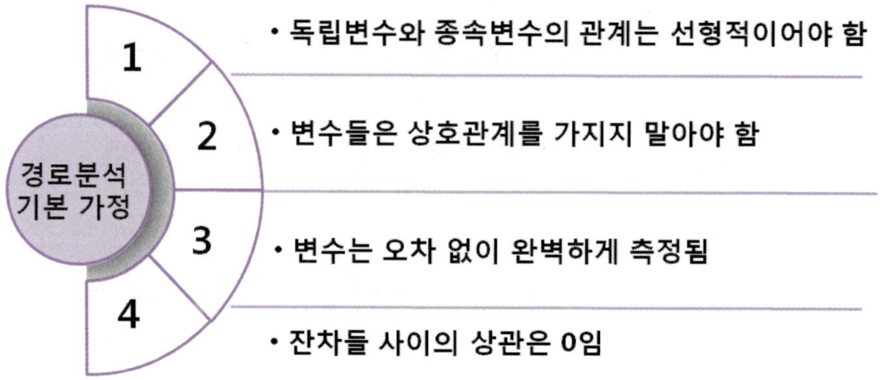


경로분석을 위해서는 분석 자료들은 다음의 가정을 충족시켜야 한다.

① 독립변수와 종속변수의 관계는 선형적이어야 한다.

② 경로 모형에서 변수들은 상호관계를 가지지 말아야 한다.

③ 변수는 오차 없이 완벽하게 측정된다.

④ 잔차들 사이의 상관은 0이다.

경로분석을 위해서는 AMOS(Aanalysis fo Moment Structure) 프로그램이나 LISREL, EQS 등이 사용되고 있다.

'부모의 교육적 기대와 자녀의 학업성취는 자녀의 고등학교 선택에 영향을 줄 것이다.'의 가설을 가지고 경로 모형으로 나타내면 [그림 14-2]와 같다.

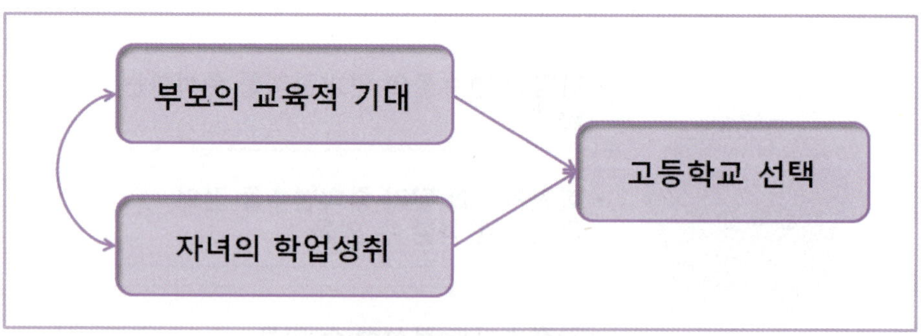


그림 14-2 경로 모형

## 6.3. 구조방정식 모형(SEM : structural equation modeling)

구조방정식 모형은 경로분석보다 더 발전된 자료 분석 방법으로 변수를 잠재변수와 측정변수로 구분하고, 이들 각각의 인과관계를 파악하는 모형이다.

교육의 제 현상들은 단순하게 단일한 몇 개의 변수로 설명되지 않는다. 그리고 많은 변수들을 통제한다는 것도 불가능하다. 뿐만 아니라 이러한 변수들을 오차 없이 측정하는 것이 쉽지 않다. 그런데 이러한 변수 중 직접 측정이 불가능한 변수가 있고, 측정 가능한 변수가 있다. 전자를 이론변수 또는 잠재변수라고 하며 후자를 측정변수라고 한다.

과거에는 이론변수와 측정변수를 한 변수로 보고 모형을 개발하였다. 그러나 최근에는 측정변수와 이론변수를 구분하여 모형을 개발하고 있다. 측정변수와 이론변수를 구분하는 모형은 그렇지 않은 모형보다 설명력이 높다고 할 수 있다.

예를 들면, 적성검사에서 우리는 '적성' 그 자체를 측정한다는 것은 불가능하다. 그렇다면 이러한 '적성'을 조작적으로 정의하게 된다. 현재 초등학교와 중학교에서 실시되고 있는 적성검사는 적성의 하위 요인을 언어 적성, 수 적성, 사회 적성, 과학 적성으로 구분하고 있다. 검사 요강을 보면 이들 하위 요인들 사이의 상관은 매우 낮은 것으로 나타나고 있다.

여기서 적성은 이론변수이고, 언어 적성, 수 적성 등은 측정변수가 된다. 물론 언어 적성은 다시 언어력과 독해력으로 구분되고 있고, 수 적성은 계산력과 수 추리력으로 구분하고 있다.

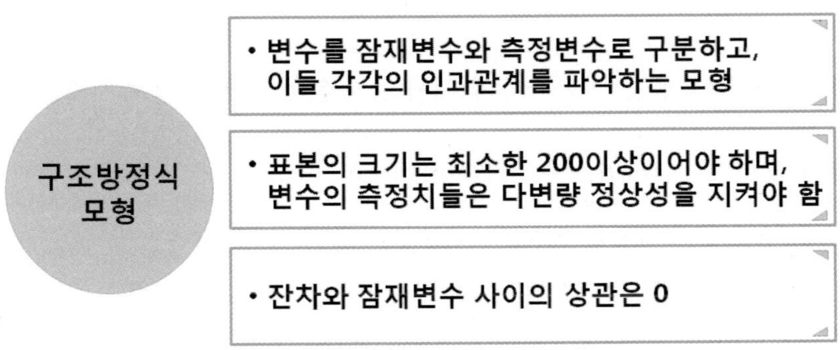

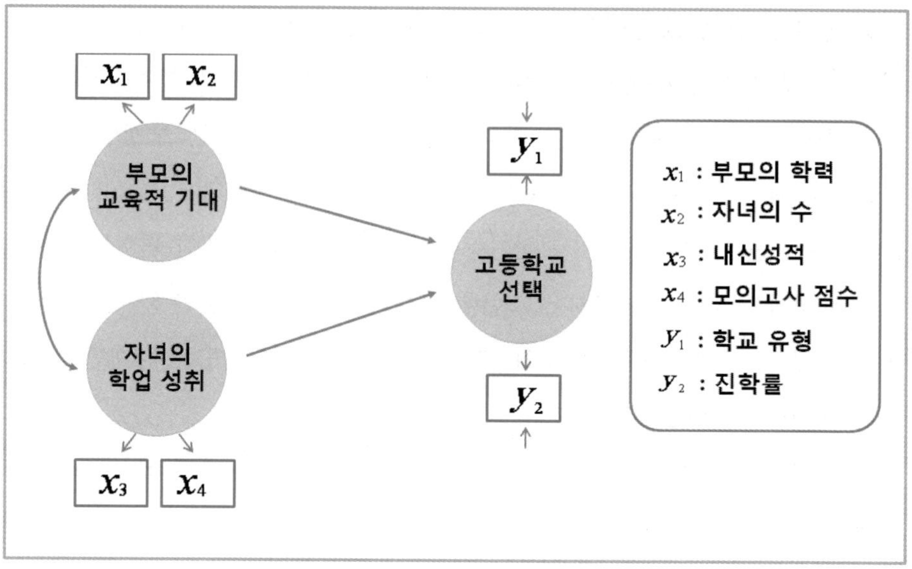


**그림 14-3** **구조방정식 모형**

예를 들어, '부모의 교육적 기대와 자녀의 학업성취는 자녀의 고등학교 선택에 영향을 줄 것이다.'의 가설을 구조방정식 모형으로 나타내려면 '부모의 교육적 기대'를 잠재변수로 하고, 이를 다시 '부모의 학력', '자녀의 수'로 측정변수로 한다. 이와 마찬 가지로 '자녀의 학업성취'를 잠재변수로 하고, '내신 성적', '모의고사 점수'를 측정변수로 한다.

다음은 '고등학교 선택'을 잠재변수로 하고, '학교 유형'과 '진학률'을 측정변수로 한다. 여기서 '부모의 교육적 기대'와 '자녀의 학업성취'를 외생변수, '고등학교 선택'을 내생변수라고 한다. 이 가설을 구조방정식 모형으로 나타내면 [그림 14-3]과 같다.

구조방정식 모형을 적용하기 위해서는 다음의 가정을 충족시켜야 한다.

① 표본의 크기는 최소한 200 이상이어야 한다.

② 변수의 측정치들은 다변량 정상성을 지켜야 한다.

③ 잔차와 잠재변수 사이의 상관은 0이다.

- 경로분석보다 더 발전된 자료 분석 방법으로 변수를 잠재변수와 측정변수로 구분하고, 이를 각각의 인과관계를 파악하는 모형

**경로분석 기본 가정**

1. 표본의 크기는 최소한 200 이상이어야 함
2. 변수의 측정치들은 다변량 정상성을 지켜야 함
3. 잔차와 잠재변수 사이의 상관은 0

구조방정식 모형의 적합도 평가는 통계적 검정에서 나온 모수치를 검토함으로써 시작된다. 산출된 모수치 중에서 가장 중요한 것이 $X^2$값이다. $X^2$값은 확률(유의도) 수준으로 표시되며, 유의수준이 연구자가 설정한 값보다 크게 나오면($X^2$은 작게 되면) 모형이 적합하다고 할 수 있다. 이외에 부수적인 모수치를 검토할 수 있으며, 이러한 모수치를 검토한 후 모형을 수정할 수도 있다. 일반적으로 빈도분석이나 교차분석의 $X^2$검정은 모형 검정과 달리 $X^2$값이 크게 나오는 것이 바람직하다. 즉, 이 값이 커야 두 변수들 간에 차이가 크다고 할 수 있다.

구조방정식 모형 분석을 위해서는 AMOS(Aanalysis fo Moment Structure) 프로그램이나 LISREL, EQS 등이 사용되고 있다. 경로분석은 구조방정식 모형의 특수한 형태라고 할 수 있다.

# 부록

# 교육공무원임용후보자선정경쟁시험 교육평가 기출문항 분석

최근 7년간 실시된 교육공무원임용후보자선정경쟁시험에서 교육평가의 지식을 측정하기 위하여 출제된 문항들을 제시하고 간단한 설명을 하였습니다. 기출문항을 통하여 교육평가에서 중요한 내용들을 본 교재에서 찾아 다시 정리하기 바랍니다.

1. 김 교사는 문항별 배점이 4점인 5지 선다형 수학 시험 25문항을 제작하여 100명의 학생에게 실시한 후, 문항별 평균과 표준편차를 구하였다. 다음 〈표〉는 이 결과의 일부이다. (2010. 중등)

| 문항 | 평균 | 표준편차 |
|---|---|---|
| 문항 1 | 2.0 | 2.0 |
| 문항 2 | 0.8 | 1.6 |
| 문항 3 | 3.4 | 1.4 |
| 문항 4 | 0 | 0 |
| 문항 5 | 4.0 | 0 |
| [이하 생략] | | |

〈보기〉는 위의 결과를 근거로 김 교사가 각 문항에 대해 판단한 내용이다. 옳은 것을 모두 고른 것은?

〈보 기〉
ㄱ. 문항 1은 문항보다 편차점수 제곱의 합이 더 크다.
ㄴ. 문항 2는 문항 3보다 변별도가 더 높다.
ㄷ. 문항 4의 변별도는 0이다.
ㄹ. 준거참조평가인 경우라면, 문항 5는 불필요한 문항이다.

① ㄱ, ㄴ ② ㄴ, ㄹ ③ ㄷ, ㄹ ④ ㄱ, ㄴ, ㄷ ⑤ ㄱ, ㄴ, ㄹ

【해설】 **평균, 표준편차, 분산, 변별도 지수 계산능력 (☞ p. 330)**

2. 박 교사는 즉시적 보상을 활용한 교수방법이 학업성취도에 미치는 효과를 알아보기 위해 다음과 같이 A, B, C 세 가지 실험설계를 구상하였다. 각 실험설계에 대한 설명으로 가장 적절한 것은? (2010. 중등)

실험설계 A $O_1$ X $O_2$
: 단일집단 사전-사후 설계(one group pretest-posttest design)

실험설계 B $O_1$ X $O_2$
$O_1$ $O_2$
: 비동등 통제집단 설계(non-equivalent control group design)

실험설계 C X $O_2$
$O_2$
: 비동등집단 사후검사 설계(pretest with non-equivalent control group design)

단, X : 즉시적 보상을 활용한 교수방법의 실시
$O_1$ : 사전 학업성취도 검사
$O_2$ : 사후 학업성취도 검사
(척도는 양적척도이며 정규분포를 따름)
집단별 사례 수 : 20명

① 실험설계 A : 대응표본 t검정으로 효과를 검정할 수 있다.
② 실험설계 A : 성숙에 의한 문제가 발생할 가능성은 없다.
③ 실험설계 B : 통계적 회귀의 문제가 발생할 가능성은 없다.
④ 실험설계 C : 피험자 설발의 문제가 발생할 가능성은 없다.
⑤ 실험설계 C : 진실험설계이다.

【해설】 **실험설계 유형, 실험에서 타당도를 저해하는 요인 12개 (☞ p. 231)**

3. 학생들에게 독일어와 일본어 시험을 실시하였다. 독일어의 원점수 분포는 정적편포를 이루고 일본어의 원점수 분포는 부적편포를 이루고 있었다. 다음 식을 활용하여 이 두 과목의 과목별 점수를 T점수로 변환하였다. T점수로 변환한 결과에 대한 예측으로 옳은 것을 〈보기〉에서 모두 고른 것은? (2010. 중등)

$$T = 10\left[\frac{X-\mu}{\sigma}\right] + 50$$ (X : 원점수, $\mu$ : X 평균, $\sigma$ : X의 표준편차 )

〈보 기〉
ㄱ. 독일어와 일본에서 각각 만점을 받은 학생이라 하더라도 T점수는 서로 다를 수 있다.
ㄴ. 독일어 과목에서 각 학생의 원점수에 대응하는 T점수를 좌표평면에 나타내면 S자 형태가 된다.
ㄷ. 일본어 과목의 T점수들의 분포는 부적편포를 이룬다.

① ㄱ ② ㄴ ③ ㄱ, ㄷ ④ ㄴ, ㄷ ⑤ ㄱ, ㄴ, ㄷ

【해설】 **점수 유형(원점수, T점수) 정적편포, 부적편포의 특징 (☞ p. 163)**

4. 다음은 물리와 화학 과목에서 철수가 받은 개인 점수, 과목 평균 및 표준편차를 제시한 것이다. 두 과목의 점수 분포가 정규 분포를 이루고 있을 때, 규준점수에 대한 설명으로 옳은 것을 〈보기〉에서 모두 고른 것은?(2009. 중등)

| 과목 | 철수의 점수 | 과목 평균 | 과목 표준편차 |
|---|---|---|---|
| 물리 | 70점 | 80점 | 10점 |
| 화학 | 60점 | 50점 | 10점 |

〈보 기〉
ㄱ. 철수의 물리 과목 Z점수는 −1.0이고, 화학 과목 Z점수는 1.0이다.
ㄴ. 철수의 물리 과목 T점수는 40점이고, 화학 과목 T점수는 60점이다.
ㄷ. 원점수의 분포가 정규분포이기 때문에 T점수의 분포도 정규분포를 이룬다.
ㄹ. 모집단의 정규분포 가정하에 철수가 받은 물리 점수 70점보다 낮은 점수를 받은 학생의 비율은 약 16%이다.

① ㄱ, ㄷ ② ㄴ, ㄹ ③ ㄷ, ㄹ ④ ㄱ, ㄴ, ㄷ ⑤ ㄱ, ㄴ, ㄷ, ㄹ

【해설】 **정규분포, Z점수, T점수 변환 관계, 백분위** (☞ p. 163)

5. 김 교사는 학생들이 '교사'에 대하여 어떤 이미지를 갖고 있는지를 분석하기 위하여 다음과 같은 질문지를 제작하였다. 이때 사용된 척도기법에 대한 설명으로 옳은 것을 〈보기〉에서 고른 것은? (2009. 중등)

지시문 : '교사' 개념에 대한 자신의 느낌에 해당하는 번호에 √표 하시오.

| | | | | 교사 | | | | |
|---|---|---|---|---|---|---|---|---|
| 1. 인자한 | ① | ② | ③ | ④ | ⑤ | ⑥ | ⑦ | 엄격한 |
| 2. 모호한 | ① | ② | ③ | ④ | ⑤ | ⑥ | ⑦ | 명확한 |
| 3. 전통적인 | ① | ② | ③ | ④ | ⑤ | ⑥ | ⑦ | 현대적인 |

〈보 기〉

ㄱ. 서로 대비되는 형용사군에 응답한 피험자의 반응을 분석하여 의미 공간(semantic space)상의 위치로 표현한다.

ㄴ. 반응하기 어려운 문항에 긍정적인 반응을 한 응답자는 그 문항보다 반응하기 쉬운 모든 문항들에 대하여 언제나 긍정적인 반응을 한다고 이론적으로 가정한다.

ㄷ. 서스톤(L. L. Thurstone)이 제안한 척도기법으로서, 심리적 연속선상에 동간성을 가진 문항으로 구성된 유사동간척도(equal appearing interval scale)를 만든다.

ㄹ. 분석 자료를 해석하기 위하여 평가 요인(evaluative factor), 능력 요인(potency factor), 활동 요인(activity factor)의 3차원 공간으로 점수를 집약하여 해석을 시도한다.

① ㄱ, ㄴ ② ㄱ, ㄷ ③ ㄱ, ㄹ ④ ㄴ, ㄷ ⑤ ㄷ, ㄹ

【해설】 **의미분석법(semantic differential), Likert 척도, 유사동간척도**

6. 다음 상황에서 김 교사가 사용한 표집 방법은? (2008. 중등)

김 교사는 전국의 중등교사 중에서 1,000명을 표집하여 교실환경 개선 방향에 대한 의견을 조사하고 있다. 김 교사는 전국의 중증교사가 근무하는 지역을 크게 대도시, 중소도시, 읍면 지역으로 나눈 다음, 각 지역에 근무하는 교사의 비율을 2 : 1 : 1로 가정하여 대도시에 소재한 학교에 근무하는 교사 500명, 중소도시에 소재한 학교 근무하는 교사 250명, 읍면 지역에 소재한 학교에 근무하는 교사 250명을 표집하였다.

① 유층표집(stratified sampling) ② 의도적 표집(purposive sampling)
③ 편의 표집(convenience sampling) ④ 체계적 표집(systematic sampling)

【해설】 **표본과 표집의 특징, 표집오차** (☞ p. 350)

7. 최빈값, 중앙값, 평균에 대한 특성을 설명한 것 중에서 옳은 것은? (2008. 중등)

① 표집에 따른 변화가 가장 작으며 안정성 있는 집중경향값은 최빈값이(mode)이다.
② 점수의 분포가 정상분포(normal distribution)를 이루는 경우에는 최빈값, 중앙값, 평균이 일치한다.
③ 명명척도(norminal scale)의 속성을 가진 자료일 경우에는 평균(mean)을 집중경향값으로 사용하는 것이 바람직하다.
④ 한 전집의 추정 값으로서 표집을 통하여 그 값을 계산하는 경우에, 극단값의 영향을 가장 크게 받는 것은 중앙값(median)이다.

【해설】 **중심경향값의 특징 (☞ p. 330)**

8. 실험 결과의 내적 타당도(internal validity)를 위협하는 요인과 그에 대한 설명으로 옳지 않은 것은? (2008. 중등)

① 피험자의 선발 : 실험집단과 비교집단의 피험자들을 선발할 때 동질성이 결여되어 나타나는 영향을 말한다.
② 통계적 회귀 : 한 피험자가 여러 가지 실험처치를 받음으로써 이전의 처치 경험이 이후의 처치 효과에 미치는 영향을 말한다.
③ 성숙 : 실험처지 이외의 시간의 흐름에 따라 나타나는 피험자의 신체적·정신적 변화가 피험자의 반응에 영향을 주는 것을 말한다.
④ 측정 도구 : 사전검사와 사후검사에서 사용한 검사 도구가 달라지거나, 관찰자나 채점자의 변화로 인하여 실험에서 얻은 측정치에 변화가 생기는 것을 말한다.

【해설】 **내적 타당도를 저해하는 열두 가지 요인, 외적 타당도(일반화 가능성) (☞ p. 244)**

9. 〈보기〉는 평정법(rating scale method)에 의하여 학생의 수행을 평가할 때, 평정자에 의해 발생할 수 있는 오류의 유형을 설명한 것이다. 옳은 것을 모두 고르면? (2008. 중등)

〈보 기〉
ㄱ. 논리적 오류(logical error)는 전혀 다른 두 가지 행동 특성을 비슷한 것으로 생각해서 평정하는 경향을 말한다.
ㄴ. 후광 효과(halo effect)는 평정 대상에 대해 가지고 있는 특정 인상을 토대로 또 다른 특성을 좋게 또는 나쁘게 평정하는 경향을 말한다.
ㄷ. 집중 경향의 오류(error of central tendency)는 아주 높은 점수나 낮은 점수는 피하고 평정이 중간 부분에 지나치게 모이는 경향을 말한다.

① ㄱ, ㄴ　　② ㄱ, ㄷ　　③ ㄴ, ㄷ　　④ ㄱ, ㄴ, ㄷ

【해설】 **표준의 오류(error of standard), 대비의 오류(contrast error), 근접의 오류(approximate error) (☞ p. 178)**

10. 내적 일관성 신뢰도(internal consistency reliability)에 대한 설명으로 옳지 않은 것은?

① 호이트(Hoyte)신뢰도는 분산분석 방법을 사용해서 신뢰를 추정한다.
② 검사를 한번만 실시하고도 검사의 신뢰도를 추정할 수 있는 방법이다.
③ 반분검사 신뢰도의 경우 검사를 양분하는 방법에 따라 신뢰도 계수가 다르게 추정된다.
④ 스피어만-브라운(Spreaman-Brown) 신뢰도는 각각의 문항을 하나의 검사로 간주하여 문항들 간의 유사성을 측정한다.

【해설】 **재검사신뢰도, 동형검사신뢰도, K-R20, K-T21, Cronbach alpha (☞ p. 308)**

11. 김 교사는 스크리븐(M. Scriven)의 판단 모형을 활용하여 학교의 '특기적성 교육' 프로그램을 평가하고자 한다. 이때 활용할 수 있는 평가 방안으로 적절하지 않은 것은? (2007. 중등)

① 비교평가와 비(非)비교평가
② 경험과학적 평가와 예술비평적 평가
③ 목표중심평가와 탈목표(goal-free)평가
④ 내재적 준거에 의한 평가와 외재적 준거에 의한 평가

【해설】 **goal-free 평가 모형의 특징, Eisner의 connoissuership (☞ p. 217)**

12. 다음은 형성평가를 위해 선택형 문항을 작성할 때 고려해야 할 사항이다. 이 중 학생들의 학습곤란이나 학습 결손을 파악하려는 교사의 의도가 가장 잘 반영된 것은? (2007. 중등)

① 답지가 서로 다른 차원의 내용을 포함하지 않도록 한다.
② 정답이 분명히 드러나지 않도록 오답지의 매력도를 높인다.
③ 추측에 의해 정답을 선택할 가능성이 높아지지 않도록 답지의 수를 늘린다.
④ 학생들이 자주 범할 수 있는 오류의 유형을 확인할 수 있도록 답지를 구성한다.

【해설】 **문항 유형(선택형-진위형, 배합형, 선다형, 서답형-단답형, 완성형, 논술형) (☞ p. 72)**

13. 수행평가의 도입 배경에는 학생의 지적 능력과 정의적 특성에 대한 평가를 통합하고자 하는 의도가 있다. 이러한 의도를 가장 충실히 반영한 것은? (2007. 중등)

① 기계 모형을 해체하였다가 원상 복구하는 데 걸리는 시간을 측정하는 평가
② '집합'의 개념을 수학과 생물학의 시각에서 조명하도록 요구한 논술형 평가
③ 최종 정답만이 아니라 문제풀이 과정까지 드러내도록 요구한 수학의 서답형 평가
④ 모둠의 협동을 요구하는 과학 실험 과제를 제시하고 학생의 행동을 교사가 관찰하여 평정하는 평가

【해설】 **정의적 특성의 개념과 유형, 수행평가 (☞ p. 122)**

14. 평균이 50점이고 표준편차가 10점이 정규분포를 이루고 있는 수학시험에서 60점을 얻은 A학생에 대한 설명으로 옳은 것은? (2007. 중등)

① Z점수는 1.0이다. ② T점수는 40이다.
③ 60백분위에 해당한다. ④ A학생보다 높은 점수를 얻은 학생은 10%이다.

【해설】 **Z점수 = 원점수 − 평균/표준편차, T점수 = Z점수×10 + 50, 백분위 : 전체를 100으로 할 때의 상대적 위치 (☞ p. 163)**

15. 다음 그래프는 문항반응이론의 '3-모수' 모형으로 추정한 문항 난이도, 변별도, 추측도를 바탕으로 그린 문항특성곡선이다. 네 문항의 특성에 대한 설명 중 옳은 것은? (2007. 중등)

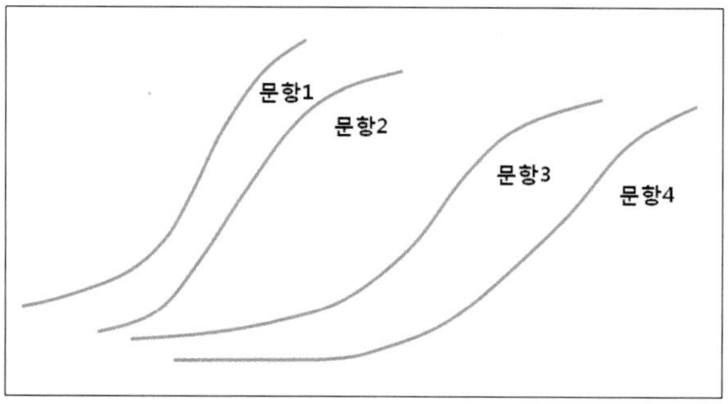


① 문항 1은 능력수준이 중간 정도인 사람들을 변별하는 데에 적합하다.
② 문항 2는 문항 1보다 변별도가 높다.
③ 문항 3은 문항 4보다 변별도가 높다.
④ 문항 4는 능력수준이 높은 사람들을 변별하는 데 적합하다.

【해설】 **문항반응이론의 특징과 문항특성곡선의 이해 (☞ p. 112)**

16. A라는 교육목표의 달성 여부를 알아보기 위해 문항 a가 작성되었을 때, 이 문항의 내용타당도 또는 목표지향타당도의 관점에서 진술한 내용 중 적절한 것은? (2007. 중등)

① 문항 a를 틀린 사람은 목표 A를 달성하지 못했을 수 있다.
② 문항 a를 맞힌 사람은 목표 A를 달성했다고 말하기에 충분하다.
③ 문항 a를 맞힌 사람들이 많다면 목표 A가 교육적으로 바람직하다는 증거이다.
④ 문항 a를 틀린 사람들이 많다면 목표 A가 교육적으로 바람직하지 않다는 증거이다.

【해설】 **타당도의 개념과 유형, 구인타당도, 예언타당도, 공인타당도 (☞ p. 300)**

17. 규준참조평가(norm-referenced evaluation)에 관한 진술로 가장 거리가 먼 것은? (2006. 중등)

① 규준이란 교과에서 설정한 학습목표이다.
② 학생 상호간의 점주 경쟁을 조장할 수 있다.
③ 개인의 집단 내 상대적 위치에 대한 정보 파악이 용이하다.
④ '수, 우, 미, 양, 가'의 평어를 부여할 때는 미리 정해 놓은 각 등급의 배당 비율을 따른다.

【해설】 **준거지향평가의 특징 (☞ p. 36)**

18. 다음은 한 문항의 답지 ㉮~㉲에 대한 전체 응답자 200명의 반응과 이들을 상위집단 100명과 하위집단 100명으로 나누어 그들의 반응을 분석한 표이다. 분석 결과에 대한 해석으로 가장 적절한 것은? (2006. 중등)

| 답지 | 전체 응답자 (200명) | 상위집단 (100명) | 하위집단 (100명) |
|---|---|---|---|
| ㉮ | 53명 | 25명 | 28명 |
| ㉯정답임 | 60명 | 20명 | 40명 |
| ㉰ | 30명 | 20명 | 10명 |
| ㉱ | 1명 | 0명 | 1명 |
| ㉲ | 56명 | 35명 | 21명 |

① 문항난이도(item difficulty)가 0.6이다.
② 모든 답지가 매력적으로 잘 작성되어 있다.
③ 상위집단에게 가장 매력적인 답지는 ㉱이다.
④ 문항변별도가 낮아 문항 검토가 요구되는 문항이다.

【해설】 **문항 분석의 방법 (☞ p. 109)**

19. 〈보기〉의 교사 행동을 진단평가, 형성평가, 총합평가와 가장 적절하게 짝지은 것은? (2006. 중등)

〈보 기〉
ㄱ. 수업 중에 학습 오류 수정을 위하여 쪽지시험을 실시하였다.
ㄴ. 수업계획을 수립하기 위하여 학생의 기초학습 능력과 선수학습 정도를 파악하였다.
ㄷ. 기말고사를 실사하여 성적을 부여하였다.

| | 진단평가 | 형성평가 | 총합평가 |
|---|---|---|---|
| ① | ㄱ | ㄴ | ㄷ |
| ② | ㄴ | ㄱ | ㄷ |
| ③ | ㄴ | ㄷ | ㄱ |
| ④ | ㄷ | ㄴ | ㄱ |

【해설】 **교육평가의 유형(평가의 시기 및 목적) (☞ p. 39)**

20. 다음은 한 학생의 기말고사 점수와 과목별 학교(전체 시험응시집단)의 평균과 표준편차를 제시한 자료이다. 과목별 성적 분포가 모두 정상분포를 이루고 있다고 할 때, 제시된 자료를 해석한 진술로 적절하지 않은 것은? (2006. 중등)

| 과목명 | 점수 | 평균 | 표준편차 |
|---|---|---|---|
| 국어 | 80점 | 63 | 8 |
| 영어 | 85점 | 85 | 6 |
| 수학 | 77점 | 72 | 10 |
| 과학 | 79점 | 70 | 12 |

① 네 과목 중 개인차가 가장 큰 과목은 과학이다.
② 영어 점수를 백분위점수로 변환하면 백분위 50이 된다.
③ 수학 점수를 9등급점수(9간척도, stanine점수)로 변환하면 1등급이다.
④ 네 과목의 점수를 표준점수로 변환하면 국어의 표준점수가 가장 높다.

【해설】 **정규분포의 특징, 점수 비교 (☞ p. 166)**

21. 세 과목의 시험에서 얻어진 점수를 합산한 총점으로 학생들의 성적을 서열화하고자 한다. 합산된 총점의 서열화에 각 시험점수가 미치는 비중을 가능한 한 동등하게 하기 위해 고려해야 할 사항으로 가장 적합한 것은? (2006. 중등)

① 각 시험의 문항 유형을 동일하게 출제한다.
② 각 시험의 실시 시간을 동일하게 조정한다.
③ 각 시험의 점수 분산이 같아질 수 있도록 한다.
④ 세 과목의 시험이 같은 날에 실시되도록 한다.

【해설】 **평가 유형, 규준지향평가 (☞ p. 34)**

22. 교수방법이 학업성취도에 미치는 영향을 알아보기 위해 남녀로 구성된 동질적인 두 집단을 표집하여 연구하였다. 한 집단은 교수방법 A로 다른 집단은 교수방법 B로 8주 동안 가르친 후 다음의 결과를 얻었다고 할 때, 결과에 대한 해석으로 가장 적절한 것은? (2006. 중등)

| 교수방법 A | | | 교수방법 B | | |
|---|---|---|---|---|---|
| | 평균 | 표준편차 | | 평균 | 표준편차 |
| 전체 집단(N=40) | 83 | 7.9 | 전체 집단(N=40) | 82 | 8.1 |
| 남 학 생(N=20) | 87 | 8.5 | 남 학 생(N=20) | 80 | 8.9 |
| 여 학 생(N=20) | 79 | 8.7 | 여 학 생(N=20) | 84 | 9.1 |

① 두 전체 집단 간의 평균 차이가 작으므로 성별에 따른 평균 차이는 무시해도 된다.
② 교수방법 A와 교수방법 B 간의 차이가 없으므로 어느 방법으로 가르쳐도 상관없다.
③ 두 집단 간 표준편차의 차이가 작으므로 교수방법에 따른 남녀 간 평균 차이는 무시해도 된다.
④ 교수방법 A와 교수방법 B를 적용할 때 성별을 고려해야 할 필요가 있는지를 검증해 본다.

【해설】 **평균과 표준편차의 의미 (☞ p. 330)**

23. 교육과정 개발과 운영에 관한 현장연구(action research)의 특징에 대한 설명으로 가장 적절한 것은? (2005. 중등)

① 교육과정 개발에서 질적 연구 방법보다는 양적 연구 방법에 더 큰 비중을 둔다.
② 교사는 교육학자의 이론을 교육과정 운영의 원리로 수용하고 그대로 교육현장에 적용한다.
③ 행위를 통한 성찰에 근거하여 교육과정 운영상의 특수한 문제 해결에 관심을 둔다.
④ 비판적 연구와 경험과학적 연구를 통합하여 교육과정 개발의 보편적 법칙을 발견한다.

【해설】 **현장연구의 의미 (☞ p. 260)**

24. 〈보기〉의 정규분포에 관한 설명 중, 옳은 것끼리 묶은 것은? (2005. 중등)

〈보 기〉
ㄱ. 평균이 중앙값보다 크다.
ㄴ. 평균을 중심으로 좌우대칭이다.
ㄷ. 분포 곡선은 X축과 절대로 만나지 않는다.
ㄹ. 평균을 중심으로 좌우 1표준편차 내에 약 95%가 분포한다.

① ㄱ, ㄷ ② ㄱ, ㄹ ③ ㄴ, ㄷ ④ ㄴ, ㄹ

【해설】 **중심경향값과 정규분포의 특징 (☞ p. 336)**

25. A교사는 국어과 2학기 중간고사에서 60점을 받은 어떤 학생의 상대적 위치가 어느 정도인지 알고 싶어 한다. 국어과 성적은 정규분포를 따르고 평균 60, 표준편차 10이라고 할 때, 이 학생의 상대적 위치를 나타내는 것으로 틀린 것은? (2005. 중등)

① T는 50 ② Z는 1 ③ 백분위는 50 ④ 구간점수(stanine)는 5

【해설】 **표준점수의 유형 (☞ p. 162)**

26. 다음 실험에서 내적 타당도를 가장 크게 저해하는 것은? (2005. 중등)

A 박사는 최근 개발한 우울증 치료 프로그램의 효과를 검증하기 위해 우울증으로 진단된 피험자들을 대상으로 프로그램을 적용하였다. 프로그램 적용 후, 피험자들의 우울 증세가 적용 전에 비하여 적용 후에 유의하게 감소한 것으로 나타났다. 그런데 예기치 않게 실험과정에서 몇몇 피험자들이 공동구매한 복권이 일등에 당첨되어, 그들의 우울 증세 감소에 영향을 미쳤다는 사실을 알게 되었다.

① 역사 ② 실험자 효과 ③ 피험자 선발 ④ 통계적 회귀

【해설】 **실험연구의 내적 타당도 (☞ p. 244)**

27. 검사-재검사신뢰도 추정과 관계없는 것은? (2005. 중등)

① 검사 실시 간격에 따라 결과가 다르다.
② 기억 및 연습효과가 결과에 영향을 미친다.
③ 검사 문항을 반으로 나누어 신뢰도를 추정한다.
④ 동일한 검사 환경, 검사 동기, 검사 태도의 조성이 어렵다.

【해설】 **신뢰도의 유형(동형검사신뢰도, 반분신뢰도, 문항내적 합치도) (☞ p. 308)**

28. 다음은 A중학교 1학년 1반 30명의 사회과 기말고사 문항 중 1~4번에 대한 문항반응이다. 학생들을 성적에 따라 상하 각각 50%로 구분하고 상위집단의 정답비율과 하위집단의 정답비율의 차이로 문항변별도를 구할 때, 문항변별도가 가장 높은 것은? (2005. 중등)

| 집단 \ 문항 | | 1 | 2 | 3 | 4 |
|---|---|---|---|---|---|
| 상 위 | 정답자 수 | 10 | 8 | 12 | 13 |
| | 오답자 수 | 5 | 7 | 3 | 2 |
| 하 위 | 정답자 수 | 5 | 9 | 9 | 4 |
| | 오답자 수 | 10 | 6 | 6 | 11 |

① 문항 1　　② 문항 2　　③ 문항 3　　④ 문항 4

【해설】 **문항변별도 = 상위집단의 정답률 – 하위집단의 정답률 (☞ p. 104)**

29. 〈보기〉에서 목표중심평가의 장점을 골라 바르게 묶은 것은? (2005. 중등)

〈보 기〉
ㄱ. 교육목표를 행동적 용어로 진술하여 명확한 평가 기준을 제시한다.
ㄴ. 교육목표, 교육내용, 교육평가 간의 논리적 일관성을 유지해 준다.
ㄷ. 교육평가에서 평가자와 의사결정자의 역할이 명확하게 구분된다.
ㄹ. 교육목표로 설정되지 않은 부수적 교육 활동에 대한 평가가 용이하다.

① ㄱ, ㄴ　　② ㄱ, ㄹ　　③ ㄴ, ㄷ　　④ ㄷ, ㄹ

【해설】 **평가 모형 정리 (☞ p. 206)**

30. 규준지향평가와 준거지향평가를 비교한 것으로 적절한 것은? (2004. 중등)

| | 규준지향평가 | 준거지향평가 | | 규준지향평가 | 준거지향평가 |
|---|---|---|---|---|---|
| ① | 절대평가 | 상대평가 | ② | 타당도 강조 | 변별도 강조 |
| ③ | 선발적 교육관 | 발달적 교육관 | ④ | 부적편포 기대 | 정상분포 기대 |

【해설】 **교육평가의 유형을 '평가 결과 해석'에 따라 구분하여 특징을 암기 (☞ p. 38)**

31. 다음은 수학시험이 끝난 후에 교사와 학생이 나눈 대화의 내용이다. 학생이 제기하고 있는 검사의 양호도 판단 기준은? (2004. 중등)

| |
|---|
| 교사 : 이번 시험은 수업시간에 배운 공식만 알면 풀 수 있는 아주 쉬운 문제였지요?<br>학생 : 저도 그 공식은 잘 아는데, 시험에 나온 어휘들이 너무 어려워서 문제를 이해할 수 없었어요. 이번 시험은 수학보다 국어를 잘 하는 학생한테 유리한 것 같아요. |

① 신뢰도 ② 타당도 ③ 객관도 ④ 실용도

【해설】 **검사의 양호도 유형과 정확한 개념 이해 (☞ pp. 300-323)**

32. 수행평가를 실시할 때 유의할 사항으로 가장 옳은 것은? (2004. 중등)

① 신뢰도를 높이기 위해 채점자 사전 교육을 삼가야 한다.
② 타당도를 높이기 위해 간접적인 평가 방법을 사용해야 한다.
③ 실용도를 높이기 위해 수행과제의 수를 많이 포함해야 한다.
④ 객관도를 높이기 위해 동일한 문항을 여러 명이 채점하게 한다.

【해설】 **수행평가의 특징 (☞ p. 124)**

33. 어떤 학급에서 학생들의 시험점수가 평균 70점이고 표준편차 10점인 정상분포를 나타낼 때, 다음 중 성적이 가장 높은 학생의 점수는? (2004. 중등)

① 원점수 50 ② Z점수 1 ③ T점수 50 ④ 백분위 50

【해설】 **표준점수의 유형, Z점수, T점수, 백분위의 이해 (☞ p. 163)**

34. 검사 문항을 개선하기 위해 실시하는 문항 분석에 관한 설명으로 옳지 않은 것은? (2004. 중등)

① 문항(답지)반응분포는 오답지 매력도에 관한 정보를 제공한다.
② 문항에 대한 정답자 비율로 산출되는 난이도 지수는 수험자 집단에 따라 변할 수 있다.
③ 한 문항에서 검사점수가 높은 상위집단과 낮은 하위집단의 수험자가 모두 정답을 골랐을 때 변별도는 1이 된다.
④ 검사점수가 낮은 하위집단이 높은 상위집단에 비해 정답을 고른 수험자의 수가 더 많을 때, 그 문항은 변별 기능을 제대로 하지 못한 것이다.

【해설】 **문항 분석(문항 난이도와 변별도 매력도) (☞ p. 93)**

35. 수행평가의 특징과 관계가 가장 먼 것은? (2003. 중등)

① 높은 신뢰도 ② 높은 타당도
③ 과정(process)에 대한 평가 ④ 실제적인 상황에서의 평가

【해설】 **수행평가의 특징 (☞ p. 127)**

36. 아래 그래프는 평준화 지역에 위치한 일반계 고등학교에서 실시한 세과목 (A, B, C)의 기말고사 성적 분포이다. 쉬운 문항과 어려운 문항이 적절히 포함되고, 중간수준 난이도 문항과 어려운 문항이 적절히 포함되고, 중간수준 난이도 문항이 다수인 시험점수분포(가)와 표준편차가 가장 큰 분포(나)를 나타내는 것은? (2003. 중등)

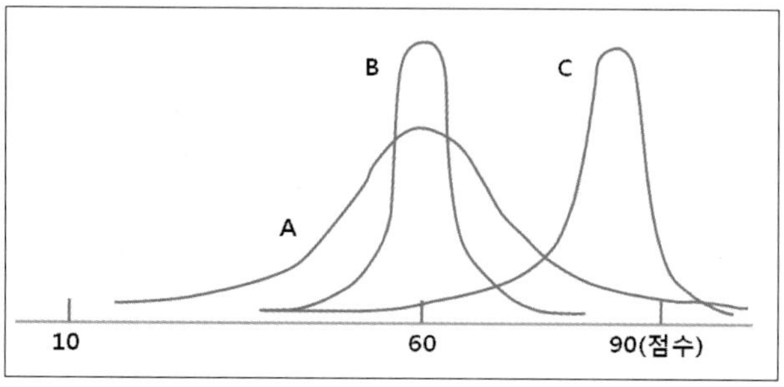


| | (가) | (나) |
|---|---|---|
| ① | A | C |
| ② | A | A |
| ③ | B | A |
| ④ | B | C |

【해설】 **점수 분포(평균과 표준편차)의 이해 (☞ p. 336)**

37. K교사는 학업성취에 미치는 새로운 교수방법의 효과를 알아보고 싶었다. 그래서 그가 근무하는 학교에서 두 개의 반을 선정하여, 한 반에는 새로운 교수방법으로, 다른 한 반에는 전통적인 교수방법으로 수업을 한 후 결과를 비교하였다. K교사가 연구를 수행하는 과정이나, 결과를 분석하는 과정에서 제기될 수 있는 문제점이 아닌 것은? (2003. 중등)

① 통계적으로 검증하기 어렵다.
② 윤리적인 문제가 제기될 우려가 있다.
③ 한 학교에 국한되므로 일반화하는 데 한계가 있다.
④ 실험처치 전 두 반의 동질성 여부를 확인하지 않았다.

【해설】 **실험설계의 유형과 특징 (☞ p. 217)**

38. 음악 경연 대회에서 5명의 심사위원이 7명의 학생을 평가하였다. 심사위원은 각 학생에게 부여한 점수 중에서 최고점과 최하점을 제외한 점수의 합을 최종 평가의 기준으로 삼았다. 이 방법을 사용한 의도는? (2003. 중등)

① 변별도 제고 ② 타당도 제고 ③ 실용도 제고 ④ 신뢰도 제고

【해설】 **평정에서의 평정자(채점자)간 신뢰도 (☞ p. 317)**

39. 100명의 학생을 대상으로 50문항의 시험을 보았다. 아래 표는 상위집단과 하위집단이 1번과 2번 문항에서 정답과 오답을 한 빈도 분포를 나타낸 것이다. '문항 1'과 '문항 2' 중에서 변별도가 더

큰 문항과 난이도(difficulty)가 더 높은 문항을 묶은 것은? (2003. 중등)

| | 문항 1 | | | 문항 2 | | |
|---|---|---|---|---|---|---|
| | 정답 | 오답 | 계 | 정답 | 오답 | 계 |
| 상위집단 | 31 | 19 | 50 | 27 | 23 | 50 |
| 하위집단 | 10 | 40 | 50 | 11 | 39 | 50 |
| 계 | 41 | 59 | 100 | 38 | 62 | 100 |

| | 변별도 | 난이도 | | 변별도 | 난이도 |
|---|---|---|---|---|---|
| ① | 문항 1 | 문항 1 | ② | 문항 1 | 문항 2 |
| ③ | 문항 2 | 문항 1 | ④ | 문항 2 | 문항 2 |

【해설】 **문항 분석에서 문항 난이도와 변별도의 관계(난이도가 중간수준일 때 변별도가 가장 크다)** (☞ p. 105)

40. 다음은 4개와 각 집단 구성원(각 50명)의 점수분포이다. 표준편차(standard deviation)가 가장 큰 집단은? (2002. 중등)

| 점수 \ 집단 | I (N = 50명) | II (N = 50명) | III (N = 50명) | IV (N = 50명) |
|---|---|---|---|---|
| 100점 | | | 10명 | |
| 90점 | | | 10명 | 10명 |
| 80점 | | | 10명 | |
| 70점 | 10명 | | 10명 | 10명 |
| 60점 | 10명 | | 10명 | 10명 |
| 50점 | 10명 | 10명 | | 10명 |
| 40점 | 10명 | 10명 | | |
| 30점 | 10명 | 10명 | | 10명 |
| 20점 | | 10명 | | |
| 10점 | | 10명 | | |
| 평균 | 50점 | 30점 | 80점 | 60점 |

① I　② II　③ III　④ IV

【해설】 **표준편차의 산출과 이해(개인의 점수에서 평균을 뺀 편차를 제곱하여 합한 다음 사례 수로 나누면 분산이 되고, 이를 다시 제곱근하면 표준편차가 된다)** (☞ p. 337)

41. 다음과 같은 평가 방식은? (2002. 중등)

- 수업 도중에 실시한다.
- 학습 단위에 관련된 학생의 진보상태를 교사와 학생에게 피드백한다.
- 학습 단위의 구조에 따라 오류를 확인함으로써 교수방법을 수정·보완하는 데 필요한 정보를 수집하기 위해 실시한다.

① 총괄평가 ② 형성평가 ③ 사후평가 ④ 진단평가

【해설】 **교육평가의 유형(평가의 시기 및 목적)** (☞ p. 39)

[42-43] 다음은 K학교의 1학기 수학 기말시험을 치른 학생 10명의 문항 응답 결과와 개인별 점수를 제시한 자료이다. 다음 물음에 답하시오. (2002. 중등)

| 학생 \ 문항 | 1번 문항 | 2번 문항 | 3번 문항 | 4번 문항 | …… | 점수 |
|---|---|---|---|---|---|---|
| A | ○ | ○ | ○ | ○ | …… | 92 |
| B | ○ | ○ | × | ○ | …… | 88 |
| C | ○ | × | × | ○ | …… | 80 |
| D | ○ | ○ | ○ | ○ | …… | 80 |
| E | ○ | ○ | × | × | …… | 72 |
| F | × | ○ | ○ | ○ | …… | 68 |
| G | ○ | × | ○ | × | …… | 60 |
| H | ○ | ○ | × | × | …… | 56 |
| I | ○ | ○ | × | × | …… | 48 |
| J | × | × | × | × | …… | 28 |

○ : 해당 문항을 맞춘 경우, × : 해당 문항을 틀린 경우

【해설】 **문항 분석(문항난이도와 문항변별도)** (☞ p. 105)

42. 위 표에서 가장 어려운 문항은?

① 1번 문항 ② 2번 문항 ③ 3번 문항 ④ 4번 문항

43. 위 표에서 변별도가 가장 높은 문항은?

① 1번 문항 ② 2번 문항 ③ 3번 문항 ④ 4번 문항

44. 다음과 같은 자료는 어떤 방법을 사용하여 평가하는 것이 가장 적합한가? (2002. 중등)

| 일기장, 연습장, 미술작품집, 과제일지 |
|---|

① 논문형 검사 ② 포트폴리오법 ③ 관찰법 ④ 면접법

【해설】 **수행평가의 유형 및 특징** (☞ p. 129)

**[정답]**

| 번호 | 정답 | 번호 | 정답 | 번호 | 정답 |
|---|---|---|---|---|---|
| 1 | ① | 16 | ① | 31 | ② |
| 2 | ① | 17 | ① | 32 | ④ |
| 3 | ③ | 18 | ④ | 33 | ② |
| 4 | ⑤ | 19 | ② | 34 | ③ |
| 5 | ③ | 20 | ③ | 35 | ① |
| 6 | ① | 21 | ③ | 36 | ② |
| 7 | ② | 22 | ④ | 37 | ① |
| 8 | ② | 23 | ③ | 38 | ④ |
| 9 | ④ | 24 | ③ | 39 | ② |
| 10 | ④ | 25 | ② | 40 | ④ |
| 11 | ② | 26 | ① | 41 | ② |
| 12 | ④ | 27 | ③ | 42 | ③ |
| 13 | ④ | 28 | ④ | 43 | ④ |
| 14 | ① | 29 | ① | 44 | ② |
| 15 | ④ | 30 | ③ | | |

# 참고문헌


강승호 · 김명숙 · 김정환 · 남현우 · 허숙(1999). 현대교육평가의 이론과 실제. 서울 : 양서원.

권대훈(2005). 교육평가. 서울 : 학지사.

권순달(2002). 교육연구의 이해. 서울 : 양서원.

권순달 이(2006). 교육심리학. 서울 : 양서원.

김병성(1996). 교육연구방법. 서울 : 학지사.

김신복 · 김명한 · 김종철 · 백현기 · 윤형원(1996). 교육정책론. 서울 : 한국교육행정학회.

김진규(2002). 프로그램평가방법. 서울 : 학지사.

박도순 외(2008). 교육평가. 서울 : 교육과학사.

배호순(2008). 교육프로그램평가론. 서울 : 도서출판 원미사.

성태제(2008). 교육평가의 기초. 서울 : 학지사.

성태제(1996). 문항제작 및 분석의 이론과 실제. 서울 : 학지사.

성태제(2008). 알기 쉬운 통계분석. 서울 : 학지사.

성태제(2002). 현대교육평가. 서울 : 학지사.

성태제(2009). 현대 기초통계학의 이해와 적용. 서울 : 교육과학사.

오성삼(2009). 메타분석의 이론과 실제. 서울 : 건국대학교출판부.

오성삼 · 구병두(1997). 교육과정 및 평가의 이해. 서울 : 양서원.

오성삼 · 구병두 · 양영선(1997). 교육학의 이해. 서울 : 양서원.

이종성(1988)(편저). 일반화가능도 이론. 서울 : 연세대학교출판부.

이종승(1989). 교육연구법. 서울 : 배영사.

조홍식 · 정선욱 · 김진숙 · 권지성 공역(2005). 서울 : 학지사.

차배근(1987). 사회과학연구방법. 서울 : 세영사.

한국교육학회 교육평가연구회(1995). 교육측정 · 평가 · 연구 · 통계 용어사전.

한숙자(2001). 프로그램평가입문. 서울 : 학지사.

허경철(1989). 현상교육연구. 서울 : 배영사.

Bordens, K. S., & Abbot, B. B.(1999). Research Design and Methods. 4th ed. NY : Mayfield.

Bordens, K. S. & Abbott, B. B.(2008). Research Design and Methods. 7th ed. Boston : McGRAW-HILL.

Brennan, R. L.(1983). Elements of Generalizability Theory. Iowa : ACT Publications.

Bruce W. Tuckman(1972). Conducting Educational Research. New York : Harcourt Brace Jovanovich, Inc.

Cohe, L., Manion, L., & Morrison. K.(2000). Research Methods in Education. 5th ed. NY : RoutledgeFalmer.

Coladarci, T., Cobb C. D., Minium, E. W., & Clarke, R. C.(2004). Fundamentals of Statistical Reasoning in Education. NJ : John Wiley & Sons.

Donald L. Kirkpatrick(1998). Evaluating Training Programs. San Francisco : Berrett-Koehler Publishiers, Inc.

Frankel, J. R., & Wallen, N. E.(2007). How to Design and Evaluate Research in Education. 6th ed. Singapore : McGRAW-HILL.

Gall, M. D., Borg, W. R. & Gall, J. P.(2006). Educational research. 8th ed. NY : Longman Publishers.

Gredler, M. E.(1996). Program Evaluation. NJ : Prentice-Hall.

Haertel, E.(1992). Performance measurement, in Alkin, M.(Ed.). Encyclopedia of Educational Research(6th ed.). London : Macmillan Publishing.

Hays, W. L.(1994). Statistics. 5th ed. Fort Worth : Harcourt Brace College Publishers.

Jason Millman(1985). Hand Book of Teacher Evaluation. London : SAGE Publications.

Joint Committee of American Psychological Association(1954). American Educational Research Association and National Council on Measurements Used in Education, "Technical Recommendations for Psychological Tests and Diagnostic Techniques," Psychological Bulletin, LI, Supplement, 201-238.

Kanji, G. K.(1993). Statistical Tests. London : SAGE Publications.

Peter W. Airasian(1996). Assessment in the Classroom. New York : McGraw-Hill, Inc.

Salvia Ysseldyke(2004). Assessment In Special and Inclusive Education. Boston : Houghton Mifflin Company.

Wiggins, G.(1998). Educative assessment : Designing assessments to inform and improve student performance. San Francisco : Jossey-Bass Publishers.

Worthen, B. R., Sander, J. R., & Fitzpatrick, J. L.(2008). Program Evaluation. 3rd ed. NY : Longman Publishers.

# 주 해

1) 오성삼 · 구병두(1997). 교육과정 및 평가의 이해. 서울 : 양서원. pp. 167-168.
2) Tyler R. W.(1950). Basic Principles of Curriculum and Instruction. Chicago : University of Chicago Press. p. 69.
3) Stufflebeam D. L. Foley W. J., Gephart W. J., Guba E. G., Hammond R. L., Merriman H. O., Proves M. M.(1971). Educational Evaluation and Decision Making. Itasca, Illinois : Peacock.
4) Cronbach L. J., et al.(1980). Toward Reform of Program Evaluation. San Francisco : Jossey-Bass Publishers.
5) Walberg, H. J., & Haertel, G. D.(1990). The International Encyclopedia of Educational Evaluation. NY : Pergamon Press. p. 89.
6) 오성삼 · 구병두 · 양영선(1997). 교육학의 이해. 서울 : 양서원. pp. 236-239.
7) 강승호 · 김명숙 · 김정환 · 남현우 · 허 숙(1996). 현대교육평가의 이론과 실제. 서울 : 양서원. p. 16.
8) 배호순(2008). 교육프로그램평가론. 서울 : 도서출판 원미사. pp. 41-42.
9) 한국교육학회 교육평가연구회(1995). 교육측정 · 평가 · 연구 · 통계 용어사전. p. 158.
10) 오성삼 · 구병두 · 양영선(1997). 전게서. pp. 357-360.
11) 이군희(2004). 사회과학 연구방법론. 서울 : 법문사. p. 58.
12) 김진규(2002). 프로그램평가방법. 서울 : 학지사. p. 29.
13) 김진규(2002). 상게서. p. 28. 재인용.
14) 성태제(2002). 현대교육평가. 서울 : 학지사. p. 92.
15) 성태제(2002). 상게서. p. 92. 재인용.
16) 오성삼 · 구병두(1997). 상게서. p. 184.
17) Jason Millman(1985). Hand Book of Teacher Evaluation. London : SAGE Publications. p. 36.
18) 「초 · 중등교육법시행령」 2) 제12조.

19) 한국대학교육협의회(2000). 대학종합평가 편람. p. 3.

20) 정일환(1995). 교육정책평가의 이론적 모형 정립 및 적용성 탐색에 관한 연구. 교육정치학회. Vol 2, No. 1.

21) 김종철(1990). 한국교육정책연구. 서울 : 교육과학사. p. 101.

22) 서지영 · 김소영 · 신명선 · 홍수진(2009). 학교교육의 내실화를 위한 수행평가 개선 연구( I ). KICE 연구리포트. PIM 2009-2. p. 63.

23) 광주교육청(2000). 시 · 도 교육과정 편성 · 운영 지침. p. 19.

24) 박희득 · 조정순(2008). 중학교 영어 수행평가의 현황. 교육논총. Vol. 41. p. 7. 건국대학교 교육대학원. 재인용.

25) 남명호(2007). 교육과정 운영에서의 수행평가의 적용실태와 개선 방안. 한국교육과정평가원. 연구자료 ORM 2007-8. p. 9.

26) Haertel, E.(1992). Performance measurement, in Alkin, M.(Ed.). Encyclopedia of Educational Research(6th ed.). London : Macmillan Publishing.

27) Wiggins, G.(1998). Educative assessment : Designing assessments to inform and improve student performance. San Francisco : Jossey-Bass Publishers.

28) 박도순 외(2007). 교육평가. 서울 : 교육과학사. p. 245.

29) 강승호 · 김명숙 · 김정환 · 남현우 · 허 숙(1996). 전게서. pp. 408-410.

30) 박도순(2007). 교육평가. 교육과학사. p. 247.

31) 강승호 · 김명숙 · 김정환 · 남현우 · 허 숙(1996). 전게서. p. 429.

32) 이원춘(2008). 물리과 학습지도안.

33) 남명호(2007). 전게서. pp. 7-8.

34) 서지영 · 김소영 · 신명선 · 홍수진(2009). 전게서. p. 71.

35) George F. Madaus, Michael Scriven, Daniel L. Stufflebeam(1985). Evaluation Models. Boston : Kluwer-Nijhoff Publishing. pp. 3-17.

36) 한숙자(2001). 프로그램평가입문. 서울 : 학지사. p. 17.

37) 이군희(2004). 전게서. p. 252.

38) Campbell, D.T. & Stanley, J.C.(1963). Experimental and Quasi-experimental designs for research. Chicago : Rand McNally. p. 37, p. 47.

39) 이종승(1989). 교육연구법. 서울 : 배영사. pp. 175-176.

40) David Royse(1992). Program Evaluation. Chicago : Nelson-Hall Publishers. pp. 199-200.

41) 김병성(1989). 교육연구방법. 서울 : 학지사. p. 74.

42) 이군희(2004). 전게서. p. 163.